Horacio Czertok

Teatro Nucleo
Expeditionen zur Utopie

In jahrzehntelanger Auseinandersetzung mit Theater-Traditionen verschiedener Kulturen ist ein Theater entstanden, das das menschliche Wesen in seiner Vielfalt begreift. Das Buch dokumentiert die intensive, teilweise therapeutische Arbeit der Gruppe, deren internationale Produktionen das Ziel haben, politische und kulturelle Barrieren zu überwinden. Die Gruppe, die in Argentinien gegründet wurde, lebt und arbeitet seit 1978 in Ferrara, Italien.

Wie werden Straßen und Plätze wieder zu einem Ort der Begegnung und der Kreativität? In fast allen Ländern Europas, auch in der BRD, ist das *Teatro Nucleo* zu Expeditionen angetreten, bereits vor der »Wende« mit der *Mir Caravane* zu einem monatelangen Weg mit anderen Künstlern von Moskau nach Paris. Die Expeditionen sind jedoch nicht nur Reisen in andere Länder und andere Bereiche der Gesellschaft, sondern auch Reisen zum Unbewussten, um »Material« an die Oberfläche zu bringen.

Es gilt, eine Haltung zu entwickeln, mit der die Suche nach der Wahrheit in uns und deren Ausdruck hervor kommt. Je ungewöhnlicher die Techniken, desto direkter ist ihr Zugang zu den Menschen: eine Haltung, die auch Nicht-Schauspieler beim Lesen in ihren Bann zieht und wach rüttelt

Immer wieder geht es um Utopien; sie sind Ausdruck der Anteilnahme am leidtragenden und ausgegrenzten Teil der Menschheit und Ausdruck der Hoffnung auf Veränderung durch Kreativität.

Horacio Czertok, geboren 1947 in Patagonien, Argentinien. Seit den 1960er Jahren arbeitet er als Schauspieler, Pädagoge, Dramaturg und Regisseur. 1974 gründet er mit Cora Herrendorf die *Comuna Nucleo*. 1976 emigriert er aufgrund des Staatsstreiches in Argentinien nach Ferrara, Italien, und gründet dort 1978 das *Teatro Nucleo*. Der Autor ist Dozent für Theater in der Therapie an der Universität von Modena und Reggio Emilia sowie an der Universität Ferrara. Er hat zur Entstehung des Theaterzentrums der Universität Ferrara wesentlich beigetragen und leitet dort den Workshop für Erfahrungen mit schauspielerischer Arbeit.

Klaus Liebig, geboren 1939 in Krefeld Uerdingen, Studium der Germanistik, Amerikanistik und Anglistik. Tätigkeit als Lehrer, in der Erwachsenenbildung und Kulturarbeit. Seit 1984 Begleiter des *Teatro Nucleo*, seit 1998 längere Aufenthalte in Kerala, Südindien, und intensive Auseinandersetzung u.a. mit Kathakali (Tempeltanz).

Horacio Czertok

Teatro Nucleo

Expeditionen zur Utopie

Herausgegeben
von Klaus Liebig

Aus dem Italienischen übersetzt
von Maja Pflug, Miriam Houtermans
und Georg Sobbe

Mit einem Vorwort
von Gerd Koch

Brandes & Apsel

Titel der italienischen Ausgabe: *Teatro in Esilio. Appunti e riflessioni sul lavoro del Teatro Nucleo*, Roma, 1999, © Bulzoni Editore/Roma
Herausgeber der italienischen Fassung: Daniele Seragnoli

Auf Wunsch informieren wir regelmäßig über das Verlagsprogramm:
Brandes & Apsel Verlag, Scheidswaldstr. 33, D-60385 Frankfurt a. M.
e-mail: brandes-apsel@t-online.de
Internet: www.brandes-apsel-verlag.de

Die Deutsche Bibliothek – CIP-Einheitsaufnahme:
Ein Titeldatensatz ist bei *Der Deutschen Bibliothek* erhältlich

1. Auflage 2002
© der deutschsprachigen Ausgabe Brandes & Apsel Verlag GmbH, Frankfurt a. M.
Für die deutsche Fassung wurden die Kapitel IV. und V. neu geschrieben.
Alle Rechte vorbehalten, insbesondere das Recht der Vervielfältigung und Verbreitung sowie der Übersetzung, Mikroverfilmung, Einspeicherung und Verarbeitung in elektronischen oder optischen Systemen, der öffentlichen Wiedergabe durch Hörfunk-, Fernsehsendungen und Multimedia sowie der Bereithaltung in einer Online-Datenbank oder im Internet zur Nutzung durch Dritte.
Die Rechte der verwendeten Fotos liegen bei Horacio Czertok
Umschlaggestaltung: MDDigitale Produktion, Petra Sartowski, Maintal,
unter Verwendung von Fotos des Teatro Nucleo
DTP: Daniela Lange, Frankfurt a. M.
Druck: Tiskarna Ljubljana d.d., Ljubljana, Printed in Slovenia
Gedruckt auf säurefreiem, alterungsbeständigem und chlorfrei gebleichtem Papier.

ISBN 3-86099-757-2

Inhalt

Horacio Czertok
Vorbemerkung   9

Gerd Koch
Impressionen/Assoziationen beim Lesen des theater-
anthropologischen Romans vom Teatro Nucleo.
Statt eines Vorworts.   *11*

I. Thesen und Erfahrungen   *21*

1. Die dritte Seite   *22*
2. Theaterlaboratorium und Techniken   *23*
3. Die Vernunft des Herzens   *23*
4. Lust und Kreativität   *25*
5. Den Körper wie ein Buch lesen   *30*
6. Der Schauspieler – ein professioneller Lügner?   *33*
7. Meister und Schüler, ein Drama in vielen Akten   *35*
8. Die Demut von Bergleuten   *38*
9. Die Kunst des Beobachtens   *40*
10. Über die Sprache der Geste   *44*
11. Theater und Magie   *52*
12. Gott lacht,   *62*
13. Die Stimme des Wolfes   *67*
14. Das Feuer   *68*

II. Die Methode, von der Legende zur Praxis   *71*

1. Das Theater – Ort des Erzählens oder Ort der Erfahrung?   *72*
2. Die Grenzsituation. Pest und Magie   *76*
3. Aggressivität, Gewalt oder der Buddha in der Wüste   *80*
4. Die Legende von der »Methode«   *86*
5. Die Praxis: die Improvisationsübung   *95*
6. Zeugnisse   *121*
7. Das Unbewusste und die Figur   *130*

III. Das Theater im Freien *137*

    1. Die Schule der Straße *138*
    2. Die Anfänge *140*
    3. Eine Dramaturgie des Straßentheaters *143*
    4. Von der Straße in die Stadt: die *Operation Fahrenheit* *170*
    5. Von der Stadt zum fahrenden Dorf: die *Mir Caravane* *175*
    6. *Quijote!* *177*
    7. Emigration und Theater *183*

IV. Das Theater in der Therapie *186*

V. Ein integriertes theaterpädagogisches System *201*

VI. Spuren *209*

    Daniele Seragnoli/Barbara Di Pascale
    Kulturelle Randbemerkungen, Erinnerungen und Theater-
    erfahrungen *210*

    Auf der Straße des Nucleo. Chronik eines Theaters der Störungen und
    der sozialen Hoffnung *254*

    Die Produktionen von 1975 bis 2001 *272*

Meinen Kindern
Natascha und Maxmiliano
und meinen Eltern Alba und Gad

Beauty is truth, truth beauty – that is all
Ye know on earth, and all Ye need to know
John Keats

Mascarò *(1995)*
Nicoletta Zabini

Horacio Czertok
Vorbemerkung

In diesem Buch sind Texte zusammengefasst, die zu verschiedenen Zeiten und zu unterschiedlichen Anlässen geschrieben wurden. Die Fähigkeiten, die Phantasie und der Mut von Cora Herrendorf, Gefährtin im Theater und im Leben, haben es mir ermöglicht, mich mit den Erfahrungen auseinanderzusetzen, die wir gemeinsam über dreißig Jahre gesammelt und die mich zu diesen Texten angeregt haben. Wir haben das *Teatro Nucleo* gegründet, um die Utopie eines lebendigen Theaters zu realisieren. Das Wort Exil – der Titel der italienischen Fassung lautet: *Teatro in Esilio* – beschreibt nicht nur die unerwünschte Situation, in der Cora und ich in Folge des Putsches in Argentinien waren. Auch das Theater selbst neigt dazu, von der Welt ins Exil getrieben zu werden, und das Straßentheater, das wir entwickelt haben, ist ein freiwilliges Exil von der Institution des Theaters, ein Exil, das wir absichtlich auf uns nehmen, um einen Teil des Theaters wieder zu finden, der verloren schien. »Theater im Exil« auch in Bezug auf unsere Arbeit, nämlich dann, wenn wir uns, wo es notwendig und angebracht erscheint, in Situationen begeben, wo Menschen sich in Krisen befinden.

Ich habe versucht, die Texte wie ein Mosaik anzuordnen, sodass ihr ursprünglicher Charakter erhalten bleibt, gleichzeitig aber auch ein Sinnzusammenhang hergestellt wird.

Das Buch beruht auf unseren Erfahrungen mit der Theaterarbeit. Die Arbeit des Schauspielers an sich selbst, an seinen Beziehungen zu den anderen Schauspielern und zu den Zuschauern berührt viele Wissens- und Erfahrungsbereiche. Es mag störend wirken, wenn wir uns immer wieder auch auf die Physiologie und die Neuropsychologie beziehen, um einzelne Phänomene zu erklären. Uns ist klar, dass wir nicht nur aus elektro-chemischen Prozessen bestehen, doch es wäre dumm, wenn wir in bestimmten Zusammenhängen auf dieses Wissen verzichten würden. Theaterarbeit ist gewiss keine wissenschaftliche Arbeit, doch wir ziehen gern die Wissenschaften zu Rate, wenn wir etwas begreifen und vertiefen wollen.

Beim Schreiben ergaben sich nicht leicht zu lösende Probleme aus der Sprache selbst, da sie eine *forma mentis* darstellt, die manches nicht fassen kann, mit dem wir uns täglich beschäftigen: Es gibt zum Beispiel kein Wort, das die Einheit von Körper, Geist und Seele bezeichnet. Das zwingt dazu, häufig grundsätzliche Anmerkungen einzuflechten oder seltsame Wortgebilde wie ›Körper-Geist-Seele‹ zu erfinden: Hier sei jedenfalls klargestellt, dass diese Trennung für uns nicht existiert.

Oft erscheint im Text die Frage der therapeutischen Dimension des Theaters. Wenn wir bei unserer Arbeit in diesem Bereich positive therapeutische Resultate erzielen, so sind sie von uns nicht direkt beabsichtigt. Wir sind in erster Linie Theaterleute, und unser Zugang ist immer mit den Mitteln des Theaters. Wir bemühen uns um eine dialektische Zusammenarbeit mit dem »Betreuungspersonal«, darunter verstehen wir all diejenigen, die sich kraft ihrer Rolle in unterschiedlicher Weise um andere Menschen kümmern: Psychologen, Pflegepersonal, Sozialarbeiter, Erzieher. Viele von ihnen haben beschlossen, sich mit unserer Arbeit auseinanderzusetzen, weil sie darin für die Verbesserung ihrer eigenen Arbeit nützliche Anregungen und Kenntnisse finden.

Ich kann mich glücklich nennen zwei Lehrmeister zu haben, Liliana Duca und Renzo Casali, denen ich die Kenntnis der »Methode« und die Theater- und Lebenspraxis in der *Comuna Baires* verdanke. Ich betrachte es als Privileg, dass ich Eugenio Barba kennen lernen konnte, dessen Theaterpraxis uns neue Wege erschlossen hat. Er und seine Gefährten vom *Odin Teatret* waren eine hilfreiche Stütze in den ersten Jahren des *Teatro Nucleo* in Europa.

Ein großer Kummer: Fabrizio Cruciani, Freund und Lehrer, der mich oft zum Schreiben drängte, wird nicht mehr zu meinen Lesern gehören. Auch deshalb bin ich sehr froh darüber, dass Daniele Seragnoli, einer seiner Lieblingsschüler, und Barbara Di Pascale Form und Inhalt dieses Buches diskutiert haben.

Den Übersetzern Maja Pflug, Miriam Houtermans und Georg Sobbe möchte ich herzlich für die gute Zusammenarbeit danken.

Zuletzt war die Zusammenarbeit mit Klaus Liebig, dem Herausgeber der deutschen Ausgabe, entscheidend. Zwei Jahre lang hat er sich darum bemüht, meine in angeeignetem Italienisch formulierten Gedanken in gutes Deutsch übertragen zu helfen, er gab mir viele wichtige Anregungen und hat mich oft dazu angehalten, vieles immer wieder zu überprüfen, anderes zu vertiefen und manch redundantes und überflüssiges Material zu verwerfen. Dafür kann ich ihm nicht dankbar genug sein.

Den Gefährten des *Teatro Nucleo* gilt meine ganze Liebe.

Gerd Koch
Impressionen/Assoziationen beim Lesen des theater-
anthropologischen Romans vom Teatro Nucleo
Statt eines Vorworts

Ich hatte das Vergnügen, im Jahr 2001 die Rohübersetzung des hier nun schön gemachten Buches in der Übersetzung von Maja Pflug, Miriam Houtermans und George Sobbe lesen zu können. Was nun fiel mir auf als Erstleser dieses gelungenen Romans eines Theaters? Ich plaudere einiges aus, wobei ich mich durch Impulse aus dem Buch leiten lasse.

Ein Kapitel des hier vorgelegten Buches ist schön poetisch, aber auch als technische Empfehlung mit dem Titel »Den Körper wie ein Buch lesen« überschrieben. Man drehe den Titel um und hat eine herrliche Leseanweisung für das Buch zum *Teatro Nucleo*: »Das Buch wie einen Körper lesen«! Signale des Buches wie Körper-Signale lesen! Farben des Textes wahrnehmen, wie Hautfärbungen! Entspannung und Festigung! Körper, Psyche, Geist, Spannung und Intellektualität: Differentes und ein Ganzes zugleich! Im hier vorliegenden Buch wird auf die Erfahrung der Mystiker (Europas und darüber hinaus) als Erfahrungsmodus für uns Heutige hingewiesen. Solch ein Rück*griff* soll aber nicht heißen: Ein Rück*fall* in Zeiten des Unbestimmten, Unerklärbaren (so ja das landläufige Verständnis von »Mystik«). Es soll eine notwendige (also: Not wendende) Ergänzung sein, ein Erbe-Antreten gegenüber früheren Formen der Welt-Erklärung und Welt-Meisterung. Nicht eine schlichte und damit irrige Traditionsfortsetzung oder -pflege ist gemeint, kein Kultur- und/oder Zivilisationspessimismus, kein Stilisieren eines prälogischen Verhaltens, sondern eine Ergänzung, ein Kompletter-Werden unseres Seins und Da-Seins, unseres Arbeitsvermögens. Wenn auf kindliche Erkenntnisweisen verwiesen wird, die es gilt zu würdigen, dann ist auch dies nicht eine Verkleinerung von Möglichkeiten – das Gegenteil ist der Fall! – sondern ein Sinnbild für Neugier, Neuanfang, Staunen, Vermeidung von Zensierung und Kolonialisierung im Denken und Fühlen, in sinnlicher Wahrnehmung und ästhetischem Verhalten ist gemeint.

Mystik, mystisches, auch so genanntes magisches Denken, mystische Erfahrung: das ist in diesem Buch so etwas wie der Versuch einer Anatomie in dem Feld des nicht voll cartesianisch-rational Bestimmbaren. Nach Sigmund Freud soll im Unbewussten der Satz vom Widerspruch so nicht gelten, wie ihn die klassische Logik-Entwicklung Europas entwickelt hat – und das sagt jemand, der analytisch, also streng und wissenschaftlich vorzugehen trachtete (zur gleichen Zeit der Entwicklung der Freudschen Psychoanalyse entsteht die Technik der Wahrnehmung von Bildern im Menschen durch Röntgenstrahlen). Im hier vorliegenden Buch wird aus dem Notizbuch (November

1917) des russischen Theaterreformers J. B. Vachtangov zitiert:

> Nicht das Bewußtsein ist kreativ, sondern das Unbewußte. Das Unbewußte – mit seiner Fähigkeit, Entscheidungen zu treffen, die dem Bewußtsein verschlossen bleiben – ist imstande, das Material zu erzeugen, das auf bewußter Ebene kreativ wird. (...) Aus dem Nichts schöpft sich nichts, und daher kann ein Schauspieler nicht eine Figur rein »inspirativ« verkörpern, ohne an ihr zu arbeiten. Die Inspiration ist der Augenblick, in dem das Unbewußte das Material vorangegangener Arbeiten neu ordnet und ohne Beteiligung des Bewußten, allenfalls von ihm aufgefordert, dem Ganzen eine einheitliche Form verleiht.[1]

Soweit eine dialektisch-sinnliche Künstlertheorie. Auf den Ansatz vom *Teatro Nucleo* bezogen: Anatomie des Psychischen beim Arbeiten – und Berücksichtigung und sinnliche Aktivierung der klassischen Anatomie:

> Unser Gesicht hat, wie wir aus der Beobachtung unserer Anatomie wissen, viel mehr Muskeln als der ganze übrige Körper. Ihr Funktion ist es, eine unendliche Vielfalt von Gesten hervorzurufen.[2]

> (...) der Gebrauch von Worten [ist] eine vergleichsweise junge Kommunikationsform (...)[3]

und eine beschränkte dazu; obwohl wir hierzu – unseren Ausdruck disziplinierend?! – viele Anstrengungen zur Erforschung und zur Herausbildung von Grammatiken entwickelt haben, was dazu führt, dass wir manchmal sehnsüchtig auf die vermeintlich freie Mimik, Gestik, Körpersprache, Bewegung schlechthin schauen und dort meinen, das so genannte Ursprüngliche zu finden – was auch illusionär und defizitär ist.

Das *Teatro Nucleo* ist ein Risiko eingegangen, als es gerade mir das Rohmanuskript des Buches zur Durchsicht vorlegte, bin ich doch bekannt (bei einigen KollegInnen heißt es auch: verschrieen) als ein Theaterpädagoge, der von Bertolt Brechts Ansichten und Praktiken herkommt, und die sollen, so hört man, eine polit-ökonomische Strenge haben, die heute als veraltet gilt. Ob's stimmt, darüber mag man streiten. Nicht strittig ist, dass wir nicht an ein Ende des Nachdenkens über Politik und Ökonomie gekommen sind, dass noch längst nicht alles glücklich geregelt ist. Das, was als so herrlich wertneutral Globalisierung bezeichnet wird und eigentlich eine Globalität unter bestimmbaren politisch-ökonomischen Partialinteressen meint, ist Beleg für einige

---

[1] Dieses Buch, S. 130
Anm. des Herausgebers: Die Literaturangaben von den Büchern, die nur im Original die verwendeten Zitate aufweisen, werden auch nur im Original aufgeführt.
[2] Dieses Buch, S. 46
[3] Ebd., S. 46

Fragen und Rechnungen, die noch offen stehen. Und was den Theatermacher Bertolt Brecht anbetrifft: Er war Realist genug zu sehen, dass der Mensch nicht vom Brot allein lebt, so dass seine Kunst sich der Kunst zu leben verpflichtet fühlen sollte: Sie war ihm die höchste Kunst – und seinen Galileo Galilei lässt er in Bezug auf die Wissenschaft sagen, dass sie dazu da sei, das menschliche Leben zu erleichtern. Greift man auf den so genannten frühen Brecht und den Gedichte-Schreiber Bertolt Brecht zurück, dann wird man die Würdigung vitaler Bedürfnisse immer wieder finden. Und man wird bei Brecht sehen, dass die Diesseitigkeit mit all ihren Widersprüchen ihn anging, dass er sich dort einmischte, dass er Differenzen sah und gestaltete. »So und anders« ist eine seiner Maximen. Ein »Labor sozialer Phantasie« nennt der Dramatiker Heiner Müller, ein Brecht-Nachfolger in dieser Hinsicht, seine Theater-Arbeit. Und in seinen Untersuchungen zu Brecht und dessen so genanntem asiatischen Denken macht Antony Tatlow auf Bertolt Brecht als »wilden Denker« aufmerksam. Differenz, das Andere, Widersprüche: all das gibt es eben auch im Werk eines Theaterautors, der zum Glück kein Alterswerk hinterlassen hat, und viele seiner Theater-›Regeln‹ sind auf und durch Proben auf der Bühne entstanden. Für Brecht wurde in seinen letzten Lebensjahren »Naivität« zu einem positiven Arbeitsbegriff (vgl. Detlev Schötther: Bertolt Brechts Ästhetik des Naiven. Stuttgart 1989), was ja etwas sehr Natürliches, Angeborenes, Lebensnahes meint.

Das *Teatro Nucleo* schreibt:

> In unserem Theaterlaboratorium erforschen wir die »dunklen Kräfte«, die in uns wirken. In imaginären Situationen, die wir sorgfältig konstruieren, damit sie wahrhaftig sind, werden verschiedene Techniken eingesetzt, und auf diese Weise untersuchen wir den Konflikt am Konfliktfall. Die Schauspieler tasten sich behutsam bis dahin vor, wo die »dunklen Kräfte« auftauchen können. Auf diese Weise lernen sie sie kennen und üben, mit ihnen umzugehen. Es geht also darum, daß wir unser ontologisches Erbe anerkennen, es ins Licht des Bewußtseins rücken, es beobachten und nach unseren Vorstellungen steuern lernen. Dabei nehmen wir die Hilfe verschiedener Wissenschaften in Anspruch, der Anthroplogie, der Ethnologie, der Medizin, der Psychologie, der Kulturwissenschaften.[4]

Die andere Seite der Aufklärung, der Moderne, wird durchs *Teatro Nucleo* mit vielfältigen Techniken und dauerhaft bearbeitet. Schauspieler sind auch die, die die Schauspielerei nicht als Profession betreiben, sondern all die, die es tun. Und das geschieht beim *Teatro Nucleo* als ein umfangreiches Anwenden von Techniken, die die Schauspielkunst im Laufe ihrer Welt-Geschichte bereitgestellt hat oder die es immer von Fall zu Fall zu erfinden gilt. Das ist eine schwere, mit Nähe und Ferne zum schauspiel-arbeitenden Subjekt ver-

---

[4] Dieses Buch, S. 82f.

bundene Tätigkeit. Ohne das Ausarbeiten von Techniken kann hier nichts erkannt, gefühlt, gestaltet, weitergegeben werden (an sich und an andere). Und: Wissenschaften werden mit ihren Fragen, Themen, Zweifeln, Techniken und Erkenntnisweisen herangezogen, so dass sie zu Lebens-Wissenschaften werden, indem sie durch Theaterprozesse, durch Theaterarbeit anthropomorphisiert werden. Durch diesen selbstbewussten Eingriff von Schauspielern, also Menschen, werden wissenschaftliche Disziplinen sich anverwandelt: Ein oft schmerzhafter, ein zumindest ungewohnter Vorgang, aber ein menschenfreundlicher, weil er die Utopie des Menschseins zu entfalten trachtet.

Heutzutage entwickelt sich Theater in vielerlei Richtungen und in neue Bereiche hinein. Es ist nützlich und sinnvoll, Informationen und Dokumente und Quellen zu haben, die einerseits frisch sind und aus unmittelbaren, aktuellen erlebten Erfahrungen und durchaus auch aus einem historischen Zusammenhang kommen – das hat *Teatro Nucleo* 27 Jahre getan! Dessen Theorien, dessen Praxis, dessen Berichte – alles, was in diesem Buch versammelt ist – sind aus der konkreten Arbeit als einer Notwendigkeit hervorgegangen, besser zu verstehen, was *Teatro Nucleo* tut. Hier wird der Bildungsweg einer Institution, des *Teatro Nucleo*, vorgestellt. Ein experimenteller Bildungsroman, ein Entwicklungsroman. Tiefer und weiter voranzuschreiten, ist die Absicht – in wenig bekanntes Gebiet, voll von Risiken und Gefahren.

1989 findet ein (weiterer) Formwandel (nicht inhaltlicher Wandel) des *Teatro Nucleo* statt: *Von der Stadt zum fahrenden Dorf* (S. 175). *Teatro Nucleo* macht eine sechsmonatige Theaterexpedition zwischen Italien und Russland, die so genannte »Mir Caravane«. Das russische Wort »mir« hat einen hohen utopischen Gehalt: es bedeutet zugleich: Dorf, Gemeinde, Welt und Friede! Theaterexpeditionen sind mehr als Gastspielreisen, sie gelten

> (...) als Verfahren und Abenteuer (...) verbünden mit den Namen Artauds, Barbas, Brechts, Brooks, Grotowskis (...). Das Theater nimmt Bilder, Atmosphäre, Geschichte(n) und Personen des bereisten Ortes in sich auf und gibt sie am Ende, verändert, verfremdet, bereichert in einer festlichen Aufführung an den Ort zurück. (...) Theaterexpedition ist Einheit von Vorbereitung, Reise, Recherche, Anknüpfung neuer Beziehungen, Produktion, Aufführung, Fest (...) und Erinnerung (...) immer auch überraschendes Abenteuer und Entführung: an einen unbekannten »dritten Ort«; (...) die allzu statischen Begriffe des »Eigenen« und des »Fremden« (...)

lösen sich im interkulturellen Lernen, Erfahren, Produzieren, Lehren und Zeigen auf (ich zitierte hier aus dem Wörterbuch-Stichwort »Theaterexpedition« von Ulrich Hardt, Franz Hödl und Michael Kreutzer. In: Gerd Koch/Marianne Streisand (Hrsg.): *Wörterbuch der Theaterpädagogik*, im Erscheinen 2003). Navid Kermani, der Theaterkarawanen/-expeditionen des Mülheimer Theaterintendanten und Regisseurs Roberto Ciulli begleitete, erinnert sich:

Indem die Schauspieler auf der Bühne spielten, brachten sie den einen oder anderen oder manchmal eben ganz viele Zuschauer gleichzeitig darauf, während der Aufführung im Kopf und im Gemüt ihr je eigenes Stück zu spielen. Sie verstanden natürlich vieles nicht, schon weil sie die Sprache nicht verstanden (...). Doch in einem anderen Sinne verstanden sie sehr viel und manches genauer als ein Publikum, dem durch die Vertrautheit der Sprache ein Verständnis allzu nahe liegt. Oft erwies sich gerade das Rätsel, so scheint es mir und so kannte ich es von mir selbst, als Grube, in die ich eine eigene Welt legen konnte und musste, um vielleicht nicht die Aufführung, aber mein Leben und damit eben doch auch die Aufführung besser zu verstehen.[5]

»Leben, sagen die Derwische, ist eine Reise.« So heißt es in Gotthold Ephraim Lessings *Nathan der Weise*. Derwische, das sind moslemische Sufi-Klosterbrudergemeinschaften, die sich durch Bewegungen ihrer Körper in die Logik des Kosmos hineindrehen – weshalb sie auch tanzende Derwische genannt werden. Der Philosoph Ernst Bloch bezeichnet ihr Tun anschaulich als eine »kosmische Pantomimik« (Ernst Bloch: *Das Prinzip Hoffnung*. Frankfurt am Main 1970, S. 464). Auch sind das in einem älteren und in einem ästhetischen Sinne Forscher. Ihre Reisen des Lebens sind Erweiterungen des hiesigen/irdischen Lebens: Durch ein Innewerden soll das Außensein sehr, sehr erweitert werden. Dazu sind Techniken der Bewegung nötig: Körperaktive Meditation mit Musikbegleitung als eine Welt(en)reise; ein Durchstoßen, ein Transzendieren, ein Wahrnehmen dessen, was nicht einfach auf der Hand liegt. Reisen sind Veränderungen, Erfahrungen, Wegbereitungen, Erforschungen, Befragungen (die Wortgeschichte von »forschen« legt eine Nähe zum Verb »fragen« nahe).

Leben, das ist ein Nomadendasein – auch das lässt sich sagen. Heute deutlicher debattiert, aber wohl immer schon ein Welt-Tatbestand, der jetzt auch zum Welt-Thema geworden ist. Eine Welt-Innenpolitik zeigt den gesellschaftlichen Wandel auch als Wanderung – als erzwungene, als Flucht, als Vertreibung, als Hungermarsch (und auch als Tourismus) und als Dynamik von materieller, ökonomischer, sozialer Ungleichheit, als ein Rennen ums Leben.

Die Bilder von Reise, Expedition, vom Nomadenstatus: Sie passen auf das Erfahrungenmachen mittels Theater generell, und aufs *Teatro Nucleo* im Besonderen; denn es ist ein Theater mit vielen Wurzeln: der südamerikanischen, der jüdischen, der spanischen, der mitteleuropäischen. Und es hat Wurzeln in der Revolte gegen den Faschismus als politisches Unterdrückungssystem und als Geisteshaltung und Gleichschaltung, wo und in welchem Gewand auch immer es auftritt.

---

[5] Navid Kermani: Leere und volle Stuhlreihen. Zwanzig Jahre Theater an der Ruhr: Erinnerung eines jungen Theaterfanatikers an einen Abend, der wundersam verwirrte. In: *Frankfurter Rundschau*, 17. 11. 2001, S. 21

Nicht nur die geographische, kulturhistorische Weite wird gepflegt, sondern auch die geographische Nähe (Theater auf Straßen und Plätzen) gesucht und Reisen im Subjekt und in seinem unmittelbaren Lebenszusammenhang (Pädagogik, Psychiatrie) werden gemacht: handlungs- und ästhetikbezogene Feldforschung:

> Wir arbeiteten damals (die Zeit des Krieges in Bosnien 1994 noch in Erinnerung) in Ferrara intensiv mit einer Therapiegruppe für Drogenabhängige, die von einem Theologen gegründet worden war. Die ehemaligen Drogenabhängigen fanden im Theater sowohl eine Möglichkeit, ihr eigenes Erleben zu verstehen und zum Ausdruck zu bringen, als auch möglicherweise Wege zu einem neuen Beruf. Unsere Schauspieler waren bereit, einige von ihnen in die neue Produktion zu integrieren (...) Die Arbeit an dem Stück war eine Herausforderung in mehrfacher Hinsicht: mit diesen neuen Kollegen aus der Drogengruppe eine Atmosphäre aufbauen, in der die Dynamik des Lebens und der Arbeit funktionierte, in eine Dimension der menschlichen Erfahrung eintreten, die für die Schauspieler gewiss nicht neu war, aber noch nie so tiefgreifend erforscht wurde, nämlich Transzendenz, Spiritualität und Glaube (...).[6]

Politisch wird diese Produktion in die »Wundmale« des Bosnienkrieges gestellt, metaphysisch in den humanen und seelsorgerischen Kontext des Heiligen Franziskus von Assisi. Und spieltechnisch steht »Francesco« als ein Theater der Stille im Kontrast (und im Kontext) zu »Luci«, einem sehr beweglichen und interaktiven Stück, und der Produktion »Quijote!«, einem Stück, das »ganz Bewegung, Tanz, Feuer, Feuerwerk, unterbrochen von wenigen stillen Momenten« ist.

Das *Teatro Nucleo* ist eine Expedition und Recherche im geographischen und mentalen Raum des Lebens. Es reist ganz sinnlich-materiell durch die Welt und ihre Staaten, Gesellschaften, Klassen und Gruppen, Straßen und Plätze. Und es reist durch menschliche Innenwelten. Es ergänzt die jeweilige Welt. Es kommt an. Es besetzt. Es stört auf. Es ist selbst etwas anderes geworden, wenn es wieder geht. Und der Platz, wo es einmal war, ist ein anderer geworden: »Weltergänzung durch Poesie« (Grigorij Chawtassi) geschieht mannigfaltig durchs *Teatro Nucleo*. Es betreibt Wahrnehmungskunst und Anschauungswissenschaft als ästhetische Aktionskunst, Handlungsforschung, action research, Theorie-Praxis-Manöver. Und dieses Theater scheut sich nicht, einen preußischen General und Militärtheoretiker, nämlich Karl von Clausewitz (1780-1831), als Gewährsmann heranzuziehen, als Ideenspender für die Herausbildung einer kulturellen/künstlerischen Strategie! Das ist mutig bis verwunderlich und enttäuscht vielleicht den einen oder anderen Leser bzw. die eine oder andere Leserin. Alexander Kluge, der ausführlich zum Thema »Krieg als Arbeit« nachgedacht, geschrieben und gefilmt hat, erar-

---

[6] Horacio Czertok

beitete dazu einiges zusammen mit Oskar Negt in ihrem gemeinsam verfassten Buch *Geschichte und Eigensinn* (1981; 2001). Und da gibt es eine Formel, die auf den Aktionsansatz des *Teatro Nucleo* passt: Nimmt man systematisch Krieg als eine Kraft-Struktur von Gewalt, die eine lange Tradition hat, und erinnert man sich, dass Gewalt bedeutet, jemand anderem einen ihm fremden Willen aufzuzwingen, dann erkennt man mit Negt/Kluge:

> Für die Anwendung von Gewalt zur Vernichtung fremden Willens besteht also eine ausgebildete Verkehrs- und Bewußtseinsform; diese existiert in ungleich geringerer Ausbildung, wenn es um Anerkennung von fremdem Willen und wechselseitiger Produktion gemeinsamer Autonomie geht.[7]
>
> Der Gegenpol [zum Krieg als »Vernichtung des Willens, d. h. der Autonomie des anderen«, Anm. GK]) (...) wäre die Herstellung der Autonomie oder des Willens des anderen.[8]

Zu diesem zivilen Satz kommen die Autoren nach einer Diskussion der klugen und gar nicht kriegslüsternen, sondern sehr nüchternen Argumentationen des Kriegs-Theoretikers Karl von Clausewitz, dessen Überlegungen meist verkürzt und mit politischem Kalkül rezipiert wurden und werden. Und auch die Theater-Strategen vom *Teatro Nucleo* bedienen sich des Netzwerk- und Strategie-Blicks von Karl von Clausewitz. Das ist etwas ungewöhnlich für Theaterleute. Aber: Das *Teatro Nucleo* ist eine zivile Offensive, ein Kraft-Paket, das entfaltet wird, damit eine »Anerkennung von fremdem Willen und wechselseitige (...) Produktion gemeinsamer Autonomie« (Negt/Kluge) geschieht. Und an etwas anderes ist auch zu erinnern: Die Welt, in der wir leben, ist so sehr durch Gewalt (und verschiedene Weisen von kriegerischem Umgang auch im wirtschaften Handeln, man erinnere die Wortwahl: Eroberung von Märkten) geprägt, dass ein Verkennen dieser Tatsache einer blinden und allzu schlichten und damit gefährlichen Gutmütigkeit gleich käme. Sich kriegs-theoretisch klug/schlau zu machen, bedeutet nun gerade beim *Teatro Nucleo* kein Kriegs- oder Gewalt-Spiel, das wir auch im und auf dem Theater kennen. Es bedeutet jedoch ein Rechnen auch mit dem Schrecklichen, das sehr wahrscheinlich ist. Und Cora Herrendorf und Horacio Czertok müssen darüber nun wahrlich nicht belehrt werden!

In diesem Kontext sind beide, und ihr *Teatro Nucleo,* dem Bild, dem Denken, dem Fühlen und dem Agieren innerhalb des Ansatzes einer »konkreten Utopie« (Ernst Bloch) verbunden. Und das heißt: keiner irgendwie abstrakten Phantasie, sondern einer mit historisierender Lebens-Erfahrung verbundenen/gesättigten Utopie, einem »Optimismus mit Trauerflor, kämpfend«, wie Ernst Bloch, der Philosoph des »Prinzip Hoffnung«, des »Geist der Utopie«,

---

[7] Ebd., S. 836
[8] Ebd., S. 835

von »Naturrecht und menschliche Würde«, von »Erbschaft dieser Zeit« und »Experimentum Mundi« sagt (hier durch einige seiner Buchtitel präsent gemacht). In vier aufeinander folgenden Kapiteln seines Hauptwerks *Das Prinzip Hoffnung* schreitet Ernst Bloch übrigens Wege, Räume und Intensitäten ab, die das Produktionsvermögen von *Teatro Nucleo* ebenfalls bestimmen und sinnlich sinnhaft machen:

> Bessere Luftschlösser in Jahrmarkt und Zirkus, in Märchen und Kolportage. Reiz der Reise, Antiquität, Glück des Schauerromans. Wunschbild im Tanz, die Pantomime und das Filmland. Die Schaubühne, als paradigmatische Anstalt betrachtet, und die Entscheidung in ihr.[9]

Die Reise-Metapher durchzieht Ernst Blochs Werk und es kommt ein weiterer Begriff hinzu, der der Blochschen Hoffnungs-Philosophie und der Theater-Philosophie des *Teatro Nucleo* eigen ist: »Gewissheit, unfertige Welt, Heimat« (ebd. S. 1622ff.), wobei zu bemerken ist, dass Heimat für Ernst Bloch wie für die ebenfalls durchs Exil gegangenen Akteure vom *Teatro Nucleo* nicht schlechthin die Herkunft bedeutet, sondern ein »Noch-Nicht«, das uns in die Kindheit scheint und einen »Vor-Schein« bildet. Ernst Blochs Schlusszeilen seines *Prinzip Hoffnung* lesen sich fast wie eine Schauspiel-Arbeitstheorie nicht nur des *Teatro Nucleo*:

> Die Wurzel der Geschichte aber ist der arbeitende, schaffende, die Gegebenheiten umbildende und überholende Mensch. Hat er sich erfaßt und das Seine ohne Entäußerung und Entfremdung in realer Demokratie begründet, so ensteht in der Welt etwas, das allen in die Kindheit scheint und worin noch niemand war: Heimat.[10]

Im sprachlich eruptiven Stil sagt es Ernst Bloch so: »Ich bin. Aber ich habe mich nicht. Darum werden wir erst.«[11] Und sein *Prinzip Hoffnung* fragt beginnend so: »Wer sind wir? Wo kommen wir her? Wohin gehen wir? Was erwarten wir? Was erwartet uns?«[12]

Ich habe ausführlich Ernst Bloch zitiert. Das tue ich oft – aber selten im Kontext eines Theater-Spiel-Ansatzes. Hier nun, beim *Teatro Nucleo*, scheint es mir jedoch sehr angemessen. Aus zwei Gründen: 1. In der italienischen Ausgabe heißt das hier vorgelegte Buch *Teatro in Esilio. Appunti e riflessioni sul lavoro del Teatro Nucleo* und der vorläufige Titel der deutschen Rohübersetzung war *Theater im Exil oder die notwendige Utopie*! 2. Wir haben mit

---

[9] Ernst Bloch: *Das Prinzip Hoffnung*. Frankfurt am Main 1970, S. 409ff.; es handelt sich um die Kapitel 27, 28, 29 und 30
[10] Ebd., S. 1628
[11] Ernst Bloch: *Tübinger Einleitung in die Philosophie*. Frankfurt am Main 1970, S. 13
[12] Ernst Bloch: *Das Prinzip Hoffnung*. Frankfurt am Main 1970, S. 1

dieser hier vorgelegten Veröffentlichung auch eine Exil- und Heimat-Philosophie in praktischer und gedanklicher Theater-Form vor uns, so dass das Einführen von philosophischen Redeweisen durchaus angemessen ist.

Und noch ein wiederum anderer Assoziationsrahmen kann aufgespannt werden. Der brasilianische Theaterreformer Augusto Boal hat einen aktivierenden Theateransatz entwickelt, den er das »Theater der Unterdrückten« nennt – ein Theater, das die Kraft der Unterdrückten, der Schwachen zu stärken trachtet, eine kulturelle Dynamisierung und eine soziale, ökonomische, politische wie emotionale und psychische Alphabetisierung und ein Resistentwerden von Menschen beabsichtigt. Und das soll geschehen durch das Bilden von Aktions-Gruppen, von sozialen Kernen. Also: theaterprofessionelle und sozial-professionelle Menschen finden sich zu einem »nucleo« (im Portugiesischen ebenfalls »núcleo«), um mit gebündelter Eigenkraft aus dem Exil in der so genannten eigenen Gesellschaft, die nicht die eigene dieser Menschen ist, heraufzuführen, indem die Gesellschaft und die Subjekte geändert werden, sich ändern. Theater der Unterdrückten nennt Augusto Boal seinen Interventionsansatz – und das bedeutet auch, die Kräfte der Unterdrückten zu aktivieren. Stärken zu entwickeln, das ist – auch – eine Möglichkeit des Theatermachens auf der Straße, im Saal, in der Pädagogik oder in der Psychiatrie. Dafür stehen das Theater der Unterdrückten eines Augusto Boals und in seiner ganz eigenen Art das *Teatro Nucleo*.

Wenn ein Theater wie *Teatro Nucleo* Pädagogik und Therapie betreibt, dann ist nicht nur dieses Theater anders als andere Theater, dann sind auch Pädagogik und Therapie anders als andere Unternehmungen auf diesen Gebieten menschlichen Handelns. Eine neue Professionalität und ein neues Handlungsfeld wird gebildet, weil ein Theater an andere als die etablierten Traditionen der jeweiligen Fächer, Disziplinen anschließen kann – es macht gewissermaßen eine Neu-Konstruktion, wagt ein Utopikum. Theaterpädagogische Arbeit in Schulen und Universitäten kann ähnlich wirken wie die Arbeit im Bereich der Psychiatrie, wo es auch darum geht, starre, verhärtete Strukturen in der Institution, im Denken und Handeln der Lehrenden und Lernenden in Bewegung zu bringen. Zur Pädagogik (namentlich in deutschen Landen) fällt mir dann dieser Gedanke ein: Die deutsche bildungstheoretische Tradition hat sich (bisher) auf Humboldt bezogen, auf den preußischen Humanisten und Reformer Wilhelm von Humboldt. Wäre es nicht passender, wenn wir von Bildungsprozessen, die durchs Theater-Geschehen angeregt werden, uns an seinen Bruder Alexander von Humboldt zu erinnern, den Welt-Reisenden, den, der Expeditionen macht, den Forscher, den Ethnologen, den risikoreichen Experimentator? Und die italienische Sprache reißt das, was im Deutschen Bildung meint, schön auf: Es ist zugleich »formazione«, »cultura«, »educazione« und »istruzione« (wie mein Wörterbuch übersetzt). Wie passend für die Bildungsdimension durch Theater! Und hinzusetzen dürfen und müssen wir ein Weiteres aus dem Italienischen: Theatrale

Bildungsprozesse der in diesem Buch vorgestellten Art sind »poesia e politica«! Eine gar nicht so widersprüchliche Einheit; eine einheitliche Vielheit!

Teatro Nucleo ist nach eigenem Verständnis kein Theater, dem es um den »Letzten Schrei« der modernen Medienwelt geht. Es ist ein »old animal«, eine alte, hölzerne Maschine (wie manche das Theater schlechthin bezeichnen). Was da gemacht wird, begründet sich auf z.T. uralte, lang zurückliegende Erfahrungen und Reflexionen. Alt und überholt mag es auch erscheinen − ist es aber wahrlich nicht! −, dass das *Teatro Nucleo* immer noch von Utopien träumt, immer noch Hoffnungen hegt, die in sich den Keim eines ewig neuen, stets frischen Impulses tragen, nämlich: lebendig zu sein.

I. Thesen und Erfahrungen

Luci *(1979) in Mantova*
Silvia Pasello, Puccio Savioli, Paolo Nani, Annarita Fiaschetti

1. Die dritte Seite

Betrachten wir eine Münze. Die eine Seite, sagen wir die Seite mit der Zahl, steht für die Welt der Normalität. Hier herrscht ein gewisses Gleichgewicht, ein Kompromiss zwischen den in uns wirkenden Kräften. Die Beziehungen zu den anderen sind ausgeglichen und wir leben im Einklang mit den gesellschaftlichen Normen. Die andere Seite, die mit dem Kopf, steht für die Verrücktheit: hier herrscht Ungleichgewicht zwischen den inneren und äußeren Kräften, und man lebt außerhalb der gesellschaftlichen Regeln.

Werfen wir nun die Münze in die Luft, dann kann sie auf der Seite der »Normalität« aufkommen oder auf der Seite der »Verrücktheit«. Auf jeden Fall haben wir dann eine eindeutige Situation: ein normales Leben oder ein Leben als Verrückte. Die Münze kann aber auch auf der Kante aufkommen, und dann, und nur dann, haben wir Bewegung. Die Münze rollt, dreht sich, balanciert zwischen der einen und der anderen Seite. Die einzige Möglichkeit, sich auf der Kante zu halten, besteht darin, ständig in Bewegung zu sein.

Die Balance zwischen den beiden Seiten, auf der Kante, ist *il canto*, und es ist schön und sehr passend, dass dieses Wort auf Italienisch und spanisch *Gesang* heißt, die Poesie der Stimme.

Die dritte Seite der Münze, *il canto*, die Kante, der Zustand der Kreativität. Alle drei Seiten wirken in uns. Wir brauchen die Verrücktheit als Gegenwirkung zu unserem Hang nach Ruhe. Damit wehren wir uns gegen die Neigung zur Trägheit, zur Routine, gegen den Drang, uns mit dem Status quo zufrieden zu geben. Wir kämpfen damit gegen die Furcht, die uns hindern könnte, uns in unbekannte Bereiche vorzuwagen: die Verrücktheit, die vor dem Wahnsinn schützt, das *»Und sie bewegt sich doch!«* des Galileo Galilei oder *»Die Neue Verrücktheit«* des Franz von Assisi. Wir brauchen aber auch die Sicherheit, die »Normalität«, um die Aktion zu organisieren, zu synthetisieren, zur Wirkung zu bringen. Hört die Bewegung zwischen diesen Kräften auf, fällt die Münze um, und die Poesie stirbt.

Seit mehr als zwanzig Jahren bewegen wir uns auf dieser Kante, beschäftigen wir uns in unserem Theaterlaboratorium mit Fragen, die sich aus der Arbeit der Schauspieler ergeben, mit den Erfahrungen und den Problemen, vor die uns der jeweilige Handlungsrahmen stellt, in dem wir tätig sind. Denn wir arbeiten nicht nur auf der Bühne, im Theater. Wir werden auch häufig eingeladen, außerhalb des Theaters zu arbeiten, in Schulen und an Universitäten, bei Unternehmen und mit Gewerkschaftern, mit therapeutischen Wohngemeinschaften, in psychiatrischen Kliniken und in anderen geschlossenen Einrichtungen.

2. Theaterlabor und Techniken

Unser Theater ist ein Theaterlaboratorium. Das ist nicht etwa ein gekachelter Raum: vielmehr eine Art, in der Welt zu sein, mit sich selbst und mit anderen bewusst in Beziehungen zu leben. Das ist eine Szene auf der Straße, oder eine stundenlange Arbeit an einer Geste, das ist die Art, wie man einen Kaffee in der Bar zu sich nimmt. Wenn das Theater die Synthese des Lebens ist, dann können wir das Experiment und die Forschung, die wir darüber anstellen, nicht auf irgendeinen Ort, auf irgendeine Tätigkeit beschränken. Damit sind wir ständig und überall beschäftigt. So, wie das Laboratorium des Dichters das Universum ist.

Aus unseren Erfahrungen und den Untersuchungen in diesem Theaterlaboratorium haben wir eine Reihe von Techniken entwickelt, mit denen wir arbeiten. Die Technik! In unserer Zivilisation ein Zauberwort: Mit Technik löst man alle Probleme! Nachdem wir die Maschinen, die wir im Alltag benutzen, meist besser kennen als unser System von Körper, Geist und Psyche, so neigen wir auch dazu, wenn wir von unserem eigenen System sprechen, uns in den technischen Begriffen auszudrücken, die wir im Umgang mit Maschinen verwenden. Bei unserer Arbeit aber ist die Beherrschung von Techniken nicht das Wesentliche, um zu Ergebnissen zu kommen, die uns zufrieden stellen. Der Erfolg ergibt sich nicht automatisch aus ihrer Anwendung und Beherrschung an sich und für sich. Es ist abwegig zu glauben, wir könnten uns den Techniken anvertrauen, als wären sie neutral und wir könnten von der Persönlichkeit dessen absehen, der sie anwendet. Die perfekte Beherrschung einer Technik gerät leicht zur Maskerade. Als solche schafft sie Distanz, wird sie gar zu einem raffinierten Instrument der Selbstverteidigung, also zum Gegenteil dessen, was wir anstreben. Die Techniken verändern den, der sie anwendet. Das gilt gleichermaßen für den, der den Prozess leitet wie für den, der angeleitet wird. An der Erfahrung haben beide teil. Der Lehrer ist zwar den Weg schon oft gegangen und er kennt seine Besonderheiten und Gefahren. Aber die Reise unternimmt man gemeinsam. Und jedes Mal ist der Weg neu. »Se hace camino al andar«. Der Vers von Antonio Machado drückt das mit jener seltenen Genauigkeit aus, die nur Dichtern gelingt, dass der Weg beim Gehen entsteht.

3. Die Vernunft des Herzens

Bei der Theaterarbeit muss man sich darauf einlassen, dass Phantasie und Vorstellungskraft den Vorrang haben vor der nüchternen Vernunft, der *Ratio* im cartesianischen Sinn des Wortes. Vereinfachend gesagt ist unsere linke Hirnhälfte Sitz der Rationalität, der berechnenden Vernunft, die rechte

Sitz der Kreativität, der Imagination, der Phantasie. In unserer Kultur sind wir gewöhnt, uns mehr von der Funktion der linken Hemisphäre leiten zu lassen und uns weniger den Reizen und Signalen der rechten Gehirnhälfte anzuvertrauen. Intuition wird eher gering gewertet, weil sie subjektiv und nicht messbar ist. Und so prallen in uns ständig die psychophysiologischen Folgen der Reize, die intuitiven Impulse und die Hemmungen, die wir zu ihrer Abwehr mobilisieren, aufeinander. Will man künstlerisch tätig werden, ist es notwendig, das Vorhandensein dieses in uns wirksamen Konflikts zu erkennen und ihn zu akzeptieren. Um das zu können, muss man bereit sein, sein Wertesystem zu verändern, eine wahrhaftige kulturelle Transformation zu vollziehen.

Natürlich geht es nicht darum, auf die *Ratio* zu verzichten, im Gegenteil. Wir erkennen durchaus an, dass sie notwendig ist, aber wir wollen ebenso die Existenz und Funktionsweise jener *emotionalen Intelligenz* wahrnehmen und anerkennen, die wir mit Pascal die *Vernunft des Herzens* nennen (»Das Herz hat eine Vernunft, die der Verstand nicht kennt«).

Während die *Ratio* hauptsächlich die Vergangenheit beherrscht oder sich auf die Zukunft bezieht, lebt die *Vernunft des Herzens* vorwiegend in der Gegenwart. Sie bewegt sich im Bereich der Gefühle, der Empfindungen, der Intuition – lauter Elemente, die die *Ratio* ontologisch entbehren kann oder muss. Die *Vernunft des Herzens* wendet sich an sich selbst und an die anderen als originäre und vergängliche Subjekte. Die *Ratio* dagegen objektiviert, verdinglicht, und da sie den Gedanken an den Tod verdrängt, hält sie sich selbst für unsterblich.

Die *Ratio* für sich allein liefert nur Zahlen. Die *Vernunft des Herzens* kann dagegen, zusammen mit der *Ratio,* die Poesie hervorbringen.

Raum für den Ausdruck dieser anderen Vernunft zu finden ist in einer von der *Ratio* beherrschten Welt sehr schwierig. Besonders wirksam wird das, was wir auch *emotionale Intelligenz* nennen, dadurch bekämpft, dass man es lächerlich macht. Wer lächerlich gemacht wird, ist hilflos, der ist nicht glaubwürdig. Von Kindheit an werden wir mit Spott bedroht wie mit einem Stock, und das macht uns Angst. Wir haben Angst, lächerlich zu erscheinen. Und wir fürchten uns sehr davor, unseren Verstand zu verlieren.

In unserem Theaterlaboratorium stellen wir uns also der Herausforderung, an uns zu arbeiten, um der *Vernunft des Herzens* einen gleichrangigen Platz neben der *Ratio* einzuräumen.

Noch eine Beobachtung: Totalitäre Systeme setzen auf Irrationalität und Emotionen, um die Massen zu blenden und unter Kontrolle zu halten. Seit dem zweiten Weltkrieg hat sich bei Antifaschisten ein diffuses Misstrauen gegen diesen Teil unseres Wesens verbreitet. Der Emotion den Vorrang einzuräumen, wurde eine Zeit lang als »bürgerlich«, als »rechts« eingestuft, als Ausdruck des Individualistischen im Gegensatz zum Kollektiv. Vielleicht ist nicht genügend darüber nachgedacht worden, aber man hat letztlich durch diese Bewertung das Individuum tatsächlich der Vereinzelung ausliefert. Diese Frage ist für uns durchaus von Bedeutung: Die geistige Richtung kommt nämlich deutlich im Verhalten zum Ausdruck. Überall, wo *Disziplin, Strenge* und Umgang mit *Autorität* gefordert sind, wird sehr schnell klar, welche Einstellung der Einzelne dazu hat. In der Arbeit mit unseren Schülern, aber nicht nur da, begegnen wir dem, was mit diesen Begriffen verbunden wird. Dabei ist allerdings das »linke« wie das »rechte« Muster gleichermaßen hinderlich. Auf der Linken, bei Leuten aus dem breiten Spektrum der Alternativen, ist der Umgang damit schwierig, weil diese Begriffe als typische Merkmale totalitärer Regime bewertet werden: Aus Prinzip neigen Alternative dazu, Disziplin zu missachten und sich darüber lustig zu machen, Strenge abzulehnen und sich jeder Autorität zu widersetzen. Von Leuten mit eher »rechter« Einstellung dagegen werden diese Werte unkritisch anerkannt, was ebenso negative Auswirkungen auf die Arbeit hat.

Macht sich der Schauspieler an *die Arbeit an sich selbst*, ist es notwendig, ein verantwortungsbewusstes Verhältnis zu *Disziplin, Strenge* und *Autorität* zu finden: Darin liegt ein entscheidender Bestandteil der eigentlichen Arbeit.

4. Lust und Kreativität

Unsere Vorfahren hatten Visionen.
Wir haben die Television.

Octavio Paz

Um Schmerzen zu lindern oder auch um Lustgefühle zu erlangen, nehmen Menschen Drogen. Die auf diese Weise übermäßig künstlich produzierten Endorphine beeinträchtigen die körpereigene Produktion. Entzugserscheinungen treten größtenteils deshalb auf, weil der Körper Zeit braucht, um den natürlichen Endorphinhaushalt wieder ins Lot zu bringen. Wie können wir nun auf natürlichem Wege eine größtmögliche Ausschüttung von Endorphinen und damit ein tiefes Glücksgefühl herbeiführen? Die Arbeit mit dem Theater kann diesen Prozess fördern. Eine Möglichkeit finden wir im »*stato di grazia*«, im *Zustand der Gnade*, wie man ihn bei Erfahrungen mit der Kunst erreichen kann. Wird durch Theaterspielen der kreative Zustand hervorgerufen, erlangt der menschliche Organismus einen Höhepunkt an physischer, psychischer und spiritueller Präsenz. Sich auf diese Weise Lust zu verschaffen ist auch ethisch vertretbar, handelt es sich dabei doch nicht um ein ›egoistisches‹ Vergnügen – was ja durchaus legitim wäre – wir wenden uns mit unserer kreativen Aktion an andere Menschen, und bei den Zuschauern kann ebenfalls ein Anstieg von Endorphinen nachgewiesen werden.

Diesen Zusammenhang haben wir immer wieder beobachten können, und bei den jahrelangen Erfahrungen mit Drogenabhängigen wie mit Patienten in der Psychiatrie haben wir unzählige Male die befreiende Kraft der Theaterarbeit in ihren verschiedenen Facetten erleben können. Die Ergebnisse, die dabei zutage traten, haben beim Pflegepersonal und bei den Ärzten manchmal zu Verwirrung und zu Konflikten geführt. Dabei war unser Ansatz erklärtermaßen nie therapeutisch, noch könnte er es je sein. Wir sehen diese Personen, mit denen wir arbeiten, nicht als *Patienten* an, sondern als Menschen, mit denen man eine gemeinsame Sprache finden muss, und das gelingt uns durch die Theaterarbeit. Wenn wir damit, häufig schon nach kurzer Zeit, überraschende Ergebnisse erzielen, wirkt das oft wie ein Wunder: Stumme sprechen, chronisch Depressive lachen, stark abhängige Drogenkranke befreien sich aus ihrer Sucht, ohne Medikamente, ohne therapeutische Maßnahmen, ohne Zwang.

Theaterprojekt in der Psychiatrie Bethel, Bielefeld 1985
Cora Herrendorf mit Patienten

Als wir zu Beginn der achtziger Jahre im psychiatrischen Krankenhaus von Ferrara arbeiteten, leitete Cora Herrendorf einen *Ausdrucks-Workshop* für Patientinnen, der vom Klinikpersonal *Gymnastikkurs* genannt wurde. Unter den Teilnehmerinnen war eine junge Frau, Aleida, die als schizophren galt und die schon mehrere Selbstmordversuche hinter sich hatte. Unsere Arbeit wurde fortlaufend auf Video aufgezeichnet. Eines Tages führten wir den Ärzten und dem Pflegepersonal einen Videofilm vor, damit sie sehen könnten, welche Fortschritte die Patientinnen gemacht hatten, ihre Identität und

Kontaktfähigkeit zu gewinnen. Der Film zeigte eine Szene aus einer Improvisation, bei der die Teilnehmerinnen eine ganz kleine Sache machten: sie spielten mit ihren Händen. An einer bestimmten Stelle protestierte eine Pflegerin heftig. Sie bestritt die Echtheit des Films, und andere waren derselben Meinung: »Das ist nicht wahr, das ist eine Montage, eine Fälschung!« Was war geschehen? Aleida lachte von Herzen, Aleida lächelte, Aleida kommunizierte in verschiedenen Situationen. Die Pflegerin aber sagte laut und keinen Widerspruch duldend: »Seit sie bei uns ist, habe ich sie noch nie lachen sehen, ach was, nicht einmal lächeln!«

Psychiatrische Klinik, Ferrara 1977, Videovorführung mit Patienten

An dem Workshop hatte auch Esther teilgenommen, eine alte Patientin, die über dreißig Jahre in der Irrenanstalt verbracht hatte. Eine Ärztin fragte: »Hat dir das Theater gefallen?« Esther: »Ja.« Die Ärztin: »Was hat dir denn am besten gefallen?« Esther: »Die Massagen! Wieso massieren Sie mich nicht auch mal?« Die Ärztin fand sogleich eine klinische Antwort: »Für Massagen sind die Krankengymnasten zuständig.«

Als Theaterschaffende interessiert uns der kreative Prozess der Theaterarbeit, nicht die Erforschung von Therapieverfahren. In welcher Situation und mit wem wir auch arbeiten, es geht uns immer darum, etwas zu *kreieren*. Wir wollen Menschen in eine kreative Spannung versetzen. Diese ruft sowohl innere Gesten und Bewegungen hervor – was zu einer starken Integration der Persönlichkeit führen kann – als auch neue Verhaltensweisen, was andere als

*Theaterspielen im Innenhof der psychiatrischen Klinik Ferrara (1977)
Cora Herrendorf mit Patienten und Pflegern*

*Theaterspielen im Innenhof der psychiatrischen Klinik Ferrara (1977)
Cora Herrendorf mit Patienten und Pflegern*

Heilung deuten mögen. Oliver Sacks schreibt in seinem Buch *Der Mann, der seine Frau mit einem Hut verwechselte*:

> Beim Theaterspielen gibt es die organisatorische Kraft aus der Rolle, die die Fähigkeit verleiht, für die Dauer des Parts eine ganze Persönlichkeit hervorzubringen. Die Fähigkeit, Theater zu spielen, scheint Menschen angeboren und völlig unabhängig von intellektuellen Unterschieden zu sein. Man findet diese Fähigkeit bei kleinen Kindern genau so wie bei verrückten Alten.[13]

Bei der Arbeit mit unseren Schülern haben wir gelernt, dass es sehr darauf ankommt, die richtige Balance zwischen dem Streben nach Präzision, die für die kreative Erfahrung entscheidend ist, und den Möglichkeiten zu finden, die jedem Einzelnen innewohnen. Einen Purzelbaum zu schlagen nach allen Regeln der Kunst bedeutet für einen Menschen mit eingeschränkter Bewegungsfähigkeit vielleicht eine Leistung, die dem dreifachen Salto eines Athleten gleichzusetzen ist. Man kann hohe Anforderungen an die Qualität der Arbeit stellen, wenn man bei den Prozessen, die im Einzelnen und in der Gruppe in Gang gesetzt werden, Schritt für Schritt so vorgeht, dass ständig Erfolgserlebnisse ermöglicht werden. Nach jedem Arbeitstag muss man müde sein, aber auch das Gefühl haben, etwas geleistet, einen Teil des Gesamtwerks vollbracht zu haben. Der Unterschied zwischen einer Gruppe von Schauspielern und einer wie auch immer gearteten anderen Gruppe besteht darin, dass die Schauspieler es verkraften müssen, wenn sich das Erfolgserlebnis erst spät einstellt. In einer Therapiegruppe dagegen kann sich ein langes Hinzögern des Erfolgs kritisch auswirken und sogar dazu führen, dass die Leute aus dem Prozess aussteigen.

Bei der Arbeit außerhalb des Theaters selbst müssen wir auch ständig damit rechnen, dass die Bedingungen, die in einer Einrichtung herrschen, sehr stören können. In geschlossenen Anstalten wird man leicht mit deren starr geregeltem Alltag Probleme haben. Man denke an das typische Abendessen um fünf Uhr nachmittags. Oder an unbehagliche oder ungeeignete Räume, oder an die Einmischungen des Dienstpersonals, das oft Schwierigkeiten hat, die Besonderheiten und Notwendigkeiten der künstlerischen Arbeit zu verstehen: Eine Tür, die zum unpassenden Zeitpunkt plötzlich aufgerissen wird, vom Standpunkt des Personals vielleicht durchaus gerechtfertigt, hat durchaus schon Panik ausgelöst, lähmend gewirkt und das Ergebnis eines ganzen Arbeitstages zunichte gemacht.

---

[13] O. Sacks, L'uomo che scambiò sua moglie per un cappello, (1985), Milano, Adelphi, 1994, S. 245

5. Den Körper wie ein Buch lesen

Die Erfahrung zeigt uns, dass wir im Alltag mit Körpersignalen agieren und reagieren, doch dass wir uns dessen im Allgemeinen nicht bewusst sind. Um bewusst handeln zu können, müssen wir lernen aufmerksam zu sein, die Zeichen zu beobachten und zu erkennen, mit denen uns ein Körper den Zustand mitteilt, in dem er sich befindet. Bei unserer Arbeit lesen wir diese Zeichen und entscheiden dann, wie wir intervenieren.

Unterschiedliche Emotionen rufen beispielsweise ganz bestimmte Gesichtsfarben hervor. Stellen wir uns eine Person vor, die man zum Spaß erschreckt hat. Zuerst wird das Gesicht weiß, weil sich der Herzschlag verringert. Manchmal kommt es sogar zu einem kurzen Stillstand. Dadurch zieht sich das Blut aus der Epidermis zurück. Beobachtungen beim Verhalten von Tieren lassen den Schluss zu, dass diese Reaktion durch den vom Selbsterhaltungstrieb gegebenen Impuls ausgelöst wird, sich unsichtbar zu machen. Der Körper ist dann, während er darauf wartet, dass die Gefahr vorübergeht, wie gelähmt. Wenn der erste Schreck vorüber ist und die Person erkennt, dass es sich um einen Scherz gehandelt hat, entsteht eine neue Reaktion. Vielleicht kommt ein aus Scham und Wut gemischtes Gefühl auf, das dem Herzen befiehlt, stärker zu pumpen, um die für die Muskeltätigkeit nötige Sauerstoffzufuhr zu erhöhen. Das Blut fließt in die Epidermis zurück, das Gesicht wird rot. Wird die Wut immer größer, kann eine unzureichende Sauerstoffversorgung zu einer violetten und dann schließlich zu einer grauen Gesichtsfarbe führen, wie beim Ersticken. Die Wut kann in Ekel umschlagen, wenn es dem Organismus nicht möglich ist, den Adrenalinüberschuss abzubauen. Die Anstrengung der Leber, das Blut zu reinigen, kann dann zu einer leichten Gallenüberreaktion führen: Aus Violett wird Grün und Gelb. Und so weiter von einem Zustand zum anderen, und damit von einer Farbe zur anderen.

Jede Farbe im Gesicht des Schülers zusammen mit anderen Anzeichen gibt dem Regisseur oder Lehrer Hinweise für die Wahl der entsprechenden Technik, mit der er auf das Ergebnis hinarbeiten kann, das zu erreichen er in einem bestimmten Moment für sinnvoll hält: Entspannung oder Festigung des Muskeltonus, Vertiefung der Arbeit an einem bestimmten inneren Bild, mit der die Person gerade beschäftigt ist, Wechsel zu einer anderen Arbeitsweise, Einzelübung oder Arbeit in die Gruppe.

Als Einheit von Körper, Geist und Psyche haben wir uns in einer Evolution von vielleicht zweihundert Millionen Jahren herausgebildet, vom Stadium der Reptilien bis zu unserem heutigen Zustand. Dank der onto-phylogenetischen Entwicklung des Gehirns bewahrt es in sich Erinnerungen an das, was gewesen ist. Einerseits ist jede Person allen anderen in dem ähnlich, was sie mit der ganzen Spezies gemeinsam hat. Zugleich ist sie aber auch einzigartig, da sie ein Ergebnis der Interaktion einer unverwechselbaren

Herodes *(1977), Casciana Terme, Cora Herrendorf, Hugo Lazarte*

genetischen Kombination mit einem originären gesellschaftlichen Gefüge darstellt. Deshalb hängt es immer ausschließlich vom jeweiligen Individuum, von jeder ganz besonderen Person ab, welche Techniken nützlich erscheinen und angeboten werden müssen. Es gibt nicht *eine* Technik, um *ein* Problem zu bearbeiten.

Körper, Geist und Psyche bilden ein komplexes System, dessen elektrochemische Regulationsdynamik uns noch weitgehend unbekannt ist. Wir haben in den unterschiedlichsten Kulturen und in weit auseinander liegenden Disziplinen nachgeforscht und dabei Praktiken und Techniken entdeckt, mit denen wir unsere Arbeitsweise weiterentwickelt und vertieft haben. In jahrelanger Praxis haben wir sie zu einem System zusammengefügt. Bei ein und derselben Übung können gleichzeitig Elemente der Bioenergetik, des orientalischen Tanzes, der Biomechanik, der Methode der Improvisation nach Stanislavskij, des Hatha-Yoga oder des Zen zur Anwendung kommen. Bei der Arbeit entscheidet der Lehrer aufgrund seiner Erfahrung, seines Wissens, seiner Sensibilität und seiner Intuition von einem Moment zum anderen über die angemessene Vorgehensweise. Und dabei orientiert er sich an dem, was der Schüler ihm zeigt, indem seine Emotionen zum Ausdruck kommen.

Schauen wir uns an, wie es dazu kommt, dass Emotionen blockieren. Für uns ist es sehr wichtig, zwischen *Gefühl* und *Emotion* zu unterscheiden. Normalerweise werden beide Begriffe gleich verwendet. Die Etymologie des Wortes *Emotion* führt uns zu *e-motus*, »Bewegung nach außen«, also ausdrücken, zum Ausdruck bringen. Und was wird ausgedrückt? Ein Gefühl.

Stellen wir uns ein Kind vor, das zum ersten Male damit konfrontiert wird, dass ihm seine Eltern irgendetwas abschlagen. Es reagiert mit Ärger. Dieses Gefühl äußert sich in der Emotion Zorn, die durch Weinen und Schreien zum Ausdruck gebracht wird. Um diese Emotion hervorbringen zu können, muss der Körper mehr Sauerstoff verbrennen als normal, da durch den Zorn ein Anstieg der Catecholamine im Blut ausgelöst wird, der die Muskeltätigkeit anregt. Also erhöht das Kind seine Atemfrequenz. Die Eltern reagieren auf sein Weinen mit Gewalt. Diese Reaktion löst bei dem Kind Schrecken aus, eine Emotion, die sich unmittelbar auf das Herz-Atemsystem auswirkt: das Zwerchfell blockiert, die Sauerstoffzufuhr wird unterbrochen und die Gefühle erstarren. So führt der Enkulturationsprozess, dem wir in unserer Kindheit ausgesetzt sind, dazu, dass wir unsere Emotionen unterdrücken. Wollen wir nun in unserer Arbeit den ursprünglichen Zustand wieder herstellen, müssen wir gleichzeitig an mehreren Stellen ansetzen: beim Atem, bei der Stimme, beim emotionalen Gedächtnis, bei der Muskeldynamik.

Die Aktion des Lehrers richtet sich immer nach dem Kontext, in dem die Arbeit stattfindet, nach den Besonderheiten der Person, mit der er umgeht, nach den Ergebnissen, die er anstrebt. Die Techniken sind immer die gleichen, aber es sind die jeweiligen besonderen Anforderungen, nach denen man entscheidet, welche anzuwenden sind: Bei der Arbeit mit Schauspielern kann es richtig sein, darauf zu bestehen, dass ein bestimmtes Ergebnis erreicht wird, auch wenn es sehr große Anstrengung kostet. Unsere Schauspieler erlangen nach einiger Erfahrung mit dieser Arbeit einen Bewusstheitsgrad und eine Kondition, die es ihnen gestattet, den Prozess zusammen mit dem Lehrer selbst zu steuern. Das Gleiche gilt nicht unbedingt für Sozialarbeiter oder Patienten in einer psychiatrischen Klinik

Nehmen wir noch den Fall, bei dem es um das Auftreten einer uralten und ursprünglichen Emotion wie Angst geht. Ein Schüler lebt vielleicht in Verhältnissen, in denen er ständig Angst erfährt, und wir können davon ausgehen, dass er Angst kennt und gewohnt ist, damit umzugehen. Dennoch kann das Auftauchen dieser Emotion im Rahmen einer Improvisation katastrophale Folgen haben, wenn er nicht entsprechend begleitet wird. Er erlebt Angst in seinem Alltag wie tausend andere auch, die so leben wie er. Das ist eine Sache. Etwas ganz anderes aber ist es, wenn er allein auf der Bühne vor aufmerksamen Zuschauern im gnadenlosen Licht der Scheinwerfer steht. Da kann es sein, dass er vor Angst gelähmt ist.

Es ist normal zu glauben, dass man von Konditionierungen frei sei, und viele halten ihr ganz normales zwanghaftes Verhalten für ihren ›freien Willen‹. Der Schauspieler dagegen weiß, dass er Sklave seiner eingefleischten Verhaltensmuster ist, und diese Klarsicht ermöglicht es ihm, seine Emotionen zügeln zu lernen anstatt von ihnen hin- und hergerissen zu werden.

6. Der Schauspieler — ein professioneller Lügner?

Glauben heißt glauben wollen.

Miguel de Unamuno

„Ich glaube dir nicht!« Vielleicht markiert dieser Satz, den Stanislavskij zu Anfang dieses Jahrhunderts einem Schauspieler sagte, die Geburt des modernen Theaters. Früher hatte sich das Problem nie gestellt: Die Schauspieler täuschten Gefühle und Verhaltensweisen vor, und die Fähigkeit, professionelle Lügner zu sein, machte ihre besondere Qualität aus. Stanislavskij dagegen wollte einen Schauspieler, der fähig war, eine fiktive Wirklichkeit mit seiner eigenen Wahrheit zu erschaffen, also mit echten Gefühlen, die echtes Verhalten auslösen.

In diesem Zusammenhang schreibt Peter Brook:

> Heute haben westliche Schauspieler durchaus die Möglichkeit, alles zu erforschen, was Wut, politische Gewalttätigkeiten, sexuelles Leid und psychische Introspektion betrifft. Aber es ist nicht leicht für sie, szenische Bilder der unsichtbaren Welt zu finden, weil diese weder in ihren Alltagserfahrungen vorkommen noch von unserer Kultur erhalten werden.[14]

Wie kann ein Schauspieler so sehr an eine imaginäre Situation glauben, dass die Verhaltensweisen, die dabei zum Vorschein kommen, organisch, echt und somit glaubwürdig sind? Mir fällt wieder Pascal ein, der schreibt, er besäße gern den Glauben seines Köhlers, dem es genügte, niederzuknien und zu beten. Wenn wir niederknien, schmerzen uns nur die Knie. Von unserem Standpunkt als Agnostiker gesehen, gewöhnt und dazu konditioniert, rational zu denken, jede Sache nach dem Realitätsprinzip zu beurteilen und unter Realität das — und nur das — zu verstehen, was uns unsere Sinne vermitteln, uns als Künstlern stellt sich das Problem des Glaubenkönnens in seiner ganzen Schwere: Wenn ich nicht glaube, kann ich nichts *kreieren*!

Deshalb richten wir unser Augenmerk besonders auf diejenigen, die *glauben,* auf das *magische* oder *mythische Denken* der so genannten *Primitiven,* auf die Welt der Kinder, auf die Mystiker wie Johannes vom Kreuz, Therese von Avila, Franz von Assisi, auf die Schauspieler-Priester des Ostens, und auf den Wahnsinn.

Miguel de Unamuno schreibt dazu:

> Nur einer Person vertraut man. Man vertraut auf die Vorsehung, die als etwas Persönliches, Bewußtes aufgefasst wird, nicht auf das Schicksal, das unpersönlich ist. Und deshalb glaubt man an den, der uns die Wahrheit sagt, an den,

---

[14] P. Brook, Notizen zur Regie von *La Tempête,* Paris, Centre International de Créations Théâtrales, S. 3

der uns Hoffnung gibt; nicht unmittelbar und direkt an die Wahrheit, nicht an die Hoffnung selbst.[15]

Es scheint, als beschriebe Unamuno hier, was für das Verhältnis zwischen Schauspieler und Zuschauer von entscheidender Bedeutung ist: Der Zuschauer erwartet sich von den Schauspielern Wahrheit und Hoffnung.

Der Glaube ist eine notwendige Voraussetzung für die Präsenz des Schauspielers. Was uns an orientalischen Künstlern fasziniert, ist sicherlich die Präzision ihrer Gesten, aber vor allem ist es wohl ihr Glaube, der den Sinn und die Ordnung ihrer Bewegungen stiftet, der sie stützt und stärkt.

Der Glaube setzt einen Energiefluss in Gang, der durch die von der Disziplin geschaffenen Bahnen fließt. Glaube als Wille zur Existenz, als Wille zum Ausdruck, aber gleichzeitig auch als Selbstauflösung, in dem das Ego immer stärker zurücktritt. Durch den Mechanismus der Transsubstantiation ermöglicht es der Glaube zu handeln und dabei von sich selbst abzusehen. Damit kommen wir nahe an das heran, was wir von unseren Schauspielern verlangen: *Sei schöpferisch, sei ein anderer, bring deinen Glauben zum Ausdruck, deinem Ego zum Trotz!* In dem Augenblick, in dem du dich bewusst manipulierst mit der Absicht, den Zuschauer zu fesseln und mitzureißen, wirst du zum Verführer. Damit geht es uns dann genau wie mit dem Kind, das uns fasziniert, wenn es in seiner kindlichen Unschuld handelt, das uns aber unsympathisch wird und uns abstößt, wenn wir merken, dass es die Situation durchschaut und versucht, uns zu manipulieren.

Für uns besteht die langwierige und oft mühsame *Arbeit des Schauspielers an sich selbst* darin, wieder zum Kind zu werden. In Kindern ist das magische Denken des *Primitiven* durch die Ontogenese noch lebendig, bis es durch kulturelle Anpassung zensiert und verdrängt wird. Es ist jedoch möglich, wieder Zugang zu dieser Seinsweise zu gewinnen. Wir können das mühsam angeeignete, gesellschaftlich angemessene Verhalten wieder ver-lernen und in schmerzlichen Prozessen die Mechanismen abbauen, die die Verbindung zwischen Denken und Fühlen blockieren. Somit können wir die Unschuld und die Fähigkeit zu staunen wiedererlangen. Auf diesem Wege nähern wir uns der Erfahrung der Mystiker, ihrer Suche nach Heiligkeit. Auch sie beziehen sich häufig auf den Glauben des Kindes. Im Verführer sehen sie den Teufel. Deshalb appellieren sie: Überwinde dich selbst! Hin zum Glauben durch die Arbeit an sich selbst bis zur Überwindung des Ego: Das Ego brennt im »*Feuer, das nicht brennt*«, berührt »*die Flamme, die nicht brennt*«, wie Johannes vom Kreuz in den *Gesänge(n) der Seele an den Bräutigam* sagt. Auf dem Scheiterhaufen des Ego werden die stofflichen Dinge, die Erinnerungen, Assoziationen, Bilder wie Reisig beim Herrichten eines Feuers

---

[15] M. De Unamuno, Del sentimento tragico della vita negli uomini e nei popoli, 1913 Florenz, Rinascimento del Libro, 1946, S. 207

angeordnet, so, dass sie gut brennen können. Und indem sie verbrennen, werden sie zu Präsenz, entsteht ein Strom von Energie, der durch den Kreislauf fließt.

Das erklärt, warum wir beim Schauspieler die Beherrschung der Technik als Selbstzweck ablehnen. Wir streben in erster Linie nach Askese, dann erst nach Geschicklichkeit. Diese ist nur Mittel zum Zweck.

»In dem Moment, in dem du beginnst zu wollen, fällst du unter die Gerichtsbarkeit des Bösen«, heißt es bei E. M. Cioran.

Es ist ein Problem, wenn ein Schauspieler in die Technik verliebt ist: Es hat so viel Anstrengung gekostet, sich diese Geste anzueignen, unzählige Stunden und Tage einsamen Übens im Kampf gegen Krämpfe, Müdigkeit, Kälte und Langeweile. Dann endlich beherrscht man die Technik. »Ich habe es geschafft und jetzt verdiene ich auch Applaus, und ich will ihn haben!« Die Technik drängt sich so leicht in den Vordergrund. Du bist fasziniert von dem Genuss, den dir das Wissen und die Beherrschung bereiten. Du hast Macht über dich und damit auch über andere, zwar oft nur für kurze Zeit, vielleicht nur für Augenblicke, aber trotz der Vergänglichkeit ist diese Erfahrung durchaus gewichtig. Die anderen, die Zuschauer, sind gebannt von deinen Gesten, von der Raffinesse der Effekte, von der Meisterschaft, mit der du die Gegenstände, die du berührst, mit denen du spielst, zum Leben erweckst. Wie das Kind, das gelernt hat, den Großen zu schmeicheln, und das nicht genug von ihrer Zuwendung bekommen kann. Und in der Tat ist des Lobes ja nie genug! Wieder wie ein Kind zu werden heißt aber für den Künstler, sich das Staunen, die Fähigkeit zum Staunen zurückzuholen, und nicht, andere in Staunen zu versetzen. Denn sonst bringst du das Publikum dazu, deinen Finger zu bewundern, der auf den Mond zeigt und nicht den Mond. Deine Aufgabe ist es nicht, deine schauspielerischen Fähigkeiten zum Gegenstand der Begeisterung zu machen, sondern die Geheimnisse des Lebens zu enthüllen.

7. Meister und Schüler, ein Drama in vielen Akten

Indem wir Vertrauen lernen, erlangen wir die Voraussetzung dafür, dass wir uns selbst und die anderen kennen lernen. Das Überleben unserer Spezies hängt von der erfolgreichen Weitergabe der Erfahrungen und erworbenen Kenntnissen ab, die über Jahrtausende hinweg von den Eltern an die Kinder, von Lehrern an ihre Schüler weitergegeben wurden. Dabei ist Vertrauen unbedingt notwendig. Wer oder was auch immer uns gemacht hat – Gott oder die Natur – hat deshalb das Vertrauen mit unserem Selbsterhaltungstrieb verbunden, vielleicht als eine Art *sozialer Überlebenswillen*, der in unser kollektives Unbewusstes eingeprägt ist.

Nun ist aber unsere Geschichte andererseits eine Geschichte des Verrats.

Vielleicht der erste und schmerzhafteste passiert bei der Trennung von der Mutterbrust. Das Kind erlebt diese Trennung als Bruch des Vertrauens. Es lernt zu misstrauen, und dieses Misstrauen wächst gegenüber allen anderen, und das wiederum führt zu einem Mangel an Vertrauen zu sich selbst. Vielleicht rührt daher auch unser erstes Schuldgefühl: Das Abgeschnittensein von der Quelle höchster Lust muss auf ein Fehlverhalten meinerseits zurückzuführen sein, auf ein Vergehen, das ich selbst nicht kenne. Nicht meine Mutter, sondern ich selbst bin verantwortlich für diese Vertreibung aus dem Paradies, und für den Rest meines Lebens muss ich, unbewusst, nach dem Grund dafür suchen, und mein Weg wird unvermeidlich von dieser Suche beeinflusst sein. Für eine pädagogische Beziehung ist deshalb von zentraler Bedeutung Vertrauen herzustellen.

Auf diese Erbschaft und auf die sehr unterschiedlichen Veranlagungen zum Lernen, die jeder mitbringt, nimmt in der Regel die Schule in unserer Kultur, zweck- und leistungsorientiert wie sie ist, leider keine Rücksicht. Indem wir uns mühsam und gelangweilt viel nutzloses Wissen uns anzueignen gezwungen werden, verlernen wir das Lernen. Das Verhältnis zwischen Lehrern und Schülern wird nach Regeln der Didaktik organisiert, linear und bürokratisch. Wie Vachtangov schreibt, »unterrichten« Lehrer, indem sie dafür sorgen, dass Zeichen, Vorbilder und Verhaltensweisen verinnerlicht werden, anstatt dass sie hervor holen, was in den Schülern ist, und diese lehren, in dialektischen Vergleichen zu denken, um so zu Erkenntnissen zu gelangen. Durch diese Art der Beziehung geprägt neigen wir später dazu, unsere Erfahrung auf jede andere pädagogische Situation zu projizieren und von jedem Lehrer das Verhalten einzufordern, das zu erwarten wir gelernt haben. Bei unserer Arbeit aber ist eine solche Haltung hinderlich. Um Lernen zu lernen, muss also zuerst Gelerntes wieder ver-lernt werden.

Der Familie und der Schule verdanken wir unsere Schwierigkeit oder gar die Unfähigkeit, Kritik zu akzeptieren. Kritik löst Angst in uns aus, weil wir sie als Angriff auf unsere Integrität erleben. Und es gibt gute Gründe dafür, denn sie wurde oft missbraucht und als Waffe gegen uns verwendet. Wir fürchten uns vor Kritik, selbst wenn wir wissen, dass ohne sie kein Wachstum möglich ist. Wenn wir gelernt haben, Kritik zu akzeptieren, die Freude kennen, die das Wachsen durch Kritik mit sich bringt, dann wissen wir, dass das Vertrauen in den Kritiker notwendige Voraussetzung dafür ist.

Um also Lernen zu lernen, muss ich mich hingeben können. Um mich hingeben zu können, muss ich Vertrauen haben. Habe ich kein Vertrauen, kann ich mich nicht hingeben. Da ich mich nicht hingeben kann, habe ich kein Vertrauen. Um aus diesem Teufelskreis herauszukommen, muss jeder seinen eigenen Ausweg finden. Und dann kann es schließlich heißen: »Ich gebe mich hin, dann wird Vertrauen schon entstehen!«

Die pädagogische Situation zwischen Meister und Schüler ist auf jeden Fall ein Drama in vielen Akten. Dass der Mangel an Vertrauen mit Schuldgefühlen einhergeht, beschäftigt uns immer wieder: Der Schüler fühlt sich schuldig, weil es ihm nicht gelingt, das notwendige Vertrauen aufzubringen. Der Meister fühlt sich schuldig, weil es ihm nicht gelingt, Vertrauen zu wekken. Erst wenn beide sich bewusst sind, welche durch Erfahrung geprägten Muster bei diesem Verhältnis im Spiel sind, wird eine gemeinsame Entwicklung möglich. Der Meister leitet den Prozess, gewiss, doch der Schüler bestimmt den Weg, und so bewegt man sich in einer vielfältigen Wechselbeziehung. Auf eine präzise Frage kann die Antwort Schweigen sein. Eine Aufgabe kann absurd wirken, und vielleicht ist sie es auch. Ein Urteil kann schwer zu ertragen sein. Ein Spiel ohne Garantien, aber nicht ohne Regeln, das sich auch zu einem Kampf entwickeln kann. Eine scheinbar ausweglose Situationen kann sich aber auch in schallendem Gelächter auflösen.

Vertrauen: Der Schüler kann es nicht willentlich herstellen, und es ist nicht Aufgabe des Meisters, es absichtlich hervorzurufen, selbst wenn das möglich wäre. Im Gegenteil! Nur wenn sich beide auf den Prozess der gemeinsamen Arbeit einlassen, ihn ausdauernd und mit Fairness vorantreiben, kann dieses Vertrauen irgendwann als ein deutlich erkennbares Gefühl auftauchen. Von diesem Augenblick an wird eine neue Qualität in dem Verhältnis spürbar sein, woraus wiederum neue Sicherheit erwächst. Doch das muss nicht für immer sein. Das Vertrauen ist wie eine Art Hektoplasma, das sich in dem Verhältnis zwischen Meister und Schüler bildet, ein dynamisches Element, das wächst und sich verwandelt, sich aber plötzlich auch wieder auflösen kann.

Eines ist sicher: Um zu wachsen, braucht der Schüler einen Meister, jemanden, der sich ihm gegenüber dialektisch und selbstlos verhält. Warum aber, so fragt man sich, sollte jemand eine solche Belastung auf sich nehmen? Man kann nicht glauben, das sei mit Geld zu erledigen. Geld ist gewiss nicht das Mittel, das direkt zum Wachstum der Seele und des Geistes führt. Nicht zufällig wenden sich viele nach Osten, wo noch andere Formen der Unterweisung lebendig sind. Doch wir leben im Westen, in einer Geldgesellschaft, wo die Mechanismen des Marktes allmächtig sind, und wir sind seine Geschöpfe. Besitzt du so und so viel, bist du so und so viel wert. Du gibst mir so und so viel, also gebe ich dir so und so viel. Schwierig! Meister lassen sich nicht im Branchenverzeichnis finden. Damit du deinen Meister findest, musst du erst einmal akzeptieren, dass du einen brauchst. Dann musst du dich für ihn empfänglich machen. Die Erfahrung lehrt, dass du den Meister, den du willst, kaum durch Suchen finden wirst. Er wird auftauchen, unvermutet, vielleicht, wenn und wo du es am wenigsten erwartest. Er kann ein Kind sein oder ein Landstreicher. Wenn du dazu bereit bist, wirst du ihn erkennen.

Eine Schülerin bereitete mir ständig Probleme bei der Arbeit. Sie war gescheit und begabt, besaß jenes Naturtalent, das solchen Schülern oder Schülerinnen oft ein Hindernis ist. Die wichtigsten Dinge erfasste sie im Flug, als hätte sie sie schon immer gewusst. Während sich ihre Mitschüler abmühten, brachte ihr Talent sie wie auf einer Abkürzung sofort mühelos ans Ziel. Dort angekommen, gelang es ihr jedoch nicht, die Sache zu vertiefen. Ihre Resultate besaßen nicht die nötige Dichte, die sie hätte erreichen können, wenn sie nur genug Geduld und Ausdauer aufgebracht hätte. Andererseits war sie von einer überwältigenden Aufrichtigkeit, was ständig eine gereizte Atmosphäre um sie herum schuf. Sie war in allem die Beste, um sie herum war die hellste und leuchtendste Farbe, und sie war von unbeirrbarer Spontaneität. Aber ich konnte nicht mit ihr arbeiten: sie war unfähig zur Disziplin, hielt sich nicht an den Zeitplan und achtete die Arbeit der anderen nicht. Ich habe nicht viele Menschen getroffen, die mich so wütend machen konnten. Ich war der Meister, ja, sie hatte mich dazu auserwählt. Ich erwog ernsthaft, diese Arbeitsbeziehung abzubrechen. Dann analysierte ich die Wut, die sie in mir auslöste, und ich begriff: sie war meine Meisterin, eine Meisterin der Aufrichtigkeit.

8. *Die Demut von Bergleuten*

> *Demut ist die Stärke des Schauspielers,*
> *der nicht im Mittelpunkt derer stehen muss,*
> *die ihn umgeben.*
>
> Eugenio Barba, *La canoa di carta*

Auf meinem Arbeitstisch steht seit Jahren eine Karbidlampe, die ich in Katowice, dem Zentrum des polnischen Kohlenbergbaus, in einem Eisenwarenladen aus einem Haufen Schrott hervorgezogen habe. Sie gehörte vor mir einem Kumpel und trägt eingraviert die Zahl 10. Sie erinnert mich daran, dass ich privilegiert bin. Ich mache Theater, bewege mich im Freien, in der Sonne, während ihr früherer Besitzer, der Gefahr von Schlagwetter ausgesetzt, im schwachen Licht und dem Gestank von Acetylen dem Erdinneren Kohle abrang. Die Grubenlampe erhellt eine wichtige Metapher für die Arbeit des Schauspielers. Auch er steigt hinab in die Tiefe, um Material an die Oberfläche zu bringen, das anderen Licht und Wärme geben kann. Um das jedoch zu können, braucht er die Demut der Bergleute. Die Arbeit, die sie unter Tage machen, in niedrigen Schächten die Kohle loshauen bei Staub und Hitze, und überhaupt ihr ganzes Leben, das von dieser Arbeit geprägt ist. Da ist kein Raum für Eitelkeit und Arroganz. Die Leute machen ihre Arbeit, das ist alles.

Muss denn das Theater, dieser Apparat der Selbstdarstellung, das Ego des Schauspielers aufblasen, oder kann er es transformieren? Wenn wir das Wort *Demut* hören, denken wir vielleicht zunächst an Unterwerfung. Das hat aber nichts mit dem zu tun, was wir machen. Wir suchen nach Klarheit. Nimmt man das Wort im kirchlichen Kontext, dann kann es leicht zu Missverständnissen führen. Hier wird es gebraucht, um den ›Schäflein‹ ihr Einverständnis mit Unterdrückung abzuverlangen. Gewiss ein Begriff mit vielen Implikationen. In der Politik: da werden Fragen der Beziehungen der Menschen bezüglich ihrer Position auf der sozialen Stufenleiter aufgeworfen. Im wirtschaftlichen Bereich verweist es auf ein Verhältnis von sich verkaufen oder sich nicht verkaufen, einen Kompromiss annehmen oder zurückweisen.

Bei unserer täglichen Arbeit in unserem Theaterlabor ist *Demut* eine Haltung, die eine Grundvoraussetzung ist, die schwierigste und die notwendigste. Uns selbst und anderen immer wieder einzugestehen, wie wenig wir wissen und können, wie wenig geeignet und bereit wir sind, uns dem Zuschauer zu stellen, den anderen Schauspielern, die wie Spiegel unserer selbst sind, uns so ähnlich und doch so anders. Es ist ein komplexer Prozess, den jeder mit jedem eingehen muss. *Demut*, nicht als Unterwerfung, sondern als Zurücktreten des Ego. Auf diese Weise gewinnen wir freien Zugang zu unseren Ressourcen, ohne durch ein Ego behindert zu sein, dass unsere Aufmerksamkeit bindet. Denn nur, wenn wir diesen freien Zugang haben, gelangen wir dahin, dass wir das lernen, was wir uns vorgenommen haben: und das ist nichts weniger als die Suche nach der Wahrheit in uns und deren Ausdruck. Es ist diese Haltung, die es ermöglicht, dass die Zuschauer den Schauspielern die Überheblichkeit verzeihen, dass sie vor sie hintreten und etwas zeigen, darstellen, auf etwas hinweisen. Sie ist ein Maßstab für den Entwicklungsprozess, den die Schauspieler durchmachen, sie hilft ihnen, die nach und nach erzielten Ergebnisse auf ihre Echtheit zu überprüfen. Diese Haltung kann die Kräfte bremsen, die den Schauspieler immer wieder unbewusst dazu drängen, dies oder jenes zu sein, um die Wünsche der Gespenster, die wir in uns tragen, zu erfüllen. Es ist ein schwieriger Weg. Die ganze Last unserer persönlichen Verhältnisse, wirtschaftlicher und sozialer Druck, alles drängt uns in eine ganz andere Richtung, hin zu Absicherungen, Selbstbestätigung und Erfüllung der Wünsche unserer Eitelkeit. Und dann die Leiden, die diese Art zu leben häufig mit sich bringt, der ewige Mangel und das endlose Proben. Verwöhnte Kinder, die wir sind, erscheint uns Narziss als unser unvermeidliches Kultbild. Es ist schwierig, mit Niederlagen umzugehen, aber noch schwieriger mit Erfolg. Beifall verwirrt. Immer wieder müssen wir uns fragen: Was wird denn da eigentlich belohnt, wenn wir Beifall und Zustimmung bekommen? Die Arbeit ist alles! Sie bringt die Freude, intensiv zu leben, auch wenn uns manchmal Neid und Eifersucht zusetzen, als gingen wir über glühende Kohlen, oder wir tiefen Groll hegen auf die Arbeit eines Mitspielers. In der Dynamik der Theatergruppe ist Demut nicht, oder nicht nur, eine Frage der Ethik oder der Moral, eine philosophische Übung oder etwas, wovon man absehen kann. Viel einfacher: Es geht nicht ohne sie!

9. Die Kunst des Beobachtens

*Meiner Ansicht nach sind wir nicht blind geworden,
meiner Ansicht nach sind wir Blinde, die sehen,
sehende Blinde, die dennoch nicht sehen.*

José Saramago, *Cecità*

Meister, was bedeutet es, ein Regisseur zu sein?« Stansilavskij antwortete: »Sag mir, was du hier ringsherum siehst.« Einige Minuten lang zählt der Schüler eifrig all die Dinge auf, die er sieht. »Ist das alles?«, fragt der Meister. Und dann beschreibt er stundenlang, was *er* sieht, und sagt zuletzt: »Wenn du mindestens so viele Dinge siehst wie ich, dann kannst du Regisseur werden.«

Was ist *Sehen*? Ich war sehr überrascht, als ich von den Neurologen erfuhr, dass der Akt des Sehens aus einer subjektiven Konstruktion resultiert. Ich hatte immer gedacht, es genügt, die Augen aufzumachen. Ich nahm an, dass räumliches Sehen und Tiefenschärfe durch die Anordnung der Gegenstände im Raum bedingt wären und nicht durch die Art und Weise, wie mein Gehirn die topographischen Signale aufnimmt und übersetzt, die die Augen übermitteln, und dass dies ein Vorgang ist, den wir von Kindheit an bis zum Automatismus einüben und den wir unmerklich vollziehen. Aldous Huxley schreibt:

> Am Verhalten von Kleinkindern lässt sich sehr gut erkennen, dass wir nicht mit ausgereiften Vorstellungsbildern auf die Welt kommen.[16]

Und Oliver Sacks sagt in dem Zusammenhang:

> Normalsichtigen bereitet es keine Mühe, aus den optischen Sinnesdaten Formen, Konturen, Objekte und Szenen zu konstruieren; sie haben solche visuellen Konstrukte, die Sehwelt, von Geburt an aufgebaut und dafür einen gewaltigen, reibungslos funktionierenden kognitiven Apparat entwickelt. (Normalerweise ist die Großhirnrinde zur Hälfte mit der Verarbeitung visueller Daten befaßt).[17]

Es scheint so, als wäre das Sehen der wichtigste unserer Sinne. Das geht so weit, dass wir sehen wollen, um glauben zu können. Andererseits heißt es auch: Man sieht nur, was man sehen will. Der Automatismus erlaubt uns einerseits das Sehen, andererseits macht er uns blind. Wie ein Filter sortiert er die zahllosen, auf unseren Wahrnehmungsapparat eindringenden Reize und

---

[16] A. Huxley, *L'arte di vedere* [1943], Milano, Adelphi, 1989, S. 39
[17] O. Sacks, *Un antropologo su Marte. Sette racconti paradossali*, Milano, Adelphi, 1995, S. 193

wählt aus, was er für wichtig oder bedeutsam hält. Diesen Überwachungsmechanismus machen sich zum Beispiel die Zauberer zu nutze. Sie lenken die Aufmerksamkeit der Zuschauer auf einen bestimmten Punkt, auf eine bestimmte Geste, damit sie – obwohl sie doch sehen können – blind werden für die Bewegung, die verborgen bleiben soll. Wir sind so sehr Sklaven unserer Augen, dass uns jeder Illusionist leicht täuschen kann. Man kann unsere Kultur als eine Kultur der Bilder bezeichnen. Täglich werden wir von zahllosen Bildern bombardiert, die von Täuschungsexperten gesteuert werden. Da gut die Hälfte unseres Großhirns an der Verarbeitung der visuellen Reize beteiligt ist, können wir leicht den Schluss daraus ziehen: Wir bekommen immer mehr zu sehen, und dadurch werden wir überflutet von dem, was wir sehen.

In unserem Theaterlaboratorium lernen wir zu *beobachten*. Wir setzen unsere Techniken dazu ein, zwei unterschiedliche, wenn auch zusammenhängende Aufgaben anzugehen: unsere Abhängigkeit vom Automatismus des Sehvorgangs zu verringern und den Unterschied zwischen *beobachten* und *sehen* zu lernen.

Wichtige Erfahrungen machen wir bei den Übungen, bei denen wir mit dem Entzug dieser Sinneswahrnehmung, zum Beispiel mit verbundenen Augen arbeiten. Sacks erinnert uns daran, dass wir, die sehen können, eingetaucht leben in Raum und Zeit, während für die Blinden die Welt lediglich eine zeitliche Dimension hat, selbst die Idee von Raum unverständlich ist.[18] Für Blinde ist Raumgefühl nur am eigenen Körper wahrnehmbar. Die Koordinaten ihrer Position in einem Raum werden nicht von den Gegenständen vorgegeben, die sie um sich herum sehen, sondern von der Dauer der Bewegungen, die sie machen müssen, um sie zu berühren. Stark ausgebildet sind dagegen die Impulse, die von ihren übrigen Sinnen ausgehen, und deshalb bauen die Blinden ihre Welt auf Sequenzen von Tast-, Gehör- und Geruchseindrücken auf. Mit den Erfahrungen, die wir bei unseren Übungen machen, lernen wir, mit den anderen Sinnen zu sehen und ein heilsames Misstrauen gegen den Automatismus des Sehens zu entwickeln.

Wir alle sind gewöhnt, das, was wir sehen, aus unserer *Weltanschauung* heraus zu deuten und wir verwechseln fast automatisch das, was wir gesehen haben, mit dem, was wir interpretieren. Wir sind unzuverlässige Zeugen. Wenn wir eine Beobachtung zu einem bestimmten Verhalten oder zu irgendeinem Sachverhalt machen, müssen wir lernen, das, was wir sehen, von den automatischen assoziativen oder moralischen Zuordnungen zu trennen. Das nennen wir die *Lektüre des Verhalten*. Bei Übungen im Laboratorium lernen wir deutlich zu unterscheiden: die reine Beobachtung, also nur das, was wir wahrnehmen in dem, was wir betrachten; die Assoziationen, die durch das, was wir sehen, in uns geweckt werden und die Vorurteile, deren Aufkommen

---

[18] Ebd., S. 179

wir zwar nicht vermeiden, die wir aber isolieren und von der reinen Beobachtung trennen können.

9.1. Beobachtungen über das Beobachten

Mit Freunden besuchte ich eine Ausstellung über Pompeji im Palazzo Diamanti in Ferrara. In einem der Säle betrachteten wir lange eine Skulptur aus Marmor mit dem Titel *Hermaphrodit*. Sie stellt einen Satyr dar, der einen weiblichen Körper umschlungen hält. Auf der Straße dann unterhielten wir uns über unsere Eindrücke, und die Freunde sprachen begeistert von der Schönheit dieser Skulptur und besonders vom Reiz des weiblichen Akts in den Armen des Satyrs. »Aber die Figur war doch männlich«, sagte ich. Sie reagierten erstaunt und behaupteten beinahe empört, dass es sich doch ganz eindeutig um eine Frau handele: »Die Weichheit der Formen, die Arme, Schultern, der ganze Körperbau.« Worte gingen hin und her, und zuletzt schlossen wir eine Wette ab. Am nächsten Tag gingen wir noch einmal ins Museum, und nun sahen es auch die Freunde. Ganz offensichtlich: die männlichen Geschlechtsorgane waren nicht zu übersehen, und ich hatte eine Flasche guten Whisky gewonnen. Wie war das möglich? Wir hatten die Figur aus dem gleichen Blickwinkel betrachtet. Klar sichtbar war auf dem Schildchen der Titel: *Hermaphrodit*. Und obwohl die Freunde die männlichen Attribute gesehen haben mussten, hätten sie vor Gericht geschworen, dass es sich um eine Frau handelte: Sie hatten hingeschaut, ohne zu sehen. Die Assoziationen im Kopf, (ein weiblich gerundeter Hintern, also ein Frauenhintern, also eine Frau) und das folgende Vorurteil (so ein Arsch kann unmöglich einem Mann gehören) hatten die Tatsachen in den Hintergrund gedrängt.

Ein schönes Beispiel, bei dem das vorurteilslose Hinschauen zum Erkennen führt, findet man bei Edgar Allan Poe in der Erzählung *Der gestohlene Brief*. Die berühmte Geschichte, die Lacan in seinem *Seminar* verwendet. Monsieur Dupin ist mit einem scheinbar unlösbaren Fall betraut. Ein Minister hat der Königin einen kompromittierenden Brief gestohlen und erpresst sie nun damit. Die Königin hat sich dem Chef der Pariser Polizei anvertraut und ihn gebeten, das Dokument zurückzuholen. Alle Bemühungen der Polizei waren vergeblich, also wandte sich der Polizeichef an Dupin. Der überraschte alle, indem er den Brief dort fand, wo niemand ihn vermutet hatte. Er lag in der Briefmappe auf dem Schreibtisch des Ministers.

Versteckt unter aller Augen: Das Vorurteil − der Brief muss irgendwo an einem besonderen Ort verborgen sein − hatte sich als das sicherste Versteck erwiesen.

9.2. Baudelaires »Pilot«

Es war eine meiner ersten Erfahrungen als Schauspieler: Wir bereiteten uns gerade auf den Auftritt vor, jeder mit seinen eigenen inneren Bildern. An diesem Tag kamen mir Pferde in den Sinn. Ich sah Pferde, wilde Pferde, die im Galopp einen Abhang herunter gestürmt kamen. Das Bild wurde so lebendig, wie eine Halluzination. Es war nicht nur stärker als die Realität, als ich und meine Kollegen, die sich hier im Theater auf die Aufführung vorbereiteten, es war sogar stärker als die Realität, aus der es stammte, als die Pferde, die ich irgendwo als Kind gesehen hatte. Ich erstarrte vor Schreck. »Ich bin auf einem Trip, ich werde verrückt!« Plötzlich merkte ich, dass ich durch den Raum lief und meine Kollegen vor den Pferden warnte, und dabei sah ich mich selbst *von außen*, wie ich mit aufgerissenen Augen hin- und herlief und die Kollegen zur Flucht antrieb. Gleichzeitig sah ich die Pferde im Galopp auf uns zukommen und beobachtete das gesamte Bild. In dem Moment, in dem ich sah, dass ich mich selbst sah, verschwand die panische Angst. Ich begriff: das ist der »Pilot«, von dem mein Lehrer Renzo Casali im Zusammenhang mit der »Methode« immer wieder gesprochen hatte. Nun konnte ich die Situation steuern. Ich hatte nichts mehr zu befürchten und eine extreme Freude durchdrang mich.

Es ist schwierig, die Angst in den Griff zu bekommen, wenn wir im Theaterlaboratorium mit Bildern arbeiten, die derartig stark sind. Die Angst, die Kontrolle zu verlieren, verrückt zu werden, kann Schüler in Panik versetzen. Aber wenn diese Angst einmal überwunden ist, können sich die Bilder ausdehnen und uns erfüllen. So sah ich danach die Pferde nicht nur, ich roch sie und spürte auf der Haut ihr schweißgetränktes Fell. Ich hörte das Wiehern und das dumpfe Stampfen der Hufe. Wenn man ganz in einem Bild lebt, wird die Erfahrung während der Aufführung mitteilbar, den Mitspielern wie den Zuschauern. Die Zuschauer spüren, dass man von einem inneren Bild geleitet wird, dass man hier und gleichzeitig an irgendeinem anderen Ort ist. Sie spüren aber auch, dass man in der Lage ist, seine inneren Vorgänge zu steuern, und dass sie selbst ohne Gefahr daran teilhaben können. Die Kunst des Beobachtens erfordert also einerseits ein besonderes Training der Sinne und gleichzeitig, dass man eine »Teilung des Selbst« akzeptiert: Ich bin das, was ich tue, und ich bin auch derjenige, der mir gleichzeitig zuschaut bei dem, was ich tue. Darum geht es in dem Satz von Baudelaire, in dem er den Augenblick beschreibt, in dem er begreift, dass er ein Dichter ist: *Ich beobachtete mich, wie ich einen Baum betrachtete!*

10. Über die Sprache der Geste

> *Es gibt eine ganze Reihe Dinge, die ihr nie mit Worten ausdrücken könntet, weil sie sich nicht von der Sprache einfangen lassen. Wenn es euch gelungen ist, die beste Variante einer bestimmten Bewegung zu finden, müßt ihr sie mit eurem Körper zu zeigen verstehen, denn Worte werden euch dazu nicht ausreichen*
>
> Sergej Eisenstein, *Die Regie*

Wenn wir einem Tänzer oder jemandem, der wie er seine Bewegungen rhythmisch und mit Präzision ausführt, bei der Arbeit zusehen, so empfinden wir dabei ein Gefühl der Lust, das in direktem Zusammenhang mit dieser Präzision der Bewegungen steht. Je größer die Präzision, desto größer die Lust. Lässt die Präzision nach, verringert sich auch das Lustgefühl. Es kann sogar in Ärger umschlagen, wenn es an Harmonie mangelt.

Lust an der Präzision! Wer oder was uns auch immer erschaffen hat, hielt Präzision für so wichtig, dass in unseren Genen eine direkte Verbindung zwischen Präzision und Sexualität eingeschrieben ist. Dies gilt für alle Künste und handwerklichen Tätigkeiten: Ist etwas »gut gemacht«, ist immer Lust im Spiel, und zwar bei beiden: bei dem, der handelt, wie auch bei dem, der dabei zuschaut.

Wenn man eine Bewegung ausführt, mit der man keine Erfahrung hat, erfordert das mehr Energie, als wenn man sie bereits korrekt beherrscht. Der Teil der Energie, der bei der Bewegung nicht benötigt wird, wirkt auf das Instrumentarium ein. (...) Kein Bewegungsablauf ist auf ideale Weise effizient, wenn die eingesetzte Kraft bzw. die Gesamtenergie größer ist als sie für die Durchführung der Handlung erforderlich wäre. Diese Differenz wird vom lebenden Organismus als schwierig erlebt. Eine wirkungsvolle Bewegung wird als leicht und fließend (...) und als elegant wahrgenommen und empfunden.[19]

Die Lust, die die Vollkommenheit, die Präzision eines Bewegungsablaufs dem Ausführenden als auch dem Betrachter einer Geste bereitet, kommt sie vielleicht aus einer uralten Erfahrung, die mit dem Überlebenskampf zu tun hat, also aus unserem Selbsterhaltungstrieb? Die Präzision der Gesten unserer Vorfahren beim Feuermachen führte dazu, dass es warm wurde, die Präzision bei der Jagd dazu, dass man Nahrung hatte. Präzision ermöglichte letztlich das Überleben! Das Auge richtet seine Aufmerksamkeit vor allem dahin, wo eine Tätigkeit präzise ausgeführt wird. Vielleicht liegt da die Geburt der Ästhetik. Dass jemand etwas gut ausführt, ist entscheidend für das Überleben

---

[19] M. Feldenkrais, *Il corpo e il comportamento maturo* (1949), Roma, Astrolabio, 1995, S. 141

Sogno Di Una Cosa *(1984)*
Otto Schmidt, Nicoletta Zabini, Paolo Nani, Antonio Tassinari

der ganzen Gruppe. Von *seiner* Perfektion beim Feuermachen, bei der Jagd, hängt *mein* Überleben ab. Folglich finden auch wir heute noch das schön, was präzise gemacht ist: Eine Empfindung, die durch einen chemischen Prozess in uns ausgelöst wird, indem nämlich Endorphine ausgeschüttet werden. Könnte das nicht als Beweis dafür gelten, dass eine physiologische Verbindung zwischen Ästhetik und Körper besteht, die sich über Jahrtausende herausgebildet hat?

Allerdings, die Veränderung des täglichen Lebens durch die Technologie macht die Genauigkeit der Geste zunehmend überflüssig. Egal, wie du auf den Knopf drückst, die Maschine wird den Befehl perfekt ausführen. Gewöhnt, über Technologie mit der Umwelt zu interagieren, verlieren viele Menschen nach und nach das Bedürfnis und somit das Streben nach der Perfektion der Geste. Dadurch verliert sich auch die ursprünglich damit verbundene Lust. Es sind nur noch Spezialisten, die sich um diese Genauigkeit bemühen müssen: unter anderen die Sportler, die Schauspieler und Tänzer und ihre Zuschauer. Die Arbeit an der Geste führt daher zur Wiederentdeckung einer uralten Fähigkeit und einer Quelle der Lust, doch das ist noch nicht alles.

10.1. Geste und Maske

Im Lauf des Evolutionsprozesses hat der Körper viele Formen der Kommunikation entwickelt. Eine davon nennen wir die *Geste*. In unendlichen Abstufungen von Energie bringen wir sie in Bewegungen zum Ausdruck, die von unseren Muskeln vollzogen werden. Unser Gesicht hat, wie wir aus der Beobachtung unserer Anatomie wissen, viel mehr Muskeln als der ganze übrige Körper. Ihre Funktion ist es, eine unendliche Vielfalt von Gesten zu produzieren. Es ist also kein Zufall, dass sich unser Blick zuerst auf das Gesicht richtet, wenn wir jemandem begegnen. Die Botschaft, die wir darin lesen, signalisiert dem Überwachungsmechanismus, der in unserem limbischen System angesiedelten ist, welche Absichten der andere hat, und so können wir uns darauf vorbereiten, entsprechend zu reagieren. Seit der Gebrauch von Worten – eine vergleichsweise junge Kommunikationsform –, neben den der Gesten getreten ist, sind viele unserer Muskeln verkümmert. Unser Gesicht ist zu einer Maske erstarrt, die jeder auch gern nutzt, um sich hinter ihr zu verbergen.

> Ich sah sie an, lächelte und deutete mit der Hand ein Winken an. In diesem Augenblick zog sich mein Herz zusammen! Dieses Lächeln und diese Geste gehörten einer zwanzigjährigen Frau (...). Es war der Zauber einer Geste, die in der Banalität des Körpers ertrank (...). In dieser Geste blitzte, unabhängig von der Zeit, ein Hauch Faszination auf und blendete mich.[20]

Unser Gesprächspartner folgt nicht nur den Worten, die wir aussprechen, sondern auch den Signalen, die von unseren Masken ausgehen, und häufig besteht zwischen dem, was die Worte ausdrücken, und dem, was die Maske vermittelt, ein Widerspruch. Die Maske, die wir unser Gesicht nennen und die wir jeden Morgen im Spiegel betrachten, hat sich im Laufe unserer Lebensreise herausgebildet. Sie ergibt sich aus einer Architektur von Spannungen, die alle dem Kern unseres Wesens entspringen, wie Oscar Wilde uns im *Bildnis des Dorian Gray* aufzeigt. Sie ist eine komplexe Geste, eine Skulptur, die die Gesichtsmuskulatur Tag für Tag zusammenhält, ohne dass wir uns dessen im Geringsten bewusst sind. Die Theaterarbeit hilft uns zu verstehen, wie diese Masken funktionieren, wie sie zustande kommen, wie sie wirken. Bei unserem täglichen Training versetzen sich die Schauspieler immer wieder, ihren Körper und ihren Geist, in einen Zustand der Neutralität, in eine Art Nullpunkt des Ausdrucks. Danach beginnen sie, die Masken für den Körper, für das Gesicht derjenigen Gestalt, in deren Rolle sie schlüpfen wollen, herauszubilden.

Es ist unvermeidlich, dass sich die Arbeit an Geste und Maske auch auf die psychische und emotionale Verfassung dessen auswirkt, der sie »auf-

---

[20] M. Kundera, *L'immortalita*, Milano, Adelphi, 1993, S. 14

setzt«. Durch die Techniken, die wir verwenden, um zu diesen Resultaten zu kommen, eröffnen wir uns auch einen Zugang zu unseren »dunklen« Bereichen.

10.2. Die organische Geste, die wahre Geste

Bei der Arbeit im Theaterlaboratorium unterscheiden wir zwischen alltäglichen Gesten, die sich aus einem *automatisch* vollzogenen Bezug zur Welt ergeben, und nicht alltäglichen oder außergewöhnlichen Gesten, die wir *organische Gesten* nennen. Mit den alltäglichen Gesten führen wir Routinehandlungen aus. Einmal erlernt, werden sie gespeichert und automatisch abrufbar. Das Problem ist nur, dass dieser Automatismus, der dazu bestimmt ist, Energie zu sparen und der es uns erlaubt, mehrere Handlungen gleichzeitig auszuführen, sich unwillkürlich auch auf jene Gesten auswirkt, die wir gern als besondere, als »höhere« bezeichnen: in der Liebe etwa oder im schöpferischen Umgang mit Dingen oder Situationen. Es kann vorkommen, dass wir eine besondere Zuneigung ausdrücken wollen, aber die Signale, die wir aussenden, zeigen nur Routine.

Jede organische Geste gründet auf einem inneren Bild. Nach Piaget gibt es zwei Kategorien solcher inneren Bilder: die *reproduzierenden Bilder*, die schon bekannte und vorher wahrgenommene »Schauspiele« hervorrufen und die *antizipierenden Bilder*, die Bewegungen oder Veränderungen und ihre Resultate vorwegnehmen, ohne dass vorher ihre Wirklichkeit erfahren worden wäre. Das Bild einer Geste im Gehirn löst neurologisch die gleichen elektrischen Schwingungen aus wie die Geste eines wirklichen Gegenübers. Das bedeutet, dass ihre Evokation einen Entwurf dieser Geste voraussetzt. Auf dieser Tatsache beruht die Erfahrung der *virtuellen Realität*.[21]

Um eine organische Geste hervorzubringen, muss ein Prozess durchlebt werden, bei dem folgende Schritte notwendig sind: Innere Bilder tauchen auf, die wie Projektionen hinter unserer Stirn erscheinen. Sie können aus unserer Erinnerung stammen oder willentlich hervorgerufen werden. Diese werden in Gefühle übersetzt. Die Gefühle wiederum rufen Emotionen hervor, die die Muskeln anregen, die die Gesten, die wir *organische Gesten* nennen, hervorbringen. Gefühle selbst sind vom Willen unabhängig. Man kann sie nicht wie auf Knopfdruck einschalten. Sie können aber indirekt geweckt werden durch unsere Fähigkeit, geistige Bilder hervorzurufen. Diese können wir beeinflussen.

Ich will hier ein inneres Bild beschreiben, das ich in mir trage und das natürlich aus meiner persönlichen Erfahrungswelt stammt. Es ist nicht wie ein Foto, aber es kann Gefühle in mir entstehen lassen. Ich sehe mich, wie ich

---

[21] Vgl.: J. Piaget, *Psicologia e sviluppo mentale del bambino*, 1966, Milano, Mondadori, 1986, besonders das dritte Kapitel: La funzione semiotica o simbolica.

zum letzten Mal die Tür unserer Wohnung in Buenos Aires zuschließe. Es war vor der Abreise nach Italien. Geplant war eine Tournee, die einige Monate dauern sollte und von der wir reich an Erfahrungen zurückzukommen hofften. Die Aufregung vor der großen Reise, die Vorfreude auf all die faszinierenden Erfahrungen, die wir machen würden. Das ist die eine Palette von Gefühlen, mit denen ich arbeiten kann. Ich kann aber auch mit den Gefühlen arbeiten, die bei der Betrachtung der gleichen Situation von einer anderen Position aus auftauchen: Die Trauer des Exils. Ich weiß, dass dieser Horacio diese Tür nie wieder sehen wird. Alles blieb zurück: die Freunde, die Bücher, lieb gewordene Gegenstände. Keine Rückkehr. Sie wurde verhindert durch den Staatsstreich des Militärs, der zur Diktatur führte, in der dreißigtausend Menschen ermordet wurden. Dieser Horacio weiß, dass der größte Teil der Bücher, die er in jener Bibliothek zurücklässt, verbrannt wird. Er weiß, welche Zukunft ihn erwartet. Den Schlüssel jener Tür hat er immer noch, so wie die Araber, als sie Granada verließen, oder die Juden, die aus Toledo verjagt wurden, ihre Schlüssel behielten. Beide Gefühlsregungen, die ich mit diesen Assoziationen umschreibe, gehen vom gleichen inneren Bild aus. Nur die Farben sind unterschiedlich, je nach dem Standort, von dem aus ich die Szene betrachte.

Unsere inneren Bilder sind sehr empfindlich, sie werden leicht getrübt. Man muss lernen, sie vorsichtig aus der Erinnerung hervorzuholen und daran arbeiten, ohne sie zu beschädigen, aufmerksam den Inkarnationsprozess vollziehen, bis zu dem Augenblick, in dem sie zu Empfindungen und Gefühlen werden. Man muss lernen zu schweigen, denn spricht man über das, was geschieht, wird sich das Bild unvermeidlich trüben, und wenn man es das nächste Mal heraufbeschwört, wird die Erinnerung auch die Veränderungen mitliefern, die es erfuhr, indem man darüber gesprochen hat. Teile den anderen die Resultate mit, wenn du unbedingt willst, aber schütze deine Bilder. Ein chinesisches Sprichwort besagt: »*Sprich nicht über deine Liebe, denn sonst verfliegt sie mit dem Atem.*«

Es gibt organische Gesten, die sich aus einer Art archaischem Gedächtnis herleiten. Julio Cortazar schreibt:

> Ich denke an die vergessenen Gesten, an die vielen Verhaltensweisen und Worte der Vorväter, die Stück für Stück verloren gingen, nicht vererbt wurden, nach und nach vom Baum der Zeit herabgefallen sind. Heute Nacht fand ich eine Kerze auf dem Tisch, und zum Spaß zündete ich sie an und ging damit über den Flur. Ein Luftzug hätte sie beinahe ausgelöscht, da sah ich, wie meine linke Hand sich ganz von selbst hob, sich wölbte und die Flamme schützte mit ihrem lebendigen Schirm, der den Luftzug abhielt. Während die Flamme sich wieder aufrichtete, dachte ich, daß diese Geste uns allen jahrtausendelang eigen war (ich dachte »uns« und dachte oder fühlte ganz richtig), seit dem Zeitalter des Feuers, bis in unsere Zeit, in der das elektrische Licht

alles verändert hat.[22]

In unserer Improvisationsarbeit, einer Weiterentwicklung der Erfahrungen von Stanislavskij und Vachtangov, können wir uns in einen Notzustand versetzen, in dem wir ein Repertoire von Gesten wachrufen, das, wie Jung schreibt, tief in uns schlummert:

> So wie wir noch den Körper von Säugetieren haben, der in sich eine ganze Reihe von sehr viel älteren Zuständen bewahrt, die denen der Kaltblüter ähnlich sind, so ist auch unsere Seele ein Produkt der Evolution. Wenn man ihren Ursprüngen nachgeht, stößt man beständig auf zahlreiche Archaismen.[23]

Durch die Arbeit mit der Abfolge *Bild – Reiz (Gefühl) – Emotion) – Geste* haben wir also gelernt, organische Gesten auszuführen. Dieser Prozess lässt sich aber auch umkehren: Die archaische Geste, die in der Improvisation auftaucht, uns überrascht, indem sie unwillkürlich, unabhängig von uns selbst geschieht, kann durch die ›Eigenwahrnehmung‹, die durch die Wirkung der Muskeln auf das zentrale Nervensystem angeregt wird, das Aufsteigen von Gefühlen und Bildern auslösen. So können wiederum Seiten unseres Wesens erhellt werden, deren wir uns selbst gar nicht bewusst waren.[24]

Wir betrachten die organischen Gesten aber auch in ihrer Eigenschaft als Fragmente einer persönlichen Sprache des Schauspielers. Als solche besitzen sie eine eigene Syntax, die gefunden und ausprobiert werden muss. Damit stellt sich wieder das Problem der Präzision, diesmal bezogen eben auf Syntax und Interpunktion: Die Vollkommenheit der Geste ergibt sich sowohl aus ihrer Übereinstimmung mit den inneren Bildern, von denen sie angeregt wurden und die sie hervorgebracht haben, als auch aus ihrer Deutlichkeit, mit der sie kommuniziert werden.

---

[22] J. Cortazar, *Il gioco del mondo* (1963), Torino, Einaudi, 1969, S. 430
[23] C. G. Jung, *Il problema dell'inconscio nella psicologia moderna* (1942), Torino, Einaudi, 1994, S. 146f.
[24] O. Sacks, *Su una gamba sola,* 1984, Adelphi, 1991, S. 81
»Wir hatten bereits Kenntnis davon, wie die Empfindungen der Muskeln funktionierten, wie sie bisher beschrieben wurde, bevor Sherington sie untersuchte und ihr den Namen ›Eigenwahrnehmung‹ gab. Die Empfindungen, die an Impulse der Muskeln, der Gelenke und der Bänder geknüpft und die normalerweise unbewußt sind und daher vernachlässigt wurden, genau dieser lebendige ›sechste Sinn‹, den der Körper von sich hat, ist jener, der dem Körper in jedem Moment erlaubt, mit mathematischer Genauigkeit eine Haltung einzunehmen oder eine Bewegung der beweglichen Teile (auch der Teile untereinander) und ihre räumliche Koordination zu bestimmen. Früher nannte man das ›Kinesiologie‹ oder ›Bewegungssinn‹, aber der Begriff ›Eigenwahrnehmung‹, obwohl weit weniger wohlklingend, scheint dies im Gesamten gesehen genauer auszudrücken. So heißt es im Sinn von ›eigen‹, also die Wahrnehmung, die der Körper von sich selbst hat, von dem, was ihm selbst angehört.«

10.3. Die unsichtbare Geste

Unser Körper als ›ergonomische Maschine‹ besitzt ein Gedächtnis: wir sprechen vom Körpergedächtnis. Hat er eine bestimmte Geste gelernt, *erinnern* sich die Muskeln an die Bewegungsabfolge, die zu dieser Geste erforderlich war, und bei Bedarf wiederholen sie sie mit geringer Anstrengung und der größtmöglichen Präzision.

Vom Auge des Gegenübers wird eine ›ergonomische‹, also eine eingeschliffene und automatisierte Geste, kaum wahrgenommen. Dies beruht auf den Impulsen, die vom Auge unserem Überwachungsmechanismus im limbischen System als Signale gesendet werden. Unser ›Wächter‹ wird nur durch jene Gesten alarmiert, die eine mögliche Gefahr darstellen. Die Abfolge der *ergonomischen Gesten* verläuft regelmäßig, sie ist für den Beobachter vorhersehbar. Bereits wenn zu einer Geste angesetzt wird, berechnet das limbische System des Gegenübers deren Bewegungsrichtung und die dabei mobilisierte Menge an Energie und überwacht gleichsam aus dem Augenwinkel, automatisch, ihre Ausführung. Verläuft alles routinemäßig, sind Bewegungsrichtung, Menge und Qualität der Energie wie erwartet, reagiert das limbische System nicht. Der Ergonomie der Geste entspricht eine Ergonomie des Überwachungsmechanismus. Das Bewusstsein des Betrachters bleibt unbeeindruckt. Daher sprechen wir von *unsichtbaren Gesten*.

Schauspieler arbeiten seit jeher mit dem Wissen um diese Zusammenhänge. Sie übertreiben, sie treiben die Geste über die Grenze des Ergonomischen hinaus, um die Aufmerksamkeit der Zuschauer zu fesseln. Auch Zauberer arbeiten so. Sie benutzen gleichzeitig vor den Augen des Publikums *übertriebene* Gesten, um abzulenken und durch *unsichtbare Gesten* unsichtbar zu machen, was verborgen bleiben soll. So täuschen sie den Überwachungsmechanismus der Zuschauer.

In *The Secret Art of the Performer* fasst Eugenio Barba die Ergebnisse seiner jahrelangen Forschung auf dem Gebiet der Theateranthropologie zusammen. Es werden vor allem die Gesten in östlichen Kulturen analysiert, in denen die Kunst des Sichtbarmachens und Verbergens sehr ausgefeilt ist. Außerdem werden die Prinzipien herausgearbeitet, die sowohl im japanischen No- oder Kabukitheater als auch im indischen Kathakali und Orissi, in den theatralisch-magischen Ritualien Balis, aber auch in den chinesischen Kampfsportarten und in der Pekingoper angewandt werden.[25]

Barba stellt dar, dass diese so weit von einander entfernt entstandenen Körperkünste Grundsätzliches gemeinsam haben: Einmal das *Prinzip der Gegensätze,* wobei jeder Kraft eine ihr entsprechende entgegengesetzt wird; das *Prinzip des Ungleichgewichts,* die Bewegungen scheinen ständig aus dem

---

[25] Vgl.: E. Barba/N. Savarese, *A Dictionary of Theatre Anthropology. The Secret Art of the Performer*, London und New York, Rootledge, 1991, passim

Gleichgewicht zu geraten, und das *Prinzip der Verschwendung*, bei dem die Ergonomie der Geste heftig durcheinander gebracht und viel mehr Energie als nötig eingesetzt wird. Diese Prinzipien gelten für die einfachsten und kleinsten Gesten genauso wie für die komplexesten Bewegungsabläufe. Sie dienen alle dazu, das Überwachungssystem der Zuschauer so zu beschäftigen, dass die Aufmerksamkeit keine Sekunde lang von den Aktionen der Schauspieler oder Tänzer ablassen kann.

Bei unserer Arbeit an der Geste bemüht sich der Schauspieler um eine Synthese zwischen den Techniken, die wir aus verschiedenen Quellen, beispielsweise aus dem östlichen Tanztheater, ableiten und seinen eigenen Materialien, den inneren Bildern und den daraus entstehenden Impulsen. In der Kultur des östlichen Schauspiels verkörpern die Akteure Götter oder Halbgötter, und die Aufführung hat eine religiöse Funktion. Zum Zwecke des Studiums kann man das *Wie-es-gemacht-Wird* aus der Sache an sich ableiten. Ein atheistischer Schauspieler kann die Gestik eines Priesters, der die Messe zelebriert, »ausleihen«. Für deren »Inhalt« muss er dann allerdings sein eigenes kulturelles Äquivalent finden und einsetzen. Er muss ergründen, welche Bedeutung die Gesten haben, welche Bilder dem Ablauf zugrunde liegen. Wir meinen hier nicht die Bedeutung, die sie für den Zuschauer haben, also die Bedeutung im dramaturgischen Sinn. Bekanntlich gibt es zwischen dem, was der Zuschauer sieht, und der Selbstwahrnehmung des Schauspielers keine Übereinstimmung. Die Wahrheit des Schauspielers gestaltet das Bild, das der Zuschauer sieht und das – vielleicht – dessen eigene Wahrheit hervorkommen lässt. Doch selbstverständlich handelt es sich um verschiedene Wahrheiten, auch, wenn sie möglicherweise verwandt sind. Der Zuschauer sieht einen Priester, der Gott anruft. Er nimmt dies durch den Ernst der bedeutungsgeladenen Gesten wahr. Der atheistische Schauspieler, der die Rolle verkörpert, muss seine eigenen Entsprechungen finden. Er imitiert nicht, er schöpft neu. Er wird die Gesten eines echten, wirklich gläubigen Priesters studiert haben, die *Mudras*, die magisch-symbolischen Finger- und Handstellungen hinduistischer Kulttänze. Dann wird er seine eigenen Sinngehalte in die Geste hineinlegen. Wenn es dem Schauspieler gelingt, dem Zuschauer die Bedeutung zu vermitteln, kann das Grundbild meinetwegen auch ein Schinken sein.

Hier ein Beispiel von einem Schauspieler, der aus der Schule dieser Methode kommt: Marlon Brando spielt die Rolle des Amerikaners in *Letzter Tango in Paris* von Bertolucci. Seine Hauptaufgabe: auf glaubhafte, mit der Rolle übereinstimmende Weise zu sterben. Die Lösung, die er findet, ist von genialer Einfachheit: Amerikaner kauen Kaugummi. Was macht ein Kaugummikauer, bevor er etwas Wichtiges tut? Er spuckt seinen Kaugummi aus oder nimmt ihn aus dem Mund und klebt ihn heimlich irgendwo unter ein Möbelstück. Betrachten wir die Verfolgungsszene: Wir sehen, der Amerikaner kaut seinen Kaugummi, und dann, in der letzten Szene, diese Geste, wie er ihn aus dem Mund nimmt und unter das Balkongeländer klebt. Darauf verschwindet er aus dem Gesichtsfeld, und wir wissen, dass er stirbt. Keine vorgetäuschte Geste, keine verlogene Agonie: Der Schauspieler, als wäre er geleitet vom Unbewussten der Figur, die er darstellt, zeigt uns durch eine organische Geste, ohne Rhetorik und mit bedrückender Deutlichkeit: »Ich mache mich zu etwas Wichtigem bereit, zum Sterben.«

11. Theater und Magie

> *In der mechanischen Zivilisation ist außer im Innern des Menschen kein Platz für die mythische Zeit.*
>
> Claude Lévi-Strauss, *Antropologia strutturale*

Wie jeder andere hat auch der Schauspieler als Kind seine Phase der Unschuld durchlebt, wie alle anderen ist er durch den Prozess der Zivilisierung gegangen. Er hat seine psycho-physische Existenz entwickelt und wurde entsprechend den Strukturen geformt, die ihn umgeben. Wer sich so entwickelt hat, kann in unseren Verhältnissen leicht in der Vorstellung leben, frei zu sein, denn er hat eine Persönlichkeit herausgebildet, die über bestimmte Merkmale verfügt. Wer sich aber entscheidet, Schauspieler zu werden und sich dem Theaterlabor anzuschließen, lernt zu beobachten und zu analysieren, wie sich dieser gesellschaftliche Anpassungsprozess auf seine eigene Person, auf seinen Körper und seine Psyche ausgewirkt hat. Er kann erkennen, dass Freiheit eine Illusion ist. Er lernt, Distanz zu seiner eigenen Identität zu entwickeln, denn identisch sein heißt blind sein. Er lernt, sich selbst, seine Persönlichkeit zu relativieren, und er beginnt, sich auch auf Raum und Zeit entsprechend zu beziehen. Die konventionelle Art, Zeit zu definieren, ist heutzutage immer noch geprägt von Aristoteles und Newton, und es ist unsere eigene Entscheidung, wenn wir der konventionellen Sichtweise blind folgen. Durch die Praxis der Theaterarbeit beginnen die Schauspieler zu sehen. Sie lernen, diese Zusammenhänge zu erkennen, sich ihrer bewusst zu werden. Sie lernen allmählich, sich von der Raum-Zeit-Konvention zu distanzieren und sich selbst in Raum und Zeit körperlich und psychisch so zu setzen, wie sie es für sich selbst entscheiden. Indem sie sich in Raum und Zeit kreieren, lernen sie, sich selbst zu kreieren. Dabei mögen sie überrascht sein festzustellen, dass die so genannten Primitiven bereits über diese Raum-Zeit-Vorstellung verfügen, die sie ja als Kinder auch selbst lebten, und der sie sich jetzt wieder annähern, die sie sich wieder aneignen mit dem Bewusstsein, das sie bei der Theaterarbeit entwickelt haben.

Eine schöne Metapher für den Prozess der Anpassung an die mechanische

Zivilisation finden wir in dem Roman *Der Mann, der lacht,* in der Victor Hugo über die *Comprachicos* (die Kinderkäufer) erzählt:

> Unter der Herrschaft der Stuarts genossen die »Comprachicos« kein schlechtes Ansehen, denn der Staat bediente sich ihrer nach Bedarf (...) Auf ewig das eigene Gesicht zur Maske zu machen ist das Genialste, was man sich vorstellen kann. Die comprachicos bearbeiteten den Menschen wie die Chinesen den Baum bearbeiten. (...) Man nimmt ein zwei oder drei Jahre altes Kind und steckt es in eine mehr oder weniger ausgefallene Porzellanvase ohne Boden und Deckel, damit der Kopf und die Füße herausschauen können. Tagsüber stellt man die Vase auf die Füße und nachts legt man sie flach, damit das Kind schlafen kann. Auf diese Weise werden die Kinder dick, ohne daß sie wachsen, so daß die Vasen mit zusammengepreßtem Fleisch und verbogenen Knochen prall gefüllt sind. Jahrelang wachsen die Kinder in diesen Flaschen. Zu einem bestimmten Zeitpunkt ist eine unwiderrufliche Form erreicht. Wenn man das Monster für voll gelungen hält, zerbricht man die Vase und erhält ein vasenförmiges Kind. Das ist sehr praktisch, denn auf diese Art kann man Zwerge ganz nach der Form, die man wünscht, zustande bringen.[26]

Heute sind die *Comprachicos* verschwunden, zu einer Legende geworden, die man sich nur noch in Biskaya und Galizien erzählt. Erinnert uns aber das, was in so mancher Familie vor sich geht, in so mancher Schule, vieles, was durch das Fernsehen entsteht, nicht an die Funktion dieser Porzellanvasen?

Die Folge: Der Geist verschließt sich allem, was nicht berechenbar, vorhersagbar ist, die Emotionen wehren alles ab, was nicht gesellschaftlich geduldet ist, die Gesten reduzieren sich auf die Alltagsbewegungen der Gliedmaßen. Wie fühlen wir uns, wenn wir einem kleinen Kind beim Tanzen zusehen, das noch nicht in das Porzellankorsett der Erziehung gezwängt wurde? Kindern gegenüber verhält sich unsere Gesellschaft in vielerlei Hinsicht immer noch wie einst die Kolonialherren gegenüber den so genannten primitiven Völkern: Barbaren, die zivilisiert werden müssen! Die meisten von uns sind nach einer Erziehungspolitik erzogen worden, die bis heute den Grundsätzen des Positivismus des 19. Jahrhunderts treu geblieben ist. Ich selbst habe auch eine solche Erziehung genossen. Wenn ich das Wort *Magie* höre, empfinde auch ich unwillkürlich eine Spur von Verachtung. Auch wenn ich mich bemühe, es zu vermeiden, so kommt doch eine Haltung der Überlegenheit in mir auf, und es flüstern Stimmen in meinem Kopf: »Vorsicht! Aberglaube, Mystizismus!« Dennoch ist das missachtete »magische Denken« eine wesentliche Kraft bei der Entwicklung der Kreativität, eine Kraft, die wir in der Kindheit besaßen und die wir zurückgewinnen können, wenn es uns gelingt, unsere Blockierung abzubauen. Über die Situation der Kinder schreibt R. D. Laing:

---

[26] V. Hugo, *L'uomo che ride,* (1876) Milano, Garzanti, 1988, S. 33f.

Wir leben in einer Welt der nüchternen Tatsachen: Um sich an diese Welt anzupassen, verabschiedet sich das Kind von seiner Ekstase. (*L'enfant abdique son extase*, Mallarmé).[27]

Wie geht die positivistische Anthropologie mit der Bedeutung von *Magie* in den Kulturen um, die sie »primitiv« nennt? Sie sieht den »Primitiven« als Relikt, das neben der Zivilisation auf unserem Planeten fortlebt. So genannte Informanten wie Livingston oder Evans-Pritchard oder Wissenschaftler wie Lucien Levy-Bruhl definieren die magische Welt des »Primitiven« mit einem Ausdruck, den Preuss geprägt hat: Er spricht von »urzeitliche(r) Dummheit«. In dieser Bezeichnung drückt sich die Ideologie der Anthropologen/Kolonisatoren aus: der »primitive« Mensch sei *prälogisch, prähistorisch*, außerhalb der Geschichte stehend, die Weigerung, eine Kultur wertzuschätzen, die anders ist als ihre eigene, abendländische. Und das fällt ihnen dann besonders schwer, wenn sie auf Gemeinsamkeiten treffen, d.h. wenn sie sich auf gemeinsame Grundstruktur beziehen. Mit der gleichen Haltung begegnen Erwachsene auch häufig Kindern: sie betrachten sie als »prälogisch«, im Zustand »urzeitlicher Dummheit«

Und noch einmal Laing, der schreibt:

Bei einem Kind, das heute in England geboren wird, ist die Wahrscheinlichkeit, in der Psychiatrie zu landen, zehn mal höher als auf die Universität zu kommen. Etwa ein Fünftel der Diagnosen, die zur Unterbringung in der Psychiatrie führen, (...) ist Schizophrenie. (...) Anstatt daß wir unsere Kinder in einer gesunden Art und Weise erziehen, schaffen wir es, daß sie verrückt werden. Vielleicht ist es ja unsere Art der Erziehung, die sie psychisch krank werden läßt.[28]

11.1. Ein Blick auf die »urzeitliche Dummheit«

Lucien Lévy-Bruhl behauptet:

Die Symbole der Primitiven bauen im Allgemeinen nicht auf ein gedanklich hergestelltes Verhältnis zu dem auf, was das Symbol repräsentiert, sondern eher auf eine Art Teilnahme, die sich häufig der Identifikation annähert. (...) Auf dem Hintergrund dieser Teilnahme bedeutet Einwirkung auf ein Symbol, das für ein Wesen oder Objekt steht, so viel wie Einwirkung auf das Wesen oder Objekt selbst. (...) Die Eingeborenen in Queensland verhalten sich so, als regnete es, und machen alles so, als ob es in Strömen gösse (...) die Naga tun so, als hätten sie nicht genug Kraft, den Reis auf ihren Schultern zu tragen, den sie zu ernten hoffen. (...) Indem sie so tun, als ob es regnete, bewirken die australischen Aborigines, daß es wirklich regnet. Die Naga, die sich unter der

---

[27] R. D. Laing, *La politica dell'esperienza*, (1967), Milano, Feltrinelli, 1993, S. 144
[28] Ebd., S. 104

zukünftigen Last der Ernte beugen, bewirken, daß sie tatsächlich schwer wird. Das so Tun-als-ob ist also nicht eine einfache vorwegnehmende Imitation. Die so gelebte Zukunft ist nicht nur einfach »Zukunft«: sie wird vielmehr in der Gegenwart bereits als ganz real und gegenwärtig erlebt. (...) Gegenwart und Zukunft haben für diese Menschen nicht die gleiche Bedeutung wie für uns. Es ist schwierig, diese Dinge in unserer Sprache darzulegen. (...) Ihre Art zu handeln scheint zu beweisen, daß für sie auf eine bestimmte Weise Gegenwart und Zukunft ineinander wirken und zwar auf eine Weise, dass die Gegenwart an der Zukunft teil hat. [29]

Mit dieser letzten Behauptung wird ein gehöriger Sicherheitsabstand zwischen den Zivilisierten und »Primitiven« gelegt. So gesehen erscheint der »Primitive« als Angehöriger einer seltenen Spezies, dem Menschen zwar physiologisch ähnlich, geistig und psychisch aber weit von ihm entfernt. Lévy-Bruhl geht noch weiter:

Unser Verstand akzeptiert nur diejenigen Kausalzusammenhänge, die gründlich beobachtet und überprüft worden sind. Da die Zusammenhänge, die der Primitive empfindet und die vielen seiner Aktivitäten zugrunde liegen, uns unverständlich sind, begreifen wir nicht die daraus hervorgehenden symbolischen Aktionen. Gerade weil sie Beteiligung voraussetzen (an der Zukunft, an der Gegenwart, des Willens, an dem realen Geschehen), können diese Reaktionen nie gänzlich »erklärbar« sein. Unser Verständnis erschöpft sich in Anstrengungen, die nie zum Erfolg führen, weil sie einer falschen Problemstellung gelten. Zu fordern, daß Beteiligung wie ein von der Vernunft hergestelltes Verhältnis funktioniere, bedeutet unweigerlich, vom rechten Weg abzukommen.[30]

Wie viele von uns noch heute, geht Lévy-Bruhl vom aristotelischen und newtonschen Zeitbegriff aus:

Das ist in der Tat die Zeit: die Zahl der Bewegungen gemäß einem Vorher und Nachher. (Aristoteles, *Die Physik*); und:
Die absolute, wirkliche, mathematische Zeit an sich, die ihrer Natur nach ohne jegliche Verbindung zu irgend etwas Außenstehendem ist, läuft einheitlich. (Newton, *Principia mathematica*)[31]

Das wilde Denken der »Primitiven« steht Einsteins Auffassung in dieser Hinsicht viel näher. Seit der Entdeckung der Relativitätstheorie hat der Begriff »Zeit« ja tatsächlich eine andere Bedeutung, wenn auch bisher vorwiegend nur in wissenschaftlichen Kreisen. Einstein schrieb 1955 in einem Brief: »Für

---

[29] L. Lévi-Bruhl, *L'experience mystique et les symboles chez les primitifs*, Paris, Alcan, 1938, S. 225, 288, 277 und 290f.
[30] Ebd.
[31] Beide Zitate aus S. Hawking, *A Brief History of Time From the Big Bang to Black Holes,* Toronto-New York/London, Bantam Books, 1988, S. 18

uns als überzeugte Physiker ist die Unterscheidung in Vergangenheit, Gegenwart und Zukunft nur eine wenn auch hartnäckige Illusion.«

Die Sichtweise der »Wilden« ist auch Stephen Hawkings Auffassung nahe. In *Halley Lectures* scheibt er:

> Die Idee der imaginären Zeit ist das grundlegende Konzept zur Formulierung des mathematischen Modells, die uns vertraute Zeitauffassung wäre in diesem Fall eine von uns erfundene Ableitung – als Teil eines mathematischen Modells, um damit unsere subjektiven Vorstellungen vom Universum wiederzugeben.

Für die Arbeit in unserem Theaterlabor ist diese Klarstellung von großer Bedeutung: In der *forma mentis* des »Primitiven« – und deshalb in dem Teil unserer mentalen Form, die in der kindlichen Intelligenz wurzelt – gilt eine Wahrnehmung und ein Begriff von Zeit, die viel elementarer, wahrhaftiger ist als die konventionelle Zeitvorstellung, die bis heute weitgehend unser Denken bestimmt.

11.2. Andere Sichtweisen

> *Zwischen den Menschen existiert eine zerstörerische und tödliche Beziehung (...) sie ist immer gegenwärtig, grundlegend. Der politische Mythos vom »Struggle for life« hat vieles dazu beigetragen. Darwin konnte seine Ideen nur entfalten, weil er Teil einer Piratennation war, für die Rassismus die grundlegende Industrie war.*
>
> J. Lacan, *Das Seminar, 1. Buch*

In der positivistischen Anthropologie haben wir eine beherrschende Idee vorgefunden: Der Primitive denke nur »magisch«, und das »magische Denken« sei der Kultur fern, es weiche vom »rechten Weg« ab. Dabei sind wir in Wirklichkeit gar nicht so weit von den »Wilden« entfernt. Wenn auch heute niemand mehr ins Freie hinausgeht und so tut, als regnete es, um so den Regen anzulocken, so werden doch Prozessionen veranstaltet, bei denen Heilige oder die Jungfrau Maria angerufen und um Regen angefleht werden. Mit dem Fortschritt der Wissenschaft eröffnen sich im 20. Jahrhundert jedoch zunehmend auch andere Sichtweisen. So schreibt Freud:

> Der Aberglaube kann nicht die einzige Erklärung für die Verhaltensweisen und sozialen Regeln der primitiven Völker sein: er enthebt uns nicht der Pflicht, nach verborgenen Motiven zu suchen. Bei Vorherrschaft eines animistischen Systems ist unvermeidlich, daß jedes Verhalten und jede Aktivität systematisch als Aberglaube erklärt wird. (...) Wenn man diese Konstruktionen, die sich dem Blick wie ein Paravent in den Weg stellen, beiseite schafft, dann versteht man, daß Psyche und Kultur der Eingeborenen noch nicht nach

den richtigen Werten beurteilt worden sind. Ich glaube, daß das psychische Leben der Völker, die in der animistischen Phase verblieben sind, demjenigen des Kindes gleicht. Wir sind nicht mehr in der Lage, diese Psyche zu verstehen und haben den Reichtum und die Feinheiten ihres Gefühlslebens gehörig unterschätzt.[32]

Bleibt jedoch die Frage, die noch zu klären ist: Verfügt der »Primitive« über eine rationale Mentalität oder ist er, wie Lévy-Bruhl und seine Kollegen behaupteten, gänzlich »mystisch«?

Aufgrund der Beobachtungen, die er während seines Zusammenlebens mit den Eingeborenen der Trobriand-Inseln machte, antwortet Bronislaw Malinowski folgendermaßen:

> Vorausgesetzt, daß der Schamane die Arbeiten beaufsichtigt und religiöse und praktische Arbeit eng miteinander verbunden sind, könnte ein oberflächlicher Beobachter leicht zu dem Schluß kommen, daß mystisches und rationales Verhalten ein und dasselbe sind, die Eingeborenen unterschieden ihre Auswirkungen nicht und ebenso sind sie nicht unterscheidbar in der wissenschaftlichen Analyse.[33]

Und weiter:

> Wenn man dem Eingeborenen vorschlüge, seinen Garten nur mit der Magie zu bearbeiten und dadurch unnötige Arbeit zu vermeiden, würde er über diese Naivität lachen. Er weiß genau so gut wie ihr, daß es natürliche Kausalzusammenhänge gibt, und dank seiner Beobachtungen ist er sich auch über seine Fähigkeiten, die Naturkräfte durch physischen und geistigen Krafteinsatz zu kontrollieren, im Klaren. Seine Kenntnisse sind zwar begrenzt, aber innerhalb dieser Grenzen ist er integer und gegen Mystizismus gefeit.[34]

Das hat wenig mit »prälogischem« Verhalten zu tun. Die Haltung des »Wilden« ist durchaus rational. Der Schamane ist sowohl Vorarbeiter als auch religiöses Oberhaupt: »Diese beiden Funktionen überschneiden sich nicht und greifen nie ineinander. Sie sind stets klar von einander geschieden, jeder Eingeborene wird euch stets Auskunft darüber geben können, ob jener Mensch gerade als Magier oder als Arbeiter tätig ist.«

Abschließend, und um die Vorstellung des »Prälogischen« endgültig auszuräumen, können wir festhalten, dass dem »Primitiven« rational-wissenschaftliches Denken eigen ist, denn in der Struktur seiner Sprache gibt es

> (...) Worte, die allgemeine Ideen ausdrücken wie: Existenz, Substanz, Attribut, Ursache, Wirkung, fundamental und sekundär, Worte und Ausdrücke, die in

---

[32] S. Freud, *Totem e tabù*, (1912), Torino, Boringhieri, 1982, S. 102f.
[33] B. Malinowski, *Magia, Scienza e Religione e Baloma. Gli spiriti dei morti nelle isole Trobriand* (1966) Roma, Newton Compton, 1976, S. 38f., 40 und 43
[34] Ebd.

komplexen Tätigkeiten wie beim Navigieren von Booten, beim Hausbau, beim Verkauf und beim Messen gebraucht werden; Zahlen und Mengenbegriffe; korrekte und detaillierte Einteilungen von Naturphänomenen, Pflanzen und Tieren. All das führt uns zu dem Schluß, daß der Primitive beobachtet und denkt und über eine Sprache verfügt, die, wenn auch rudimentär, Systeme methodischen Wissens enthält.[35]

Wir sehen also, dass der »Primitive« in seiner Lebenseinstellung das Wissenschaftliche, also eine rationale Erklärung der Welt, mit dem Magischen, d.h. einer rationalen Erklärung des Übernatürlichen, im Gleichgewicht hält. Wie beim »Primitiven« bestehen auch im Kind nebeneinander eine rationale Haltung, die es ihm ermöglicht, zu lernen und die Umwelt praktisch zu nützen, und eine magische Haltung, mit der es alles, was ihm übernatürlich oder katastrophenträchtig erscheint, deutet und bannt (wie bei dem Fort-da-Spiel, das Freud an seinem Enkel studierte). Zwischen diesen beiden Haltungen findet eine dialektische Interaktion statt, bei der die eine erklärt, was die andere nicht begreifen kann. Bis das Kind in die »Vase« der Zivilisation gesteckt wird.

Und wie gehen wir heute mit dem *magischen Denken* um? Im Gegensatz zu der ausschließlich rationalen Haltung, mit der wir gelernt haben, uns auf die Natur und unseresgleichen zu beziehen, existiert in uns eine verleugnete untergründige Welt. Ein Teil unserer kindlichen Intelligenz ist unentwickelt geblieben. Sie bringt eine verborgene Weltsicht hervor, die häufig zu »irrationalem« Verhalten führt: Man spielt zum Beispiel Lotto oder kauft Lose, obwohl man weiß, das die Gewinnchancen fast gleich null sind. Oder man zieht Horoskope zu Rate. In unserer Kultur ist offiziell kein Platz für diese Kosmogonien, weshalb solche Verhaltensweisen auch rational zensiert werden. Gleichzeitig wird aber ständig damit gearbeitet, und das nicht nur beim Lotto und in der Werbung.

> Diese Verdrängung wurde von Jung erkannt. (...) Er hat das in der abendländischen Kultur Verdrängte wieder zur Sprache gebracht und diese Zivilisation aufgefordert, über ihr *kollektives Unbewußtes* nachzudenken, denn er war überzeugt, die Rückgewinnung des Verdrängten könne die »Gesundheit« einer Zivilisation ausmachen, die nicht zögert, sich als entfremdet anzuerkennen. Somit begreift man auch seine Streifzüge durch entlegene Regionen der westlichen Kultur wie die Alchemie, die Kabbala, die Numerologie, die Astrologie, die Mythologie, die Gnosis, in denen *qualitative* Spuren der Dinge auffindbar sind, die die Chemie, die Mathematik, die Astronomie, die Theologie, also die westlichen Wissenschaften, ausgelöscht haben. Die Beschäftigung mit diesen aus dem kollektiven Bewußtsein ausgegrenzten und deshalb entlegenen Randgebieten bedeutet *nicht Neigung zum Esoterischen oder Hang zum Irrationalen, sondern Rückeroberung jener »neuen Wörter«,* die ja die antiken Wörter

---

[35] Ebd.

der Mythen und Tragödien sind, von denen das Abendland sich getrennt hat, um sich mit jener *Einseitigkeit* auszudrücken, in der die Wurzeln ihrer Entfremdung, der Ferne des Menschen zu sich selbst zu suchen sind.[36]

Die Zensur beseitigt jedoch nicht das Bedürfnis, aus dem diese kosmogonischen Sichtweisen entstehen. Dieses Bedürfnis führt, wenn es sich nicht weiter verleugnen lässt, in manchen Fällen zu Neurosen oder Psychosen. Freud verwendete den Ausdruck »Allmachtsphantasie« im Fall eines Patienten, der unter dem schrecklichen Gefühl litt, es genüge ihm, an etwas zu denken, damit es auch geschehe. Diese »Allmacht« fand Freud bei seinen Studien dann in der magischen Welt des »Primitiven«, wo sie legitimer, handhabbarer Teil der Lebens- und Denkweise ist.

Auf der Grundlage dieser Erkenntnis versucht man heute bei der Behandlung von Geisteskrankheiten oder psychischen Leiden neue Wege zu gehen und orientiert sich dabei, vielleicht ohne es zu wissen, an noch immer geltenden Sitten und Gebräuchen von einzelnen Stämmen, die wir als »primitiv« bezeichnen. Diese sehen im »Verrücktsein« eher ein Zeichen, das es zu deuten gilt, eine zu zelebrierende Botschaft, als ein Verhalten, das unterdrückt werden muss.

Wir haben jene positivistische Sichtweise tief verinnerlicht, und wir wissen, dass Bewusstheit allein nicht genügt, um ihre Auswirkungen auf unsere Beziehung zu uns selbst und zu anderen zu verändern: Bewusstheit ist noch nicht Bewusstsein. Um Letzteres zu erlangen, um also eine reife Beziehung zu den Quellen der Kreativität und Inspiration in uns selbst herzustellen, ist tägliche Übung nötig: Sie bestimmt unser Leben in unserem Theaterlaboratorium.

Wie der Philosoph in dem Roman *Adan Buenosayres* des argentinischen Schriftstellers Leopoldo Marechal so schön zu Adan Buenosayres sagt: »Man muss sich jeden Tag körperlich *und seelisch* erleichtern.«

11.3. Magie in unserem Alltag

> *Hamlet: Ich habe gehört, dass Schuldige,*
> *wenn sie ein Schauspiel sahen, bloß*
> *durch die Kunst der Bühne so ins Herz getroffen wurden,*
> *dass sie auf der Stelle offen bekannten ihre Übeltat.*
> *Denn der Mord, hat er auch keine Zunge, wird*
> *doch mit wundersamer Stimme sprechen.*
>
> William Shakespeare, *Hamlet, II,2*

Die Verbindung, die zwischen Schauspieler und Zuschauer entsteht, birgt in

---

[36] U. Galimberti, *La Terra senza il male*, Feltrinelli, Milano, 1994, S. 44

ihrem Wesen Grundelemente von Empathie, die unabhängig vom Text oder vom Ausdruckswillen der Schauspieler wirken: Sie sind die Grundlagen einer non-verbalen Sprache, die von Generation zu Generation als kulturelles Erbe weitergegeben werden.

Wir merken, dass wir in sehr vielen Lebenssituationen, nicht nur in Träumen und Phantasien, dazu neigen, die Grenzen zwischen Ich und Außenwelt zu verwischen, ohne dass daraus Psychosen werden.

Jean Piaget führt drei Arten von Situationen an, die wir als rituelles organisches Verhalten deuten können, in denen zum mindesten diese Neigung zu erkennen ist: in der *freiwilligen Nachahmung*, in der *Unruhe* und im *Zustand der fixen Idee*.

Im ersten Fall versucht man, in Bezug auf die äußere Welt zu handeln, indem man auf den eigenen Körper einwirkt:

> Jemand hat eine verstopfte Nase. Sogleich verspüren wir selbst auch den Drang, uns selbst die Nase zu putzen, so, als könnten wir damit das Problem des anderen lösen. Jemandem bleibt die Stimme weg: dann sprechen wir lauter, um dem Anderen etwas von unserer Stimme abzugeben. Wenn wir beim Billard oder Bowling nicht sicher sind, daß die Kugel ihr Ziel trifft, biegen und beugen wir uns unter großer Muskelanspannung, um die Kugel in die gewünschte Richtung zu lenken. Jemand fährt mit dem Fahrrad und er beginnt zu fallen: wir verrenken unseren eigenen Körper, um den Sturz zu verhindern.[37]

Im zweiten Fall sehen wir, dass wir in einem Zustand sehr intensiver Unruhe versuchen, unsere unwichtigsten Gewohnheiten zu beobachten, bis das Gleichgewicht unserer Welt wieder hergestellt ist:

> Ein Freund sollte eine wichtige Konferenz halten und war darüber sehr besorgt. Er machte wie gewöhnlich seinen Spaziergang. Er wollte schon vorzeitig umkehren, als er die dringende Notwendigkeit verspürte, bis zum üblichen Wendepunkt zu gehen, *damit die Konferenz erfolgreich würde*. Als ob der nicht vollendete Spaziergang einen negativen Einfluß haben könnte.[38]

Bei der fixen Idee schließlich versuchen wir etwas, was wir nicht beeinflussen können, trotzdem durchzusetzen, indem wir es uns ganz besonders stark wünschen. Dabei fühlen wir eine Art feindlicher Macht, die sich über uns lustig machen will. Der Wunsch überträgt sich auf die Dinge und die Ereignisse durch Projektion.

> Ein befreundeter Professor der Psychologie hat bei sich selbst drei Tatsachen beobachtet, die wir im Folgenden darlegen: Wenn er nach einem Regenguss

---

[37] Vgl.: J. Piaget, *La rappresentazione del mondo nel fanciullo,* (1926), Torino, Boringhieri, 1966, S. 165ff.
[38] Ebd.

einen Spaziergang machen will, neigt er dazu, keinen Regenmantel mitzunehmen, *damit es nicht wieder anfängt zu regnen.* (...) Wenn er jemanden besuchen muß, dem er eigentlich nicht begegnen möchte, neigt er dazu, seinen Anzug zu wechseln, damit er ihn nicht antrifft. Wenn er wie immer gekleidet ist, ist er indessen sicher, ihn anzutreffen. (...) Vor einem Fest in seinem Haus weigert er sich, seinen Garten herzurichten, damit es nicht regnet. Wenn er es gemacht hätte, hätte es gewiß den ganzen Tag geregnet. Unser Freund erklärt uns: Ich neige dazu, mich nicht im Hinblick auf das, was ich mir wünsche, vorzubereiten, weil dann das eintrifft, was ich befürchte.[39]

Denken wir an unsere eigenen Gewohnheiten, so finden wir eine ganze Menge ähnlicher Verhaltensweisen. Sie entspringen dem Bedürfnis, das Unfassbare zu beschwören, ungeachtet aller rationalen Erklärungen, die wir dafür anbieten können. Soweit wir gesehen haben, handelt es sich um Fragmente eines »wilden Denkens«, zu dem wir keinen Zugang mehr haben. Durchbrechen wir unsere Blockierungen, die uns durch eine Erziehung nach Art der »Porzellanvasen« zugefügt wurden, dann können wir wieder an das mythische Denken anknüpfen und zum Beispiel im Theater damit spielen.

Eines ist gewiss: diese Art, die Welt zu sehen, existiert in uns. Tauchen unvermutet Elemente davon auf, können sie uns verwirren oder uns in Erstaunen versetzen. Wir haben nicht gelernt, damit umzugehen, deshalb verleugnen wir sie, wenn wir ihrer bewusst werden. Wir verleugnen eine Form des Denkens in Bildern, die eng an unser emotional-motorisches System gebunden ist. Wir verleugnen unsere angeborene Fähigkeit, auf unmittelbare Weise mit der Welt in Beziehung zu treten, und ziehen ihr die rationale Spekulation vor, auf die wir gedrillt sind.

Das Theater ist Fiktion: Wir können es dazu nutzen, Zugang zu diesen Ursprüngen zu finden. So wie das Aufsetzen einer Maske uns gestattet, unerhörte Gesten und Verhaltensweisen auszuprobieren, gestattet uns die Fiktion, bestimmte Wahrheiten über uns selbst auszudrücken, die man im Alltag lieber für sich behält. Gerade weil das Theater Fiktion, also Maske ist, können wir mit der Wahrheit experimentieren. Nun wissen wir, dass diese Wahrheiten sich erst dann in ihrer ganzen Fülle – auch uns selbst – offenbaren, wenn sie rückhaltlos vor anderen ausgedrückt und dargestellt werden. Dies mag mit dem Herdencharakter unserer Spezies, mit geheimnisvollen Stammesgesetzen zusammenhängen, die noch in unseren Gehirnwindungen wirken.

Es scheint, daß es uns die Natur in einem gewissen Sinne übel nimmt, wenn wir ein Geheimnis vor anderen Menschen bewahren, und sie sich wehrt, wenn wir unser Gefühl unseren Mitmenschen vorenthalten.[40]

---

[39] Ebd.
[40] C. G. Jung, *Il Problema dell'inconscio nella. psicologia moderna*, Torino, Einaudi, 1994, S. 8f.

Das Theater ist das älteste Form von Ritual, die unsere Spezies kennt. Wir finden es in den verschiedensten Arten in allen Kulturen. Da es durch den technischen Fortschritt als Mittel der Massenkommunikation weitgehend seinen nützlichen Zweck eingebüßt hat, kann es wieder zum Ort der Zeremonie werden, weil die symbolische Sprache des Theaters, anders als beim Ritus, die Krisen und Konflikte des Individuums und der Gesellschaft offen legen kann.

12. »Gott lacht,

und es wurden die sieben Götter geboren, die die Welt regieren. Beim ersten Lachen ward Licht (...) Beim dritten Lachen entstanden überall Flüsse und Meere (...) Beim vierten Lachen erschien Hermes (...) beim fünften das Schicksal (...) beim siebten Psyche«

aus einer Handschrift aus dem III. Jahrhundert n. Chr., (aufbewahrt in Leyden)

Was ist komisch? Ich erinnere mich, dass mein Vater, ein Jude, der lange Jahren über diesen Vorfall geschwiegen hatte, eines Tages erzählte, wie und warum mein Großvater Isac entschieden antisozialistisch war. Sein Vater, also mein Urgroßvater, war Verwalter auf einem Jagdgut, das einem russischen Baron gehörte. Es lag in jenem ständig von Polen und Russen umkämpften Teil Weißrusslands, in dem die Familie meines Vaters seit vierhundert Jahren ansässig war. Die Familie des Barons hatte die Juden am Ort immer gut behandelt und vor Pogromen beschützt. Dennoch war mein Urgroßvater militanter Sozialist. 1917 findet die Revolution statt: Die Bolschewiken, seine Genossen, von denen viele Juden waren wie er, kommen vor das Gutstor: »Du musst uns hereinlassen, wir haben die Revolution gemacht, die Aristokratie gibt es nicht mehr.« Der Urgroßvater, zwischen zwei Loyalitäten hin- und hergerissen, sagt: »Die Familie des Barons hat uns Juden immer vor den Pogromen beschützt. Ihr könnt nicht hereinkommen und euch alles brutal aneignen. Wir müssen mehr Menschlichkeit zeigen.« Seine Genossen erwidern: »Gib die Tür frei, dein Baron kommt sowieso nie wieder.« Darauf mein Urgroßvater: »Es geht ums Prinzip! Wenn ihr reinkommen wollt, dann nur über meine Leiche.« »Und stell dir vor«, brach es aus meinem Vater heraus, »sie haben ihn erschossen! Stell dir vor! Seine eigenen Genossen, und deswegen mochte auch dein Großvater die Sozialisten nicht!« Und dann lachte er dröhnend. In Wirklichkeit ist diese Sache ja wohl eher tragisch zu nennen, und mein Vater ist keineswegs ein gefühlloses Ungeheuer. Aber: lachen als Reaktion auf die Tragödie ist eine Möglichkeit, psychisch zu überleben. In einer entsetzlichen Situation, im Wahnsinn, im Grauen des Blutvergießens kann der Verstand einen Beobachterstandpunkt einnehmen, von dem aus das Absurde erkennbar wird, und darüber kann man dann lachen. Auch ich lache, wenn ich diese Geschichte erzähle, und dabei empfinde ich Liebe und Zärtlichkeit für meinen Urgroßvater, der zwischen zwei Loyalitäten gefangen war. Nebenbei gesagt: Wäre dieser Zwischenfall nicht passiert, wären die Großeltern wahrscheinlich nicht mit meinem Vater nach Argentinien ausgewandert. Dann wären alle am 11. September 1942 in Stolin in Weißrussland von dem Sonderkommando der Nazis umgebracht worden, wie die Mitglieder unserer Familie, die sich zum Bleiben entschlossen hatten, und ich säße nicht hier und schriebe das alles. Aber das ist eine andere Geschichte.

Wie man bereits seit der Zeit des Hypokrates weiß, und wie er in seinem sechsten Buch *De morbis passim grassantibus* schreibt, ist der Humor Medizin gegen jegliche Krankheit. Und Maimonides, der berühmte jüdische Arzt im Cordoba um das Jahr Tausend, schreibt in den Moseskapiteln XVIII: »Viele Krankheiten sind verschwunden allein durch Freude.« Um was es sich dabei genau handelt, ist sehr schwer zu fassen, aber eine Reaktion auf das Komische – das Lachen – kann man sehr gut studieren. Eine Volksweisheit besagt: »*Lachen ist gesund.*« In der Tat beweisen verschiedene Untersuchungen, dass Lachen die Absonderung von Endorphinen und Catecholaminen erhöht, die ein Gefühl von Wohlbefinden hervorrufen. Es vermindert die Absonderung von Cortisol und die Sedimentationsrate, was sich wiederum anregend auf das Immunsystem auswirkt. Die Sauerstoffzufuhr im Blut wird durch Lachen gesteigert, und die Restluft in den Lungen wird durch die raschen Atembewegungen weitgehend ausgestoßen. Anfangs steigen auch Herzfrequenz und Blutdruck, doch dann entspannen sich die Arterien und damit gehen Herzschlag und Blutdruck wieder zurück. Die Hauttemperatur erhöht sich aufgrund der Anregung des peripheren Kreislaufs. So kann sich Lachen z.B. bei Menschen mit Herz- und Gefäßkrankheiten und Atemproblemen sehr positiv auswirken. Zudem ist es außerordentlich geeignet zur Muskelentspannung. Man hat herausgefunden: nach herzhaftem Gelächter kann die Entspannung noch fast eine Stunde anhalten.

Wenn Lachen also so gesund ist, warum lachen wir dann so wenig und so gezwungen? Warum fühlen sich andere oft angegriffen, wenn wir in irgendeiner Situation loslachen? Warum muss man sich Komiker ansehen, damit man sich zum Lachen berechtigt fühlt?

Wie wird das Lachen in anderen Kulturen erlebt? Im Mittelalter war es Brauch, dass Prediger während der Ostermesse auf folgende Weise vor den Gläubigen auftraten:

> Einer, verkleidet als Kuckuck, verspeiste die Jungvögel in einem hohlen Weidenbaum und imitierte ihre Rufe; ein anderer hockte auf einem stumpfnasigen Stier und tat so, als ob er ein Kalb gebären würde, indem er es, wie eine Gans

schnatternd, unter sich herauszog; wieder ein anderer, der einen Laien eine Nacht lang die Kutte hatte tragen lassen, überzeugte ihn, er sei nun Priester, und führte ihn zum Altar (...), es gab auch solche, die erzählten, mit welchen Listen der heilige Petrus die Feinde getäuscht hatte. (...) Sie alle taten dies nicht, um die Mysterien zu erklären, sondern um mit diesen munteren Spielereien ihre Zuhörerschaft zu erheitern.[41]

Die Prediger gingen in ihren Darbietungen so weit, Gesten zu machen, die als lasziv und obszön galten, sie mimten Geschlechtsakte verschiedener Art und zeigten sogar ihre Genitalien, alles mit dem Ziel, Heiterkeit auszulösen. Der Brauch hielt sich über zwölf Jahrhunderte, bis hinein ins 18. Jahrhundert, und Spuren davon finden sich in ganz Europa.

Bei den Eskimos ist »Zusammen lachen« der Ausdruck für Liebe machen.

Im alten Rom wurden bei Frühlingsfesten, den *Lupercali*, zwei junge Römer einer symbolischen Tötung und Auferstehung unterzogen. Mit einem in Ochsenblut getauchten Messer berührte man zuerst ihre Stirn, dann wurde das Blut mit Wolle wieder abgewischt und die symbolisch ins Leben Zurückgeholten brachen in herzhaftes Gelächter aus.

Bei einem Ritual der Jakuten in Nordasien versammeln sich die Frauen drei Tage nach der Geburt eines Kindes im Haus der Kindsmutter zu einem rituellen Essen zu Ehren der Göttin der Geburt, Ijehsit, die nun das Haus wieder verlassen kann. Während des Essens beginnt eine der anwesenden Frauen zu lachen, bis alle zuletzt mitlachen: und davon, so glauben sie, werden die Frauen schwanger.

In der Bibel, Genesis 18,11, finden wir:

> Und sie waren beide, Abraham und Sara, alt und wohlbetaget, so daß es Sara nicht mehr ging nach der Weiber Weise.
>
> Darum lachte sie bei sich selbst, und sprach: Nun ich alt bin, soll ich noch Wollust pflegen und mein Herr auch alt ist?
>
> Da sprach der Herr zu Abraham: Warum lachet des Sara, und spricht: Meinst du, daß wahr sei, daß ich noch gebären werde, so ich doch alt bin.
>
> Sollte dem Herrn etwas unmöglich sein? Um diese Zeit will ich wieder zu dir kommen über ein Jahr, so soll Sara einen Sohn haben.

Und Sara hatte einen Sohn. So trägt ein Sohn Abrahams, von dem wir angeblich alle abstammen, den Namen Isac, im Hebräischen Itchaq, das bedeutet »der Lachende«, Sohn des Vergnügens und des Lachens.

Wie sieht es dagegen in unserer Kultur aus? Lachen ist verdächtig, weil es gewisse Regeln antastet. Nur unter sehr genau festgelegten Umständen darf gelacht werden. Im Alltag ist gerade mal ein Lächeln erlaubt, das Erfahrung,

---

[41] G. Ecolampadio. In: M. C. Jacobelli, *Il risus paschalis e il fondamento teologico del piacere sessuale,* Brescia, Queriniana, 1991, S. 20f.

Verständnis und Weisheit ausdrückt. Lautes Lachen entlarvt blitzartig jede gekünstelte Seriosität, die die Menschen als Barriere zwischen sich aufrichten und die Ausdruck von Macht- und Herrschaftsstrukturen ist. Lachende Körper sind grotesk und zertrümmern die feierlichen Maskeraden, mit denen versucht wird, Privilegien und Herrschaftspositionen zu bewahren. Lächerlich zu wirken bedeutet in einer auf Herrschaft aufgebauten Gesellschaft so viel wie wehrlos sein: In der Tat: Gelächter ist entwaffnend! Es fördert die Bewegung des Lebens gerade da, wo es unterdrückt werden soll.

Ein Körper, der nicht lacht, ist steif, und ebenso der Geist, der in ihm wohnt. Bei den Griechen und Römern war das Lachen ein *deus sanctissimus et gratissimus* – ein besonders heiliger und gnadenreicher Gott. Schauspieler wissen, dass Lachen göttlich ist! Aber organisches Lachen ist die Emotion, die am schwierigsten hervorzurufen ist. Da wir Kinder dieser Zivilisation und von ihr gezeichnet sind, ist die Selbstzensur, was das Lachen betrifft, tiefgreifend und wirkt automatisch. Ich weiß keine Erklärung dafür und mache keine Theorie daraus, aber es ist die Erfahrung vieler Jahre: Für Schauspieler und Schauspielerinnen aus dem westlichen Kulturkreis ist es einfacher und »natürlicher«, in das Leid, den Schmerz, das Mitleid oder in den Zorn und die Wut hineinzugehen. Uns sind die Tränen und der Schmerzensschrei näher als das Lachen. Bei der Arbeit mit der »Methode« zeigt sich das immer wieder ganz deutlich. Wenn bei einer Improvisationsübung die Motivation für eine Forderung oder eine Verweigerung vorbereitet wird, gelingt es den Schauspielern die notwendige große Dringlichkeit am ehesten dadurch zu erreichen, indem sie sich mit ›schwarzen‹ Bildern in den Zustand einer Grenzerfahrung versetzen.

Seit Jahren versuche ich, meinen Schülern den Zugang zum Lachen über eine Grenzsituation zu vermitteln, den uns z.B. die Mystiker weisen, wenn sie in freudigen Jubel ausbrechen. Um deutlich zu machen, was ich meine, will ich eine Erfahrung erzählen, die ich selbst gemacht habe. In einer Improvisation bereitete ich die Motivation für eine Forderung vor, die ich mit großer Dringlichkeit vorbringen wollte. Dazu muss es um eine »Frage von Leben oder Tod« gehen. Ich stelle mir vor, dass mein Wunsch Wirklichkeit wird, und ich in den Besitz einer chemischen Formel gelange. Mit einem einzigen Tropfen der Substanz werde ich den Po wieder reinigen. Der Fluss fließt keine hundert Meter entfernt an unserem Theater vorbei und ich statte ihm oft am Morgen oder bei Sonnenuntergang einen Besuch ab. Vor wenigen Jahrzehnten, erzählen die alten Leute, wurde noch darin gebadet. Aus den Eiern der Störe, die darin lebten und die jetzt ausgerottet sind, machten die Juden eine Art Kaviar. (Auch die Ferrareser Juden sind beinahe ausgerottet »dank« des Faschismus, einer Form von extremer *Politikverschmutzung*.) Ich sehe mich also mit meinem Reagenzglas dort am Ufer neben der alten Mühle stehen, wo schon Antonioni seinen Film *Die Menschen vom Po* gemacht hat. Dies sind einige Assoziationen, die auftauchen, wenn ich versuche, ein Bild zu fixieren und das ich beobachte, ohne es festzuhalten, um mich so auf das Wesentliche konzentrieren zu können. Der Akt, die Wundertropfen in das tote Gewässer zu schütten, das sofort kristallklar wird, erzeugt in mir eine sehr starke Emotion, einen mächtigen Endorphinschub. Tränen laufen mir übers Gesicht, ein Wohlbefinden durchströmt mich, ein Gefühl, als flöge mein Körper. Das Herz schlägt schneller, der Atem wird rascher, und das Lachen bricht hervor.

Kommt im Laufe einer Improvisation das Lachen zum Vorschein, dann ist es wie die Sonne, die durch die Wolken bricht. Aber es kommt eben nicht zufällig. Gerade weil es für die Schauspieler so schwierig ist, die Voraussetzungen dafür zu schaffen, und wegen seines Werts als *königliche Emotion*, nimmt die Arbeit am Lachen einen wichtigen Platz im Theaterlaboratorium ein. Man kann es ja nicht wollen, man muss es finden. Dieses ›Finden‹ aber ist in Wirklichkeit ein *Sich-vom-Resultat-finden-Lassen*. Damit das Resultat keimen kann, musst du Erde, Mutter werden. In unserer Kultur, die *männlich* orientiert und mehr am *Produkt* als am Produktionsprozess interessiert ist, neigen wir, Männer wie Frauen, dazu, unser Verhalten an diesem Prinzip auszurichten und auch bei der Theaterarbeit ausschließlich die Haltung des Forschers anzunehmen, die *männliche* Haltung des Jägers. Wir befinden uns auf der Jagd nach Emotionen, nach *Ergebnissen*, nicht so sehr wegen ihres Wertes *an sich*, sondern wegen ihrer Bedeutung im Beziehungsgefüge, und dabei geht es immer um Macht. Dennoch, wir müssen das *weibliche Prinzip* entschieden und durchgehend wirken lassen. Wollen wir also, dass das Lachen zum Vorschein kommt, dann muss es die Schranken überwinden, die ihm die von uns verinnerlichte gesellschaftliche Zensur entgegenstellt. Es kann zum Beispiel mitten in einer tragischen Situation hervorbrechen – bei der es selbstverständlich immer ernst und feierlich zuzugehen hat – und es kann gegen alle ethischen Normen verstoßen. Nun gut, bekanntlich betont nichts so sehr die Tragödie wie das Lachen und zeigt uns deren Ausmaße. Wir wissen, nichts reizt so zum Lachen wie das Unglück der anderen. Versetzen wir uns in die griechischen Götter hinein. Homer erzählt uns, dass sie den Menschen Tragödien schickten, um sich zu amüsieren. Wenn eine Figur auf der Bühne über ihre und in ihrer Tragödie lacht, bewahrt sie die Zuschauer davor, eine scheinheilige Haltung einzunehmen, bei der sie *heimlich* lachen. Das wäre dann wie ein *Auslachen*, das wie ein Schleier den Zuschauer von der eigentlichen, tiefen Bedeutung des Geschehens trennen würde. Mit dem Gelächter der Gestalt auf der Bühne dagegen wird der Zuschauer hervorgelockt und gezwungen, zu sehen, zu hören und sich selbst zu beobachten.

13. Die Stimme des Wolfes

Zehn Jahre lang war unser Theater in Räumen der psychiatrischen Klinik von Ferrara untergebracht, von deren Insassen uns nur eine Wand trennte. Eines Morgens arbeitete Nicoletta, eine unserer Schauspielerinnen, mit der Stimme. An einem bestimmten Punkt stieß sie ein Geheul aus, dass sich einem die Nackenhaare sträubten: Da erhob ein Patient auf der anderen Seite der Mauer ein Klagelied, das er genau der Stimme der Schauspielerin anpaßte. Der Gesang, den der Patient sonst immer nur eintönig vor sich hin wiederholte, hob plötzlich ab, und es entstand ein Duett, in dem sich die beiden Stimmen gleichberechtigt wechselseitig führten. Ohne jede Möglichkeit zur Kommunikation, seit Jahrzehnten in sein Inneres eingeschlossen, begegnete der Patient, vielleicht zum ersten Mal, seinesgleichen. Der gemeinsame Gesang dauerte lange und wiederholte sich noch oft. Beunruhigt von dem, was wir gehört und empfunden hatten, versuchten wir, das Phänomen genauer zu ergründen. Wem gehörte diese Stimme, die aus Nicoletta hervorbrach? Gewiss nicht *der* Nicoletta, die wir aus unserem täglichen Zusammensein kannten. War es die »Stimme des Wolfes«, die wir gehört hatten und die uns, ihr selbst, mir, dem Patienten auf der anderen Seite der Mauer, etwas mitteilte? Diese Stimme weckte und beschwor Bilder herauf, ohne Zutun der Schauspielerin, die eine Art Medium geworden war.

Besteht unser Gehirn, wie Renato Balbi ausführt, aus Schichten, die seinen verschiedenen Entwicklungsstadien entsprechen, und gehört zum Beispiel eine Schicht zu dem Zustand, »*als wir wie die Wölfe waren*«[42], so entspricht dem wahrscheinlich eine besondere Stimmqualität. Durch die Arbeit an der »Stimme des Wolfes« kann man wie mit einer Sonde zu jener tiefen Schicht Zugang bekommen und sie »erwecken«. Auf diese Weise können wir unsere Bewusstheit um einen Teil von uns erweitern, der sonst unbewusst in uns wirkt.

Die unermessliche, beschwörende Kraft der Stimme entfaltet sich am ehesten im Gesang, wenn sie im Körper des Schauspielers Gestalt annimmt, der nicht um hohe klangliche Qualität, um Bravour bemüht ist. Für den Schauspieler ist Gesang eine der größten Herausforderungen. Bravour ist für ihn nur ein Aspekt, nur eine technische Voraussetzung. Unsere Arbeit beginnt da, wo der Sänger gewöhnlich aufhört. Mit Worten, die durch Melodie und Rhythmus musikalische Gestalt annehmen, dringt der Schauspieler als Singender vor in sein verborgenes Universum und auch in das des Zuhörenden. Die Stimme wird zur Sonde, bringt aus den geheimsten Winkeln der Persönlichkeit die eigene Komplexität, die Geschichte, die Dimension des eigenen Menschseins an die Oberfläche und beunruhigt uns wie all die Dinge, die

---

[42] Vgl.: R. Balbi, *Lungo viaggio al centro del cervello,* Milano, Mondadori, 1985, S. 24f.

nicht übersetzt, gedeutet und somit gezähmt und unschädlich gemacht werden können.

Die Stimme übermittelt nicht etwas, sie selbst *ist* Sprache, Form und Inhalt zugleich. Eine besondere Form der Kommunikation, die uns gegeben ist, die wir aber noch kaum in ihrer ganzen Komplexität kennen. Wir beherrschen sie gerade mal gut genug, um einen Kaffee zu bestellen, wir geraten aber schon in Schwierigkeiten, wenn wir überzeugend sagen wollen: »Ich liebe dich.« Gar nicht zu reden vom Gesang. Und da haben wir ja auch unsere Erfahrungen: »Du singst falsch!« lautet das Urteil, das seit frühester Jugend über viele von uns verhängt wurde und das unsere Stimme zum Schweigen brachte. Schauspielern, die ihre Stimme zurückerobern, sie wieder erwecken und aus Vorbehalten und Ängsten befreien wollen, steht ein langer, mühseliger, aber auch faszinierender Weg bevor, bis sie wieder lebendig, wild und organisch erklingen kann.

Die Stimme ist tiefer und originärer Ausdruck unserer Persönlichkeit, so sehr, dass eine Identifikation durch »Stimmabdruck« exakter ausfällt als durch Fingerabdruck. Die Arbeit *mit* und *über* die Stimme öffnet Türen, die zu unseren geheimsten Räumen führen und die auf anderen Wegen nur schwer erreichbar sind, und mit wesentlich weniger Vergnügen.

14. Das Feuer

In der Bhagavad Gitâ bedeutet das Feuer: Atem, Wissen, die toten Seelen. Brahma ist der Wächter des heiligen Feuers. Das Osterfeuer läutert und erneuert. Für Shinto bedeutet es die Erneuerung des Jahres. Bei den Mystikern gibt es das Feuer, das nicht brennt.

Vielleicht weil ich in Patagonien geboren bin und weil ich bei Feuer sofort an Lagerfeuer denke – hoch oben in den Bergen in einer Felsmulde, geschützt vor dem unermüdlichen Wind – ist Feuer für mich ein freundliches Element, das mir Sicherheit vermittelt, Nahrung und menschliche Gesellschaft. Das Spiel der Flammen, der Geruch von glühendem Holz, die Wärme, das tanzende Licht, die Schatten auf dem Felsgestein im Dunkeln und das Knistern wecken Urgefühle, die in mir als deutliche Emotionen und klare Bildern lebendig geblieben sind. Urbilder, die ich liebe und mit anderen teilen möchte: Sie können in jedem Emotionen auslösen, die ebenso reich sind wie meine. Wie z.B. bei jemandem, der in Buenos Aires geboren ist wie Cora, die weibliche Seele unseres Theaters, die meistens Feuer anzündet und ihm in Bildern zu szenischem Leben verhilft.

Im I Ging entspricht das Feuer dem Süden, der Farbe Rot, dem Sommer, dem Herzen, den Leidenschaften, Liebe und Wut, dem Geist.

Als wir *Sogno di una cosa* aufführten, ein Bühnenschauspiel für geschlossene Theater, das vom Leben Rosa Luxemburgs und der Spartakusbewegung

Mascarò *(1995)*

handelte, gab es immer einen kritischen Moment mit den Bühnenarbeitern. Wir benutzten eine Kerosinlampe und eine Fackel. Beim Anblick des Feuers wurden alle immer äußerst nervös. Die offene Flamme musste schließlich durch eine elektrische Lampe ersetzt werden. Offenes Feuer auf der Bühne ist nun mal verboten! Nur einmal, im Stadttheater Basel, war ein Kompromiss möglich, und das auch nur deshalb, weil ein findiger Techniker eine Fackel mit einem komplizierten Selbstlöschmechanismus hergestellt hatte, so dass das Feuer erlosch, sobald die Hand des Schauspielers den Griff losließ. Während der ganzen Vorstellung wachte ein Feuerwehrmann mit einem Feuerlöscher aufmerksam über dem Geschehen.

Wenn wir Feuer sehen, denken wir automatisch auch sogleich an die Feuerwehr. Unser alltägliches Leben hängt nicht mehr vom Feuer ab: wir wärmen uns an Heizkörpern, wir kochen mit Strom, höchstens mit der kontrollierten Gasflamme. Der Anblick des lebendigen, offenen Feuers wird immer noch unmittelbar mit Gefahr und Katastrophe in Verbindung gebracht.

Sicher, die panische Angst vor Feuer im Theater hat ihren guten Grund in der Angst vor drohenden Bränden. Für jede Phobie gibt es einen vernünftigen Grund. Kann man vielleicht bei dieser Phobie, selbst wenn sie jene sehr vernünftigen Gründe hat, nicht doch auch eine Entsprechung sehen zu einer gewissen panischen Angst vor dem Leben? Einer Phobie, die dazu führt, dass wir vielleicht eher die Prosa als die Poesie wählen? Um auf einer Bühne das Schauspiel zu ermöglichen, muss auf viele Notwendigkeiten Rücksicht genommen werden. Diese aber sollten die Magie des Theaters nicht zerstören.

In der Entwicklung einer Poetik für das Straßentheater tritt das Bild oft an die Stelle der Sprache. Der Flut von Worten, die die Medien jeden Tag über die Zuschauer und Hörer ergießen, setzen wir unsere Bilder entgegen. Die Bilder unserer Aufführungen konkurrieren natürlich mit der aufdringlichen Bilderwelt der Werbung, die eine virtuelle Welt evozieren. Das wirkliche lebendige Feuer *hier* ist deshalb auch unverzichtbarer Begleiter unserer Arbeit. *Buddha ist das innere Feuer, das durchdringende Wissen, die Erleuchtung und die Zerstörung der Hülle.*

Wenn wir mit unseren Stücken auf Straßen und Plätze gehen, brennen die Feuer, die die Szenen beleuchten. Die Schauspieler handhaben sie mit Leidenschaft und großer Beherrschung. Das Feuer ist wahr, und die Zuschauer übertragen diese Wahrheit auf die Person, die es trägt. Der Schauspieler muss dieser Wahrheit entsprechen.

Unsere Städte sind immer mehr bedroht von Attentaten, von Gewalt und Brandstiftung. Das Theater aber trägt seine gutartigen Feuer auf die Straßen – in gewisser Weise eine poetische Homöopathie.

II. Die Methode, von der Legende zur Praxis

Mascarò (1995)

1. Das Theater – Ort der Erzählens oder Ort der Erfahrung?

Das Theater erzielt größere Wirkungen,
wenn es irreale Dinge real erscheinen läßt.
Dann nämlich wird die Bühne zum psychischen Periskop,
das unsere Realität von innen heraus erhellt.

F. Kafka (nach G. Janouch, *Gespräche mit Kafka*)

Im Unterschied zu anderen Künsten hinterlässt das Theater keine Spuren. Zeugnisse der darstellenden Künste, der Musik und der Dichtung aus der Vergangenheit liegen uns in großer Zahl vor und ermöglichen es, sie zu studieren und historisch einzuordnen. Ein Maler hat die gesamte Geschichte seiner Kunst sichtbar vor sich, von den Felszeichnungen in Altamira bis zu den Graffitis in unseren Tagen.

Die einzigen Fundstücke, das Theaters betreffend, sind Texte, die aus den Kulturen stammen, die über die Schrift verfügten. Der Erfindung des Kinos verdanken wir Filmaufnahmen von Theateraufführungen. Da können wir zum Beispiel die Duse sehen, aber was wir sehen ist nicht das wirkliche Theater. Und das kann es auch nicht sein, denn, so glauben wir, Theater ist: konkrete und gelebte Beziehungen zwischen den Gestalten auf der Bühne und zwischen diesen und den Zuschauern. Und die Texte? Sie können uns viele Hinweise geben, doch sie bleiben stumm, was diese Beziehungen angeht.

So haben die Schauspieler nichts als ihre Zeitgenossen, um sich kritisch mit ihrer Arbeit auseinanderzusetzen. Und von unserer Generation sind viele schon Geschichte: Von Kantor, vom *Living Theatre*, bleiben nur die Erinnerungen ihrer Zuschauer. Diese Erinnerungen sind natürlich unterschiedlich, widersprüchlich, weil die Beziehungen von jedem Zuschauer unterschiedlich erlebt wurden. Das ist für uns auch eines der faszinierendsten Merkmale des Theaters, das es auch in einer Zivilisation weiterbesteht, die sich so völlig dem Privateigentum und der Aneignung von Besitz verschrieben hat: das Theater ist reine Energie, unmittelbare Poesie. Niemand kann es besitzen.

Betrachten wir die Entwicklung der bildenden Künste, so erkennen wir eine ununterbrochene Linie in der Vervollkommnung der figürlichen Darstellung von den Höhlenmalereien bis heute.

Um die Mitte des letzten Jahrhunderts jedoch macht die Erfindung der Photographie die Rolle, die die Malerei inne hatte, mit einem Mal sinnlos, überflüssig und anachronistisch. Bis zu jenem Zeitpunkt wurde der Maler gebraucht. Er hatte einen präzisen Auftrag: die Abbildung, die *Propaganda fide*, die Verewigung der Auftraggeber. Er hatte zu dokumentieren und Zeugnis abzulegen. Als die Photographie auftaucht, die durch ihre technische Perfektionierung sehr schnell immer präziser und wirtschaftlicher wird, verliert der Maler seine frühere Bedeutung. Die Photographie arbeitet besser, billiger und rascher als jeder Maler. Nicht zufällig entsteht die erste Bewegung in der Malerei, die sich stark von der realitätsgetreuen Abbildung löst, der Impressionismus, beinahe parallel mit der Verbreitung der Photographie. Aber ist es nicht ein merkwürdiger Zufall, dass die erste Ausstellung impressionistischer Maler, die vom Salon in Paris 1874 zurückgewiesen worden waren, ausgerechnet im Studio eines Photographen stattfand?

Die Subjektivität des Malers rückt zum ersten Mal ungehemmt und erklärtermaßen in den Vordergrund, geht über das Sujet hinaus. Der Impressionismus scheint zu sagen: Jetzt, da uns die Photographie die Aufgabe weggenommen hat, die Wirklichkeit zu reproduzieren und darzustellen, und somit unsere Kunst ihres Sinns beraubt ist, geben wir ihr einen neuen und tieferen Sinn. Damit entstehen andere Bilder, andere Formen, die sich von der Darstellung der äußeren Welt entfernen, sie geradezu zurückweisen. »Die Übertragung visueller Erfahrung vom Maler zum Betrachter war das wirkliche Ziel des Impressionismus«, schreibt Gombrich.

Vielleicht kann man behaupten, dass die Malerei als Kunst eine neue Qualität erlangt, als die Photographie sie vom Zwang zur Abbildung befreit. Da sie nicht mehr gezwungen ist, von der Außenwelt zu erzählen und sie zu beschreiben, kann sie sich der Enthüllung von Welten widmen, die sich hinter dem Schein, unter der Oberfläche verbergen, auf tausendfach verschiedene Weise, je nach der subjektiven Sichtweise der Künstler. Und indem sie die Kunst anderer Kulturen entdecken, überlassen sie sich fröhlich, trunken deren Einfluss. Die Tatsache, dass die Maler und Bildhauer zu Anfang des zwanzigsten Jahrhunderts zu ihren Ursprüngen zurückkehren, der Kunst aus Afrika und Ozeanien, ist sicherlich ein bedeutsames Zeichen.

Vom Impressionismus über die abstrakte Malerei bis zur Pop-Art folgt Entdeckung auf Entdeckung, die Bewusstheit über die eigene Kunst wächst wie nie zuvor in all den Jahrtausenden, als der Künstler dem Zwang des Geschmacks seiner Auftraggeber und ihren Bedürfnissen unterworfen war.

Was hätte uns das Genie Michelangelos enthüllen können, wäre es nicht von der Beschränktheit der Päpste eingeengt worden?

Die aus der technischen Entwicklung geborene Krise bringt den Künstler dazu, sich nach dem Sinn seiner Kunst zu fragen. Wenn sie nicht mehr gebraucht wird, um zu reproduzieren, Zeugnis abzulegen, zu bewahren, zu verewigen, wozu dann?

Man entdeckt, dass die Malerei Aspekte der Realität enthüllen kann, die kein mechanisches Verfahren je einfangen könnte. In den Vordergrund tritt das Bild, das die vielfachen Formen der Realität im Bewusstsein des Künstlers hervorrufen und das nur er mit seiner Kunst auf die Leinwand bannen kann. Ein Hinweis darauf, dass diese Entwicklung schon weit fortgeschritten ist bezeugt das Unbehagen, das uns befällt, wenn wir vor den meisten Portraits zeitgenössischer Maler stehen: Eine Fotografie erscheint uns natürlicher. Ein gemaltes Portrait kommt uns dagegen oft kitschig vor.

Entsprechend der Entwicklung in der Malerei enthebt die Erfindung des Kinos und des Fernsehens das Theater von der Pflicht, das Leben und die Geschichte darzustellen. Kino und Fernsehen machen das besser und viel billiger. Endlich frei, können die Künstler im Theater wieder den tatsächlichen *Beziehungen* den Vorrang einräumen.

Zeitgenössische Wissenschaftler berichten, und wir müssen ihnen glauben, da wir keine Möglichkeit haben, es zu überprüfen, dass es einen Moment in der Theatergeschichte gab, in dem die szenische Darstellung des realen Lebens auf der Bühne ihren Höhepunkt erreichte, und zwar um die Wende vom 19. zum 20. Jahrhundert im Kunsttheater in Moskau. Man nannte diese Richtung »Naturalismus«, ihr herausragendster Vertreter in der Welt des Theaters war Konstantin Stanislavskij. Er wollte eine szenische Wahrheit, die eine ungeschmälerte, intensive Transposition der Wahrheit des Lebens sein sollte. Für ihn war dann das Ziel erreicht, wenn das Resultat *wahr* und weil es *wahr* war. Doch verstand er unter *wahr* ausschließlich das, was der »objektiven« Realität möglichst gleichsah, Replika, Klone. Und das vollzog das »Kunsttheater« auf perfekte Weise. Diese Schule entwickelte ein bis dahin unerreichtes Maß an künstlerischer Perfektion, sei es in der Wahrnehmung oder in der Präzision des Ausdrucks. Stanislawskijs Konzept der »Arbeit des Schauspielers an sich selbst« ist Ausdruck einer revolutionären Entwicklung im Theater.

Diese Theaterpraxis wurde von Stalin hoch geschätzt und zur einzig erstrebenswerten erhoben: Der Naturalismus war die Theaterversion des »sozialistischen Realismus«, und alle Theater in der Sowjetunion mussten sich dem anpassen. Doch wir wissen, die Realität besteht auch noch aus anderen Dingen als denen, die dargestellt werden können, und auch das »Objektive«, das so »Offensichtliche« täuscht mit seiner scheinbaren Wahrheit: Betrachten wir die Sonne: erscheint es uns nicht so, als ob sie sich um die Erde bewegt? Die Welt ist voll von Realitäten, die wir mit unseren Sinnen zunächst nicht wahrnehmen können: die Strahlungen jenseits von Rot und Blau zum Beispiel oder die Töne jenseits der Schwelle des Hörbaren. Wir nehmen sie nicht bewusst wahr, und dennoch gibt es sie, und sie wirken sich entschieden auf unsere Existenz aus. Ist also die Sichtweise des Künstlers weniger wahr und weniger real als die allgemein wahrgenommene Realität, auch wenn die Kunstwerke die Welt nicht so spiegeln, wie der Betrachter sie sieht? Oder was er zu sehen glaubt, denn das, was wir sehen, ist eine subjektive Konstruktion, das, was unser Gehirn aufgrund der empfangenen optischen Reize konstruiert. Nach Paul Klee ist der Künstler gerade deshalb Künstler, *weil* er anders sieht. Seine persönliche Sichtweise zeigt uns andere Welten, die hinter den Erscheinungen der alltäglichen Welt verborgen sind.

Ähnlichkeit ist nicht Wahrheit. Eine Metapher kann den Blick auf den Kern einer Sache besser offen legen als jede Beschreibung oder Mimesis. Als junger Soldat im Gebirge schrieb Ungaretti: »si sta come d'autunno sugli alberi le foglie« (Man fühlt sich wie im Herbst an den Bäumen die Blätter). Auch viele Worte können eine innere Situation nicht so deutlich wiedergeben wie dieser Vers.

Es war genau in dieser Frage, in der Mejerchol'd und Vachtangov in Widerspruch zur herrschenden Kunstauffassung in der Sowjetunion gerieten, wofür die beiden teuer bezahlten. Mejerchol'd und seine Frau wurden von Stalins Schergen ermordet, Vachtangov entging dem gleichen Schicksal nur, weil er vorher im Krankenbett starb. Sie wollten ein *theatralisches* Theater, weil sie die Wahrheit suchten und wussten, dass die Wahrheit nur als Resultat eines poetischen Akts auf der Bühne sichtbar werden kann. Die szenische Imitation des Lebens, die sie bei Stanislavskij sahen, war nicht und konnte niemals Wahrheit sein, bestenfalls eine gut gelungene Täuschung. Die szenische Poesie kann kein Spiegel des Lebens sein, sie ist vielmehr wie ein Fenster, durch das man mit einem intensiveren, einem dichteren Leben in Beziehung tritt, und diese Beziehung löst im Zuschauer vielleicht ein *Erkennen* aus.

Bei Quinto Horatio Flacco fand ich in seiner *Arte Poetica* den Satz: »Aut agitur res in scenis aut acta refertur.« (Entweder es geschieht in der szenischen Handlung oder es wird berichtet). Und danach fährt er fort:

> Die Dinge, die du durch Hören erfährst, berühren die Seele weniger als solche, die sich vor den aufmerksamen Augen der Zuschauer abspielen.[1]

Es ist so! Das Theater muss sich entscheiden: will es im Wesentlichen berichten, erzählen oder Erfahrungen vermitteln? Wir geben der Erfahrung den Vorzug, der ausschließlichen und vorrangigen Eigenschaft des Theaters, und dass es sich für diese Richtung so klar entscheiden kann, ist letztendlich möglich geworden durch die Erfindung der Massenmedien, die es vom Zwang des Erzählens befreit hat. Du hast ein paar Stunden zur Verfügung und das Privileg, in einem szenischen Raum zu arbeiten: Du musst entscheiden, wie du vorgehst, damit die einzigartige Gelegenheit dieser Begegnung zwischen Schauspielern und Zuschauern hier und jetzt größtmögliche Wirkung erzielt. Hier und jetzt! Denn auch, wenn wir die gleiche Begegnung morgen oder drei Stunden später wiederholten, wäre es nicht dasselbe. Nun, Bericht, Erzählung oder Erfahrung! Die Erzählung beruht auf der Vergangenheit: Es wird dargestellt, was gewesen ist. Oder es wird erzählt, was geschehen wird oder geschehen kann. Natürlich geschieht auch etwas bei dieser Begegnung zwischen der Energie der Darsteller und derjenigen der Zuschauer, doch wird dieses Geschehen dem Hergang der Erzählung untergeordnet. Interessanter als die Erzählung selbst ist oft, wie diese die Subjektivität des Erzählers berührt und plötzlich eine Beziehung zwischen dem Schauspieler

---

[1] Q. Orazio Flacco, *Tutte le opere,* Torino, UTET, 1983, S. 544f.

und den Zuschauern entsteht. Wenn aber das, was geschieht, was sich abspielt, das Wesentliche ist, dann wird ihm alles nachgeordnet. Dass unsere Haltung in dieser Frage so eindeutig ist, liegt wahrscheinlich an der Dringlichkeit, die uns seit unseren Erfahrungen in Argentinien nachhängt, die uns nie verlassen hat. Um zu erzählen braucht man Zeit, die Zeit, die das Wort braucht, um formuliert, aufgenommen und verarbeitet zu werden. Das Theater, das mit dem unmittelbaren Geschehen arbeitet, stellt sich dagegen als scharfe Raum-Zeit-Synthese dar, die vom Rhythmus der Interaktion zwischen den Zuschauern und den Schauspielern und diesen untereinander lebt. Und die Dringlichkeit wirkt sich unmittelbar auf den Rhythmus des Spiels aus. Die ersten Theateraufführungen, die wir in Europa sahen, machten auf uns fast alle den gleichen Eindruck: »Die müssen viel Zeit haben«, sagten wir uns. »Die scheinen die bedrängenden Notsituationen in der Welt nicht zu berühren.« Völlig klar, denn Not und Elend gehören nicht zu den Erfahrungen, die die Menschen hier machen. Sie können höchstens davon erzählen. Wir kamen aus einer zusammenbrechenden Welt, wo Theatermachen bedeutete, sein Leben zu riskieren. Oft hat das Militär Proben oder Aufführungen unterbrochen und Kollegen verschleppt, die niemand jemals wieder gesehen hat. Oft haben Bomben und Feuer die Theater zerstört. Für uns und unsere Arbeit hieß das: Wenn du schon dein Leben riskierst, dann soll es sich auch lohnen.

2. Die Grenzsituation. Pest und Magie

> (...) das Theater kam mir vor wie eine Art eingefrorener Welt, die Künstler eingezwängt in Gesten, die zu nichts nützen, mit solider Intonation vorgetragen, die in tausend Stücke fliegt, Musik als chiffrierte Rechnerei, deren Symbole bereits verlöschen in hellen Explosionen, dennoch solide, auf Spuren von Bewegung antwortend – und drumherum ein außergewöhnliches Gewimmel schwarzgekleideter Menschen, die sich vor einem kochenden Kramladen die Kassenzettel streitig machen.[2]

Bei seiner fieberhaften Suche nach einem lebendigen Theater jenseits der Literatur, das fähig wäre, an erster Stelle die Schauspieler und folglich auch die Zuschauer zu fesseln und aufzurütteln, fällt Artauds Blick auf die Beschreibungen der Pest in Marseille im achtzehnten Jahrhundert. Ihn beeindruckte die befreiende Wirkung, die die Gewissheit eines baldigen Todes auf die Menschen ausübt. Sie schütteln Gewohnheiten, Vorurteile und Tabus ab, und es entsteht eine Art »verzweifeltes Theater«. Artaud schreibt:

---

[2] A. Artaud, *Il teatro e il suo doppio e altri scritti teatrali,* Torino, Einaudi, 1968, S. 162 und S. 143

> Zwischen dem Pestkranken, der schreiend seinen eigenen Halluzinationen hinterher rennt und dem Schauspieler, der ungestüm nach der eigenen Sensibilität sucht, zwischen dem Mann, der sich Charaktere ausdenkt, auf die er ohne die Pest nie gekommen wäre, und sie inmitten eines Publikums aus Leichen und delirierenden Entfremdeten darstellt und dem Dichter, der unzeitgemäß seine Charaktere erfindet und der sie einem genauso unbeweglichen und delirierenden Publikum anvertraut, existieren Analogien, die die einzigen Wahrheiten bestätigen und die die Handlungen des Theaters so darstellen wie die Pest, auf der Ebene einer wahrhaftigen Epidemie.[3]

Die Pest verursacht eine Grenzsituation. Was macht eine Grenzsituation aus? Es ist die Zuspitzung einer Situation, die Krise, die durch das nahe Ende ausgelöst wird: »*Jenseits dieser Grenze wartet der Tod!*« Zum Beispiel: Bei einem Erdbeben ist ein Kind von einem mächtigen herabgestürzten Balken eingeklemmt worden. Die Mutter, den Tod ihres Kindes vor Augen, verfügt plötzlich über ungeahnte Kräfte und mit ihrem Körper stemmt sie den Balken hoch und kann das Kind befreien. Unser Lehrmeister Renzo Casali hat dazu Übungen erdacht, die wir weiterentwickelt haben. Die Ausgangsthese lautet immer: Wenn der Schauspieler in sich eine solche Grenzsituation heraufbeschwören kann, so gelingt es ihm, das Netz kultureller Hemmnisse zu sprengen, das seine Kreativität einengt.

Kehren wir zur Anthropologie zurück. Hier finden wir Berichte über eine Art »mentaler Techniken«, die der Magie zugeschrieben werden. Von den Ideen Artauds also zu den Beobachtungen Malinowskis:

> Die Magie liefert den primitiven Menschen eine Anzahl von rituellen Handlungen und einen schönen Glauben, eine präzise geistige Technik und Praxis, die dazu dienen, die gefährlichen Lücken, die bei jeder wichtigen Beschäftigung und in jeder kritischen Situation auftauchen, zu füllen. Das befähigt die Menschen, ihre wichtigen Angelegenheiten mit Vertrauen auszuführen, ihr Gleichgewicht und die geistige Integrität auch bei einem Übermaß von Zorn und quälendem Haß, bei unerwiderter Liebe, bei tiefer Verzweiflung und großer Angst aufrecht zu erhalten. Die Funktion der Magie ist es, den Optimismus der Menschen zu ritualisieren, seinen Glauben an den Sieg der Hoffnung über die Angst. Die Magie drückt die höchsten Werte der Menschen aus, das Vertrauen im Gegensatz zum Zweifel, die Standhaftigkeit gegenüber der Wankelmütigkeit, den Optimismus im Gegensatz zum Pessimismus.[4]

Ersetzen wir in diesem Text das Wort *Magie* durch *Poesie*, so erhalten wir eine anthropologische Definition dessen, was wir für die individuell-soziale Funktion des Theaters halten. Unsere Arbeit im Theater ist auf die Schaffung einer nicht literarischen Sprache ausgerichtet, mit der es gelingt, über das

---

[3] Ebd.
[4] B. Malinowski, *Magia, Scienzia e Religione. s.o.*, S. 94 und S. 84f.

Vehikel der Emotion die Partituren zu vermitteln, die die Schauspieler aus dem gewählten Thema entwickeln. Die Schauspieler erforschen ihre innere Welt und schöpfen daraus Bilder und Impulse. Ihre Arbeit ist einerseits rational beim Aufbau der Dramaturgie, mit der Fragmente der Realität und Produkte der Imagination verknüpft werden, andererseits emotional, da die Elemente jener Dramaturgie eine Entsprechung in ihren Gefühlen haben. An einem bestimmten Punkt des Prozesses und unter dem Druck der Dringlichkeit arbeitet das Denken beinahe nur noch mit Bildern, bis der logische Verstand fast keinen Einfluss mehr hat: Dann ist der Schauspieler beim »konkreten Bild« angelangt. Nur ein sehr geringer Teil des Verstandes übt noch Kontrolle aus. Wir sprechen vom »Piloten«, dem steuernden Bewusstsein als Schauspieler, mit dem er die Situation in der Hand behält. Der Schauspieler hat sich innerlich in eine Grenzsituation hineinversetzt, an die er fest glaubt. So kann er schöpferisch werden.

Um zu verdeutlichen, was gemeint ist, noch einmal Malinowski. In seinen Studien über das Verhalten der Eingeborenen in Melanesien beobachtete er, dass die Magie als Antwort der Menschen auf Dinge erscheint, die sie sich nicht erklären können. Der Jäger findet plötzlich keine Beute, ein gesunder Mann fühlt sich kraftlos, bei einem Fischer bleiben die günstigen Winde aus. Lauter Situationen, die zur Untätigkeit verdammen und die zum Tod führen können: also Grenzsituationen. Die erlernten Kenntnisse nützen nichts mehr, und so erfährt der Mensch seine Ohnmacht. Aber er muss jagen, um zu essen, er braucht seine Kraft, um zu arbeiten, er muss mit dem Boot hinausfahren, um zu fischen. Der organische Wunsch, das angestrebte Ziel zu erreichen, wird umso mehr zur Obsession, je größer die Hindernisse sind. Der dringende Wunsch, das angestrebte Ziel zu erreichen, und die Furcht, es nicht zu schaffen, versetzen den Organismus in Spannung. Die Spannung steigt.

> Besessen von der Idee des herbeigesehnten Endes sieht und fühlt er es bereits, und sein Organismus reproduziert die suggerierten Handlungen, die durch die Hoffnung vorweggenommen wurden und die nun durch die Leidenschaft eines Gefühls diktiert und mit Gewalt gefühlt werden. Unter dem Druck eines großen Zorns oder beherrscht von frustrierendem Haß ballt ein Mensch spontan die Fäuste und tritt nach einem imaginären Feind. (...) Der Liebhaber, der wegen seiner unerreichbaren und unsensiblen Schönen leidet, sieht sie in seinen Visionen. (...) Er erbittet und fordert ihre Gunst, und fühlt sich akzeptiert, indem er sie in seinen Träumen umarmt.[5]

Jeder kennt solche Momente aus der eigenen Erfahrung. Wir wissen, wie schwer es ist, in solchen Situationen Untätigkeit auszuhalten. Mit Untätigkeit aber reagiert unsere Vernunft auf alles, was sie nicht erklären kann. Der Organismus muss die nervöse Anspannung irgendwie abbauen, das ins Blut

---

[5] Ebd.

gelangte Adrenalin muss vom Sauerstoff verbrannt werden: Die Muskeln brauchen Bewegung. Der Körper verlangt nach Aktion:

> Diese Reaktionen auf bedrückende Gefühle oder zwanghaftes Verlangen beruhen auf universellen psycho-physiologischen Verhaltensmechanismen und sind die natürlichen Antworten auf die oben beschriebene Lebenssituation. Jene erzeugen das, was man in Handlung und Sprache verlängerten Gefühlsausdruck nennen könnte, z.B. Drohgebärden und Flüche aus ohnmächtiger Wut sowie, wenn praktisches Handeln unmöglich ist, den spontanen Ausruf nach dem gewünschten Ziel.[6]

Beim Eingeborenen wie bei jedem anderen Menschen, der von einem Raptus überwältigt wird, kommen diese Prozesse unfreiwillig in Gang. Wir setzen dazu in unserem Theaterlaboratorium unsere »Methode« ein, um derartige Krisensituationen gezielt auszulösen und in Theater umzusetzen. Unsere größten Schwierigkeiten sind dabei die kulturell bedingten Blockierungen, die unsere Dynamik hemmen. Können wir eine Grenzsituation herstellen, so gelingt es uns eher, diese Hemmungen zu überwinden. Mit Malinowskis Worten gesprochen geschieht dabei Folgendes:

> (...) eine starke gefühlsmäßige Erfahrung, die sich in einem rein subjektiven Fluß von Bildern, in Sprache, Verhalten und Handeln erschöpft. Dieser subjektive Fluß hinterläßt die tiefe Überzeugung seiner Realität, so als wäre ein praktisches oder positives Ergebnis schon erreicht, als wäre dem Menschen etwas von einer höheren Macht offenbart worden.[7]

Anders gesagt, indem er das *mythische Denken* in sich aufkommen lässt, kann der Schauspieler gleichzeitig sich selbst erkennen und sich, ohne es bewusst zu wollen, anderen mitteilen – jenseits der Vermittlung durch die konventionelle Sprache, indem er direkt mit der Sensibilität des Zuschauers in Verbindung tritt.

Die Gefahren beim Experimentieren mit der *Grenzsituation* sind nicht gering. Wesentlich ist, dass der Kontext, in dem man arbeitet, stimmt. In unserem Fall handelt es sich um eine Gruppe von Schauspielern und Regisseuren, die diesen Prozess wieder und wieder ausprobiert haben und deshalb die Erfahrung vorantreiben und die, wenn nötig, sich aber auch im Zaum halten können.

Wenn das Theater, wie wir meinen, etwas anderes ist als Darstellung von Literatur und Inszenierung von Texten, dann hat die Erforschung eines riesigen Territoriums gerade erst begonnen.

---

[6] Ebd.
[7] Ebd.

3. Aggressivität, Gewalt oder der Buddha in der Wüste

Es ist notwendig, dass wir unsere Kenntnis über die Gewalt vertiefen, von der wir brutal Gebrauch machen. Man glaubt, dass Aggressivität gleich Aggression sei. Beides hat nichts miteinander zu tun. Nur am Rande geht potentielle Aggressivität in Aggression über. Aber Aggression hat nichts mit der Lebensrealität zu tun. Sie ist eine existenzielle Handlung, die an eine imaginäre Beziehung gebunden ist.

J. Jacques Lacan, *Il Seminario. Libro I*

Im Theater geht es immer um Konflikte. Wenn das Wort Konflikt auftaucht, denken wir immer gleich, wie Lacan erklärt, an Gewalt, und Gewalt wird oft mit Aggressivität verwechselt. Da wir in unserem Theaterlabor ständig mit dem Konflikt arbeiten, haben wir uns ausführlich mit seinen Eigenschaften beschäftigt, mit seinem Ursprung und wie er funktioniert.

Wir betrachten die Anwendung von Gewalt als Bestandteil unserer *conditio humana* und Ausdruck unseres Selbsterhaltungstriebes. Unsere Spezies hat sie als Antwort auf verschiedene endogene und exogene Bedürfnisse des Individuums und der Gesellschaft in Millionen von Jahren entwickelt und präzisiert. Man hat die Wurzel der Gewalttätigkeit früher im so genannten »limbischen System« vermutet, heute nimmt man an, dass sie eher in der Amygdala angesiedelt ist. Der Prozess der Gewalttätigkeit spielt sich immer nach einem festgelegten Muster ab, weshalb wir von einem »Mechanismus« sprechen. In *The Emotional Brain* erklärt Joseph LeDoux diesen Zusammenhang folgendermaßen: Die Verbindungen in unserem Hirn vom *Corpus amygdalae* zur Großhirnrinde sind stärker entwickelt als diejenigen, die umgekehrt verlaufen. Deshalb übernimmt der *Corpus amygdalae*, der unser archaisches Hirn darstellt, die Steuerung, wenn die innere Spannung ein gewisses Maß übersteigt, und wir sind gezwungen, als Zuschauer dem Ausbruch unserer Gewalt beizuwohnen: »Sie kommt über uns.« Es ist, als übernähme »ein anderer« die Kontrolle, ein »anderer«, der in uns wohnt, der sich über unseren Körper ausdrückt, der ebenso existiert wie wir, der ganz und gar mit uns eins wird, indem er für die Dauer des Anfalls an unsere Stelle tritt und der sich über unseren Körper ausdrückt. Der Justiz ist dieses Phänomen wohl vertraut. Sie spricht von »zeitweiliger Unzurechnungsfähigkeit«, von einem »Raptus«, wenn sie »unvorstellbare« Verbrechen erklären will, die »normale« Individuen verübt haben. »Raptus« – die Amygdala entreißt der Großhirnrinde die Kontrolle über das Verhalten.

Bei dieser Tatsache beunruhigt uns, dass dieser Vorgang als lustvoll empfunden wird. Es ist wohl so: Der Mörder genießt, während er tötet, den Todeskampf seines Opfers. Je länger und quälender der Todeskampf, desto tiefer und intensiver das Lustempfinden, das sexuell besetzt ist. So auch die

Lust, dem Todeskampf von Menschen oder der Zerstörung von Dingen beizuwohnen. Tagtäglich wird diese Lust am Missgeschick anderer, Persönlichem oder Kollektivem, Nahem oder Fernem durch die Medien geschürt, die sich gern bis in alle Einzelheiten auslassen. Im audiovisuellen Bereich werden derartige Ereignisse auch eigens erfunden, Dichtung und Wahrheit wetteifern, bis sie in einer einzigen Flut von Reizen verschmelzen. Sie sind dann oft nicht mehr auseinander zu halten. Wir bezeichnen das Vorgehen der Medien als pervers und empören uns darüber, hören aber nicht auf, uns ihrer Angebote zu bedienen.

Löst das religiöse Symbol, das ein an Händen und Füßen ans Kreuz genagelten Mann darstellt, ein in Hinsicht auf Ausmaß und Dauer grausamst gefolterter und unter fürchterlichen Schmerzen sterbender Mensch nicht in unserem Unterbewusstsein auch Lust aus?

Oder betrachten wir die hemmungslose Gewalt, die Flagellanten an sich selbst verüben. Sie bestrafen das *Fleisch*, um die *Seele zu erlösen*, es wird mit Peitschenhieben traktiert, mit Hunger, Durst, Kälte oder sexueller Entsagung gequält. Und die *Versuchungen des Teufels*, sind sie nicht der Ursprung der Lust schlechthin, vielleicht nur erfunden, um die Anwendung von Gewalt gegen sich selbst und andere zu rechtfertigen, um so ein noch tieferes Lustempfinden zu ermöglichen? Tatsächlich steigt die Produktion von Endorphinen proportional zur Intensität der Schmerzen. Ein Gott rechtfertigt das Selbstmartyrium, die Visionen und Empfindungen, die infolge der Endorphine im Gehirn entstehen. Der Wunsch nach Martyrium und Leid ist eine Besonderheit in den Religionen der Wüstengebiete. Diese Religionen scheinen das feindselige Verhältnis der Natur zum Menschen widerzuspiegeln, mit einem rächenden Gott, wie im Pentateuch. Im Gegensatz dazu inspiriert eine sanfte Natur Religionen wie die animistischen oder den Buddhismus in den gemäßigten Waldgebieten, zur Selbstauflösung und zur Verschmelzung mit dem Kosmos: Buddha in der Wüste ist mir nicht vorstellbar.

Verschiedenste Formen von Gewalt finden wir auch in den Initiationsriten vieler Kulturen. Der Gemeinschaft und sich selbst wird dadurch bewiesen, dass man Schmerz ertragen kann. So wird die Nützlichkeit des Individuums unter Beweis gestellt, wenn es um die Verteidigung und den Kampf ums Überleben der Gemeinschaft geht. Vielleicht liegt ja auch ein Grund für so viel Gewalttätigkeit junger Menschen heute im Verschwinden derartiger Rituale. Die Rituale als gesellschaftlich integrierte und integrierende Prozesse sind verschwunden, nicht jedoch ihre Notwendigkeit, und so entwickeln junge Menschen ihre eigenen Formen. Anstatt den Jugendlichen Verständnis entgegenzubringen und ihnen zu helfen, sich zu orientieren, tendiert die Gesellschaft dazu, sie zu kriminalisieren und das Verhalten zu unterdrücken, das aus diesem Bedürfnis resultiert.

Wir alle, selbst Teilhaber als auch Ausdruck der westlichen Kultur, leisten, was die Gewalt anbelangt, große Verdrängungsarbeit. Wir geben uns der Illusion hin, dass wir, wenn vielleicht auch in guter Absicht, ein grundlegendes Element unseres Wesens, einen Teil unseres ontogenetischen Materials, einfach streichen könnten. Die kultivierte Maskierung, die diesen empfindlichen Bereich überdeckt, hat sich zu einer wahrhaft dramatischen Kunst entwickelt. Sie zeigt die Komödie unserer Zivilisation, in der jeder irgendeine Rolle einnimmt. Die Gesten sind von Bedeutungen aufgeladen, das Verhalten ist kodifiziert. Ein großer Teil der Unterhaltungsindustrie lebt davon. Im Kino und im Fernsehen liefert sie die tragikomischen Spektakel der Serien und Soap Operas, wo man genüsslich mitverfolgen kann, welche Spiele die Figuren, die zumeist den »gehobeneren« gesellschaftlichen Schichten angehören, treiben.

Die Illusion, die Gewalt aus dem gesellschaftlichen Leben streichen zu können, blamiert sich ständig, indem wir täglich unsere Hilflosigkeit erleben, wenn uns der Druck der Realität organische und überzeugende Verhaltensweisen abverlangt. Verhaltensforscher haben den Projektionsmechanismus aufgedeckt, der uns daran hindert, unsere Wut an dem »richtigen« Objekt auszulassen und stattdessen unser Gift gegen eine andere Person oder auch gegen Sachen zu versprühen. Dieser Mechanismus ist tief in uns verwurzelt und hat sich zu einer hohen Kunst entwickelt.

Sportstadien, früher einmal Tempel »gesunder« Aggressivität, verwandeln sich immer wieder in Schlachtfelder. Die angestaute Energie frustrierter Fans entlädt sich bisweilen auf den Rängen und anschließend draußen auf den Straßen. Individuelle Gewalt ist verboten, das legitimierte Gewaltmonopol hat der Staat, und gelegentlich wendet er es in kalter Brutalität an.

Unsere Kultur vermittelt uns ein Double-Bind-Verhältnis zur Gewalt. Es ist offenbar, dass das Tabu die Gewalt nicht verhindert. Zwar würde kein psychisch gesunder Mensch eingestehen, dass ihm das Töten oder Quälen Lust bereitet. Dennoch ist das Potential und die Bereitschaft zur Gewalt in den Tiefen unseres Gehirns jeder Zeit vorhanden. Es braucht nur wenig, sie auszulösen. Es ist nur eine Frage bestimmter Umstände: Jede beliebige persönliche oder gesellschaftliche Situation kann zu Gewaltaktionen gegen Menschen führen, die man zu »Fremden« oder »Feinden« erklärt oder gegen ethnische Minderheiten, wenn sie von oben durch die Staatsgewalt, eine Partei oder eine starke Gruppe legitimiert wird, wie uns z.B. die schreckliche Tragödie von Ex-Jugoslawien neben vielen anderen gelehrt hat.

3.1. Der Konflikt als Untersuchungstechnik

Im unserem Theaterlaboratorium erforschen wir die »dunklen Kräfte«, die in uns wirken. In imaginären Situationen, die wir sorgfältig konstruieren, damit sie wahrhaftig sind, spielen wir mit verschiedenen Techniken, und auf diese Weise untersuchen wir den Konflikt am jeweiligen Fall. Die Schauspieler tasten sich behutsam bis dahin vor, wo die »dunklen Kräfte« auftauchen können. Auf diese Weise lernen sie sie kennen und üben, mit ihnen umzugehen. Es geht also darum, dass wir unser ontologisches Erbe anerkennen, es ins Licht des Bewusstseins rücken, es beobachten und nach unseren Vorstellungen steuern lernen. Dabei nehmen wir die Hilfe verschiedener Wissenschaften in Anspruch, der Anthropologie, der Ethnologie, der Medizin, der Psychologie, der Kulturwissenschaften.

Der Konflikt in seinen verschiedenen Formen ist der Motor aller unserer Lebensprozesse. Er ist aber auch die Triebkraft jeder dramatischen Situation. Er löst den Mechanismus aus, der sich als theatralische Dynamik darstellt. Um die theatralen Elemente kennen zu lernen, richten wir unseren Blick auf das tägliche Leben. Im Theaterlaboratorium benutzen wir praktisch ein *in vitro* Experiment aus wahrhaftigem Stoff. Bei der Untersuchung wird jedes Element isoliert, analysiert und präpariert. Dabei stellen sich uns jedoch viele Probleme in den Weg. Phylogenetisch und kulturell sind wir darauf konditioniert, Konflikte zu verdrängen. Schließlich sind wir im Grunde Säugetiere und unsere Psychophysiologie verlangt nach Entspannung und einem ruhigen Leben. Ganz gleich welche Konfliktsituation auftaucht, immer ist unsere erste Reaktion das Bemühen, sie von uns wegzuschieben. Wir tun alles Erdenkliche, um Konfrontationen zu vermeiden. Unsere Psyche ist demnach ein Lagerraum für ungelöste, verdrängte, vergessene Konflikte. Und wir haben vergessen, dass wir sie vergessen haben. In unseren Beziehungen spielen verdeckte, maskierte Konflikte ständig mit. Wir stellen uns ihnen nur, wenn wir plötzlich und unvorbereitet dazu gezwungen werden. Folglich kommen wir meist auch übel zugerichtet und frustriert aus solchen Konfrontationen heraus.

Als Schauspieler gehen wir mit dem Problem folgendermaßen um: damit wir uns überhaupt dem Konflikt stellen können, müssen wir unsere eigenen tief sitzenden psychophysiologischen und kulturellen Widerstände überwinden. Das kann uns am ehesten gelingen, wenn wir die Tatsache akzeptieren, dass wir sowieso niemals das sagen, was wir wirklich denken, und dass wir nie gemäß dem natürlichen Lauf unserer Gefühle handeln.

Wie Jacques in *Wie es Euch gefällt* von Shakespeare sagt, ist das gesellschaftliche Treiben wahrhaftig ein Theater, in dem permanent das Spiel unseres Lebens aufgeführt wird. Wenn wir die festgelegten Rollen verlassen oder die Sprache der Vorführung ändern würden, sähen wir uns vor eine massive gesellschaftliche Zensur gestellt. Wir kämen in Gefahr, auf die schiefe Bahn zu geraten oder verrückt zu werden. Man könnte uns ins Gefängnis oder in die Irrenanstalt stecken oder, was etwas weniger schrecklich scheint, aber ebenfalls sehr wirkungsvoll ist: man würde uns mit Ächtung und Ausgrenzung begegnen.

In diesem Prozess konfrontieren wir uns als Erstes mit unserem äußeren und unserem inneren Selbstbild und versuchen zu akzeptieren, wie wir wirklich sind. Das ist nicht einfach. Im Verborgenen unseres Kämmerchens haben wir natürlich das beste Bild, die allerbeste Meinung von uns selbst: von uns nehmen wir nur das Beste, alles denkbar Positive an, von den anderen das Schlechteste. Im Film unseres Lebens befinden wir uns als die Guten und Schönen in ständigem Kampf gegen die Hässlichen und Bösen.

Mit Hilfe der komplexen Einfachheit der Regeln unserer »Methode« offenbart die Arbeit am Konflikt, wer und was wir wirklich sind. Sie vollzieht sich vor Zeugen und Beobachtern, die uns helfen, den Grad der Wahrheit zu finden, die zwischen dem liegt, was wir zu sein vorgeben und unserem tatsächlichen Handeln.

3.2. Die Fiktion als Erfindung ist Spiel

Theater ist Fiktion. Das Wort impliziert nicht nur Täuschung und Darstellung. Es bedeutet auch *Erfindung*. Seit Stanislavskij können wir unter Theater nicht nur das schauspielerische Darstellen im Sinne von »Spiegel des Lebens« verstehen, sondern auch das »Erfinden« eines bewussteren, klareren Lebens. Gerade weil das Theater Fiktion ist, können wir es uns hier erlauben, die Wahrheit herauszulassen, mit ihr zu experimentieren.

> Die schönste Wahrheit nützt gar nichts (...) wenn sie nicht zur inneren und höchst persönlichen Erfahrung des Einzelnen geworden ist. Jede noch so eindeutig und, wie es so schön heißt, »klar« ausgesprochene Antwort bleibt in der Regel Sache des Kopfes, nur in ganz seltenen Fällen gelangt sie auch bis ins Herz. Nicht das Wissen um eine Wahrheit ist das Entscheidende, sondern die Erfahrung mit ihr.[8]

In der Fiktion des Theaters können wir frei experimentieren und unser Menschsein unter Beweis stellen. Theater ist Spiel.

> Wie das Kind und der Künstler spielt das ewige Feuer, baut auf und zerstört, in Unschuld. Das Kind wirft manchmal sein Spiel weg, holt es aber sogleich, getrieben von einer unschuldigen Laune, zurück. Und sobald es einen Turm baut, setzt es die Elemente nach inneren Gesetzen und Ordnungen zusammen. Nur ästhetische Menschen schauen ähnlich auf die Welt. Nur sie vollziehen die Erfahrung des inneren Widerstreits und der Pluralität nach, die der Künstler durchgemacht hat und in dem von ihm errichteten Kunstwerk wiedergibt, auch wenn es bestimmten Gesetzmäßigkeiten und einer inneren Ordnung gehorcht; die Erfahrung des Künstlers, sofern sie zugleich im Kunstwerk enthalten ist und darüber steht, es betrachtet und darin wirksam ist; die Erfahrung der Notwendigkeit und des Spiels, des Konflikts und der Harmonie, die verbunden werden müssen, um Kunst zu schaffen.[9]

---

[8] C. G. Jung, *Il problema dell'inconscio...*, s. o., S. 25
[9] F. Nietzsche, *La filosofia nell'epoca tragica die Greci e Scritti dal 1870 al 1873*, Milano, Adelphi, 1980, Bd. III, Werke, S. 300f.

Homo ludens. Ist es Zufall, dass sich die Wörter, mit denen im Englischen, Französischen und Deutschen die Kunst des Schau-spielers bezeichnet wird – nämlich to play, jouer, spielen – auf das Spiel beziehen? Auf geheimnisvolle Weise, die es noch zu untersuchen gilt, verbindet das Spiel wie ein roter Faden die wichtigsten Tätigkeitsbereiche des Menschen: alle Tätigkeiten sind auf das Spiel zurückführbar. Spielend lernt und unterhält man sich. Vielleicht ist die Schöpfung, der schöpferische Akt das höchste Spiel, da es alle Kräfte des Seins synthetisiert und auf die Menschheit projiziert. Von der *Vernunft des Herzens* geleitet, wird das Spiel zu Poesie. Allein von der Ratio gesteuert, wird es Spekulation, Manipulation, Machtkampf.

Betrachten wir den Aufbau unseres Gehirns, so stellen wir fest, dass die beiden Hemisphären durch den *Corpus callosum* horizontal miteinander verbunden sind, was sein ganzheitliches Funktionieren ermöglicht. Dieser engen horizontalen Verbindung entspricht jedoch keine ebensolche Querverbindung zwischen den unteren und oberen Schichten, d.h. zwischen der Amygdala, die wichtige Lebensfunktionen und die Emotionen steuert und der Großhirnrinde. Kurz gesagt: Der Teil des Gehirns, der mein Bewusstsein vollzieht, mit dem ich jetzt gerade schreibe, weiß nicht, was der andere, tiefere und ältere, »denkt« und »tut«. Vergleicht man diesen Mangel an vertikaler Kommunikationsmöglichkeit zwischen den Schichten des Hirns mit der dagegen sehr engen horizontalen Verbindung der beiden Hemisphären, könnte der Verdacht aufkommen, dass die Evolution der menschlichen Spezies vielleicht noch nicht abgeschlossen ist.

Das »Fehlen« der transversalen Verbindung regt uns an, über diese Zusammenhänge weiter nachzudenken. Könnte die Trennung der Gehirnschichten, die von einander unabhängig funktionieren, nicht der Grund für viele individuelle und gesellschaftliche Erkrankungen sein? Gerät zum Beispiel eine Gruppe von Menschen in Panik, dann werden sie von *Corpus amygdalae* beherrscht, während das Bewusstsein völlig abwesend ist. Ich denke an kollektive Paranoia, die z.B. zu diktatorischen Regimen führt, an Kriege oder Handlungen von Fanatikern.

Ein wesentlicher Gegenstand unserer Forschungsarbeit und unserer Theaterpraxis besteht darin, einen Zustand hervorzurufen, den ich als den *poetischen Zustand* bezeichnen möchte. Mit dem Spiel gelingt es uns, wenn auch nur kurzzeitig, aber darum nicht weniger wirksam, jenes in der Evolution fehlende Bindeglied herzustellen. Im *poetischen Zustand* kommuniziert der *Corpus amygdalae* durch alle Schichten hindurch mit der Großhirnrinde: Der Gedanke verwandelt sich in Gefühl *und* Handlung, wird *unmittelbar Geste*. Im Theaterlaboratorium nennen wir diesen Vorgang *in Aktion denken.* Werden die Filter, die durch die kulturelle Konditionierungen entstanden sind, aufgelöst, so strömen die Impulse zwischen Gehirn und Körper und bringen ursprüngliche Bilder und Emotionen hervor, die zugleich archaisch und aktuell, intim und sozial sind. Die Techniken helfen, diese Ströme zu kanalisieren und in einen Ausdruck zu bringen. Den nimmt der Zuschauer auf, und, indem der Schauspieler dessen Abwehrmechanismen überwindet, kann er in ihm einen ähnlichen Prozess in Gang setzen.

4. Die Legende von der »Methode«

> *Der Weg hinaus führt durch die Tür.*
> *Warum bedient sich niemand dieser Methode?*
>
> Konfuzius

Jedes Mal, wenn ich die *Frohe Botschaft* von der »Methode« verkünde oder darüber rede, wie es zu dem gekommen ist, was heute unsere Arbeit ausmacht, dann wird mir bewusst, dass diese Geschichte schon fast zu einer Legende geworden ist. Im Laufe der Zeit wurde sie immer komplexer, neue Personen kamen hinzu, neue Entdeckungen und Erkenntnisse. Schließlich handelt es sich um eine lebende Legende, die sich immer noch weiterentwickelt.

Das Geheimnis unserer Kunst liegt im Schauspieler selbst verborgen. Heutzutage nennt man ihn vielleicht richtiger *Performer*, um den kreativen Schauspieler vom lediglich rezitierenden zu unterscheiden. Ich will dennoch den Begriff *Schauspieler* im Sinne des englischen ›Actor‹ weiterhin verwenden. Der Schauspieler muss vor allem kreativ sein, sonst interessiert er uns nicht. Er muss nach dem Geheimnis auf der Suche sein wie nach dem *Heiligen Gral*, der sich immer wieder verflüchtigt, nach dem Theatermenschen und Forscher vergeblich suchen. Vielleicht, weil er ganz anderswo ist, nämlich dort, wo das Wort *Gral* aus dem Keltischen übersetzt ganz einfach nur Becher heißt. Dass es einfach sei täuscht allerdings, da es nichts Schwierigeres gibt, als ihn zu fassen.

Aus dem Nebel der Vergangenheit taucht als erster William Layton auf. Es heißt, dass er das legendäre *Group Theatre* mitbegründete, ein Sammelbecken der linken amerikanischen Theaterintelligenz. Die Wegbereiter des zeitgenössischen amerikanischen Theaters, Begabungen vom Schlage Clifford Odets, Sanford Maisners oder Elia Kazans, die Gründer des modernen amerikanischen Theaters, trafen sich hier. Ihre Geschichte ist sicher manchem teilweise bekannt, ich will sie hier noch einmal kurz zusammenfassen und sie um einige, soweit ich weiß, unveröffentlichte Details erweitern. Die Legende berichtet von der fulminanten Begegnung zwischen den kleinen unabhängigen amerikanischen Theatern und dem *Künstlertheater* Stanislavskijs, das sich im New York der 20er-Jahre auf Tournee in den USA befand. Ein Theater ohne Primadonnen, höchste Kunst vom ersten bis zum letzten Schauspieler. Das amerikanische Theater, das noch den Klischees des alten Europas und der Mimik des neunzehnten Jahrhunderts verhaftet war, entdeckte in den sowjetischen Künstlern eine besondere Fähigkeit, wahrhaft und wahr zu wirken. Die russischen Künstler *des Künstlertheater* verkörperten, wenn auch vielleicht ungewollt, die bolschewistischen Ideale. Aus einer ersten Verliebtheit entsteht Leidenschaft, und das Geschäft – und der Begriff »Methode«, um die amerikanische Praxis vom »System« Stanislavskijs abzugrenzen.

Als Stanislavskij und das Künstlertheater im Januar 1923 in den Vereinigten Staaten ankamen, war das amerikanische Theater nach rein wirtschaftlichen Gesichtspunkten organisiert. Ein paar New Yorker Impresarios hielten alle Fäden in der Hand. Sie bestimmten über den gesamten Produktionskomplex, über die Stücke, die inszeniert werden sollten, über die Zusammensetzung der Truppe und sie entschieden auch, wo im Land und in welchen Theatern die Produktionen gezeigt werden sollten. (...) Die Truppen wurden im Allgemeinen nur für die Produktion eines einzigen Stücks zusammengestellt. Wenn die Aufführungen abgesetzt wurden, weil das Stück nicht mehr publikumswirksam war und es die Kassen nicht mehr füllte, wurden die Ensembles aufgelöst. Die Schauspieler waren wieder sich selbst überlassen und mußten sich nach einer neuen Arbeit umsehen. Dieses System förderte nicht gerade das Ensemblespiel. Aus ökonomischen Gründen mußte die Probenzeit sehr beschränkt werden, und das machte ein wirkliches Zusammenspiel der Schauspieltruppe unmöglich. Jeder Schauspieler wußte, daß er mit den Kollegen nur für die Dauer eines Stücks arbeiten konnte, und er wußte sehr genau, daß er sich in diesem Stück künstlerisch profilieren mußte, wenn er am Ende der Spielzeit einen neuen Vertrag in einer anderen Truppe erhalten wollte. Das heißt, das Zusammenspiel mit den Kollegen auf der Bühne war für ihn nicht vorrangig, er mußte sein eigenes Talent unter Beweis stellen und konnte sich nicht um die Gesamtwirkung der Gruppe kümmern.[10]

Auf der Welle der Begeisterung, die die russischen Schauspieler hervorgerufen hatten, versuchte man, Theatertruppen nach dem Vorbild des *Künstlertheaters* zu organisieren. Man plante sogar, Stanislavskij selbst einzuladen, um ihm ein Laboratorium anzuvertrauen, aber dazu kam es nie. Erst mit Rikard Boleslavskij, einem ehemaligen Schüler des *Ersten Studios* in Moskau, gelangte das »System« des Meisters nach Amerika. Schon 1922 hatte Boreslavskij die theoretischen Prinzipien des »Systems« in der amerikanischen Theaterkultur vorgestellt. 1924 gründet er das *American Laboratory Theatre* gemeinsam mit Marija Uspenskaja – die zeitweilig Schülerin von Sulerzickij und Vachtangov gewesen war und die am Ende der Tournee des Künstlertheaters beschlossen hatte, in Amerika zu bleiben. Der Unterricht im *American Laboratory Theatre* orientiert sich ganz am »System«, so wie es im

---

[10] C. Vicentini, Le avventure del sistema negli Stati Uniti. In: M. Gordon, *Il sistema di Stanislavskij. Dagli esperimenti de Teatro d'Arte alle tecniche dell'Actors Studio*, Venezia, Marsilio, 1992, S. 151f.

Ersten Studio Stanislavskijs definiert war: Entspannungs- und Konzentrationsarbeit, Übungen zur Intensivierung des »Prana«, zum emotionalen Gedächtnis, Imagination usw. Es wird besonderer Wert auf eine Unterscheidung zwischen »Stümpern« und »echten« Darstellungskünstlern gelegt und auf den Unterschied zwischen Rezitation und Darstellung auf dem Grund von emotionaler Identifikation.

In den Kursen Boleslavskijs befanden sich neben vielen jungen Schülern Lee Strasberg, Stella Adler und Harold Clurman. Die Erfahrungen, die sie hier machten und der Kontakt zu den kleinen unabhängigen Theatern führten 1931 zur Gründung einer eigenen Truppe, die ihnen ein kontinuierliches Arbeiten mit einer festen Gruppe von Schauspielern ermöglichte: das *Group Theatre*. Einige Jahre lang nimmt die Gruppe in der Theaterwelt, aber auch beim amerikanischen Film eine bedeutende Rolle ein. Das Schauspieltraining und die Inszenierungen waren Aufsehen erregend. Anfangs arbeitete Strasberg, der die Aufgabe hatte, die Schauspieler zu unterrichten, nach Stanislavskijs Konzept. Er gestaltete seinen Unterricht nach Angaben ehemaliger Stanislavskijschüler, die emigriert waren, er wertete Erfahrungsberichte aus und benutzte verschiedene Texte in Originalsprache, die Aufschluss über die Arbeit von Mejerchol'd, Vachtangov und Michail Cechov geben konnten. Einige Grundelemente, die schon im *American Laboratory Theatre* erprobt worden waren, nahmen sie wieder auf, vor allem die Entspannungs- und Konzentrationsübungen, das *emotionale Gedächtnis* und das *Gedächtnis der Sinne*. Nicht alles läuft problemlos: es entstehen Divergenzen zwischen Stanislavskij und Boleslavskij, auch innerhalb der Gruppe kommt es zu Auseinandersetzungen, vor allem durch das Unbehagen, das die ›schmerzhafte‹ Arbeit mit den Gefühlen verursachte, aber auch durch den Vorwurf, dass das zermürbende Experiment nur wenig ertragreich sei. 1934 kommt es zur Krise und Spaltung der Truppe. Clurman und Stella Adler, die Stanislavskij in Paris trafen, erklären, dass der Meister längst einen anderen Weg eingeschlagen hätte und dass Strasbergs Arbeit überholt sei. Unter anderem wurde dadurch der Übergang vom »System« zur »Methode« signalisierte, den Strasberg vollzogen hatte.

Als das *Group Theatre* sich 1941 unter dem Druck der Schuldenlast auflöst, ist auch das Schicksal seiner Mitarbeiter vorgezeichnet. Sein Erbe geht an den *Dramatic Workshop* von Erwin Piscator und damit bezeichnenderweise zum Kino nach Hollywood.

Elia Kazan, Robert Lewis und Cheryl Crawford gründen 1947 das *Actors Studio*, Lee Strasberg schließt sich ihnen erst später an. Hier werden die Stanislavskijschen Lektionen »amerikanisiert« unterrichtet. In Wirklichkeit bedeutet es eine Zersplitterung in viele verschiedene Ansätze: jeder hält sich für den Vertreter der einzig ›wahren‹ und unbestreitbaren Lehre des *Künstlertheaters*. Strasberg, der sich seiner »Treulosigkeit« rühmt, versteht sich als »Weiterentwickler«, nicht als einfacher Nachahmer.

Für ihn besteht der

> (...) wesentliche Unterschied zwischen »System« und »Methode« in der Neuformulierung einer zentralen Vorgehensweise bei der Stanislavskijschen Arbeit, und zwar durch die Einbeziehung der »bestehenden Umstände« und des »magischen falls«?[11]

Als Konsequenz daraus setzt sich der Schauspieler bei Strasberg beispielsweise nicht mit den näheren Umständen des Stücks auseinander, sondern mit der Verhaltensweise der Figur. Die Arbeit nimmt damit einen Weg, der in gewisser Weise den Methoden der Psychoanalyse nahe kommt. Die inneren Erfahrungen müssen herausgearbeitet werden, um sie auf der Bühne benutzen zu können. Die Blockierungen, die den Schauspieler hindern, die verschiedenen Bruchstücke aus der Tiefe hervorzuholen, müssen ausgeräumt werden, usw.[12]

In den 50er- und 60er-Jahren fehlt es nicht an Auseinandersetzungen. Legenden verlangen nach Helden. William Layton ist so ein Held. Ihm widerstrebt die extreme Abhängigkeit, die sich zwischen Meister und Schülern herstellte, eine Abhängigkeit ähnlich derjenigen zwischen Psychoanalytiker und Patient. Der Meister besitzt den Schlüssel zur Kreativität des Schülers. Dadurch empfindet der Schüler keinen Anreiz, selbst nach neuen Ausdrucksformen zu suchen, und verkörpert nur ein einziges Rezitationsmodell, nämlich das »naturalistische«, das auf dem Medienmarkt, und nur da, von Nutzen ist. Die Abhängigkeit hat zudem eine unangenehme, nicht unerhebliche ökonomische Seite: will der Schüler seine Kreativität entwickeln, so ist er vom Meister abhängig, also muss er ihn bezahlen. Layton schätzt durchaus die Qualität und Arbeitseffizienz des *Actors Studios*. Dennoch fühlt er, dass diese Art von Abhängigkeit der Ethik Stanislavskijs widerspricht, aus dessen Schule, die eigentlich nur ein einziges Modell verkörperte, die widersprüchlichsten Theaterpraktiken hervorgegangen waren wie die von Mejerchol'd, Vachtangov oder Michail Cechov. Layton sucht nach einem Weg, der es dem Schüler ermöglicht, mit seinen eigenen Materialien zu arbeiten – mit seinem Erlebten, seinem emotionalen Gedächtnis, seinen Gefühlen, Bildern und psychischen Inhalten – und das innerhalb von Strukturen, die er selbstständig steuern kann. Der Meister greift mit Kritik und Anregungen in die *kodifizierte Struktur* des Schülers ein und nicht in dessen innere psychische Struktur.

Der Schüler erfährt die Kritik des Meisters an klar umrissenen Bereichen einer Struktur, die er selbst hervorgebracht hat. So entsteht weniger Abhängigkeit der Schüler und mehr pädagogische Wirksamkeit. Das entspricht auch

---

[11] Ebd. S. 175
[12] Vgl.: C. Vicentini/L. Strasbergs, *Il sogno di una passione*, Milano, Ubilibri, 1990, und *Le travail à l'Actors Studio*, Paris, Gallimard, 1969

den Vorstellungen, die wir von dieser Arbeit haben! Wir legen Wert darauf, dass der Schüler in der Lage ist, auf »demokratische« Weise die Beziehung zwischen seiner psychischen Struktur und der Autorität des Lehrers zu *steuern*.[13]

Doch zurück zur Legende. Unser Held trennt sich schließlich von allem und allen – es wäre interessant, die Gründe dafür zu erfahren – und emigriert nach Spanien und unterrichtet in mühevoller Missionsarbeit ganze Heerscharen von Schauspielern am *Teatro Estudio Madrid* nach der »Methode«. Um seinen Lebensunterhalt zu verdienen, übernimmt er kleine Rollen in den Westernfilmen, die in Almeria gedreht werden.

Einer seiner hervorragendsten Schüler ist Antonio Llopis. Gemeinsam mit Renzo Casali und Liliana Duca – aus dem Prag von '68 kommende Argentinier, die an der Karls-Universität Theaterwissenschaften studiert hatten – gründen sie in Madrid ein Schauspielzentrum, in dem Layton der Meister in der »Methode« ist. Casali und Duca werden seine Schüler und sie unterrichten ihrerseits wieder Dutzende von Interessierten, die in ihren Unterricht für Bühnenbild, Dramaturgie und Regie drängen. Einige Inszenierungen kommen zustande, aber schon nach einem Jahr lassen die Obrigkeiten des Francoregimes das Zentrum schließen: »Verdacht auf subversive Aktivitäten«, heißt es. Duca, Casali und Llopis kehren nach Argentinien zurück und eröffnen 1969 in Buenos Aires ein neues Schauspielzentrum. Sie streben dort eine Erneuerung des Theaters an, wobei die »Methode«, die sie bei Layton gelernt haben, das zentrale Moment ihrer pädagogischen Tätigkeit sein soll. Nach einem Jahr kehrt Llopis wieder nach Spanien zurück und gründet ein Tanztheater in Madrid. Layton stirbt 1995 in Madrid.

Das Ziel des Schauspielzentrums in Buenos Aires ist klar:

> Ein Theaterlaboratorium mit deutlich umrissenen Schwerpunkten soll entstehen, ideologisch konsequent und ökonomisch unabhängig. Die Theaterleute sollen begreifen, daß die Freiheit immer bei der ökonomischen Unabhängigkeit beginnt. Jeder Regisseur, jeder Lehrer und jeder Dramaturg, der auf erpresserische Verträge und unwürdige Ableistungen verzichtet, verbindet sich organisch mit der Arbeit der Gruppe. Das traditionelle Lehrer-Schüler-Verhältnis, das unausweichlich in den Theaterschulen entsteht, wird umgekehrt, indem jeder Verantwortung für die gemeinschaftliche kreative Arbeit übernimmt. Im Klartext bedeutet diese Forderung das Gegenteil von dem, was zu diesem Zeitpunkt in Argentinien praktiziert wird. Diese Forderungen wek-

---

[13] Dem »anordnen«, »befehlen« (comandare) ziehen wir »steuern« (governare) vor, weil damit unserem Konzept solidarischer Führung und Kooperation besser entsprochen wird, welches der Schauspieler in sich selbst mit seinen eigenen inneren Kräften kreieren muss. So wie ein Segelschiff gesteuert werden muss, indem man die unterschiedlich wirkenden Kräfte der Winde, der Strömungen, der Segel und des Ruders organisiert.

ken Begeisterung und sie werden konsequent umgesetzt. Es bildet sich eine Gruppe, die an einer Produktion arbeitet, ein unabhängiges Laboratorium und eine Studiengruppe, die sich mit Theatergeschichte aus der Sicht der Schauspieler befaßt. Renzo unterrichtet die »Methode«, Antonio Improvisation, Liliana psychophysischen Ausdruck. Bald schon versammeln wir uns jeden Tag (...) mit vierzig reinen Arbeitsstunden in der Woche. Die tägliche Arbeit besteht aus Proben, Übungen, Improvisation, Theorie, ideologischen Diskussionen und Seminaren zu besonderen Themen.[14]

Eine weitere Gestalt taucht aus dem Nebel der Geschichte auf: Heddy Crilla, eine Wienerin, die auf der Flucht vor den Nazis nach Argentinien gekommen war. Es heißt, sie sei eine Schülerin Stanislavskijs gewesen. Im Buenos Aires der Nachkriegszeit hat sie eine ganze Generation von Theaterleuten herangebildet. Rodriguez Arias, Jorge Lavelli und Victor Garcia sind in ihrer Zeit groß geworden, später emigrieren sie nach Paris und gehören zu den wichtigsten Künstlern des neuen Pariser Theaters. Ein treuer Crillaschüler ist Carlos Gandolfo. An dessen Unterricht nimmt eine sehr junge Schauspielschülerin, Cora Herrendorf, teil, die aus der Schule des jiddischen Theaters und des Universitätstheaters kommt.

In den siebziger Jahren blühen in Buenos Aires die Theaterinitiativen. Auf den wiederholten Ruf des neugegründeten Schauspielzentrums von Duca und Casali melden Cora und ich uns an.

Ich selbst liebte das traditionelle Theater nicht. Als Jugendlicher nahmen mich meine Eltern oft mit dorthin: der abgestandene, muffige Geruch der geschlossenen Räume, in die niemals die Sonne kam, die dicke Schminke, die ›gepflegte‹ Ausdrucksweise, die Gebärden, all dies war mir zuwider. Ich trage ein anders, viel weiter zurückliegendes Bild in mir: als Kind in Patagonien sehe ich große, gegen die Außenwand unseres Hauses gelehnte große Masken, die mich anstarren. Es war Karneval und meine Eltern bereiteten ein Fest vor. In mir geblieben sind die Überraschung, der starre Ausdruck, die verrückten Augen im unablässigen Wind.

Ich war gerade neunzehn und absolvierte meinen Militärdienst in Patagonien, als ich meine erste Theatergruppe gründete. Die Stadt Comodoro Rivadavia war eine Großstadt, gemessen an patagonischen Verhältnissen. In dem Café, das zu dem einzigen Kino am Ort gehörte, fanden nächtelange Diskussionen in Strömen von Gin und im Dunst von Zigaretten aus schwarzem Tabak statt über Rosa Luxemburg und die Akkumulation des Kapitals, über Charlie Parker und Roberto Goyeneche, über südamerikanische und Weltliteratur und über die Filme, die wir in unserem Filmforum vorführten. So wurde die Idee einer Künstlerkommune geboren. Sie wurde nie gegründet. Die Theatergruppe jedoch kam zustande und begann nach Prinzipien zu arbeiten,

---

[14] G. Morale, *Comuna Baires, Storia di vent'anni di teatro. 1969-1989,* Firenze, La casa Usher, 1989, S. 19

die ich heute noch verfolge: Emotionale vor intellektueller Identifikation in der Beziehung zwischen Schauspieler und Figur und zwischen Figur und Zuschauer; Dramaturgie im Stil der Filmarbeit; Aufhebung der Trennung zwischen Schauspieler und Zuschauer; der Schauspieler und die Gruppe als politische Subjekte. Vielleicht ist das Interessante an der Geschichte, dass wir Ende der Sechziger in Comodoro Rivadavia nichts wussten von den Experimenten Grotowskis und dem *Living Theatre*. Wir atmeten, das ist sicher, selbst in dieser gottverlassenen Gegend den Zeitgeist. Yura Simonato war einer meiner Schauspieler, der zusammen mit anderen Patagoniern in dem Haus wohnte, das ich später dann in Buenos Aires gemietet hatte. Eines Tages erzählte er mir, er habe eine Gruppe von ganz besonderen Leuten getroffen, die ein »Theaterlaboratorium« machten. Da seien wunderbare Mädchen. Und sie nähmen auch gerade neue Mitglieder auf.

Mich überzeugte, dass man das *Centro Dramatico* in Buenos Aires wie ein Laboratorium für ein neues Leben betrieb. Den ethischen Grundsätzen dieses Zentrums zufolge sollte die Kunst im Mittelpunkt der menschlichen Existenz stehen. Eine der Aktivitäten, unter anderem auch zur Finanzierung der Schauspielergemeinschaft, war die Herausgabe einer Theaterzeitung, *Teatro '70*.

Die Suche nach Material für diese Zeitung brachte mir eine weitere wichtige Begegnung: Jerzy Grotowski. Ein überfüllter Konferenzraum, die ganze Theaterwelt von Buenos Aires war anwesend. Die Übersetzerin, die die Botschaft vermittelt hatte, verstand weder Grotowskis Sprache noch seine Gedanken, und irgendwie fand ich mich unversehens in der Rolle des Dolmetschers. Böse Fragen kamen: »Sie wissen, dass ihr Flugticket von einer Militärdiktatur bezahlt wurde?« Beklommenes Schweigen im Publikum. Der magere, sanfte Mann antwortet: »Benutzen Sie das Telefon?« Oder: »Welche Bedeutung hat ihr Theater, wenn es sich nur an eine so kleine Anzahl von Zuschauern richtet?« Der magere Mann lächelt verschmitzt hinter seinen dicken Brillengläsern: »Dass ich hier bin.«

Ein Satz Grotowskis über seine Arbeit berührte mich sehr: »... meinen Kollegen den Schauspieler austreiben!« Also das Theater nutzen, um die Lüge zu zerstören?

Tatsächlich wurde im *Zentrum* Laytons die »Methode« nicht allein zum Erwerb schauspielerischer Techniken angewandt, sondern auch zur Bewusstseinsbildung. Die Erfahrungen des *Theater Laboratorium* – die wir aus dem Buch Grotowskis *Für ein armes Theater* kannten – führten als utopische Praxis in die gleiche Richtung wie die »Methode«: das Theater als Waffe im Kampf gegen die Mittelmäßigkeit im Theater, die Symptom einer kranken Gesellschaft ist. Die »Methode« als Instrument, den »*Neuen Menschen*« heranzubilden. Die Kritik, der die Ergebnisse der Improvisation unterzogen wurden, betraf nicht nur die Anwendung und Umsetzung der Techniken. Sie richtete sich auch gegen die Verinnerlichung der vorherrschenden Kultur, die der Schauspieler über seine Aktionen ausdrückt. Wir wollten Denken und

Handeln, öffentliches und privates Leben in Einklang bringen. Beeinflusst vom *Living Theatre* einerseits und von den *Berliner Kommunen K1* und *K2* andererseits entstand eine Gruppe, die *Comuna Baires*. Bald darauf verlor die faschistische Militärdiktatur die Geduld mit uns.

Im Jahr 1974, mit dem Ende der *Comuna Baires*, gründeten Cora und ich das *Teatro Nucleo*. Bis zu diesem Zeitpunkt waren wir Schauspieler gewesen, nun wurden wir Pädagogen und Regisseure, um unsere zukünftigen Schauspieler auszubilden. Wir studierten noch einmal die »Methode«, vertieften uns in ihren ursprünglichen Gehalt, wie eine dramatische Situation ausgeleuchtet wird und wie der Schauspieler an sich selbst arbeiten soll. Wir wandten uns Stanislavskij zu, dessen Werk vom Quetzal Verlag wieder aufgelegt wurde, wir besuchten ein Seminar von Strasberg im San Martin Theater und lasen erneut Michael Cechov, Artaud und Vachtangov.

Eine Erfahrung als eine Art Hinführung zur »Methode« war, dass ich als Jugendlicher einer Gruppe angehört hatte, die Gurdjeff nacheiferte, mit dem Ziel, das Bewusstsein zu erweitern: Das war unerbittliche Arbeit an sich selbst, um ein Bewusstsein von sich zu entwickeln. In einem Kellergeschoss machten wir Übungen mit dem Gedächtnis, mit der Stille, der Bewegung, dem Gefühlsvorgang, mit unserer Wahrnehmung von Zeit und Raum, mit den assoziativen Prozessen des Gehirns. Ich hörte auf damit, als ich gewisse faschistoide Tendenzen in den Anweisungen, die unser Guru uns gab, wahrzunehmen glaubte. Aus diesen Erfahrungen jedoch bezog ich wichtige Impulse für die Arbeit mit der »Methode«.

In der Gruppe, die Cora und ich gründeten, suchten wir die Anweisungen unserer Meister, die sie uns eher intuitiv gegeben hatten, auf der Grundlage wissenschaftlicher Erkenntnisse zu erklären, die wir aus den verschiedenen Bereichen bezogen. Wir begriffen, wie bedeutend es ist, einer Gruppe anzugehören und gemeinsam ein Ziel zu verfolgen. Wir waren nun eine Gruppe, wie früher die Gruppen von Stanislavskij oder Vachtangov oder wie es auch die *Comuna Baires* gewesen war, in der Schauspieler durch ihre Solidarität und ihr Engagement die Sicherheit garantieren, die für einen kreativen Prozess notwendig ist. Schauspieler unter Schauspielern, gleichberechtigt, wo Regisseur und Pädagoge lediglich Funktionen sind, keine festgelegten Rollen.

Bis zu diesem Zeitpunkt war die »Methode« mehr oder weniger die Anwendung eines Verfahrens, mit dessen Hilfe die in den Texten beschriebenen Figuren gestaltet wurden. Der Text war der Ausgangspunkt der Arbeit, die Elemente, die die Figur beschrieben, setzten sich aus den direkten oder indirekten Angaben des Autors zusammen. Es gibt auch heute noch Stimmen, die behaupten, die »Methode« sei vor allem eine Art des Trainings, mit der szenischen Umsetzung hätte sie nichts zu tun und sollte sie auch nichts zu tun haben. Für uns ist sie unsere Arbeitssprache geworden, Improvisationstraining, ein Instrument, das bei der Analyse und szenischen Ausgestaltung hilfreich ist. Unser Theater gründet sich hauptsächlich auf der Arbeit des Schauspielers an sich selbst und der Arbeit mit den anderen Schauspielern: wir suchen den Schauspieler-Poeten.

Wir entdeckten, dass die »Methode« auch umgekehrt funktionieren kann. Bei der üblichen Vorgehensweise erfindet der Schauspieler eine Figur, indem er von seinen eigenen Materialien ausgeht. In der Improvisationsarbeit entstehen bestimmte Situationen, und aus ihrer Verknüpfung wiederum bildet sich ein Ganzes. Der Regisseur und der Dramaturg intervenieren während der verschiedenen Phasen. Die Idee, den Weg umgekehrt einzuschlagen, kommt aus der Kombination der »Methode« als Training, der Arbeit an Bewegungsabläufen und den individuellen Übungen der Schauspieler. Einen wichtigen Einfluss auf die Entwicklung dieses Prozesses hatte das *Odin Teatret* von Eugenio Barba. Dieses begegnete uns bereits 1975, als wir, übrigens als erste in Lateinamerika, eine große Monographie über das *Odin Teatret* abdruckten.

Bis zu diesem Zeitpunkt hatten wir nach dem Konzept unserer Meister Duca und Casali gearbeitet. Unter ihrer Anleitung gab es im ›Zentrum‹ durchaus auch Körperarbeit, doch war sie eher auf Tanz und harmonische Bewegung ausgerichtet als auf Biomechanik (nach Mejerchol'd). Die individuelle Arbeit wurde eher als Gymnastik und körperliche Vorbereitung auf das Spiel verstanden, weniger als eine tiefergehende Recherche. Im Mittelpunkt der Arbeit jedoch stand die Arbeit mit der »Methode«. In Barbas Laboratorium hingegen verfolgte jeder Schauspieler nur seinen individuellen Übungsablauf. Hier schien man auch nicht ansatzweise mit Emotionen oder dem psychischen Material der Schauspieler und der Figur zu arbeiten.

Für jemanden, der behauptete, von Stanislavskij inspiriert zu sein, erschien uns das paradox. Die erstaunlichen Arbeitsresultate der »physischen Aktion« des *Odin Teatret* machten uns jedoch nachdenklich und motivierten uns, diese Arbeit näher kennen zu lernen. Es war vor allem die außerordentliche Bühnenpräsenz dieser Schauspieler, die uns beeindruckte. In der späteren Neugründung des *Teatro Nucleo* in Ferrara wurden die individuellen Übungen wichtiger Bestandteil der Arbeit der Schauspieler. Aber wir setzten auch die Arbeit mit der »Methode« fort: wir suchten und fanden eine Synthese, mit der wir bis heute arbeiten. Von außen nach innen: aus den organischen Gesten, mit denen eine Sequenz gebildet wird, entstehen allmählich beim Schauspieler die Umrisse eines ›anderen‹. Mit der »Methode« kann eine innere Struktur, die Persönlichkeit eines ›anderen‹, erschaffen werden. Vom *Wie-macht-er-das?* zum *Wie-fühlt-er?*, vom *Wie-fühlt-er?* zum *Wie-denkt-er?:* vom Inneren zum Äußeren. Und aus dem Schatten tritt die Figur hervor.

5. Die Praxis: die Improvisationsübung
Einschub: Konzept der Improvisation (Jazz)

Bei dieser Übung geht es immer um einen Konflikt in einer *imaginären Situation*. Diese wird aus *wahren Materialien* hergestellt, die die Schauspieler im Prozess der Vorbereitung herausarbeiten müssen. Was sie später in der Übung zur Verfügung haben, hängt davon ab, wie viel sie in der Vorbereitung bergen konnten.

Zwischen der Aufgabenstellung und der Ausführung der Übung liegen mehrere Tage. In dieser Zeit klären die Schauspieler zunächst *gemeinsam* die Grundvoraussetzungen der Situation, dann erarbeiten sie unabhängig von einander ihre individuelle Vorbereitung und probieren sie aus. Die typische Situation für den Konflikt ist eine Begegnung zwischen zwei Schauspielern, die als *Protagonist* und *Antagonist* auftreten. Der Protagonist trägt eine Forderung vor, der Antagonist lehnt sie ab. In der gemeinsamen Vorbereitung geht es um drei Schwerpunkte: die *Situation*, die *Beziehungen* und die *Motivationen*. Die *Situation* bezieht sich auf den *Ort* und die *Zeit* des Konflikts, sie können real oder imaginär sein. In beiden Fällen müssen sie den Spielort gemeinsam festlegen und vorbereiten. Jeder Schauspieler schreibt seine individuelle Vorbereitung in einem detaillierten Protokoll auf, das er seinem Arbeitstagebuch hinzufügt.

5.1. Die gemeinsame Vorbereitung

Giovanni und Maria beginnen mit der Vorbereitung der Übung. Giovanni wird die Rolle des Protagonisten, Maria die der Antagonistin übernehmen. Sie einigen sich darauf, dass Giovannis Forderung lauten soll: »Gib mir einen Kuss auf die Lippen.« Maria wird ablehnen. Sie legen den *Ort* und die *Zeit* fest, wo und wann der Konflikt ausgetragen werden soll. Sie entscheiden sich dafür, dass der Ort eine Waldlichtung, die Zeit Mitternacht und dass Vollmond sein soll. Da der Antagonist immer bereits am Spielort anwesend ist, wird also in unserem Fall Maria bereits auf der Waldlichtung sein. Sie ist in ihrem »Haus«, so wird immer der Ort bezeichnet, an dem der Antagonist präsent ist, wenn der Protagonist auf ihn trifft. Der Protagonist, hier Giovanni, kommt immer von außen hinzu.

Zuletzt definieren die beiden ihre *soziale Beziehung,* in die sie sich während der Übung begeben wollen. Danach bereitet sich jeder individuell auf die weitere Aspekte vor:

Giovanni/Protagonist	Maria/Antagonist
die emotionale Beziehung	die emotionale Beziehung
die ethisch-philosoph. Beziehung	die ethisch-philosoph. Beziehung

die Beziehung zur Umgebung	die Beziehung zur Umgebung
das Warum ja (geheim)	das Warum nein (geheim)
das Warum ja (offen)	das Warum nein (offen)
der Vorhang	der Vorhang
der Grund des Kommens	die Aktivität
der Gefühlszustand	der Gefühlszustand

5.2. Aus Marias Arbeitstagebuch

In den Notizen tauchen Begriffe auf, die aus dem Vokabular der »Methode« stammen. Sie sind kursiv gedruckt und werden anschließend erklärt.

Er wird kommen. Ich bin im Wald, es ist Mitternacht. Gleichzeitig bin ich im Theaterraum. Ich bereite mich vor. Ich erwarte Giovanni, der mich um einen Kuss bitten wird, den ich ihm aber abschlagen muß. Ich befinde mich auf einer Waldlichtung, unter anderem, weil ich allein sein und für meinen Papa ein Heilungsritual vollziehen will. Mein Körper ist gefühllos und, um die Sache noch komplizierter zu machen, habe ich auch meine Periode. Aber es ist Opferblut, mein Körper könnte nicht besser für dieses Ritual vorbereitet sein. Ich gehe mit nackten Füßen über das Podest und versuche, meine Wahrnehmung zu verwandeln, das Gefühl des Holzfußbodens in das Gefühl von nackter Erde. Bei meiner Arbeit fängt immer alles bei den Füßen an. Straßenlärm dringt gedämpft herein. Ich lausche ihm. Nun sind es die Blätter der Bäume im Nachtwind. Nach den Füßen die Ohren, und nun die Augen: das weiße Licht der Quarzlampe ist der Mond. Aus der Erinnerung steigt das Bild des Vollmonds in mir auf, den ich vor einem Monat in den Bergen gesehen habe, abgrundtief und schrecklich. Ich fühle die Energie dieses Himmelskörpers in mir, ich fühle, wie sie meinen Körper stärkt, gerade heute, dem Tag des Blutopfers.

Während ich gehe, schreite ich die Grenzen des Raumes ab, die ich mit Giovanni festgelegt habe. Ich fixiere die Stelle, an der sein Gesicht erscheinen und der *erste Kontakt* stattfinden wird, die Stelle, an der ich es akzeptieren werde, ihn zu sehen und wo ich überrascht sein werde, denn er ist der Letzte, den ich um diese Uhrzeit an diesem Ort erwarten würde. Ich setze mich und bereite mich vor. Es hat immer etwas seltsames, dieses *Vorbereiten*. Es ist so nah an der Manipulation, aber auch wieder nicht: es ist, als stimmte ich das Instrument, das zu sein ich beschlossen habe, um diese spezielle Musik zu spielen. Ich muss mich mit Giovanni und mit mir selbst in dieser besonderen Dimension in Einklang bringen, die ich für heute gewählt habe, für hier und jetzt. Was bedeutet mir Giovanni? Wir haben über unsere *soziale Beziehung* gesprochen: Wir sind Arbeitskollegen, ich bin älter, ich hab ihm zehn Jahre voraus an diesem Theater. Zehn Jahre in einer Theatergruppe: das ist ein ganzes Leben. Jeden Tag gemeinsam mit zehn anderen und deiner eigenen Einsamkeit, eine

Reise durch die Zeit, den Raum und die Geschichte. Dürftige Grenzen zwischen Privatem und Öffentlichem, Alltäglichem und Transzendentem. Ich schweife ab. Bilder von Giovanni. Sein Ich-weiß-schon-alles-Gehabe, mit dem er sich zu schützen sucht. Warum fällt es den Männern so schwer, »Ich weiß es nicht« zu sagen oder »Ich weiß nicht, wie man dies oder das macht«? Irgendwie rührt er mich. Der Tag, als das Linoleum am Eingang erneuert werden musste. Giovanni war erst kurze Zeit bei uns, einige Monate, und sagte sofort, ich mache das. Sich unüberlegt zur Verfügung stellen: aber das gehört zur *ethisch-philosophischen Beziehung*. Ich bleibe im *Sozialen* und konzentriere mich auf ein Bild: er steht mit der Spachtel in der Hand vor dem Linoleum, wie Napoleon auf der Pyramide. Es gibt ein weiteres Bild, einige Stunden später: der Ärmste kämpft mit dem alten Linoleum, das sich nicht ablösen lassen will. Es ist zum Verzweifeln, der Eingang, der eigentlich gar nicht mal so groß ist, ist unüberschaubar geworden, jedes Teil muss einzeln abgekratzt werden. Später stellt sich heraus, dass es irgendein Mittel gibt, mit dem sich alles hätte mühelos und einwandfrei beseitigen lassen. Aber der Besserwisser musste etwas beweisen, mir beweisen. Deshalb habe ich mich bei diesen Bildern aufgehalten.

Ich mache aus beiden Bildern eine Montage, vorher und nachher. Vom Triumph zur Niederlage, vom Erhabenen ins Lächerliche. Ein Gefühl von Überlegenheit steigt in mir auf, das ich nicht mag, aber es geht nicht von mir aus, sondern es kommt aus der Situation selbst: da kommt das *soziale Verhältnis* in den Vordergrund. Mir ist zum Lachen zumute, und ich gebe dem Lachen nach. Ich kehre jetzt noch einmal zu der Idee von vorher zurück, die das Bild aus der *ethisch-philosophischen Beziehung* ergab: Dass er sich ohne Vorbehalt zur Verfügung stellt, ist etwas, das mir an ihm gefällt. Es regt und spornt mich an. Er hat die Unterstützung einer Familie, sie steht hinter seiner Wahl, Theater zu machen, aber er zieht daraus keinerlei Vorteile für sich. Mir gefällt seine unverfälschte Art, mit der er Probleme angeht. Sie ist so leicht, vielleicht zu leicht. Der allgemeinen Gruppendynamik jedoch, die eher ins Schwerfällige tendiert, kommt seine Energie sehr zu gute. Das Bild, als er einmal einen Knopf an das Hemd eines anderen nähte. Er saß auf einer Truhe in einer Ecke im Halbschatten, wirkte innerlich ausgeglichen und summte vor sich hin. Niemand nahm ihn wahr, außer ich im Vorbeigehen. Das Bild ist stark in seiner Einfachheit, fast der Inbegriff des Gruppenlebens, gut gelaunt und bescheiden tut er Dinge für andere. Das Licht war wie auf einem Vermeer: mir kommen die Tränen, ich weine.

Sein Summen hat mich auf seinen Mund gebracht, der sehr schön ist und ein starkes Element in meiner *emotionalen Beziehung* zu ihm darstellt. Aber ich kann die Übung nicht darauf anlegen, denn er verlangt, dass ich ihn küsse, und ich käme mit den Gründen meiner Ablehnung durcheinander. Also wandere ich zu seinen Augen, die ungewöhnlich sind. Sie stehen weit auseinander, sind groß, blass-blau und schön, alles in allem, Giovanni ist schön und er gefällt mir sehr. Andererseits kann mich seine Schlampigkeit wütend machen, tatsächlich, ich kann mich leicht über ihn aufregen, aber darüber die Ablehnung laufen zu lassen, wäre zu einfach. Gut, seine Augen werden das Bild sein. Seltsam, mein erster Eindruck ist Angst, etwas, das mir sagt: pass auf. Ich könnte mich in diese wasserklaren Augen stürzen, es ist wie ein Schwindelgefühl. Eine leichte Übelkeit überkommt mich, aber sie hat nichts mit Widerwillen zu tun. Mein Unterkiefer verspannt sich, ich beiße die Zähne aufeinander. Jetzt die *Motivation*: das *Warum nicht?* Ich kann das Bild seines Mundes, der sich dem meinen nähert, akzeptieren, ich akzeptiere nun auch meinen Wunsch danach, meine Neugier. Ich stelle mir die Berührung vor, und ich weiß, dass ich ihn danach sofort lieben könnte, ich hätte sogar Lust dazu. Ja, ich habe Lust dazu, ich gebe es zu. Was ist schlecht daran, er ist ein schöner starker Junge. Vor allem akzeptiert er, dass ich ihn begehre, denn das ist die Wahrheit, meine liebe Maria. Ich gehe weiter in die Tiefe. Ja! Es würde mir schon gefallen, mich von seiner Jugend einnehmen zu lassen. Aber ich liebe ihn nicht. Was ist schon Liebe.

Ich schweife wieder ab. Ich schweife ab aus Selbstschutz. Ich bin mir nicht sicher, ob ich dieses Begehren im Griff behalten kann. Ich habe es mir nie wirklich zugestanden. Jetzt mache ich nur eine Übung. Ja, aber. Und wenn ich nachher nicht mehr alles an seinen rechten Platz zurückstellen kann? Wenn ich den Tiger befreie, wie kann ich sicher sein, dass er mich nicht zerfleischt? Dumme Fragen. Ich bin Schauspielerin. Meine Lippen brennen, mein Körper reagiert. Während ich abschweife, bereitet er sich auf die Liebe vor. Ich bin tatsächlich erregt. Ich atme schwer, und der Magen ist zu einer ziemlich harten Kugel geworden. Das passiert also, wenn ich seinen Kuss akzeptiere. Wenn ich auf die bloße Vorstellung schon so reagiere, was wird sein, wenn er mich wirklich küsst? Wenn ich seinen Kuss akzeptiere, müsste ich ihn auch lieben, oder ich würde mich selbst verraten. Wie käme ich dazu? Ich verrate mich aus Prinzip nicht, ich bin eine freie Frau. Was wäre also? Mein Verhältnis zu Michele und seines zu Giovanni wäre zerstört. Ein kleinbürgerlicher Vulkan in der Gruppe, das ist es eigentlich, was kostet es uns schon? Andererseits: Viele Gruppen sind bei geringeren Anlässen auseinander gegangen. Vielleicht auch nicht, vielleicht bewirkt es ganz im Gegenteil eine Revolution, Flowerpower, faites l'amour non la guerre. Aber wollen wir dieses Risiko eingehen? Dass die Kollegen zu Bestien werden, die Gruppe sich auflöst? Der Saal ist leer. Ich habe Angst, dass es ein Horror wird. Giovanni als Würgeengel. Aber ich will nicht, dass all dies übergroß wird, es wird ein *geheimes Warum nicht* werden. Jetzt werde ich ein *offenes* vorbereiten: ich habe aufgesprungene Lippen, ich muss sie immer einfetten. Ich habe schon mal an eine Allergie gedacht: genau, ich habe einen Pilz. Ich kann dich nicht küssen, ich will dir keine Krankheit übertragen. Ich erinnere mich an Bilder, ein Foto aus einem medizinischen Buch, von schrecklichen Krankheiten zerfressene Münder. Giovannis Mund wird zu einem von ihnen. Abscheu und Brechreiz überkommen mich.

Ich mache den *Vorhang*: ich hole tief Luft und schiebe alles beiseite. Ich bin jetzt wieder im Wald. Eine Viertelstunde vor Mitternacht löse ich einen Zauber aus, damit Papa lebt. Am Ufer des Flusses habe ich fünfzig Steine aufgesammelt, sie gewaschen und zu einem Haufen gestapelt. Zuerst ziehe ich einen Kreis mit Kreide, dann zeichne ich das Mandala, dann lege ich einen Stein neben den anderen, in einem Abstand, den ich vorher mit einem Faden abgemessen habe. Das Bild von Papa, vor einigen Jahren im Krankenhaus. Herzinfarkt. All der Schmerz. Dieser große, lachende Mann, verwandelt in eine leblose Puppe, die Augen voller Angst. Der schlechte Geruch seines Körpers. Mein Herz ist zugeschnürt vor Angst, ich weine. Jetzt sehe ich mich, wie ich die letzten Steine des Mandalas lege und ich sehe Papa, der sich aus dem Bett erhebt, lebendig, und ich lache. Ich werfe einen Blick in die Runde und sehe wieder den Saal, das Podest, die Beobachter.

Zum Abschluss der Vorbereitung arbeite ich an einem *Gemütszustand*: an einem Bild von Wut, das mir letzte Woche, als ich gerade mit dieser Übung beschäftigt war, wie eine Ohrfeige entgegenschlug: ein Busfahrer schließt einem schwarzen Straßenhändler die Tür vor der Nase zu und fährt mit einem breiten Grinsen los. Ich habe vor Empörung geschrien, ich fühlte sie ganz tief in mir, ich zitterte und atmete schnell. Ich betrachte die Steine, versuche, sie auseinander zu halten, fühle, wie die Dringlichkeit zunimmt, es ist schon Mitternacht und der Ritus müsste längst angefangen haben. Ich messe den Kreis mit einem Zirkel aus: ein Faden, den ich in der Mitte des Kreises an einem Stock festgeknotet habe. Ich bin in Geometrie immer eine Niete gewesen, trotzdem klappt es jetzt ganz gut.

Ich unterbreche, um Giovanni das Zeichen zu geben. Mit einem Atemzug befreie ich mich von allen Emotionen. Ich gehe in die *Neutralität*, ich bin eine Schauspielerin. Ich gehe zur Tür, öffne sie, wir wechseln einen *technischen Blick*: wir sind bereit. Ich gehe wieder in den Raum zurück, schließe die Tür. In Eile entledige ich mich meines Hemdes und der Hose, um das lange weiße Kattunkleid anzuziehen. Ich lasse die Wut zurückkehren und die Dringlichkeit und stürze mich auf meinen Kreis, der magisch sein wird. Ich bin beim dritten Stein, als ich die Tür aufgehen höre. Ich stelle den *ersten Kontakt* mit Giovanni her. Er ist blass, hat Schatten unter den Augen, trägt einen langen Regenmantel mit etwas zu kurzen Ärmeln, was ihm etwas Komisches verleiht. Er kommt entschlossen auf mich zu und bittet mich um den Kuss. Es muss etwas geschehen sein. Auf den ersten Blick habe ich gemerkt, dass etwas anders ist an ihm. Das, was ich als *soziales und emotionales Verhältnis* vorbereitet habe, passt nicht mehr. Er scheint gewachsen zu sein. Er ist jetzt ein Mann. Überraschungen der »Methode«! Sogar seine Stimme ist anders. Er wirkt so selbstsicher. Ich höre meine Stimme, die »Nein« zu ihm sagt und ich bin verwirrt, es ist, als wäre es die Stimme einer anderen, es war ein »Nein« mit einem Riss in der Mitte, und der Verfluchte hat es sofort gemerkt. Was die Technik anbelangt, hat er schon gewonnen. Wieder rettet mich das Bild von Papa und die

Angst. Ich mache mit meinem Mandala weiter. Aber ich will mich nicht dahinter verstecken. Ich sehe ihn an. Er macht sich Gedanken über mein Tun, seine Miene ist ernst. Sein bohrender Blick ist Ausdruck einer intensiven und stummen Forderung. Ich bin beim dreißigsten Stein, das Mandala wird gut, es wird funktionieren. Die Zeit scheint stehen zu bleiben, als liefe der Sekundenzeiger langsamer. Er ist sehr behutsam näher gekommen, äußerst bedacht, nichts umzutreten. Sein angenehmer Geruch steigt mir in die Nase, ich akzeptiere seinen Blick, einen Augenblick lang sehe ich mich mit ihm im Bett. Eine dumpfe Wut bemächtigt sich meiner. »Du Gockel. Was glaubst du, wer du bist! Ich bin dir ganz egal. Du willst nur eine Bestätigung deiner Männlichkeit«. Jetzt setzt sich das Bild des leeren Saals durch. Mein »Nein« muss diesmal überzeugend gewesen sein. Er hockt auf den Zehenspitzen, fällt, dass die Beine in die Luft ragen. Ich lache. Zehn Steine fehlen noch. Auch er lacht, wir lachen. Er macht sich sofort die Entspannung zunutze, um wieder zum Angriff überzugehen. Ich habe mich jedoch längst verhärtet. Er begeht den Fehler, sich mir von hinten zu nähern, hinter meinem Rücken, etwas, das ich niemandem zugestehe: er merkt es sofort. Er fleht mich an. Was für ein unmöglicher Mensch! Ich verabscheue dieses Gejammer. Ich merke jedoch, dass ich den Konflikt nicht wahrhaben will: das Begehren war echt.

Genau in diesem Moment kommt das Schlusssignal. Es fehlten noch zwei Steine an dem Mandala. Entspannt schauen wir uns in die Auge. Die Übung fließt leicht in das Tagebuch.

5.3. Die individuelle Vorbereitung, die Arbeit mit den Bildern

Wenn die Schauspieler und Schauspielerinnen die Übungssituation gemeinsam festgelegt haben, beginnen sie mit der individuellen und geheimen Vorbereitung. Das bedeutet, dass alle die darin enthaltenen Elemente, also die *Materialien*, nur demjenigen/derjenigen bekannt sind, der/die sie vorbereitet hat. Während der Improvisation werden ausschließlich die *Ergebnisse* dieser Vorbereitungen ins Spiel gebracht. Es ist außerordentlich wichtig, dass die privaten und persönlichen Anteile geschützt und niemandem zugänglich sind außer dem Schauspieler und der Schauspielerin selbst.

> In der Kunst benutzen wir nie die echte, also die im wörtlichen Sinn verstandene Emotion, sondern nur diejenige, die von der emotionalen Erinnerung herrührt, die erinnerte Emotion also. Nur diese läßt sich kontrollieren. Die Umsetzung bleibt so nicht dem Zufall überlassen. (...) Die erinnerte Emotion besitzt eine logische Kontinuität, folglich kann man mit ihr umgehen. Das ist die einzige Emotion, die die Grundlage der Kunst bilden kann. Wordsworth nannte sie die *aus dem Ruhezustand geschöpfte Emotion.*[15]

---

[15] J. B. Vachtangov, zit. nach R. H. Hethmon in: *El metodo del Actors Studio,* Madrid,

Über die *Materialien*, die sie herausgearbeitet haben und dann einsetzen, führen sie genauestens Buch. Nach der Improvisation sind sie somit in der Lage, die *Ergebnisse* ihrer Vorbereitung mit denen der Übung, die aus der Interaktion mit der Umgebung und dem/der anderen Schauspieler/Schauspielern entstanden sind, zu vergleichen. Dies ist eine der wichtigsten Eigenschaften der Übung. Auf diese Weise können die Schauspieler und Schauspielerinnen ihre eigene Entwicklung kennen lernen und überprüfen.

Das *emotionale Gedächtnis* ist das dynamische Archiv unserer Gefühle. Auch ohne ein besonderes Training sind wir in der Lage, uns an eindrucksvolle Momente in unserem Leben zu erinnern, an Momente, die als dynamische Bilder, als regelrechte Filme in uns archiviert sind. Wenn wir uns lange genug auf diese Bilder konzentrieren, wohnen wir dem Auftauchen von Gefühlen in uns bei, die schnell in Emotionen übersetzt werden. Als Emotionen, also Bewegungen nach außen, sind sie verkörperte Gefühle, die über die Muskeln in Gesten verwandelt werden.

Diesen Prozess genau kennen und steuern zu lernen ist ein wichtiger Teil der Arbeit des Schauspielers. Wenn er sich auf eine Übung vorbereitet, heißt das, dass er für alle Elemente *Bilder* suchen muss, die im Rahmen der Konfliktsituation, in der er agieren will, vorkommen. Jedem Element muss ein Bild zugrunde liegen, das den Prozess, der zur Bewegung führt, rechtfertigt.

Während der Vorbereitung entwickelt der Schauspieler für jedes Element einen geistigen ›Film‹. Dazu stellt er kleine ›Drehbücher‹ her, die ihre Entsprechung in *Bildern* finden müssen. An jedem ›Film‹ arbeitet er so lange, bis er das treffendste *Bild* gefunden hat, das wir das *Konkrete* nennen: jenes also, das am eindeutigsten ein bestimmtes Gefühl nährt. Das Gefühl wiederum ruft seinerseits eine präzise Emotion hervor, das *Resultat*. Wenn sich das *Konkrete* über Körper und Gesicht ausdrückt, dann, und nur dann ist das *Resultat* erreicht. Das *emotive Resultat* ist ein *Gemütszustand*.

Um es vielleicht noch deutlicher zu machen: Es ist notwendig, präzise zu definieren, welche *Resultate* wir als gültig anerkennen wollen und welche für die Vorbereitung tauglich sind. Die ›Liebe‹ zum Beispiel, oder die ›Melancholie‹, die ›Sehnsucht‹ oder der ›Hass‹ sind keine *Gemütszustände*: es sind Gefühle, die in vielfältigen *Emotionen* je nach den Umständen ihren Ausdruck finden können.

Für den Schauspieler sind die *Emotionen* das, was für den Maler die Farben sind. Jeder muss dabei seine eigene, ganz individuelle Palette entwickeln. Die *Gemütszustände* in den Improvisationsübungen müssen sehr sorgfältig differenziert werden und könnten folgendermaßen abgestuft werden:

Fundamentos, 1972, S. 88

Die *Farben* sind:

Furcht, Angst, Schrecken, Entsetzen, Panik
Heiterkeit, Fröhlichkeit, Freude, Euphorie
Verstimmung, Ärger, Zorn, Wut, Raserei
Betrübnis, Trauer, Verzweiflung
Widerwillen, Ekel, Abscheu

Dieser Teil der schauspielerischen Tätigkeit stellt sich als eine regelrechte »Suche nach der verlorenen Zeit« dar, eine systematische Erforschung des Gedächtnisses. Um dies erfolgreich tun zu können, muss jeder Einzelne seine eigene »Technik« finden.

In Proust's berühmtem gleichnamigem Roman habe ich eine Stelle gefunden, die diese Erfahrung sehr eindrucksvoll beschreibt.

Viele Jahre hatte von Combray außer dem, was der Schauplatz und das Drama meines Zubettgehens war, nichts für mich existiert, als meine Mutter an einem Wintertage, an dem ich durchfroren nach Hause kam, mir vorschlug, ich solle entgegen meiner Gewohnheit eine Tasse Tee zu mir nehmen. Ich lehnte erst ab, besann mich dann aber, ich weiß nicht warum, eines anderen. Sie ließ darauf eines jener dicken ovalen Sandtörtchen holen, die man »Madeleine« nennt und die aussehen, als habe man als Form dafür die gefächerte Schale einer St. Jakobs Muschel benutzt. Gleich darauf führte ich, bedrückt durch den trüben Tag und die Aussicht auf den traurigen folgenden, einen Löffel Tee mit dem aufgeweichten kleinen Stück Madeleine darin an die Lippen. In der Sekunde nun, als dieser mit dem Kuchengeschmack gemischte Schluck Tee meinen Gaumen berührte, zuckte ich zusammen und war wie gebannt durch etwas Ungewöhnliches, das sich in mir vollzog. Ein unerhörtes Glücksgefühl, das ganz für sich allein bestand und dessen Grund mir unbekannt blieb, hatte mich durchströmt. Mit einem Schlage waren mir die Wechselfälle des Lebens gleichgültig, seine Katastrophen zu harmlosen Missgeschicken, seine Kürze zu einem bloßen Trug unserer Sinne geworden; es vollzog sich damit in mir, was sonst die Liebe vermag, gleichzeitig aber fühlte ich mich von einer köstlichen Substanz erfüllt: oder diese Substanz war vielmehr nicht in mir, sondern ich war sie selbst. Ich hatte aufgehört mich mittelmäßig, zufallsbedingt, sterblich zu fühlen. Woher strömte diese mächtige Freude mir zu? Ich fühlte, dass sie mit dem Geschmack des Tees und des Kuchens in Verbindung stand, aber darüber hinausging und von ganz anderer Wesensart war. Woher kam sie mir? Was bedeutete sie? Wo konnte ich sie fassen? Ich trinke einen zweiten Schluck und finde nichts anderes darin als im ersten, und dann einen Dritten, der mir sogar etwas weniger davon schenkt als der Vorige. Ich muß aufhören, denn die geheime Kraft des Trankes scheint nachzulassen. Es ist ganz offenbar, dass die Wahrheit, die ich suche, in mir ist und nicht in ihm. Er hat sie dort geweckt, aber er kennt sie nicht und kann nur auf unbestimmte Zeit und mit schon schwindender Stärke seine Aussage wiederholen, die ich gleichwohl nicht zu deuten weiß und die ich wenigstens wieder von neuem aus ihm her-

ausfragen und unverfälscht wieder zur Verfügung haben möchte, um entscheidende Erleuchtung daraus zu schöpfen. Ich setze die Tasse nieder und wende mich meinem Geiste zu. Er muß die Wahrheit finden. Doch wie? Eine schwere Ungewissheit tritt ein, so oft der Geist sich überfordert fühlt, wenn er, der Forscher, zugleich die dunkle Landschaft ist, in der er suchen soll und wo das ganze Gepäck, das er mitschleppt, keinen Wert für ihn hat. Suchen? Nicht nur das: Schaffen. Er steht vor einem Etwas, das noch nicht ist, und das doch nur er in seiner Wirklichkeit erfassen und dann in sein eigenes Licht rücken kann.
(...) Und dann mit einem Male war die Erinnerung wieder da. Der Geschmack war der jener Madeleine, die mir am Sonntagmorgen in Combray (...) meine Tante Léonie anbot. (...)
Sobald ich den Geschmack jener Madeleine wiedererkannt hatte, (...) trat das graue Haus mit seiner Straßenfront, an der ihr Zimmer sich befand, wie ein Stück Theaterdekoration zu dem kleinen Pavillon an der Straßenseite hinzu. (...) und mit dem Hause die Stadt, der Platz, auf den man mich vor dem Mittagessen schickte (...) und (so stiegen) ganz Combray und seine Umgebung, alles deutlich und greifbar, die Stadt und die Gärten auf aus meiner Tasse Tee.[16]

Ich möchte einige Stellen in diesem Zitat herausstreichen:

»*Genauso wie die Liebe funktioniert*«. Ist dies nicht eine Analogie zur Wirkung der Endorphine? Sich zu erinnern ist außergewöhnlich angenehm und überdies spannend. Warum? Es ist, als hätte der, der uns gemacht hat, garantieren wollen, dass wir Zugang zu unserer Erinnerung bekommen, mit einer Art Belohnung am Ende der Anstrengung.

Die »*Wahrheit finden*«: hier sehe ich eine Entsprechung zu unserer Suche als Schauspieler, die *Wahrheit* unserer Persönlichkeit, unserer Geschichte zu *finden*, um sie in Form von schöpferischem Tun zunächst uns selbst und dann den Zuschauern zurückzugeben.

»*Suchen? nicht nur: kreieren.*« Zunächst kommt mir Hamlet in den Sinn: »*schlafen: vielleicht träumen*«. Vielleicht aufgrund des Gleichklanges? Doch nicht nur deshalb. Proust sagt: die Arbeit mit der Erinnerung ist schöpferisch. Die *Sache* zeichnet sich im Gedächtnis ab und ruft die Erinnerung hervor. Die Erinnerung ihrerseits lässt die Sache neu entstehen. Die kreierte Sache wird – vielleicht, hoffentlich – zum Kunstwerk. Die erinnerte *Sache* »Combray« wird zu »Swanns Welt«

---

[16] M. Proust, *Dalla parte di Swann (1913),* Milano, Rizzoli, 1995, S. 131ff.

5.4. Die Beziehungen

Als *Beziehungen* bezeichnen wir die Verbindungen der Personen zu sich selbst, zu anderen und zu ihrer Umgebung. Wir existieren nicht ohne Beziehungen. Im Alltag funktionieren sie automatisch. In den Übungen werden sie analysiert und bewusst vorbereitet. Wir können uns die zwischenmenschlichen Beziehungen wie eine aus verschiedenen Themen und Kontrapunkten bestehende Musik vorstellen, die klar herausgearbeitet und aufeinander abgestimmt werden müssen, damit sie eine Harmonie ergeben.

Die soziale Beziehung
In der Regel leben wir so, dass wir uns ihrer nicht bewusst sind. Wenn wir zum ersten Mal einer Person begegnen, stellen wir nach und nach mit den Informationen, die wir über ihre gesellschaftliche Rolle bekommen, unser Verhalten auf sie ein. Bei der Arbeit der *Vorbereitung* der *sozialen Beziehung* lernt der Schauspieler diesen Anpassungsmechanismus kennen und steuern. Diese *Beziehung* bestimmt die Positionierung im gesellschaftlichen Kontext, die die Verhaltensweisen zwischen den Schauspielern prägt. Indem sie die *gesellschaftliche Beziehung* kreieren, bestimmen die Schauspieler innerhalb der vielfältigen realen oder imaginären Möglichkeiten jene genau, die sie dieser Beziehung zuschreiben wollen.

Bei der Festlegung der *sozialen Beziehung* können viele Aspekte eine Rolle spielen

Herkunft: Geschlecht, Alter, Geburtsort, Nationalität, usw.
Struktur: Verwandtschaft, beruflich, politisch, affektiv, usw.
Hierarchie: gleichrangig, unter- oder übergeordnet, usw.
Kultur: Raucher, Opernliebhaber, Vegetarier, usw.

In jeder Übung wird ein Aspekt aus diesem Spektrum ausgewählt. Maria definiert in ihrem Tagebuch ihre *soziale Beziehung*, die sie zu Giovanni in dieser Übung hat: Sie sind Arbeitskollegen, wobei Maria schon länger Mitglied der Gruppe ist. Auf diesen Aspekt wollen die beiden besonderes Gewicht legen.

Die emotionale Beziehung
Wenn uns jemand gegenübertritt, beginnt sogleich in uns ein *Selektionsmechanismus* zu wirken, der ganz automatisch abläuft und unmittelbare Auswirkungen auf unser psychophysiologisches System hat. Auf der Grundlage der Einschätzung, zu der wir auf diese Weise gelangen, ›entscheiden‹ wir über Sympathien und Antipathien zu dieser Person. Dieser Automatismus wird ausgelöst, sobald wir unsere Aufmerksamkeit – und sei es nur für den Bruchteil einer Sekunde – auf irgendeine beliebige Sache oder Person lenken. Er wird von der Amygdala gesteuert und ist Teil des Überwachungs-

systems, mit dem wir unsere Umgebung ständig kontrollieren. Er muss unterscheiden, ob die Personen oder Dinge in unserer unmittelbaren Umgebung uns feindlich oder wohlgesonnen sind, ob sie Verbündete sind, ob sie uns Sicherheit bieten oder ob sie Gefahr bedeuten. Darüber hinaus benutzt er die eingespeicherten Daten unseres Erfahrungsgedächtnisses. Er wertet sie blitzschnell aus, vergleicht sie mit den Daten aus unserem sensorischen Apparat und überträgt die Resultate auf den Körper. Wenn die Auswertung zu dem Schluss führt, dass die Person oder die Sache eine Gefahr darstellt, dann leitet er unmittelbare Impulse an unsere Aggressions- bzw. Verteidigungsmechanismen weiter, und unser Körper produziert das entsprechende Verhalten. Ist dagegen die Gefahr nur potentiell vorhanden, informiert er die höheren Schichten des Gehirns. Die haben die Aufgabe, uns jedes Mal, wenn wir es mit einer derartigen Person oder Sache zu tun haben, an ihre potentielle Gefährlichkeit zu erinnern.

Da dieser *Automatismus* zum System des Selbsterhaltungstriebs gehört, besitzt er eine enorme Wirkungskraft. Dennoch sind wir uns dieser Vorgänge nicht im Geringsten bewusst. Das betreffende Objekt wird uns gefallen oder wir werden es abstoßend finden; die Person wird uns sympathisch oder unsympathisch sein. Wenn uns nicht gerade ein besonderes Interesse zur Vertiefung des Eindrucks drängt, den die Amygdala diktiert, würden wir vielleicht jahrelang unsere Gedanken und unser Verhalten an diesen Vorgaben orientieren. Will der Schauspieler aber erreichen, dass sein Verhalten während der Übung *organisch* ist, so muss er lernen, in diesen Automatismus einzugreifen und ihn zu steuern.

Bei unseren Untersuchungen machen wir seltsame Entdeckungen. Einem unserer Schauspieler war eine Person extrem unsympathisch, weil ihn ein kaum wahrnehmbares Zucken des Mundwinkels, ein Tick, an seinen alten Mathematiklehrer erinnerte. Der war ungerecht und unberechenbar und hatte die Schüler geschlagen, und ihm verdankt unser Schauspieler seinen Horror vor der Differenzialrechnung. Hätten wir uns nicht mit der Funktionsweise der Amygdala beschäftigt und hätte der Schauspieler nicht mit bewusster Aufmerksamkeit die betreffende Person studiert, dann hätte er weiterhin seine Abneigung behalten. Stattdessen beschloss er, der Reaktion seiner Amygdala entgegenzutreten und sich klar zu machen, dass jene Person keine Gefahr darstellt. Also: wir können unsere *emotionale Beziehung* zu Menschen oder Sachen verändern. Gewiss wird dieser Schauspieler nicht vermeiden können, dass er in Gegenwart dieser Person ab und zu kurz aufschreckt, was dem Tick und seinen nicht zu tilgenden Reflexen im Kleinhirn zuzuschreiben ist.

Der Schauspieler lernt also, über die Qualität seiner *emotionalen Beziehung* zu entscheiden und sie zu kreieren. Dazu macht er sich an die Erforschung seiner inneren Bilder und emotiven Reflexe, bis sich das *Konkrete* herausbildet, d.h. bis sich das gewünschte Resultat einstellt. Um das zu lernen, muss zunächst das Wissen über diese Zusammenhänge erarbeitet werden, dann ist sehr viel Übung nötig, bis der Schauspielschüler bewusst *positive* oder *negative emotionale Beziehungen* zu schaffen in der Lage ist.

Wir wissen mittlerweile aber auch, dass gerade eine anfängliche Abneigung durchaus zu einer geradezu gegenteiligen Haltung führen kann. Negative Signale in positive umzuwandeln ist etwas, was wir in bestimmten Situationen alle tun, z.B., wenn wir uns verliebt haben oder wenn wir gezwungen sind, von jemandem, den wir nicht mögen, etwas zu erbitten. Im Zustand der Verliebtheit bringen wir es fertig, das, was wir normalerweise bei anderen als Nachteil empfinden, zur herausragenden Tugend umzudeuten. Extreme Eigenschaften, starke Gerüche, bestimmte Geräusche, Gesten, die wir an anderen nicht ertragen können, kommen uns plötzlich *originell* vor. Wie sollen wir uns das erklären? Nun, die Liebe kann einen Kurzschluss in unserem Überwachungssystem bewirken, es verhält sich widersprüchlich: Signale, die sonst tiefe Abneigung hervorrufen, verwandeln sich plötzlich in unserem Körper in Reize des höchsten Wohlbefindens.

Was den zweiten Fall betrifft, so haben wir gelernt, dass der Versuch, unser wahres negatives Gefühl zu verbergen, nichts nützt, ja geradezu das Gegenteil bewirkt. Der Überwachungsautomatismus unseres Gegenübers nimmt die Täuschung sofort wahr, wittert Gefahr und stellt sich sofort entsprechend ein. Da wir das wissen, gehen wir intuitiv umgekehrt vor. Wir picken uns die positiven Aspekte des anderen heraus, isolieren sie von den negativen und lassen sie so lange in uns anwachsen, bis wir mittels der positiv gewendeten emotionalen Einstellung problemlos das Überwachungssystem des anderen passieren und mit Aussicht auf Erfolg unser Anliegen vortragen können.

Das ausgleichende ›Aber‹
Im wirklichen Leben empfinden wir, bis auf wenige Ausnahmen, kein emotionales Verhältnis nur völlig positiv oder negativ. Daher muss der Schauspieler, wenn er an der *emotionalen Beziehung* arbeitet, ein widersprechendes ›Aber‹ finden, das dem Ausgleich dient. Zum Beispiel: »Sie ist mir sehr sympathisch, *aber* sie hat Mundgeruch«, oder: »Ich finde ihn widerlich, *aber* einmal hat er mir einen sehr schönen Blick zugeworfen.«

Giovanni entscheidet sich für eine negative emotionale Beziehung zu Maria: Er will sich ein Hindernis schaffen. Es ist schwierig, etwas von jemandem zu erbitten, wenn man eine negative emotionale Beziehung zu dieser Person hat. In der Realität ist sein echtes emotionales Verhältnis zu Maria mehr als positiv. Daher ist es schwer, brauchbare Bilder zu finden. Er erinnert sich an Situationen aus seinen ersten Tagen am Theater, als er von ihrer Seite ein starkes Misstrauen spürte. Aber das bringt ihn auf ihr *soziales Verhältnis*, und das haben sie bereits gemeinsam festgelegt. Während der Vorbereitung der Übung sitzt er zu Hause auf der Terrasse und betrachtet den Sonnenuntergang. Da taucht die Erinnerung an einen ähnlichen Sonnenuntergang auf, als die Truppe auf einer Tournee in ihrem Bus unterwegs war. Er wollte sich eine Zigarette anzünden, doch Maria verwehrte es ihm ziemlich schroff. Damals hatte er dem Vorfall keine weitere Bedeutung beigemessen, jetzt aber taucht aus seiner Erinnerung Marias harter Gesichtsausdruck auf. Er konzentriert sich auf diesen Ausdruck, bis sein Körper eine Antwort gefunden hat. Es ist eine dumpfe, heftige Wut. Dann fügt er das ›Aber‹ hinzu, und ein Bild von Maria erscheint, wie sie selbstlos den Arbeitsraum putzt.

Maria bereitet, wie wir schon gesehen haben, in ihrem Tagebuch eine *positive emotionale Beziehung* vor.

Die ethisch-philosophische Beziehung
Wenn auch verschiedene ethisch-philosophische Aspekte entscheidend in das emotionale und das soziale Verhältnis hineinspielen, so ist es für uns dennoch sinnvoll, diesen Aspekt deutlich getrennt von den anderen zu betrachten. Die *ethisch-philosophische Beziehung* ist geprägt aus Ideen, Prinzipien und Haltungen, die wir vom anderen kennen und die sein Leben in der Gesellschaft kennzeichnen.

Der Selektionsautomatismus, den ich oben beschrieben habe, funktioniert auch in diesem Zusammenhang. Unsere instinktive Radarüberwachung empfängt Äußerungen, Meinungen, Überzeugungen, Blicke und Verhaltensweisen der Menschen unserer Umgebung. Sie erstellt Dateien, die ständig auf den neusten Stand gebracht werden. Oft reicht ein auf bestimmte Weise formuliertes Wort, um die Meinung, die wir von einer Person haben, ins Gegenteil zu verkehren. Wenn ich z.B. ein streng gläubiger Moslem bin, springt das Alarmsystem möglicherweise auch dann sofort auf rot, wenn die sympathischste und netteste Person der Welt nur eine leise antiislamische Anspielung macht. Mein *ethisch-philosophisches Verhältnis* zu dieser Person wird sich sogleich ändern und neu formuliert werden müssen.

Maria und Giovanni bereiten mit den Informationen, die sie von einander haben, jeweils ihre *ethisch-philosophische Beziehung* vor.

Die Beziehung zur Umgebung
Durch die Beschäftigung mit verschiedenen Wissenschaften, die sich mit dem Einfluss der Umgebung auf die Menschen befassen, wissen wir, wie die psychische Verfassung, das Denken und Handeln durch diese Bedingungen beeinflusst werden. Formen, Materialien, Farben, Gerüche, die gesamten gesellschaftlichen Verhältnisse in ihrer Geschichte haben eine direkte Auswirkung auf uns. Wir reagieren sehr empfindlich auf unsere Umgebung, wir nehmen die Signale auf, die sie uns mitteilt und verhalten uns entsprechend. Der Schauspieler muss also untersuchen, wie das Ambiente – das reale wie das imaginäre – auf seine Gefühlswelt wirkt, während er die Übung vollzieht. Er muss sich dafür empfänglich machen und das Aufkommen eines *Gemütszustandes* zulassen, der zu präzisen *Resultaten* führt

Unsere Umgebung prägt nicht nur unseren *Gemütszustand,* sie trägt immer auch zu einem ganz bestimmten Verhalten bei, andere Verhaltensweisen werden ausgeschlossen. Stellen wir uns nur vor, wir müssten in einer Kirche einen Konflikt austragen, oder in einer Irrenanstalt, in einem Gefängnis, oder in den Ruinen der Villa Adriana. Wenn wir einen Tempel betreten, dämpfen wir unsere Stimme, unsere Gesten werden verhalten, unsere Schritte behutsam. Ein und dieselbe Übung wird je nach der gewählten Umgebung eine gänzlich andere Entwicklung nehmen.

Maria und Giovanni bereiten also ihre *Beziehung zur Umgebung* entsprechend dem Ort und der Zeit vor, die sie ja miteinander verabredet haben: Ihre Körper-Geist-Seele-Reaktionen auf eine Waldlichtung um Mitternacht bei Vollmond.

5.5. Die Motivationen, die Forderung und das Warum?

In Absprache miteinander haben Giovanni und Maria, Protagonist und die Antagonistin, die *Forderung* herausgearbeitet und sie genau formuliert. Sie muss eindeutig, unmissverständlich sein, damit sie das entsprechende W*arum* finden können.

Die *Forderung* muss immer in einem vollständigen Satz formuliert und immer mit einem unbedingten *»Jetzt sofort hier auf der Stelle«* vorgetragen werden. Das Verb muss genau diese Handlung ausdrücken. Damit soll der status quo der Antagonistin durchbrochen und Dynamik in die Improvisation gebracht werden. Dabei sollen lange verbale Diskurse vermieden werden. Schließlich geht es hier nicht um eine Textimprovisation. Das drängende *»Hier und Jetzt«* in der Forderung ist der Schlüssel des Konfliktes. Ein Konflikt, weil da etwas verlangt wird, jetzt und sofort, das der andere aber hier und jetzt nicht geben will.

In unserem Fall lautet die Forderung: »Gib mir (hier und jetzt) einen Kuss auf die Lippen.« Giovanni und Maria haben vor ihrem Auftritt lange über diese Forderung diskutiert. »Gib mir einen Kuss« war nicht präzise genug. »Gib mir einen Kuss auf den Mund« auch nicht.

Was ist ein Warum?

Zunächst: Was es *nicht* ist: Das *Warum* ist keine verbale Argumentation, keine Strategie und kein zurechtgelegter Strategiekomplex. Aus der alltäglichen Erfahrung mit Konflikten weiß man, dass es nicht hilfreich, ja sogar hinderlich ist, so vorbereitet in einen Konflikt hinein zu gehen. Denn bei der Vorbereitung geht man zwangsläufig immer von bestimmten Vorstellungen aus, die man von seinem Antagonisten hat. Kommt es dann zur Konfrontation, so wird man sofort mit den Tatsachen konfrontiert, und alles kann sich plötzlich ganz anders darstellen, als man gedacht hat. Dann gerät man in Bedrängnis, weil man seine Motive neu organisieren, eine neue, wirksame Strategie entwickeln muss. Und möglicherweise ist man auch noch damit beschäftigt, sich Rechenschaft darüber zu geben, warum die vorbereitete Strategie gescheitert ist. Von einem kriegsstrategischen Gesichtspunkt aus betrachtet würde das bedeuten: eine Armee greift den Feind nach einem festgelegten Angriffsplan an ohne die Informationen der »Aufklärung« berücksichtigt zu haben. Eine Regel der Übung schreibt vor, dass unmittelbar nach Auftreten des Protagonisten an dem Ort, den die Antagonistin als ihren Spielort besetzt hat, der *erste Kontakt* stattfinden muss. In diesem kurzen Moment erforschen sich die Schauspieler genau und versuchen, möglichst viele Informationen aufzunehmen, um zu erfahren, wie es um den anderen steht. Aus diesen Daten soll auf organische Art und Weise, *ungeachtet ihrer selbst*, die erste Strategie hervorgehen.

Wenn es also keine verbale Argumentation und wenn es keine Strategie ist, was ist dann dieses *Warum?*

Es ist ein *Konkretes,* ein Produkt des *Bild-Gefühl-Emotion*-Vorgangs. In Bezug auf die *Forderung* konstruiert der Schauspieler ein Mini-Drehbuch, wobei er reale mit erinnerten, imaginären Elementen verbindet. Das führt ihn zum *Konkreten.* Dieses Drehbuch muss auf ein Bild, eine Schlusssynthese, eben auf das *Konkrete* hinweisen, wodurch deutlich wird, was geschehen könnte und was nicht geschehen darf, was es für den Protagonisten bedeutet, wenn seine *Forderung* nicht erfüllt wird; und was es für die Antagonistin heißt, wenn sie der Forderung nachgibt. Das Drehbuch schreibt fest, was man sich für den weiteren Verlauf ganz *unbedingt wünscht*, das es geschehen möge. Der Schauspieler kann wählen, ob er ein positives Ergebnis anstrebt – wenn ich dich küssen darf bin ich glücklich – oder ein negatives – wenn ich dich nicht küssen darf, dann geht es mir sehr schlecht. Das *Warum* hat immer eine große Dringlichkeit, ja es geht dabei immer um ›Leben oder Tod‹.

Das *Warum* des Protagonisten ist immer ein *Warum ja*, und das des Antagonisten ein *Warum nein.*

Wenn wir die Motive unserer Alltagskonflikte analysieren, dann fällt uns auf, dass das, was wir fordern, nicht immer übereinstimmt mit dem, was wir wirklich wollen. So wie auch die vorgebrachten Gründe einer Ablehnung nicht immer der Wahrheit entsprechen. Diese Beobachtung führt uns zu einigen Aussagen über die unterschiedliche Natur des *Warum*: Es gibt das *geheime Warum*, ein *Warum,* dessen Gründe dem Partner nicht anvertraut werden können und das *offene Warum,* dessen Gründe dargelegt werden.

Wenn man ein *geheimes Warum* vorbereitet, bereitet man immer auch ein *offenes Warum* vor. Das *offene Warum* ist kein Vorwand. Es wird auf die gleiche Weise aufgebaut. Das *offene Warum ja* ist das, was ich fordere, und das *geheime Warum ja* ist das, was ich wirklich will. In beiden jedoch stecken wahre Gründe.

Um seine Gegenwart zu verbergen, versucht das Chamäleon nicht, die Wahrheit seines wirklichen Volumens zu verbergen. Stattdessen verändert es seine Erscheinung, indem es seine Farbe verändert. Die Wahrheit seines Volumens wird durch die Wahrheit der Farbe überdeckt.

Mögliche Gründe für das Warum
altruistische oder egoistische − Altruistisch ist ein Grund, den wir zum Wohle anderer konstruieren, egoistisch einer, der unserem eigenen dienen soll.
emotionale oder praktische − Ein emotionales Warum basiert vorrangig auf einer präzise herausgearbeiteten Emotion unserer ganzen Palette, ein praktisches ist meist aus einem konkreten Interesse geprägt.
prinzipielle Gründe − Wir treffen sie ständig in unserem täglichen Leben an, denn Prinzipien sind Ausdruck unseres fest gefügten Wertesystems, das im Prozess der Enkulturation in unserer Persönlichkeit entstanden ist.
unbewusste Gründe − Viele unserer Handlungen gehen von Gründen aus, worin sich unser Unbewusstes manifestiert. Wenn wir uns dieses Begriffs aus der Psychoanalyse nicht bedienen wollen, dann sagen wir einfach: Es sind Ausdrucksformen eines unbekannten Teils unserer Persönlichkeit.

Die Dringlichkeit des Warum
Bei der Formulierung der *Forderung* spielt der *Zeitpunkt, das Jetzt,* eine entscheidende Rolle, denn die Festlegung dieses Zeitpunkts bestimmt die *Dringlichkeit* und somit auch den Rhythmus der Improvisation.

Das griechische Wort ›Theater‹ bedeutet im wörtlichen Sinn »sehen machen«, benennt einen Ort, wo es etwas zu schauen gibt. Unser Theater ist eines, das auf *Handlung* basiert. Das soll nicht bedeuten, dass wir nicht auch mit dem Wort arbeiten. Unter Handlung verstehen wir sowohl die Bewegung im szenischen Raum als auch die *Aktionen, die inneren Bewegungen* des Schauspielers, die für den Zuschauer wahrnehmbar sein müssen. Über die innere Bewegung, die sich über Emotionen in Gestik übersetzt und die äußere zeigt der Schauspieler etwas, macht er etwas sichtbar. Das Wort wird dadurch nicht herabgesetzt, im Gegenteil. Ihm wird etwas von seiner ontologische Macht zurückgegeben, *Verbum* (im Sinne von »In initio erat *verbum*«) zu sein. Das Wort kann so zur Poesie werden.

Wie bringen wir die Dringlichkeit in den szenischen Raum? In der Kinematik ist die Geschwindigkeit die Konstante proportional zu Raum und Zeit.

$$\text{Geschwindigkeit} = \text{Raum}/\text{Zeit}$$

In der Improvisation nimmt die *Aktion* den Raum ein, das *Wort* die Zeit. Die Proportionalitätskonstante zwischen *Aktion* und *Wort* ist *Dringlichkeit*.

Also: Dringlichkeit = Aktion/Wort

das heißt: Wort = Aktion/Dringlichkeit.

Die Formel zeigt uns: je größer die *Dringlichkeit*, desto weniger Raum für das *Wort* und umso mehr Raum für die *Aktion*.

Giovanni bereitet also sein *Warum ja* vor. Er geht von der Realität aus, von seinem eigenen Körper. Seit geraumer Zeit beunruhigt ihn ein dumpfer Schmerz im Rücken. Er kann damit leben, aber er ist lästig. Er stellt sich vor, dass dies das Symptom einer tödlichen Krankheit sei. Aus seiner Erinnerung tauchen Bilder auf, als ihn einmal ein befreundeter Arzt besuchte. Diesem Arzt, der ihm damals gesagt hatte, es sei alles in Ordnung, legt er nun eine fatale Diagnose in den Mund. Er geht umher und lässt den ganzen Körper vom Gefühl dieser Krankheit durchdringen. Ein Krankenhausbett taucht vor ihm auf, er besucht einen sterbenden Verwandten. Er selbst liegt in diesem Bett. Er wird sterben. Er sieht seine Mutter vor sich. Ein eindeutiger Gemütszustand bemächtigt sich seines Körpers.

Jetzt stellt er sich Maria vor, die sich (auch in Wirklichkeit) gern mit Tarotkarten befasst. Er stellt sich vor, sie sei eine Zauberin: ein Kuss von ihren Lippen könnte ihn heilen. Er arbeitet an einem ›*offenen Warum ja*‹, an einem *egoistischen emotionalen* Grund.

Dann das *geheime Warum ja*. Maria ist mit Michele befreundet. Giovanni mag ihn nicht, weil er eifersüchtig und dumm ist. Er meint, dass Maria etwas besseres verdient habe. Er erinnert sich an einen bestimmten Tag. Maria versucht, die Traurigkeit in ihrem Gesicht zu verbergen. Er weiß, dass sie von einem ihrer häufigen Streitereien mit Michele herrührt. Er konzentriert sich auf ihr erschöpftes Gesicht, auf dem er Spuren eines Schlages zu entdecken glaubt. Der entsprechende Gemütszustand stellt sich ein. Das nächste Mal wird Michele sie vielleicht umbringen. Wenn sie sich auf die Lippen küssen lässt, werden ihr die Augen aufgehen und sie wird sich von Michele trennen. Ein *praktischer und altruistischer Grund*.

Analog dazu bereitet Maria ihr *Warum nein* vor: auch sie wird ein *geheimes* und ein *offenes Warum* haben.

5.6. Der Vorhang. Die Situation. Die Notwendigkeit der Überraschung. Die Dynamik der Übung.

Wenn der Schauspieler das *Konkrete* des *Warum* so weit wie möglich erreicht hat, lässt er einen *Vorhang* fallen. Damit ist gemeint: Er unterbricht mittels eines inneren »Stopp!« die Emotion des *Konkreten*, so als fiele plötzlich ein Vorhang. Erst dann fährt er mit der Vorbereitung fort. Der *Vorhang* teilt die Vorbereitung in zwei Teile: der Erste befasst sich mit der Figur des Partners, der Zweite ignoriert ihn ganz und gar. So verhindert er die *Vorwegnahme*, die weiter unten erklärt wird.

Die Überraschung unterbricht die Logik des Alltagsgeschehens. Sie eröffnet und begleitet die *Entdeckung*. Beobachten wir, wie sich ein kleines Kind verhält, so ist das Erste, was uns dabei auffallen kann, der ständige Ausdruck des Staunens. Es staunt über sich selbst, über seinen eigenen Körper, über seine Umgebung. Staunen enthält die Überraschung, die zur Entdeckung führt, die wiederum führt zum Wissen und zur Erkenntnis. Man kann sagen, dass es ohne Überraschung keine Erkenntnis gibt.

Wir wissen vieles, aber *Wissen* ist nicht *Erkenntnis*. In unserer Kultur wird Kindern ihre wunderbare, angeborene Fähigkeit, *Erkenntnis* zu erlangen, aberzogen. und damit auch die Freude genommen, die beim Entdecken, beim Erkennen entsteht. So sind wir alle irgendwann mehr oder weniger dieses so bedeutsamen Instrumentes beraubt. Wir staunen über fast nichts mehr. Im Gegenteil, wir missbilligen und zensieren oft diejenigen, die noch staunen können. Staunen gilt als infantil, kindisch, und wird oft belacht. Ist es nicht bemerkenswert, dass eine so wertvolle und wichtige Fähigkeit dem Spott anheim fallen kann? Wenn wir das Staunen verlernt haben, können wir uns nicht mehr *überraschen* lassen und folglich auch keine Erkenntnisse mehr erlangen.

Der Schauspieler durchläuft einen Prozess des Selbsterkennens, während dessen er ›wieder zum Kind‹ wird. Er erlangt die Fähigkeit zu staunen zurück und er kann sich wieder überraschen lassen.

Warum ist die Überraschung im Theater so wichtig? Wenn wir beispielsweise an die Tragödie des Ödipus denken, so wird uns klar, warum sie so wichtig ist: Ödipus erfährt im entscheidenden Moment der Tragödie, dass er seinen Vater getötet und mit seiner Mutter geschlafen hat. Würde er auf diese Nachricht nicht mit Überraschung reagieren, müssten wir Zuschauer glauben, er hätte gewusst, dass er seinen Vater tötete und dass Jokaste seine Mutter ist. Ödipus wäre demnach für uns nicht ein Spielzeug der Götter, sondern ein extremer Fall von Perversion. Wenn aber *er* überrascht ist, und genau in *dem Augenblick*, in dem *er* es ist, öffnet sich in *uns* das ganze Ausmaß der Tragödie. Das ist die Magie des Theaters. Obwohl wir als Zuschauer den Text kennen – wir haben ihn gelesen, wir wissen, was passiert – und dennoch entdecken, ja begreifen wir ihn erst wirklich in diesem Augenblick, zusammen mit dem Schauspieler.

Wir gehen davon aus, dass ein Schauspieler den szenischen Ablauf genau kennt. Beginnt er mit dem Spiel, gerät er, da er Opfer verschiedener *Automatismen* ist, in Gefahr, die Aktion durch seine innere Ausrichtung auf das nächst vor ihm liegende *vorwegzunehmen*. Dadurch wird seine Reaktion auf die Handlung des anderen Schauspielers der Natürlichkeit beraubt, die notwendig ist, damit der Zuschauer gemeinsam mit ihm die Entwicklung der Geschichte *entdecken* kann.

In der Dramaturgie unserer Übung ist die Begegnung eine *Überraschung*. Die Antagonistin *weiß* nichts von der Ankunft des Protagonisten. Sie befindet sich im *Haus* und geht einer Aufgabe nach. Auch der Protagonist weiß nicht, dass er die Antagonistin antreffen wird. Er kommt aus einem anderen Grund. Die Begegnung findet also überraschend statt. Wie stellen Antagonistin und

Protagonist es nun an, die gegenseitige Anwesenheit bis zum festgesetzten Zeitpunkt zu ignorieren und nicht etwa vorzeitig zu reagieren? Wie bereiten sie die Überraschung vor, ohne dass sie unecht wirkt?

Stanislavskij schreibt in diesem Zusammenhang über das, was er als »schauspielerische Disposition« bezeichnet, d.h. über den durch die Anwesenheit der Zuschauer bestimmten widernatürlichen Zustand:

> Wie schützt man sich auf der Bühne vor der »schauspielerischen Disposition«? Es ist unmöglich, »sich selbst zu befehlen«, das Publikum nicht zu fürchten, sich nicht zu beunruhigen und die Fassung zu bewahren, während man auf der Bühne steht. Es ist sinnlos, »sich selbst zu verbieten«, den so verständlichen menschlichen Schwächen anheim zu fallen. Sie sind unvermeidlich. Logischer ist es, wenn man lernt, in sich selbst eine Stimmung herzustellen, die dem Künstler auf der Bühne zu einer normaleren Haltung verhilft, der einzigen, die den künstlerischen Schaffensprozess möglich macht.[17]

Wie können wir heute diese Aussagen Stanislavskijs verstehen? Warum soll es unmöglich sein, »sich selbst etwas zu befehlen«? Warum ist es sinnlos, »sich selbst etwas zu verbieten«? An dieser Stelle muss erklärt werden, was wir unter der *negativen Induktion* verstehen: ein von unserem Hirn ausgehender Mechanismus bewirkt, dass wir uns auf eine bestimmte Sache umso mehr versteifen, je dringlicher wir uns befehlen, diese nicht zu tun. Das bekannte Beispiel: Ich sage: »Denkt nicht an Elefanten«. Klar! In diesem Augenblick ist euer Hirn bevölkert von Elefanten, von großen, von kleinen, von Jumbos. Je mehr ihr euch dagegen wehrt, desto klarer treten sie in Erscheinung. Wenn wir uns an etwas zu erinnern suchen, rückt das, wonach wir greifen, in umso größere Ferne, je heftiger wir auf der Suche beharren. Wollen wir etwas mit aller Macht vergessen, wird die Erinnerung immer quälender – was auch manches Liebeslied besingt. Das bedeutet also: Je mehr der Schauspieler sich bemüht, seinen Partner zu vergessen, um im rechten Moment *auf organische Weise* überrascht zu sein, desto mehr kommt er ihm in den Sinn. Die Konsequenz wäre: Er müsste lügen.

Die einzige Möglichkeit, die *negative Induktion* aufzuheben, ist, den indirekten Weg einzuschlagen, über eine positive Aufgabe. Bereits eine alte Volksweisheit rät uns, wenn traurige Erinnerungen uns nicht loslassen: »Denk an etwas anderes!«

Also: *Denk an etwas anderes,* so lautet die positive Aufgabe. Es gibt eine für den Antagonisten und eine für den Protagonisten.

---

[17] K. S. Stanislavskij, *Trabajos teatrales. Correspondencia,* Buenos Aires, Editorial Quetzal, 1986, S. 214

Die positive Aufgabe: die Aktivität *und* der Grund zu kommen
Die *positive Aufgabe*, mit der der Antagonist in erster Linie beschäftigt ist, ist die *Aktivität*. Wie viele andere Elemente der Übung hat sie, außer ihrer besonderen Bedeutung in der Improvisation, auch eine pädagogische Funktion im Sinne der Qualität der szenischen Präsenz. Die *Aktivität* liefert den Grund dafür, dass sich der Antagonist zu einem bestimmten Zeitpunkt an einem bestimmten Ort aufhält. Es handelt sich um eine besondere Aufgabe, die mit dem *Warum ja der Aufgabe,* einer entsprechenden *Dringlichkeit* und dem Gemütszustand vorbereitet wird, der dem *Hier und Jetzt* entspricht.

Die zehn Gebote der Aktivität:

1. Das *Warum ja* der Aktivität darf in keinem Falle mit dem Protagonisten oder mit dem *Warum nein* in Verbindung stehen. Der Antagonist kann sie sonst nicht vor dem Protagonisten vertreten, und ihr kommt nicht wirklich die Qualität einer Aufgabe zu, die unbedingt erledigt werden muss.

2. Die *Dringlichkeit* ist von grundlegender Bedeutung: Es ist der Mechanismus, der uns zum Bahnhof rennen lässt, auch wenn es eigentlich schon zu spät ist, es könnte ja sein, dass der Zug Verspätung hat. »*Ich bin zwar schon spät dran, aber ich versuche es trotzdem.*« Dadurch kommt die *Dringlichkeit* in das W*arum ja* der *Aktivität.*

3. Die *Aktivität* muss praktisch, manuell und real sein, nicht intellektuell und nicht imaginär. Es kann irgendeine beliebige handwerkliche Tätigkeit sein, die Vorbereitung eines Essens, irgendwelcher Hexenkünste, dem Origami, was auch immer. Der Antagonist muss diese *Aktivität* beherrschen und ihren Ablauf genau strukturieren können. Er muss sie mit Leichtigkeit und jener besonderen Art der Aufmerksamkeit versehen, die Handwerkern zu eigen ist. Ein guter Handwerker ist in der Lage, genau zu arbeiten und sich gleichzeitig, ohne seine Arbeit zu unterbrechen, mit einer anderen Personen zu unterhalten. Es handelt sich hier um eine besondere Fähigkeit, die wir im Umgang mit Dingen entwickeln, die wir häufig tun, z.B. wenn wir Auto fahren. Die Herausbildung dieser Art von Aufmerksamkeit ist wesentlich, denn sie hält die kreativen Fähigkeiten verfügbar, mittels derer der Antagonist mit dem Protagonisten interagiert.

4. Die *Aktivität* soll so aufgebaut sein, dass möglichst viel *Raum* in Anspruch genommen wird. Die verschiedenen Phasen des Aktivitätsablaufs sollen sich auf mehrere Orte des *Hauses* verteilen. Damit ist Bewegung gewährleistet, die den Konflikt sichtbarer macht und die möglichen Lesarten steigert.

5. Das Gleichgewicht der *Aktivität:* Für den Antagonisten stellt die *Aktivität* eine Möglichkeit dar, die Forderung des Protagonisten zurückzuweisen, sie darf aber nicht dazu eingesetzt werden, sich hinter ihr zu verschanzen. Es darf nicht sein wie mit der Festung, die zum Schutze der Menschen erbaut wird, sich aber letztlich als ihr Gefängnis erweist.

6. Die *Aktivität* sollte wenigstens fünfzehn Minuten dauern. Sie ist der einzige

Grund für die Anwesenheit des Antagonisten am Ort. Sobald sie beendet ist, hat der Antagonist keinen Grund mehr am Ort zu bleiben. Das würde das Ende des Konfliktes bedeuten.

7. Die *Aktivität* ist ausschließlich Angelegenheit des Antagonisten. Bei ihrer Umsetzung darf er weder um Hilfe bitten noch Hilfe annehmen.

8. Dem Protagonisten ist jegliches Eingreifen in die *Aktivität* untersagt. Einfache Strategien sollen damit vermieden werden, die der Qualität der Improvisation schaden würden.

9. Wenn sich der Antagonist für eine *heimliche Aktivität* entscheidet, muss er eine zweite zur Tarnung vorbereiten, die es ihm erlaubt, damit fortzufahren, obwohl er dabei beobachtet wird.

10. Die *Aktivität* muss dem Protagonisten bis zum Auftritt unbekannt bleiben. Er darf sie erst im Moment der Kontaktaufnahme erfahren.

Also, machen wir uns den Vorgang noch einmal klar: Maria ist die Antagonistin, deshalb muss sie die Aktivität vorbereiten. Eine Waldlichtung um Mitternacht ist die Vorgabe, für die sie sich mit Giovanni entschieden hat. In der letzten Zeit fühlt sie sich von den Mystikern sehr angezogen, obwohl sie eigentlich von ihrer ganzen Erziehung her Agnostikerin ist. Sie hat Biographien gelesen und Geschichten über Heilige, über Rituale von Eingeborenen und über Jeanne d'Arc. Ihre Aktivität wird aus diesem Bereich sein, ein Hilferuf an die Mutter Erde. Mit einer bestimmten Anzahl sorgfältig ausgesuchter Steine legt sie ein Mandala. Sie stellt Blumen, brennende Kerzen und Räucherstäbchen auf, die das Ritual unterstützen sollen. Das *Warum ja* und die *Dringlichkeit:* die schwere Krankheit des Vaters, den die Anrufung der Erde heilen soll. Es muss Vollmond sein, und dies ist die letzte Gelegenheit, dieses Ritual auszuführen. Die Rahmenbedingungen der Aktivität bewirken einen ganz bestimmten Gemütszustand, weitere Einflüsse ergeben sich aus ihren körperlichen Empfindungen während der Aktivität.

Wir können zwischen der Entscheidung des *offenen Warum ja* von Giovanni und den Hauptmerkmalen von Marias Aktivität Parallelen feststellen. Es kommt öfter vor, dass bei den Vorbereitungsarbeiten auf mysteriöse Weise Ähnlichkeiten auftauchen, obwohl sie streng geheim durchgeführt werden.

Der *Grund des Kommens* ist die *positive Aufgabe* des Protagonisten, seine Motivation, die es ihm erlauben wird, den Ort der Handlung ohne *Vorwegnahme* zu betreten. Der Grund wird wie ein *Warum ja* aufgebaut. Selbstverständlich darf er keine Elemente enthalten, die mit dem Antagonisten oder der Forderung zu tun haben. Auch in diesem Fall wird die *Dringlichkeit* vorbereitet. Der *Grund des Kommens* muss bis zum ersten Kontakt oder bis zur überraschenden Entdeckung beim plötzlichen Anblick des Antagonisten voll und ganz funktionieren. In diesem Augenblick erlischt das *Warum ja*, der Grund, hierher auf diese Lichtung zu kommen. Nun kommt das *Warum ja der Forderung* voll zum Tragen: damit beginnt die Improvisation.

Giovanni, der Protagonist, bereitet einen Grund vor, in die Waldlichtung zu gehen: Er war vor einigen Tagen schon mal dort und hat ein Taschenmesser verloren, an dem er sehr hängt. Von seinem Verhältnis zu diesem Messer, den von diesem Objekt verursachten, körpereigenen Empfindungen hängt sein Gemütszustand ab.

5.7. Die Kostüme. Der Gemütszustand

Protagonist und Antagonist suchen sich spezielle Kostüme aus: Kleider, Frisuren, Schuhe, Gegenstände, die sie während der Übung tragen. Sie werden sehr sorgfältig vorbereitet und müssen entsprechend begründet werden. Vor dem Anderen werden sie geheim gehalten. Der Moment, wo die Schauspieler ihre Kostüme anziehen, kommt, wie wir noch sehen werden, nach dem *Signal,* um die *Überraschung* zu steigern.

Sowohl die *Aktivität* als auch der *Grund des Kommens* rufen je nach ihrer Beschaffenheit bestimmte *Gemütszustände* hervor. Wenn wir uns im alltäglichen Leben beobachten, stellen wir fest, dass es verschiedene Gemütszustände nebeneinander geben kann, hervorgerufen durch unterschiedliche *Materialien,* mit denen wir gleichzeitig zu tun haben: durch den Kontakt mit Dingen, die wir benutzen, vorübergehende emotionale Assoziationen, klimatische Verhältnisse, körperliche Befindlichkeit usw. Abgesehen von einigen Ausnahmen kann man diese Gemütszustände nicht leicht auseinander halten und identifizieren. Der Schauspieler jedoch muss lernen sie bewusst wahrzunehmen. Er muss sowohl das eigene Verhalten analysieren und auch steuern lernen. Zur vollständigen Vorbereitung des Ausgangszustands gehört die Klärung eines präzisen und eindeutigen *Gemütszustands,* der in *organischen Resultaten* sichtbar wird. Wir sprechen vom *Gemütszustand der Aktivität* und vom *Gemütszustand beim Grund des Kommens.*

Der *Gemütszustand* muss möglichst rein sein und darf mit keinem der in der Vorbereitung benutzten Elemente in Verbindung stehen. Er entsteht aus den Bildern, die der Erlebniswelt des Schauspieler entstammen und verursacht bei ihm bestimmte innere Zustände. Er muss sich auf ihn konzentrieren, bis er sich in eindeutigen Gefühlen niederschlägt, die *organisch* sichtbar werden: wenn es Traurigkeit ist: Tränen, wenn es Freude ist: Lachen. Bei der Wahl des Gefühlszustands darf man nicht vergessen, dass das *Resultat*:

beim Antagonisten im Gegensatz zum *Konkreten* des *Warum der Forderung* und
beim Protagonisten im Widerspruch zur *Aktivität* stehen sollte.

Diese Bedingungen sollen bei der Vorbereitung vor allem Elemente abschirmen, die die Konzentration stören könnten. Der Schauspieler arbeitet bewusst und sicher, wenn er seine eigenen *Materialien* kennt.

Giovanni und Maria bereiten reine Gemütszustände vor entsprechend den *Resultaten* ihrer Vorbereitung vor.

5.8. Die Realisierung, die Regeln und die Kritik der Übung

Die Improvisation wird immer von einem Übungsleiter begleitet. Er muss die ins Spiel gebrachten Materialien der Schauspieler kennen, er verfolgt den Prozess, greift mitunter ein, gibt das Schlusssignal und führt eine kritische Besprechung der Arbeit. Er ist verantwortlich für den Verlauf des Konflikts, und da er die Verantwortung übernimmt, können sich die Schauspieler frei fühlen. Wie in der Metapher Kants, in der die Luft für die Taube ein zu überwindendes Hindernis darstellt, gleichzeitig jedoch das unterstützende Element, wodurch das Fliegen erst möglich wird. Der Übungsleiter überwacht das Einhalten der Regeln, die wir nicht aus formalen Gründen befolgen, sondern wir nutzen sie als »Sprungbrett zur Freiheit«, wie Paul Valery sie in jedem Spiel sieht.

Giovanni und Maria sind nun an der Reihe. Sie übergeben dem Übungsleiter ihre Protokolle, in denen sie unabhängig vom anderen die wichtigsten Punkte ihrer Vorbereitung skizziert haben.

Zuerst begrenzen sie den Spielort, an dem die Improvisation stattfinden soll. Da sie einen imaginären Ort gewählt haben, eine Waldlichtung um Mitternacht, deuten sie durch Gegenstände an, wo die Bäume stehen. Giovanni als Protagonist verlässt den Raum und beginnt mit seiner Vorbereitung. Maria befindet sich auf der Waldlichtung, die jetzt ihr *Haus* ist. Sie ordnet die Elemente der *Aktivität* und beginnt mit der Vorbereitung. In wenigen Minuten hat sie die verschiedenen Elemente wieder aufgefrischt. Ihr Körper signalisiert Emotionen, die Resultate aus ihrer Arbeit an den verschiedenen Beziehungen und dem *Warum*. Nach dem *Vorhang* bereitet sie ihre Beziehungen zur Umgebung und den Gemütszustand der Aktivität vor. Wenn sie das Resultat erreicht hat, beginnt sie mit ihrer Aktivität.

Einige Minuten, nachdem die Aktivität in Gang gekommen ist, unterbricht die Antagonistin sie kurz und geht, um dem Protagonisten im Nebenraum das *Signal* zu geben. Das besteht aus einem kurzen Blick, der sagt: Ich bin bereit. Hat der Protagonist seinerseits seine Vorbereitung abgeschlossen, antwortet er mit einem ebenfalls zuvor vereinbarten Zeichen. Ist er noch nicht bereit, nimmt der Antagonist seine Aktivität wieder auf und gibt dem Protagonisten nach einigen Minuten noch einmal das Zeichen. Daraufhin setzt der Protagonist den *Vorhang* und bereitet den Grund des Kommens und seinen Gemütszustand vor.

Nachdem sie sich das Signal gegeben haben, zieht jeder der Schauspieler an einem Platz sein Kostüme an. Die Schauspieler konzentrieren sich noch einmal für einen kurzen Augenblick auf ihre Vorbereitung. Der Antagonist nimmt seine Aktivität wieder auf. Der Protagonist betritt mit dem *Grund des*

Kommens den Raum. Der *erste Kontakt* findet statt: Zwei oder drei Sekunden lang blicken sie sich in die Augen, um sich aneinander zu orientieren. Dabei können erste *organische Strategien* in ihnen entstehen.

Der Protagonist muss nun sofort ohne Umschweife den Satz seiner *Forderung* vorbringen, exakt im verabredeten Wortlaut. Erst jetzt tritt beim Antagonisten sein *Warum nein* hervor. Kommt die Forderung des Protagonisten nicht sofort, muss der Antagonist so tun, als wüßte er von nichts, obwohl er genau im Bilde ist. Dann füllt sich die Zeit zwischen *erstem Kontakt* und der Forderung mit Heuchelei.

Ist die *Forderung* eingebracht, beginnt die Improvisation. Die Schauspieler dürfen jede Strategie anwenden. Bevor sie jedoch zu einer neuen übergehen, müssen sie die Vorige bis in die letzte Konsequenz eingesetzt haben. Alles ist erlaubt außer körperlicher Gewalt, denn die könnte den Partner verletzen und damit wäre die Konfliktsituation aufgelöst. Der Protagonist darf unter keinen Umständen in die *Aktivität* des Antagonisten eingreifen. Die Aktivität muss als zu überwindendes Hindernis zwischen den Schauspielern stehen, das aber ist nur mittels ausgefeilter Strategien zulässig.

Der Gesichtspunkt
Während der Improvisation müssen die Schauspieler ständig mit ihrer Umgebung kommunizieren. Dabei arbeiten sie mit dem Mittel des ›Winks‹, der zum Instrumentarium der Schauspieler gehört. Mit einem Blick, mit einer Geste des Gesichts oder des Körpers drücken sie innere Reaktionen auf Impulse aus, die sie aus der Umgebung aufnehmen. Dabei entwickelt jeder seinen persönlichen Stil. Mit diesem Hilfsmittel dirigiert der Schauspieler die Aufmerksamkeit der Zuschauer, die so die Realität durch ihn wahrnehmen. Kommt es während der Vorstellung zu einer Störung, sei es, dass ein Flugzeug vorüberfliegt oder in der Ferne eine Sirene ertönt und der Schauspieler reagiert nicht darauf, so gerät der Zuschauer in Konflikt, weil er nicht weiß, wohin er seine Aufmerksamkeit lenken soll. Und das geht immer auf Kosten des Bühnengeschehens.

Bei der Improvisation geht es nicht darum, dass sich einer der beiden dem Anderen überlegen erweist. Wenn beide sich gleich gut vorbereitet haben, hört der Konflikt erst auf, wenn der Antagonist seine Aktivität beendet. Unser Hauptinteresse gilt, wie ich schon gesagt habe, den *organischen Strategien* im Spiel. Darin liegt die Qualität der Improvisation.

Was ist nun eine *organische Strategie*? Ein Beispiel: In einer Übung musste die Protagonistin um zehn Uhr abends überzeugend darstellen, dass Mittag sei, diese Zeit hatten die Schauspielern vereinbart. Sie steht am offenen Fenster, durch das die Nachtluft hereindringt. Plötzlich schreit sie auf: »Eine Sonnenfinsternis, sieh mal!« Der Antagonist, der bis zu diesem Augenblick ganz und gar mit seiner Aktivität beschäftigt war, blickt auf und läuft zum Fenster, ergriffen vom unerwarteten Überraschtsein und dem Staunen der Protagonistin. Sie hatte das Bild der Sonnenfinsternis nicht als *Strategie* gedacht. Mit ihrem Aufschrei der Überraschung hatte sie zunächst die Beobachtung sich selbst mitgeteilt. Sie wollte sich selbst dafür eine Erklärung geben, warum es mittags dunkel ist. Die Schauspielerin hat eine grundlegende Anforderung des Theaters erfüllt, das *Hier und Jetzt*. Seine Wucht offenbart sich beim Antagonisten in seiner ganzen Dimension. Bis zu diesem Augenblick war er durch seine Aktivität unerreichbar, war er ganz in seiner Motivation gefangen. Plötzlich lässt er alles stehen und liegen und läuft zum Fenster. Was folgt, ist nicht von Bedeutung. Wichtig ist nur die Erfindung, dieser kleine großartige schöpferische Streich.

Organische Strategien entstehen während der Konflikt ausgetragen wird. Als Grundlage dazu hat der Schauspieler seine Vorbereitung, seine Erinnerungen dienen ihm als subjektive und seine Beobachtungen als objektive Bezugspunkte. Er findet also während der Improvisation aus sich selbst heraus zu neuen organischen Fähigkeiten.

Die Rolle der Beobachter
Die Übung der Schauspieler wird von den Kolleginnen und Kollegen aufmerksam verfolgt. Als Beobachter lernen sie die anderen und somit auch sich selbst zu sehen. Die Arbeit anderer zeigt dem Beobachter Aspekte der eigenen Natur, die ihm sonst selbst vielleicht verborgen bleiben. Wir neigen dazu, archetypische Muster zu produzieren, die wir erst erkennen und verstehen, wenn wir sie in anderen verkörpert sehen.

Die Beobachter notieren alles, was ihnen auffällt, und nach der Übung teilen sie, zusammen mit dem Übungsleiter, den Spielern ihre Beobachtungen mit.

Die Kritik der Übung
Nach der Improvisation bekommen die Schauspieler eine Rückmeldung. Dabei werden ihr Verhalten und ihre Strategien jedoch niemals gedeutet oder interpretiert im Sinne einer Psychoanalyse. Die *Materialien*, die Beweggründe, die der Arbeit zugrunde liegen, die die Schauspieler ins Spiel bringen, werden nicht berührt. Sie gehören ihrer Intimsphäre an, und diese muss immer gewahrt und geschützt bleiben.

Die Qualität der Vorbereitung, die Entsprechung von Vorbereitung und Spiel, die Wirkung des Winks und die Strategien werden kritisch beobachtet und kommentiert. Der Übungsleiter untersucht und hebt auch jene besonderen und authentischen Verhaltensweisen hervor, die aus der Improvisation hervorgegangen und die für eine organische und nicht alltägliche Sprache des Schauspielers charakteristisch sind. Mit seiner Hilfe kann der Schauspieler sie ausfindig machen, sie reproduzieren und in sein Bewusstsein integrieren.

Die Improvisation findet in einer Wechselbeziehung zwischen dem statt, was geplant wurde und der Spielsituation, die immer unberechenbar ist. Da das Protokoll vorliegt, kann man den Verlauf des Konflikts studieren. Die Interaktion mit ›dem Anderen‹, nicht nur den anderen Schauspielern, sondern mit der Gesamtheit der Umstände, den Pannen und all den Unvorhersehbarkeiten, führt immer wieder zu Abweichungen vom im Protokoll festgelegten Plan. Die Möglichkeit, sich selbst kennen zu lernen, steht in direktem Verhältnis zur Intensität der Vorbereitung und zur Klarheit ihrer Ergebnisse.

In der Vorbereitung hat der Schauspieler so viel wie möglich über die Situation zusammengetragen, mit der er später konfrontiert sein wird. Um die Probleme zu lösen, die dann auftreten, wird er nicht gezwungen sein, etwas vorzutäuschen, zu Tricks oder Lügen zu greifen, etwas zu *erfinden*. Die Strategien bestehen immer aus den Elementen der Vorbereitung, die dann zu Angriffspunkten, zu Bezugspunkten werden, um eine bestimmte Geste, eine bestimmte Verhaltensweise *reproduzieren* zu können.

Die »Methode« ist vielen Angriffen ausgesetzt. Sie beziehen sich häufig darauf, dass das psycho-emotionale System der Schauspieler in die Arbeit einbezogen werde und damit Neurosen entstehen könnten. Das psycho-emotionale System ist jedoch kein ›ergänzender Bestandteil‹ des Schauspielers: es *ist* der Schauspieler! Die Arbeit legt die Neurose, wenn es denn eine gibt, offen und erlaubt dem Schauspieler, sich ihrer zu bedienen wie eines Verbündeten, der ihm andernfalls nur Schwierigkeiten macht. Die Neurose bestand gewiss schon vorher. Für die Behauptung, die »Methode« würde zur Neurose führen, gibt es keinerlei Anhaltspunkte. Sie ist also nicht gerechtfertigt und entspricht nicht den Tatsachen. Wir halten es mit der Position von Leon Grinberg, der sagt: Die Neurose ist Teil unserer kulturellen Mitgift, Ergebnis des Konfliktes zwischen dem moralischen und dem instinktiven Teil der Persönlichkeit.[18] Die »Methode« hilft uns, sie zu verstehen, indem sie uns zwingt, alles zu erkennen und zu ordnen, was sich gewöhnlich unbewusst, chaotisch und zufällig vollzieht.

Wie beim Körpertraining mit den Automatismen des Körpers gearbeitet wird, so sind beim Training mit der »Methode« die psycho-physiologischen Automatismen Gegenstand der Bearbeitung. Ergebnis ist eine organische und ganzheitliche Bühnenpräsenz, die ganze Person des Schauspielers wird in den Vorgang des Theaters einbezogen.

Wie in anderen künstlerischen Bereichen auch kann auf diese Weise die Neurose zur Poesie werden.

---

[18] Vgl.: L. Grinberg, *Colpa e depressione.* Roma, Astrolabio, 1990

6. Zeugnisse

Als Teil der Ausbildung und zur Fortsetzung des Experimentierens in unserem Theaterlabor beschlossen wir, *Die Möve* von Anton Cechov für eine Bühnenfassung zu bearbeiten. Von Winter '95 bis Frühling '96 führten wir eine Reihe von Übungen mit der »Methode« durch, die der Figurenfindung und dem Studium ihrer Beziehungen untereinander dienen sollten. Einige der Übungen wurden von Daniele Seragnoli und Barbara Di Pascale protokolliert. Außer den Schauspielerinnen und Schauspielern war im Probenraum des *Teatro Comunale* in Ferrara, wo die Übung stattfand, eine Gruppe von Studentinnen und Studenten, die bei der Arbeit des Theaterlabors periodisch als Beobachter und Beobachterinnen anwesend sind. Dieses Protokoll hat selbstverständlich nur exemplarischen Charakter, denn es ist unmöglich, die ganze Länge, den Rhythmus, die Kostümdetails, die Pausen und die Stille auf dem Papier festzuhalten.[19]

Erste Übung

Antonio Tassinari/*Konstantin* (*Antagonist*) und Georg Sobbe/*Trigorin (Protagonist*). Diese Übung wird, wie die folgenden auch, von Horacio Czertok geleitet.

Antonio bereitet alles für seine Aktivität vor. Auf der Seite, auf der sich auch die schwarze Trennwand befindet, ordnet er einen Haufen von Kieselsteinen, auf die gegenüberliegende Seite stellt er einen Eimer mit Wasser. Dann: stehend, in einer Ecke, konzentriert er sich auf die Übung.

Er beginnt mit der Aktivität. Er geht zu dem Steinhaufen, nimmt jeweils einen oder zwei Steine, geht zu dem Eimer und wäscht sie sorgfältig mit einer Bürste. Dann legt er sie vor sich auf den Boden in Form eines Mandala. Auf das vereinbarte Zeichen erscheint Georg. Er versucht, Antonio von der Arbeit abzubringen, indem er ihn bittet, ihm einen russischen Tanz zu zeigen. Antonio ignoriert ihn und setzt schweigend seine Arbeit fort. Georg provoziert weiter, er will Antonio dazu bringen, seine Arbeit niederzulegen und ihm zuzuhören. Er versucht es zunächst mit Worten, später mit dem Körper, indem er die Bewegungen des russischen Tanzes andeutet.

Antonio zwingt ihn, vor ihm niederzuknien und ihn zu bitten. Er lacht ihn aus.

Es hat keinen Sinn.

Horacio gibt das Zeichen, sie haben noch dreißig Sekunden.

Georg provoziert Antonio weiter, und zwar vor allem mit dem Körper. Er stört die Aktivität. Aber Antonio sind die Kieselsteine wichtiger als er. Georg

---

[19] Vgl.: D. Seragnoli/B. Di Pascale, *Il Gabbiano, punti di vista e primi piani su una creazione del teatro nucleo,* Ferrara, Teatro Comunale, 1996, S. 83ff.

fleht: »Nur einen Tanz!«

Horacio gibt Anweisungen: »Ausgleichen! Was willst du? Du bist ihm doch ganz egal.«

Georg weint. Es hat keinen Sinn. Er klammert sich an den Eimer und provoziert weiterhin Antonio, indem er die Tanzbewegungen andeutet, ihm immer näher kommt, bis er ihn schließlich berührt. Es hat keinen Sinn.

Horacio gibt das Schlusszeichen.

Kritik der Übung

Horacio: »Es war nicht klar, wo du deine Szene spielst, ... und dann war da der Mond (*er zeigt auf einen Punkt auf der schwarzen Trennwand*).«

Antonio »Das war doch die Sonne.«

Horacio: »Ist es denn Tag? ... Zuerst hast du hierhin, dann dorthin gesehen (*er zeigt auf zwei Punkte in der gleichen Richtung wie vorher*). Der Mond ist hier und die Sonne dort, einverstanden. Doch die Umgebung war trotzdem kaum erkennbar. Dann hast du am Anfang deiner Aktivität jeden Stein einzeln genommen und später mehrere auf einmal. Als Georg erschien, nahmst du mehrere auf einmal.«

Antonio: »Es kam mir einfach so.«

Horacio: »Das geht aber nicht! Damit hast du deinen Ablauf nicht eingehalten. Wenn du jeden Stein einzeln nimmst, dann folgst du doch einer bestimmten Logik, oder? Es handelt sich um zwei verschiedene Dinge, zwei verschiedene Aktivitäten. Auf jeden Fall müssen bei jeder Aktivität, bei der es gilt, Steine auszuwählen, diese Steine bereits ausgewählt sein. Du hast das Mandala, das aus hundert Steinen besteht, und hundert Steine musst du haben. Andernfalls bist du zu einer Aufmerksamkeit gezwungen, die keinen Sinn macht. Es war sehr seltsam, denn du warst völlig verschlossen, alles war verschlossen, alles. Folglich war es gefährlich ... Du warst nicht ›ausgleichend‹ ... Dann, ... (*er wendet sich an Georg*) ich habe die theoretische Begründung für dein ›Warum ja‹ verstanden, aber ich verstehe nicht, warum ausgerechnet Antonio dir den Tanz zeigen sollte. Denn es war nicht so wichtig ... Es war nicht so wichtig, dass gerade er ihn dir zeigt. Ich meine, wenn irgendein Muschik hier vorbeigekommen wäre und dir den Tanz gezeigt hätte, wäre er nicht genauso gut gewesen?«

Georg: »Ob er genauso gut gewesen wäre?«

Horacio: »Ja, wenn eine andere Person dir den Tanz gezeigt hätte?«

Georg: »Aber ich habe doch auch das »Warum« nicht vorbereitet, damit er mir diesen Tanz *beibringt*. Er musste ihn mir doch nur *zeigen*.«

Horacio »Er musste ihn dir zeigen? Und wenn ein anderer ihn dir gezeigt hätte?«

Georg: »Er war der Einzige, der es kann.«

Horacio: »Nein. Und wenn zufällig jemand auftaucht, der genau dort diesen Tanz übt?«

Georg: »Das ist ausgeschlossen, denn ich weiß, dass er unter uns der Einzige ist, der diesen Tanz kann. Das heißt, ich weiß das, weil es im Text steht.

Horacio: »Ich verstehe, aber das hilft dir nicht, das reicht nicht aus. Es reicht nicht aus, um eine Beziehung aufzubauen. Es ›greift‹ nicht. Es hat mit ihm nichts zu tun. Du musst herausfinden, was passieren wird; was du willst, dass es passiert; was es für Trigorin bedeutet, dass er das für dich tut, denn nur das zählt. Du willst, dass er etwas tut, warum aber soll er es tun? Du sagst, »weil ich den Tanz lernen muss, denn ich brauche ihn für einen praktischen Grund«. Bei einem offenen Grund mag das funktionieren. Du musst dir also unbedingt noch einen anderen Grund zurechtlegen, einen geheimen Grund, der etwas mit Konstantin zu tun hat. Nur so kannst du die Beziehung stärken, andernfalls bleibst du hier und er dort ... (*lange Pause*) Oder?«

Eine Zuschauerin: »Was haben sie falsch gemacht?«

Horacio: »Ah, nein, nichts. Bei den Improvisationen kann man keine Fehler machen. Die Improvisationen sind dazu da, bestimmte Dinge herauszufinden. Diese Dinge lassen sich herausfinden, wenn sie (die Improvisationen) in einer bestimmten Art und Weise ablaufen. Zum Beispiel: wir haben gerade gesagt, dass Antonio, der Schauspieler, der nein sagte, nicht genügend Ausgleich geboten hat, er war zu verschlossen in seiner Aktivität und seinen Überlegungen. Darin, im sich Verschanzen, besteht eine Gefahr. Denn wenn jemand sich nicht öffnet, kann er auch nichts zeigen. Ich konnte beispielsweise nicht erkennen, warum er das, was der andere wollte, ablehnte. Warum will er nicht? Ich muss es erkennen können. Ich weiß, dass er es weiß, denn er hat es vorbereitet, aber ich muss es erkennen können. Ich muss es nicht verstehen, aber ich muss es ganz deutlich sehen. Ich sah, dass er seine Gründe hatte, er lehnte ab ... Aber ich müsste als Zuschauer mehr sehen können. Meine Aufgabe hier ist die, ein Zuschauer zu sein, sagen wir ein besonders dickfelliger. Ich will sehen. So weit zu Antonio. Bei Georg hingegen schien mir die Beschaffenheit seiner Forderung, sein Warum, nicht ausreichend vorbereitet, um die von Antonio aufgebaute Barriere aufzubrechen. Wir haben gesehen, dass er sein Motiv in einer Art und Weise vorbereitet hatte, dass wir es als praktischen Grund bezeichnen würden. Die Frage lautet: »Zeig mir den russischen Tanz!« Georg behauptet, Antonio sei der Einzige, der ihn beherrsche. Das ist ein ganz praktischer und egoistischer Grund, der sich auf ein Vorhaben Georgs bezieht. Wollen wir jedoch mehr von diesen Figuren begreifen, so ist es wichtig, ein Warum aufzubauen, das für den anderen zwingend ist. Warum willst du, dass er es ausgerechnet dir zeigt, warum ist es notwendig, dass er es tut und nicht ein anderer? Die Forderung des Protagonisten, also Georgs, ist zu sehr auf den praktischen Aspekt bezogen, nicht auf die Figur. Das ist nicht falsch, doch es führt die Improvisation in eine ganz bestimmte Richtung, während wir sie eher in eine andere bringen wollen. Es geht hier um Georg als Trigorin und Antonio als Konstantin, die im Text eine äußerst problematische, von Konkurrenz und Eifersucht geprägte Beziehung haben. Eine sehr intensive, aber auch sehr spezielle Beziehung. Dies betrifft den Text. Wir wollen mit der Improvisation verwandte Eigenschaften hervorlocken. Ist euch das klar? Ich weiß nicht, was Hass ist, weiß nicht, was es bedeutet, ich habe eine rationale Vorstellung des Wortes ›Hass‹. Ich muss jedoch begreifen, worin Trigorins Hass *in jener Situation* besteht. Nicht einen allgemeinen Hass, nicht ein allgemeines Gefühl, sondern hier und jetzt ganz konkret.«

Eine Zuschauerin: »Ich habe nicht richtig verstanden, wo die Handlung angesiedelt sein sollte?«

Horacio: »Das war ein imaginärer Ort. Für die Schauspieler war es ein Park bei Sonnenuntergang. Daher auch die Aufgabe des Schauspielers, die Aufmerksamkeit zu bündeln, ein Verhältnis zur Umgebung herzustellen, das diese Vorstellung im Zuschauer wachruft, selbst wenn er nicht weiß, dass es sich um einen Park handelt. So lenkte Georg die Aufmerksamkeit auf verschiedene Punkte, indem er sagte: ›Hier befindet sich dies oder jenes‹, er setzte Zeichen.«

Eine Zuschauerin: »Welche Bedeutung hat die lange stille Konzentration des Schauspielers vor der Übung?«

Horacio: »Das ist die Vorbereitung. Der Moment, in dem der Schauspieler seine Beziehung zu seinem Gegenspieler vorbereitet – die emotionale, die soziale und die ethisch-philosophische Beziehung.«

Antonio: »Sie bereiten sie schon vorher vor.«

Horacio: »Ja, sicher, das ist schon vorbereitet. Vor der Übung muss es nur aufgefrischt, aktualisiert und ins Spiel gebracht werden. Der Schauspieler bereitet alles vor, doch solange die Forderung nicht an ihn herangetragen wird, weiß er nicht, dass man eine Forderung an ihn herantragen wird, gleichzeitig *weiß* er es natürlich.«

Zweite Übung

Massimiliano Piva, (Maci)/*Konstantin (Antagonist)* und
Antonella Antonellini/*Masha* (*Protagonistin*)

Maci bereitet den Raum für seine Aktivität vor. Er breitet Zeitungsblätter, ein weißes Stück Leinen sowie Leimdosen mit kleinen Pinseln auf dem Boden aus, neben sich legt er ein Zeichendreieck auf ein Stück braunes, sorgfältig gefaltetes Packpapier. Anschließend lehnt er einen Geigenkasten an die schwarze Wand. Er setzt sich auf den Boden. Hinter ihm in einer Ecke liegt ein Paket mit Pappen. Er beginnt mit der Konzentration.

Horacio fordert ihn auf sich zu stellen.

Er setzt die Vorbereitung hinter der Trennwand fort. Er geht und berührt sie dabei mit der Hand. Er beginnt mit der Aktivität. Mit einem Pflaster überklebt er fast seine ganze Stirn. Er nimmt ein Stück Pappe und zieht mit dem Lineal Linien. Er zeichnet ein Rechteck.

Auf das vereinbarte Zeichen tritt Antonella ein. Sie hat das Akkordeon umgehängt und trägt eine Teekanne in der Hand. Sie bittet darum, Tee machen zu dürfen. Sie möchte, dass Maci ihn trinkt. Der lehnt ab, setzt seine Aktivität fort und schneidet mit einem Cutter weiter an seinen Pappen herum.

Antonella versucht, seine Aufmerksamkeit auf sich zu ziehen, indem sie Akkordeon spielt. Sie insistiert und kommt ihm näher. Maci küsst sie auf die Wange, beharrt jedoch auf seiner Ablehnung. Die Musik stört ihn. Antonella steht immer noch nahe bei ihm und versucht ihn zu reizen, indem sie scheinbar zu Tanz und Gesang aufspielt. Er wird wütend.

Horacio sagt ihnen, dass sie den alten Abstand wieder einnehmen sollen.

Antonella bietet ihm weiterhin freundlich ihren Tee an. Maci reißt einen Streifen Leinen ab und legt ihn auf die Zeitungsblätter.

Horacio gibt das Schlusszeichen.

Kritik der Übung

Horacio: »Also, Maci, das ist ganz typisch deine Aktivität. Du musst etwas anderes finden (Maci besucht die Kunstakademie). So bringt es dich nicht weiter. Du musst etwas finden, das weniger mit der Malerei und dem Schneiden zu tun hat, etwas, das dir weniger vertraut ist. Als du deinen Gemütszustand vorbereitet hast, kam es mir vor, als wäre irgendetwas vorgefallen, das deinen Gemütszustand veränderte. Wenn so etwas passiert, so nimm es an, anstatt dir zu sagen: ›Nein, nein, ich muss die Übung machen.‹ Denn es juckt dich ja, du entfernst dich vier Meilen weit und schon hast du die Übung verspielt. Du musst es einfach akzeptieren. Das Gegenteil hat dich heimgesucht. Also *akzeptiere das Gegenteil*, es ist die Wahrheit, versuche zu erkennen, wo es dich hinführt. Wenn du es verneinst, setzt du dich ins Abseits, verschließt du dich. Wenn du es akzeptierst, durchläufst du es bis zum Ende und vielleicht kommt am Ende das, was du vorbereitet hattest. Das Einzige, das du nicht machen darfst, ist ablehnen und so tun als ob. Wenn du etwas vortäuschst, ziehst du den Kürzeren. Du bist der Sache aus dem Weg gegangen. Du musst entschieden darauf zugehen und handeln! Das emotionale Verhältnis ist zu stark mit dem sozialen Verhältnis, wie es hier vorbereitet wurde, verknüpft. Hinzu kommt, dass auch die Formen deines ›Warum‹ zu sehr mit dir zu tun hatten. Sie haben einen praktischen und egoistischen Grund. Du musst stattdessen für diese Art Übung Gründe finden, die den anderen mit einbeziehen. Sie müssen praktisch und altruistisch für ihn sein. Verstehst du? Und warum wolltest du nicht, dass sie spielt? Du hattest keinen besonderen Grund, es abzulehnen.«

Maci: »Warum...«

Horacio: »Unwichtig. Du hattest kein »Warum nein«, also...«

Maci: »Ich hatte keins, weil ich nicht erwartet hatte, dass sie bei ihrem Auftritt auch das Akkordeon spielen würde.«

Horacio: »O.K. Dann nimm die Überraschung an und geh mit ihr um. Du hast ein ›Warum nein‹ für eine Sache, nicht für alles. Du hast ein positives emotionales Verhältnis aufgebaut, bleib dir also treu. Wenn du ein positives Verhältnis vorbereitest, kann es nichts besseres geben, als dass sie mit dem Akkordeon daherkommt. Zudem hatte sie dich an einer bestimmten Stelle überzeugt, so akzeptiere es doch. Du lehntest weiterhin ab, nur um weiter abzulehnen. Du hattest keinen Ausweg. Die Ablehnung ist ein guter Grund für den Schauspieler, doch ebenso das Annehmen. Man kann in einem Spiel die Niederlage anerkennen. Andernfalls gehst du nicht über die Gründe hinaus, beherrschst sie nicht, sondern wirst von ihnen beherrscht.«

Maci: »Ich habe versucht, wieder böse zu werden.«

Horacio: »Aber keiner glaubte es dir. Du glaubtest dir nicht, alles war eine Täuschung. Hattest du (*er wendet sich an Antonella*) verstanden, dass er verstanden hatte? Natürlich sahst du es und sahst es zugleich auch nicht. Wenn du aus irgendeinem Grund akzeptierst, dass er, auch wenn er keine Gründe mehr hat, weiter ablehnt, so rechtfertigst du ihn.«

Antonella: »Ja, aber es war zu einem Zeitpunkt, wo ich ein bisschen wütend wurde.«

Horacio: »Du warst sehr wütend.«

Antonella: »Ja, weil er das widerspiegelte, was ich in der Vorbereitung meiner Beziehungen gefolgt hatte. Als Reaktion also auf die Tatsache, dass er weiterhin ablehnte, auch wenn...«

Horacio: »... er kein ›Warum nein‹ hatte.«

Antonella: »... ich wütend geworden bin.«

Horacio: »Hat es was genützt, hat er den Tee getrunken?«

Antonella: »Nein.«

Horacio: »Das Problem ist folgendes: die ethisch-philosophische Beziehung funktioniert, doch das größere Problem ist das ›Warum ja‹. Wenn es nützlich ist, warum versuchst du es nicht damit?«

Antonella: »Vielleicht ging ich davon aus, dass er nicht viel getrunken hätte.«

Horacio: »Als Schauspielerin, als Figur kannst du von nichts ausgehen. Man versteht nicht, warum er nicht Tee trinken kann. Außerdem, warum bist du mit der Teekanne in der Hand hereingekommen?«

Antonella: »Genau, das habe ich mir auch überlegt. Da ich ihn nicht vorher vorbereitet hatte, habe ich vorher, als ich draußen war, daran gedacht. Da ich Maci den ganzen Tag über gesucht hatte, hab ich den ganzen Tag...«

Horacio: »Nein, denn wenn du als Grund für dein Kommen vorbereitest, dass er nicht hier ist, dann hilft dir das nichts.«

Antonio: »Was war das denn für ein Tee? Kalt...«

Antonella: »Er war kalt, aber es gibt hier kein warmes Wasser. Und außerdem, wenn ich ihn den ganzen Tag suche, dann wird der Tee natürlich kalt.«

Horacio: »Dann erkläre das: es ist ein kalter Tee. Was ist da schlimm dran. Gut, es ist ein kalter Tee, auch ich trinke ihn, wo ist das Problem? Such nach Gründen, die dir helfen, nicht nach solchen, die dir schaden.«

Antonio: »Dann stimmt aber nicht, dass der Grund für ihr Kommen die Tatsache ist, dass sie ihn sucht.«

Horacio: »Nein, das ist Teil der Geschichte, aber du musst einen überzeugenden Grund haben, den Tee zu bringen, der nichts mit ihm zu tun hat. (*Er wendet sich den Zuschauern zu*). Seht ihr, eins der Probleme des Schauspielers, ein großes Problem, ist es, nichts vorwegzunehmen. Der Schauspieler weiß alles über die Situation, doch darf er es nicht zeigen und darf aber auch nichts vortäuschen. Unser Theater stützt sich auf eine andere Hypothese. Der Schauspieler täuscht nichts vor, er lügt nicht, sondern er kreiert, er erschafft. Wie stellt er es also an, wie schafft er es, dass er, obwohl er weiß, was kommt, ›entdeckt‹? Der Sinn der Improvisationsarbeit ist, dies zu ermöglichen. Antonella kommt hier aus einem anderen Grund herein. Der Antagonist ist für sie nicht anwesend, die Begegnung findet überraschend statt. Das heißt, für uns ist der Antagonist da, doch für die Protagonistin ist er nicht da. Folglich muss die Protagonistin sich einen Grund für ihr Kommen zurechtlegen, der die Anwesenheit des Antagonisten nicht einbezieht. Sie kommt herein, um den Boden zu fegen, sie kommt hier herein, um sich mit einem Freund zu treffen, weil sie ihr Portemonnaie vergessen hat ... was auch immer. Es gibt starke Gründe. Die Begegnung muss überraschend sein. So lernt der Schauspieler, sich kleine Beweggründe für jede Handlung zu schaffen, die die Handlung als solche, und nicht in Bezug auf das, was geschehen wird, rechtfertigen. Das, was geschehen wird, wird geschehen, weil es ungeachtet des Schauspielers geschehen muss. Solange also der Antagonist kein ›Nein‹ äußerst, existiert für den Protagonisten kein ›Nein‹. Wie im Alltag: Ich bitte dich, mir die Zuckerdose zu geben, und ich erwarte natürlich, dass du sagst: ›Ja, nimm.‹ Aber du sagst: ›Nein!‹ Du hast also einen Konflikt herbeigeführt. Wir haben einen Konflikt, da ich dich um die Zuckerdose bitte, und du sie mir nicht geben willst. Folglich muss ich einen Grund schaffen, warum ich will, dass du mir die Zuckerdose gibst. Mich interessiert es nicht, eine Zuckerdose von irgendjemandem zu bekommen, es geht um *dich* ... Der Gegenstand des Konfliktes wird folglich potenziert, man gibt ihm ein sehr klar definiertes, spezifisches Gewicht.«

Eine Zuschauerin: »Ich möchte gerne eine Frage stellen. Maci hat vorher eine positive emotionale Situation geschaffen...«

Horacio: »Eine emotionale Beziehung.«

Zuschauerin: »... ihr gegenüber, oder in Bezug auf das Dargestellte?«

Horacio: »Nein, nein, in Bezug auf die Protagonistin, die Schauspielerin. Unter den Figuren bestehen wie unter uns verschiedenartige Beziehungen...«

Zuschauerin: »Hat er sie dort vorbereitet?«

Horacio: »Er hat sie vorher vorbereitet, hier hat er sie, wie ich schon sagte, nur aufgefrischt. Der Schauspieler muss sie vorbereiten, er muss wissen, welcher Art von Beziehung er sich bei dieser Übung bedient und er entscheidet, dass es positiv sein wird, oder aber er entscheidet, dass es negativ sein wird und rechtfertigt dies. Er findet also die Gründe, warum er eine negative emotionale Beziehung zu Tizio hat, genauso wie die beiden eine, in unserem Fall durch den Text gegebene, soziale Beziehung haben. Antonella arbeitet über Masha, die in sozialer Hinsicht Konstantin unterlegen ist, über dem wiederum Maci arbeitet. Sie müssen also eine soziale Beziehung vorbereiten, in der dies zutage tritt. Wie funktioniert die soziale Beziehung? Wir beispielsweise kennen uns nicht, haben aber bereits durch die Art, wie wir sind, eine Beziehung hergestellt, durch das, an was Sie mich erinnern und durch das, an was ich Sie erinnere, aufgrund der Art, wie ich bin, wie ich spreche. Mit vielen winzigen Informationen haben Sie, ohne sich dessen bewusst zu sein, automatisch ein System von Beziehungen hergestellt, das eine emotionale Seite besitzt. (Ich kann Ihnen gefallen oder nicht, ich bin Ihnen sympathisch oder ich bin Ihnen unsympathisch. Und das hat Entsprechungen, die mit Ihrer Geschichte in Zusammenhang stehen, mit Ihrer Biographie...). Dann haben wir ein soziales Verhältnis, das von unserer Situation hier (ich bin Regisseur oder ich bin Argentinier und Sie sind Italienerin, usw.) herrührt. Wir haben ein ethisch-philosophisches Verhältnis (ich denke in einer bestimmten Art und Weise, Sie in einer anderen). All diese Verhältnisse bestimmen das Verhalten, die Art, wie wir uns dem Anderen gegenüber geben. In dem Augenblick, in dem sich die Beziehung ändert, wenn auch nur geringfügig, verändert sich das Verhalten, verändert sich die Gestik, verändert sich die Distanz, verändert sich die Energie, verändert sich die Qualität des Blickes. Wenig reicht dazu aus. All dies ist das tägliche Brot der Schauspieler. Ich muss die Figur sehen. Ihre Präsenz lässt mich begreifen, führt mich zu bestimmten Schlüssen ... Es ist seltsam, von ›Vorbereiten‹ zu sprechen, doch bei unseren Übungen, in unserem Training studieren wir, wie unser Körper-Geist-Seele die Verhältnisse entstehen lässt, und folglich schreiten wir ein und lernen diese, wenn notwendig, zu verändern. Wir arbeiten unentwegt an Regeln und Abweichungen. Wir benutzen den Text also, als handle es sich um einen Krimi. Im Text finden sich Spuren, durch deren Auswertung wir entdecken, wie die Figuren sind und warum sie das tun, was sie tun, oder warum sie es nicht tun. Wir lernen ihre Wünsche kennen. Auf diese Weise bauen wir etwas auf, das aus dem Text entsteht und doch etwas anderes ist. Es gibt eine *Entsprechung*: wir benutzen den Text nicht nur als eine Abfolge von Wörtern. Wir glauben, dass aus den Wörtern allein diese Präsenz nicht hervorgehen kann, wir müssen sie erfinden und in geduldigen Arbeitsschritten nach und nach erschaffen. Vachtangov, einer großen Schüler Stanislavskijs, sagt: ›Eine Figur muss eine Vergangenheit haben.‹ So banal das klingen mag, es ist eine Entdeckung. Eine Figur hat eine Vergangenheit, eine

Geschichte, eine Biographie. Man muss diese Aspekte also entdecken und enthüllen, um die Figur zum Leben zu erwecken.«

Dritte Übung

Mihalis Traitsis/*Sorin* (Antagonist) und Nicoletta Zabini/*Nina* (Protagonistin)

Mihalis bereitet den Raum für seine Aktivität vor. Er legt einen leeren Holzrahmen, Nägel, einen Hammer, Zange, Schere und einen hölzernen Zollstock auf den Boden und stellt eine Öllampe dazu.

Er stellt sich in eine Ecke und konzentriert sich. Anschließend beginnt er mit der Aktivität: er zündet die Öllampe an und schaltet das Saallicht aus. Der ganze Raum liegt jetzt im Dunkeln. Nur die Öllampe wirft einen schwachen Lichtschein auf den Boden.

Mihalis arbeitet am Rahmen. Er beschlägt den ganzen Rand mit Nägeln.

Auf das vereinbarte Zeichen tritt Nicoletta ein. Sie versucht mit allen Mitteln Mihalis dazu zu gewinnen, dass er ihr ein Pferd leiht. Mihalis arbeitet schweigend weiter. Nicoletta insistiert, wobei sie oft ihre Strategien ändert, doch ohne Erfolg.

(Irgendwo im Theater finden Proben statt, ein Klavier ist zu hören.)
Nicoletta redet weiter auf Mihalis ein, der sie ignoriert.
Horacio gibt das Schlusszeichen.

Kritik der Übung

Horacio: »Ein Klavier! Hört ihr es? *(noch immer ist gedämpftes Klavierspiel zu hören).*«

Nicoletta: »Jetzt ja.«

Horacio: »Gut, danke. Licht ... Das Klavier war wichtig. Ich weiß, ihr habt es nicht gehört. Ich höre es. Ich bin Zuschauer und ich höre es! Ihr nicht! Das ist wichtig. Auch, weil man im Text oft hört. »Konstantin spielt im Hintergrund Klavier.« usw. Das kommt oft im Text vor. Das ist störend, denn *ich* habe es die ganze Zeit im Ohr, während *ihr* es nicht hört. Dadurch entsteht zwangsläufig eine Diskrepanz. Der Klang ist nicht zu überhören. Wenn ich organisierte Musik, beispielsweise in einem Konzert höre, ist das etwas anderes. Hier jedoch probt jemand, es gibt dort jemanden, was nicht wegzuleugnen ist. *(Mihalis zugewandt)* Das Licht ist in Ordnung, aber du musst es einbeziehen. Andernfalls täuschst du nur vor, zu sehen.«

Mihalis: »Sicher, doch es hat mir Schwierigkeiten bereitet...«

Horacio: »*(seine Stimme wird lauter)* Ich weiß, aber wer hat denn diese Lampe gewollt, du doch, nicht ich! Also musst du sie auch in dein Spiel einbeziehen und in deine Aktivität integrieren. – Du musst dir klarmachen: ›Diese Lampe gehört zu meiner Aktivität‹ – das ist doch keine nebensächliche Sache. In dem Augenblick, wo du das Licht löschst, wird sie zur einzigen

Lichtquelle, wird sie wesentlich für alles: für die Aktivität, für die Beziehung ... Benutzt du sie nicht, so stellt das nicht nur ein physisches Problem dar, dass wir nichts sehen. Wenn du aber nichts siehst, dann bist du nicht da. Wie willst du das anstellen. Alles funktioniert, nur wenn du einmal eine Entscheidung getroffen hast, musst du ins ›Pedal treten‹. Nicoletta kann dieses Licht nicht benutzen, da es zu deinem Zustand, zu deiner Aktivität gehört. Es obliegt folglich deiner Verantwortung, habe ich recht? Wenn du merkst, dass du dich verschließt, und diese Situation ist modellhaft für dich, so versuche, von innen heraus zu reagieren! Das ›warum ja‹ war interessant, es war ausgeformt und hatte Substanz, die mit dir zu tun hatte. Richtig? Warum solltest du es also nicht akzeptieren? Dazu ist die Improvisation doch da, nicht aber die Aktivität. Sie ist das Verhältnis zum Protagonisten. Die Aktivität ist ein Teil der Improvisation, sie ist nicht die Improvisation. Sie ist ein Hindernis für dich, für dich als Antagonisten, nicht ein Schutz, um dich dahinter zu verstecken. Sie ist ein Hindernis, gegen das du kämpfen musst.«

7. Das Unbewusste und die Figur

> *Wenn es wahr ist (wie es bei Kratylos heißt)*
> *Dass der Archetyp der Name der Sache ist,*
> *So ist im Wort Rose bereits die Rose*
> *Und der Nil in den Buchstaben von Nil.*
>
> Jorge Luis Borges, *Der Golem*

Im November 1917 schrieb Vachtangov in sein Notizbuch:

Nicht das Bewußte ist kreativ, sondern das Unbewußte. Das Unbewußte – mit seiner Fähigkeit, Entscheidungen zu treffen, die dem Bewußten verschlossen bleiben – ist imstande, das Material zu erzeugen, das auf bewußter Ebene kreativ wird. In diesem Sinne ist jede Schauspielprobe nur produktiv, wenn Material für die Folgeprobe gesucht oder gefunden werden kann. In den Pausen zwischen zwei Proben vollzieht sich im Unbewußten ein kreativer Prozeß der Verarbeitung des Materials. Aus dem Nichts entsteht nichts, daher kann ein Schauspieler eine Figur nicht rein »inspirativ« verkörpern, er muß sie sich vorher erarbeiten. Die Inspiration ist der Augenblick, in dem das Unbewußte das Material vorangegangener Arbeiten neu ordnet und ohne Beteiligung des Bewußten, allenfalls von ihm aufgefordert, dem Ganzen eine einheitliche Form verleiht.[20]

Und in den *Konversationen im Bolschoitheater* schreibt Stanislavskij:

---

[20] J. B. Vachtangov, *Il sistema e l'eccezione, Taccuini lettere, diari (1959)*, F. Malcovati, Firenze, La casa Usher, 1984, S. 161

Der Wunsch des Künstlers, sich einmal vorzustellen, wie der Mensch, den er darstellt, lebt, ist in uns auf unbekannte Weise imstande, auf unbewußter Ebene die Intuition wachzurufen, die von der Vorstellung des Schauspielers Besitz ergreift, der seinerseits seit langem durch die Übung mit imaginären Gegenständen darauf vorbereitet ist. Der Künstler, der dieser »Methode« folgt, wird nicht rezitieren, sondern handeln, er wird also wirklich kreativ arbeiten.[21]

Wir wissen nicht genau, welche Vorstellungen Vachatangov oder Stanislavskij vom Unbewussten hatten, doch mir kommt Pinuccio Sciola, ein großer sardischer Bildhauer in den Sinn, wie er an einem Nachmittag in San Sperate amüsiert von einem Interview erzählte, das eine amerikanische Journalistin mit ihm führte: »Pinuccio, was inspiriert Sie, an was denken Sie, wenn Sie arbeiten?« Darauf Pinuccio zu ihr: »Ich denke daran, dass ich mir nicht mit dem Hammer auf den Daumen hauen darf.« Wenn das Bewusstsein Pinuccios darauf konzentriert ist, sich nicht auf den Daumen zu hauen, schafft dann also sein Unbewusstes die Skulptur?

Sicher, die Vorstellungen vom ›Unbewussten‹, die in den Schriften Stanislavskijs deutlich werden, können zur Verwirrung führen. In der *Sechzehnten Konversation im Bolschoi* sagt er: »... zweifellos setzt er an die Stelle der Arbeit am Unbewussten, der *Intuition* also...« Ist das Unbewusste also die Intuition? Mit Sicherheit handelt es sich hier nicht um das Unbewusste Freuds. Das überrascht nicht, existiert doch über den Begriff eine Vielfalt von Vorstellungen und Definitionen. Andererseits setzt sich Stanislavskij auf sichere Distanz zu den Forschungsergebnissen der Pavlovschen »Konditionierung der Reflexe«, mit denen man ihn immer wieder in Zusammenhang bringt, also einer ausschließlich physiologischen Ausrichtung der Beziehung zwischen Gehirn und Organismus. Bei seinen Experimenten mit Hunden hatte Pavlov die Speichelbildung überprüft, die einsetzte, wenn sie das Futter wahrnahmen, während er gleichzeitig eine Glocke läuten ließ. Nachdem er dies einige Male wiederholt hatte, setzte die Speichelbildung allein durch das Erschallen des Glockentons ein. Beim reinen Anblick wie auch beim Geruch des Fressens setzten die physiologischen Reaktionen der Tiere genau so ein wie beim Erklingen des Glockentons. Pavlov tritt mit diesem Experiment zum ersten Mal 1903 an die Öffentlichkeit. Man kann daher davon ausgehen, dass seine Forschungsergebnisse zwanzig Jahre später weit verbreitet waren. 1922, im Jahr der *Konversationen im Bolschoi*, in denen Stanislavskij auf das Unbewusste anspielt, befand sich Pavlov, nunmehr emeritierter sowjetischer Wissenschaftler, in der Tat in einem verbissenen Kampf »*gegen den Idealismus*«, gegen jedwede Vorstellung vom »Anderen«, auch vom Unbewussten, und vertrat ein Konzept des reinen Organismus. Das war seine Auffassung

---

[21] K. S. Stanislavskij, *L'attore creativo, Conversazioni al Teatro Bol'soj (1918-1922) Etica (1939)*, zitiert nach F. Cruciani und C. Falletti, Firenze, La casa Usher 1989, S. 86

von dialektischem Materialismus, den er auf die Wissenschaft anwandte.[22]

Die Idee des Unbewussten ist von Pavlov so weit entfernt, wie man es sich nur vorstellen kann. Deshalb schätzen wir Stanislavskij umso mehr, weil er es war, der die Frage aufwarf, und wir versuchen, ihr weiter nachzugehen.

Lacan erklärt, dass allen Vorstellungen des Unbewussten, die »mehr oder weniger einem dunklen Willen entspringen, den man sich urhaft, als etwas dem Bewusstsein Vorangehendes vorstellen muss«, Freud eine Offenbarung entgegensetzt: Im Unbewussten gibt *es Irgendetwas, das spricht*, das analog zur bewussten Ebene funktioniert. Dieses *Irgendetwas* tritt im Traum, im Scherz, in den Fehlleistungen zutage, und zwar in einer Form, die überraschend ist. Beim *Lapsus Linguae,* beim Versprecher, ersetzt *Irgendetwas* das, was wir sagen wollten, durch ein Anderes – wir nehmen es im Allgemeinen mit großer Verlegenheit zur Kenntnis. Während wir über jemanden scherzen, schmuggelt *Irgendetwas* einen bestimmten Gehalt an Wahrheit ein, den wir danach nur schlecht leugnen können. Im Traum entwirft *Irgendetwas* ein Drehbuch. Lacan meint, dass hier das Eigentliche der Freudschen Entdeckung liegt: in den Wahrheiten, die die Fehlleistungen enthüllen, werden die Worte, die sich durch die Versprecher einschleichen, zu Worten, die die bewusste Rede mit Wahrheiten der parallel verlaufenden unbewussten Rede bestücken. Das Wort wird hier nicht nur als Bedeutung verstanden, sondern in all seinen begleitenden Ausdrucksformen gesehen, denn schließlich äußert es sich über den gesamten Körper.[23]

Letzlich treffen wir bei Lacan auf einen kritischen Blick auf die Begriffe des Unbewussten im Stile Jungs, dem zufolge Archetypen, also Substanz gewordene Symbole, die in den Grundfesten der Seele sitzen, die alleinige Wahrheit bilden. »Ist denn das, was sich im Keller befindet, etwa wahrer, als das auf dem Dachboden?«[24]

Die Arbeit Lacans, die von De Saussure und Claude Lévi-Strauss gestützt wird, führt zu einer weiteren These: *Das Unbewusste ist strukturiert wie eine Sprache*. Tatsächlich hatte bereits De Saussure herausgefunden, dass

> alles dazu angetan ist, uns glauben zu machen, daß unterhalb der Funktion der verschiedenen Organe (des Körpers) eine allgemeinere Fähigkeit existiert, die über die Zeichen bestimmt und die über linguistische Fähigkeiten par Exzellenz verfügt.[25]

Was sagt uns das alles? Wenn das Unbewusste dieses Etwas ist, das spricht,

---

[22] Vgl.: I. Pavlov, *Oeuvres Choisies,* Moscou, Editions en Langues Etrangères, 1954 S. 29ff.
[23] Vgl.: J. Lacan, *Il seminario. Libro I. Gli scritti Tecnici di Freud. 1953-1954,* Torino, Einaudi, 1979
[24] Ebd.
[25] F. De Saussure, *Corso di linguistica generale,* Bari, Laterza. 1982, S. 20

das wie eine Sprache strukturiert ist, so ist der Versuch sinnvoll, mit ihm zu interagieren.

Warum beschäftigen wir uns so sehr mit dem Unbewussten? Nun, dafür haben wir einen sehr einfachen Grund. Die Arbeit des Schauspielers besteht darin, Figuren zu erschaffen, die auf der Bühne ein eigenes, vom Leben des Schauspielers unabhängiges Dasein haben müssen. Die Figur agiert, doch zuvor fühlt sie und gleichzeitig denkt sie. Stanislavskij und Vachtangov lehren uns, dass die Figur »eine Vergangenheit haben muss«: seine eigene Biographie, sein eigenes Gedächtnis. Für den Schauspieler ist die Figur »jemand anderer als er selbst«. Damit dieses Anderssein vollkommen zur Geltung kommt, ist es erforderlich, dass jener andere auch ein Unbewusstes besitzen muss. Darin liegt die Bedeutung seiner Vergangenheit – auch wenn, abermals nach Freud, für das Unbewusste die Zeit immer gegenwärtig ist. Unser Sein äußert sich in der Welt durch den Körper mit einer Gestik, einem Gang, einer bestimmten Stimme, ganz persönlichen Eigenschaften: Alles in allem in einem Stil, der sich auch in der Art zeigt, wie wir unsere Beziehungen leben. All dies sind zum größten Teil Äußerungen unseres Unbewussten. Das gilt auch für die Figur.

Eine Möglichkeit, Zugang zum Unbewussten der Figur zu gewinnen, besteht in der Arbeit am Text. Man nimmt den Sätzen, aus denen der Text zusammengesetzt ist, ihre Struktur, und sortiert die Worte nach einer Klassifizierung in absolute Wörter (wie Leben, Tod usw.) und in Substantive, die Gegenstände benennen. In einigen Fällen kann ein Wort für einen Gegenstand auch eine absolute Valenz besitzen. Im Fall *Trigorin*s, des Schriftstellers aus der *Möwe* von Tschechov, besitzt das Wort »Buch« im Dialog mit *Nina* einen Wert, der über den Gegenstand hinausweist. Für jedes Wort werden wir Entsprechungen von inneren Bildern kommen lassen, indem wir die Assoziationen beobachten, die in uns hervorgerufen werden. Das Bild, das mir als erste Antwort kommt, ist meine Antwort, die der Psychologie meiner Persönlichkeit entspricht. Dann finde ich eine zweite und dritte. Die zweite bildet eine Klammer, einen Trennungsraum zwischen meinem Ich und dem Ich der Figur. Die dritte schließlich entspricht der Psychologie der Persönlichkeit der Figur.

Falls, wie es oft geschieht, die Figur keinen Text hat, da sie nicht spricht, oder wenn es kaum Text gibt, wird der Schauspieler einen geeigneten Text schreiben. Dabei zählt nicht der literarische Wert, sondern die Brauchbarkeit der Wörter als Schlüssel.

Ich habe versucht zu zeigen, wie wir, ausgehend von der Kette Bild – Gefühl – Emotion – Geste daran arbeiten, eine organische Gestik zu erschaffen. Wenn es uns gelingt, die zu der Figur gehörige Sprache der inneren Bilder zu finden, haben wir auch diese organische Gestik. Wir haben damit auch eine psychische Distanz zu der Figur, was für die geistige Gesundheit des Schauspielers von größter Wichtigkeit ist. Bei der fortlaufenden Improvisationsarbeit wird all dies ständig probiert, wobei von Mal zu Mal indirekt der Bilderschatz bereichert und an der Kette Bild – Geste solange gearbeitet wird, bis die ›Präsenz‹ der Figur deutlich hervortritt.

Die Arbeit mit der ›»Methode«‹ verfolgt zwei Richtungen. Eine ist die künstlerische Ausbildung des Schauspielers, das, was Stanislavskij *die Arbeit des Schauspielers an sich selbst* nennt: das Bewusstwerden seiner selbst, das Wissen um das eigene psycho-emotionale und physiologische Funktionieren, die Steigerung der Fähigkeiten zu szenischer Präsenz, der Gebrauch eigener und fremder Energien während der Improvisation. Die zweite Richtung, immer noch in Anlehnung an Stanislavskij, betrifft die Arbeit des Schauspielers an der Figur, oder: die Schaffung jener zweiten Persönlichkeit, die sich des Körpers des Schauspielers bedient, um auf der Bühne zu erscheinen.

Mit der ersteren Situation befinden wir uns noch nicht im Theater, sondern im Bereich gesellschaftlicher Selbstdarstellung, im Theater des Lebens. Die Improvisationsübungen sind so angelegt, dass sie immer von der existenziellen Erfahrung des Schauspielers als Individuum ausgehen. Durch die Übungen wird er sein emotionales Gedächtnis auf die Probe stellen, die ihm eigene Organisation seiner Assoziation von Ideen und Erinnerungen, seine Gestik, die Art, mit der er zu Gegenständen und zur Umgebung in Beziehung tritt, die Besonderheit seiner ›Beziehungsmuster‹ mit anderen Personen.

Bei der Arbeit an der Figur müssen wir zu aller erst herausfinden, wer sie denn sein soll. Der Text bietet eine Anzahl von Indizien, die man isolieren muss, und die wertvolle Hinweise hinsichtlich der Psychologie der Figur als auch hinsichtlich der Besonderheiten ihrer Beziehungen und Konflikte mit den anderen Rollen geben. Andere Indizien wird man durch Analysen und Ableitungen ausfindig machen. Man wird eine Biographie und eine Vergangenheit der Figur erschaffen. Durch die Improvisationsübungen ist es möglich, diese Vergangenheit zu erforschen. Es werden Situationen geschaffen, in denen der Schauspieler ausgehend von jenen ›Teilen seiner selbst‹ Aktivitäten entwickelt, die sich im Einklang mit den Eigenheiten der Figur befinden, ihrem Geschmack, ihren Prinzipien, ihren ganz persönlichen Ticks. Die Konflikte zwischen den verschiedenen Figuren werden im Text ausfindig gemacht und so analysiert, dass sie Übungen ermöglichen, in denen der Ablauf des Konfliktes, die Beschaffenheit der Beweggründe und der Strategien studiert werden können.

Wenn wir uns noch einmal auf die Struktur der Übung besinnen, stellen wir fest: es geht darum, die Materialien sehr genau zu ordnen und zu organisieren, also die Beziehungen, den Bereich der Motivationen, und schließlich den Bereich der Aktivitäten. Bei jedem dieser Bereiche muss sich der Schauspieler seinen eigenen unerbittlichen Fragen stellen und er muss lernen, ihnen nicht auszuweichen. Jeder Bereich ist grenzenlos ausdehnbar. Dennoch muss er immer wieder mit größter Genauigkeit arbeiten. Es verhält sich wie bei einem Mikroskop. Indem man nach und nach das Objektiv vergrößert, werden immer mehr Dinge sichtbar, dadurch müssen immer mehr Dinge in Betracht gezogen werden. Je genauer der Schauspieler sie vorbereitet, desto ›organischer‹ werden sie in der Improvisation sein. Das soll nicht heißen, dass wir das Geheimnis, das schließlich das menschliche Handeln und folglich auch die Figuren umgibt, zerstören möchten. Das Unerklärliche kann man nicht erklären, man kann jedoch mit größtmöglicher Genauigkeit dem Bereich des Geheimnisvollen nahe kommen und ihn beleuchten. Der Schauspieler ist kein Intellektueller: seine Aufgabe ist es, das Geheimnis *erfahrbar* zu machen, nicht es zu erklären. Warum tötet Othello Desdemona? Warum sticht sich Ödipus die Augen aus? Warum verlangt Hamlet Rache? Die Zuschauer wollen an diesen Geheimnissen teilhaben. Sie wollen keine Erklärungen, die können sie sich bestens selbst geben. Das Geheimnis lebt oft in den kleinsten Einzelheiten, den kleinen Gesten.

Die Struktur der Übungen ermöglicht, nachdem die Improvisation beendet ist, eine eingehende Diskussion über diese Details, die hervortreten. Was wir suchen, wird vom Schauspieler dem Schauspieler ›zum Trotz‹, sich selbst zum Trotz, unbeabsichtigt, als organische Geste geäußert. Dazu liefert uns Grotowski eine sehr treffende Metapher: »Ein Baum ist ein Baum, und nicht der Ausdruck eines Baums.« Der Regisseur/Pädagoge muss in der Lage sein, diese Momente zu erkennen und sie sodann mit der erforderlichen Genauigkeit zu bezeichnen. Er muss sie in den Bereich, in dem sie zutage getreten sind, und innerhalb dieses Bereiches an seinen spezifischen Ort zurückführen können, damit der Schauspieler sie wieder aufnehmen und in die Sprache der Figur einbauen kann. Je genauer das Vorbereitungsprotokoll ausgearbeitet ist, desto genauer werden die Hinweise des Regisseurs ausfallen. Und diese Arbeit wird umso besser, je weniger dabei gesprochen wird: zwischen Regisseur und Schauspieler sollte ein Dialog stattfinden, der sich so wenig wie möglich auf Wörter stützt. Andeutungen müssen reichen. Wörter können den Bereich des Geheimnisses allzu leicht überfluten und vergiften. Beim Wiederauffinden von Besonderheiten der Figur muss sich der Schauspieler zuverlässig orientieren können, ohne zu viel ›Hintergrundrauschen‹, das den fortlaufenden Dialog, den der Schauspieler mit der Figur unterhält, stören könnte.

Bei dieser Vorgehensweise versteht man, wie der so genannte Subtext, der mit dem Regisseur vereinbarte Entwurf, der dem Schauspieler in jedem Moment sagt, was die Figur will, ganz und gar in die umfassende Arbeit des Schauspielers an der Figur eingeht. Auf der Bühne bewegt sich die Figur entsprechend ihrer Motivationen und Beziehungen, die der Schauspieler perfekt und zutiefst verinnerlicht hat, in völliger Behauptung der Situation: wir befinden uns vor einer Figur und nicht etwa vor einer Puppe. Wir sind mit einer Figur konfrontiert, die immer zum ersten und einzigen Mal eine Situation aus dem Text *lebt*, und nicht mit jemandem, der uns mehr oder weniger gespreizt erzählt, was vor sich gegangen ist.

III. Das Theater im Freien

Luci *(Lichter)*, Straßenperformance

1. Die Schule der Straße

Keine Akademie oder Theaterschule bereitet Schauspieler nur annähernd darauf vor, die Probleme zu meistern, die das Theater im Freien mit sich bringt. Es handelt sich nicht um besondere Techniken und spezielle Fähigkeiten. Oder jedenfalls nicht nur.

Der Schauspieler im konventionellen Theater ist an eine ganze Reihe von Sicherheiten gewöhnt. Er ist ein Professioneller, der gewohnt ist, für ein Publikum von Zuschauern zu arbeiten, das wie er ›professionell‹ ist. Zuschauer werden vom Staat subventioniert, damit sie die Theater bevölkern. In einigen Fällen kosten die Zuschauer mehr als die Schauspieler. Es handelt sich dabei zum großen Teil um eine hoch qualifizierte In-group, in die viel an Bildung investiert wurde, um sie zu qualifizieren. Sie gehen ins Theater, um die Schauspieler zu sehen, ihnen zuzuhören, und dabei bringen diese Zuschauer ihre Theaterkultur mit. Sie teilen eine gemeinsame Sprache: die nationale Landessprache.

Für den Schauspieler ist es selbstverständlich, in einem geschützten Raum zu arbeiten: auf der Bühne. Mauern, ein Dach und ein Raum, der so eingerichtet ist, dass er auf jeden Fall im Zentrum der Aufmerksamkeit steht, Beleuchtung und Bühnenbild tun das ihre dazu. Seine Stimme durch eine raffinierte akustische Konstruktion verstärkt, so dass sie besonders gut zur Wirkung kommt. Es gibt immer eine mehr oder weniger bequeme Garderobe, einen privaten Ort, wo man sich konzentrieren kann. Draußen kann es regnen oder schneien: im Theater ist immer gut geheizt. In vielen Häusern gibt es sogar eine Klimaanlage.

Um den Schauspieler herum gibt es immer eine Menge Leute, die stets bereit sind, ihn zu unterstützen und ihm zuzuarbeiten: Maskenbildner, Kostümschneider, Bühnentechniker, Lichttechniker, Träger, Chauffeure, Schreiner, Schmiede, Bühnenmaler und Bühnenbildner, Bühnenarbeiter, Verwaltungsangestellte, Öffentlichkeitsarbeiter.

Der Schauspieler absolviert seinen Teil dabei. Da sind auch noch die anderen, aber Solidarität ist nicht erforderlich. Jeder kümmert sich um seine eigene Karriere, und oft gilt: »mors tua vita mea« (Dein Tod ist mein Leben).

Für uns beim Theater im Freien existieren andere Gegebenheiten. Unser Publikum besteht für gewöhnlich nicht aus professionellen Zuschauern. So haben wir eine zweifache Arbeit zu leisten: Ihre Aufmerksamkeit ständig auf unsere Arbeit zu lenken und sie wach zu erhalten, und gleichzeitig unsere Figuren zum Leben zu erwecken.

Oft sprechen Schauspieler und Zuschauer nicht dieselbe Sprache. Auch sind wir es, die in ihr Territorium eindringen, auf ihre Plätze, auf ihre Straßen. Der größte Teil unseres Publikums war noch nie im Theater, und wenn man die Leute fragen würde, würden sie gewiss sagen, dass Theater sie nicht interessiere.

Unsere Spielorte bieten so viel oder so wenig Schutz, wie wir sie gerade antreffen.

Es gibt keine Mauern, die unsere Bewegungen schützend umgrenzen, noch gibt es Dächer, die Regen und Kälte abhalten. Es gibt gerade mal eine Beleuchtung, die uns unterstützt.

Die Stimme läuft Gefahr, sich im offenen Raum zu verlieren, und man muss mit den Geräuschen der Stadt und allen Störungen kämpfen, die die Zuschauer verursachen.

Diese nehmen nicht an einer Art Liturgie oder einem kulturellen Ritual teil, das nach festen, von allen akzeptierten Regeln verläuft, sondern sie sind beteiligt an einer lebendigen Aktion, bei der sie jeden Moment interagieren können.

Da sind kleine Kinder, Rentner, Studenten, Hausfrauen mit Einkaufstaschen, Manager mit ihren Aktenkoffern und Arbeiter, Skinheads und Polizisten, Hunde an Leinen und ohne, Betrunkene und Nonnen, und auch einige Theaterzuschauer.

Es gibt keine Garderoben, sondern irgend einen kleinen Raum, kaum als Séparée geschützt, den man sich mit den anderen teilt.

Wir leben mit dem ständigen Blick zum Himmel, die Meteorologie ist unsere Herausforderung.

Luci *in La Mancha (1987), Paolo Nani*

Wir machen alles selbst: Wir sind unsere eigenen Schneider und Bühnenarbeiter, Licht- und Bühnentechniker, Fahrer und PR-Leute, Verwaltungsangestellte, Schreiner und Träger.
 Wir existieren als Gruppe.
 Die Solidarität ist essentiell.
 Das individuelle Talent wächst im Humus des Kollektivs.
 Nur eine Gruppe kann sich all diesen Herausforderungen eines Theaters im Freien stellen, und vor allen Dingen kann sich nur eine Gruppe erlauben, dass das Theater im Freien eine Provokation sei.
 Eine Herausforderung also, nicht einfach *Animation,* sondern Organisation des sozialen Konsenses.

2. Die Anfänge

Theaterfestival der Basisgruppen in Casciana Terme, Italien (1977). Seit zwei Tagen regnet es in Strömen, der Boden im Zelt ist aufgeweicht. Wir spielen unser Stück *Herodes* für Zuschauer, die hauptsächlich aus Schauspielern junger Theatergruppen bestehen, Basisgruppen, wie sie genannt werden. Wir sind am Ende. Die Todesschwadronen in Argentinien, bestehend aus Militär, Polizei und Leuten des Geheimdienstes, foltern und lassen weiterhin tausende von Menschen verschwinden, während die internationalen Medien komplizenhaft schweigen. Seit Monaten reist das *Teatro Nucleo* von Süden nach Norden durch Italien und versucht mit der Aufführung von *Herodes* einerseits seinen Lebensunterhalt zu verdienen und andererseits zu erzählen, was in Argentinien geschieht. Aber nichts scheint diese Leute hier wachzurütteln, niemand will davon etwas hören. Was wir hier machen, ist auch nicht ganz ungefährlich, vor allem für unsere Angehörigen, die zurück geblieben sind, aber auch für uns persönlich. Die argentinische Botschaft weiß ständig, wo wir uns aufhalten, sie hat ihre Spitzel, die mit dem italienischen Geheimdienst zusammenarbeiten. Sie bringen uns jedes Mal ins Schwitzen, wenn wir für irgendwelche Dokumente das Konsulat aufsuchen müssen.
 Herodes ist keine rhetorische Übung. Es ist eine Aufführung, die sich auf ein persönliches Erlebnis stützt, das für uns tief greifende Folgen hatte. In Buenos Aires war ich für die Außenbeziehungen der *Comuna Baires* verantwortlich. Am Morgen des 14. Februar 1974 wurde ich von vier Personen gepackt und in einen grünen Ford Falcon gezerrt. Sie schlugen mich und zogen mir eine Kapuze über den Kopf. Ich verlor das Bewusstsein und als ich erwachte, war ich nackt und an etwas gefesselt, was mir wie der Rost eines Bettes vorkam. Man hatte einen Eimer Wasser über mich gegossen. Ein Radio lief laut, und jemand begann, bei mir die »piccana elettrica« anzuwenden,

ein Folterinstrument, das aus einer Elektrode besteht, die man über den Körper streicht. Die andere Elektrode ist an dem Metallrost befestigt: der Körper bildet die Brücke. Meine Gefängniswärter hatten ein Dossier über die Aktivitäten unserer Gruppe in Italien und Argentinien, und während sie mir die »piccana« an die empfindlichsten Körperteile legten, lasen sie mir einige Abschnitte vor. Sie wollten nichts wissen, was sie nicht schon wussten. Es war klar, dass sie mich einfach nur terrorisieren wollten. Am nächsten Morgen banden sie mich los und führten mich hinaus an eine Mauer, sie nahmen mir die Kapuze ab und ich sah meine Peiniger vor mir, die Waffe in der Hand, und ich zitternd und schmutzig. Sie sagten zu mir: »Jetzt erledigen wir dich. Das soll dich lehren, den Subversiven zu machen.« Dann schossen sie auf mich. Ich sehe noch die Blitze und rieche den Geruch von Kordit und höre den Einschlag der Geschosse in die Mauer neben mir. Ich höre auch ihr Gelächter, wie sie sich amüsieren, und kurioserweise musste ich an Dostojevskij denken: »So muss er auch empfunden haben, als er das erleiden musste.«

Dann ließen sie mich duschen, gaben mir meine Kleider zurück und ließen mich im Bahnhof von Retiro frei mit der Ermahnung, meiner Gruppe die Drohung weiterzusagen: »Geht weg, oder es wird beim nächsten Mal nicht nur zum Schein sein. Das ist unter anderem der Grund, warum die *Comuna Baires* gleich danach nach Italien abreiste. Cora und ich dagegen beschlossen zu bleiben und gründeten das *Teatro Nucleo*, das so lange wie möglich, noch zwei Jahre, in Buenos Aires weiterarbeitete.

Und das ist die Situation hier in Italien: eine wacklige Bühne im Schlamm, ein Zelt, das uns gerade eben vor dem Regen schützt – uns drei, denn wir sind nur noch drei, Cora, Hugo Lazarte und ich. Die anderen sind nach Buenos Aires zurückgekehrt oder sie haben aufgehört, Theater zu spielen. Es machte für sie keinen Sinn mehr, Theater außerhalb des politischen und gesellschaftlichen Kontextes zu machen, aus dem wir hervorgegangen waren. Wir drei also, vier mit Massimiliano, der vier Jahre alt ist. Hier wir drei und dort sie, junge Italienerinnen und Italiener. Sie wissen nichts von Argentinien, von den »Desaparecidos«, von der Diktatur, der Folter. Obwohl viele junge Leute, Italiener wie sie, vielleicht zweitausend, Kinder von Emigranten, in Argentinien verschwunden sind. Aber diese Leute hier geht das alles nichts an. Der schlimmste Schwerhörige ist der, der nicht hören will. Wir und sie. *Herodes* ist ein einfaches Stück, eine einleuchtende, physisch direkte Metapher unseres Lebens dort. Es kommt eine Folterszene. Hugo und ich sind Folterknechte. Wir machen uns über den ausgestreckten Körper Coras her. An dieser Stelle wird es einigen Zuschauern zu viel. Sie beginnen zu murren, dann lautstark zu protestieren und schließlich gehen sie zur Tat über, sie dringen auf die Bühne und unterbrechen die Vorstellung. Einer greift mich an. Heftig stoße ich ihn aus meinem »Gefängnis«! Eugenio Barba schreibt uns daraufhin einen Brief:

(...) stehend auf einem wackligen Stuhl im Schlamm des Zeltbodens von Casciana sah ich mir Eure Vorstellung an und es war wie ein Messer im Bauch, wie die andere Seite des Mondes, von der wir Europäer nur eine vage Ahnung haben, es gelingt uns nicht, uns mit allen Sinnen darauf einzulassen. Ich sah die Mädchen weinen – es waren die mit dem feministischen Sketch vom Vorabend. Sie kamen mir vor wie Kinder, die von zu Hause weglaufen wollten, um frei zu sein, und die bei Anbruch der Dunkelheit weinen –, vor Angst, vor Einsamkeit, vor den Schatten, die sich bedrohlich über sie legen? Ich hörte alle die Wortströme, die langsam ineinander flossen – und ich sah Euch da und dachte, daß Ihr am Tag danach wieder in Euren Alltag als Verbannte zurückkehren werdet, mit Euren Erinnerungen von der anderen Seite des Ozeans, Euren Gefühlen, Euren Hoffnungen. Wie traurig unser Kontinent doch ist, traurig, weil Ihr ihn nicht mehr verlassen könnt. (...) Gebt nicht auf, laßt Euch nicht gehen, laßt es nicht zu, daß die Kommentare der anderen Euch die ganze Kraft rauben. Wir alle umarmen Euch von Herzen (...)

Wir wurden zu einem gewissen, ›Fall‹ innerhalb dieses Theaterfestivals. Das Fernsehteam von RAI, das seine Kamera schon abgebaut hatte, filmte doch noch alles, auch Cora, wie sie traurig zu dem Publikum spricht: »Wie erkläre ich es euch, wie soll ich es euch nur erklären, was in diesem Augenblick in Argentinien vor sich geht? Dass das, was ihr heute hier gehört und gesehen habt, in Wirklichkeit nur eine kleine Andeutung ist?«

Wir begreifen allmählich, dass unsere Fähigkeiten begrenzt sind, die Menschen hier in Europa entsprechend den Zielen, die wir uns gesteckt haben, mitzureißen. Um den Menschen hier klar zu machen, was in Argentinien geschieht, müssen wir uns anderer Mittel bedienen. Mit dem Medium Theater müssen und können wir andere Dinge tun.

Einige Monate zuvor hatten wir Dr. Antonio Slavich bei einer Theateraktivität im psychiatrischen Krankenhaus in Sassari kennen gelernt. Er schlug uns vor, in der psychiatrischen Klinik von Ferrara, deren Direktor er war, ein Theaterlaboratorium einzurichten. Das Gesetz Nr. 180 war in Vorbereitung und wurde ein Jahr später erlassen. Geschlossene psychiatrische Anstalten, jene Orte der Ausgrenzung und Repression, die wenig geeignet waren, psychisches Leid zu heilen, sollten geöffnet werden.

Wie ein Relikt aus dem Mittelalter stellte das psychiatrische Krankenhaus innerhalb der Mauern der Stadt einen Ort der Angst und des Schreckens dar. Etwa tausend Menschen lebten hier eine Existenz, die auf paradoxe Weise nach unmenschlichen Gesetzen geregelt war. Vergessene, Gebrandmarkte, ›Geisteskranke‹. Sie wurden Behandlungen unterworfen, durchaus in der Absicht zu heilen, in Wirklichkeit jedoch, um sie aufzubewahren und lebendig sterben zu lassen. Eine unerhörte Gewalt war alltäglich, und somit zulässig. Psychopharmaka ersetzten die Zwangsjacken. Das war die Realität, die Slavich verändern wollte. Um jeden Preis wollte er, dass dieser Orte des Schreckens Teil der heutigen Zivilisation würde. Die neue Idee, die in den siebziger

Jahren von Basaglia zusammen mit Slavich in der Psychiatrie von Goricia entwickelt worden war, hat sich als durchführbar erwiesen: die Öffnung der Psychiatrie. Eine Öffnung in der Art, dass jene, die sich darin befinden, hinaus und jene, die draußen sind, hinein können, und zwar jeder, um sich informieren zu können und Mitwisser zu werden.

Slavich war neugierig geworden durch die Beziehungen zu Psychiatern und Psychologen, die wir in Argentinien hergestellt hatten, und durch die Ergebnisse, die wir vorlegen konnten, mehr noch durch die, die wir durch unsere gemeinsame Erfahrung würden erzielen können.

Unser Projekt war umfangreich: ein Laboratorium unter Coras Leitung, in dem Patienten und Patientinnen als auch das Pflegepersonal Erfahrungen mit dem Theater machen konnten. Sie sollten mit den Mitteln des Theaters angeregt werden, die alten Barrieren, die die Abteilungen voneinander trennten, zu beseitigen und neue, offene Strukturen zu entwickeln. Die architektonischen Barrieren waren bereits eingerissen worden, aber die inneren hielten sich hartnäckig. Die Patienten konnten sich nicht frei bewegen. Spielend sollten sie mit den Schauspielern die neuen Möglichkeiten kennen lernen. So entstand *Luci*, unser erstes Straßentheater. Die Erinnerungen an das *Odin Teatret*, das *Teatro Tascabile*, die *Comediants*, das *Théâtre du Soleil* waren noch frisch. Das waren die ersten Aufführungen, die wir in Europa gesehen hatten und die uns neue Wege wiesen.

Nach einem gefährlichen und erfolglosen Versuch, nach Argentinien zurückzukehren, beschloss unsere Gruppe 1978, sich endgültig in Ferrara niederzulassen. In einem leer stehenden, hergerichteten Gebäudeteil der Psychiatrie, den uns die Leitung des Krankenhauses zur Verfügung gestellt hatte, wurde nun gemeinsam mit neuen Schauspielern aus Italien das italienische *Teatro Nucleo* gegründet.

3. Eine Dramaturgie des Straßentheaters

Luci war unser erstes Projekt für das Theater im Freien. In zehn Jahren wurde es über sechshundert Mal auf Plätzen und Straßen in Italien, Spanien, Frankreich, Holland, Deutschland, der Schweiz, Schweden, Norwegen, Dänemark, Russland, Polen, der Tschechoslowakei und Mexiko aufgeführt. Vieles, was wir über das Theater im Freien wissen, kommt aus dieser jahrelangen Wanderung. Wenn es sich auch bei den nachfolgenden Straßenstücken der Trilogie der Utopien, *Quijote!*, *Francesco* und *Mascarò* als auch bei *Tempesta* nicht mehr um ›Wanderaufführungen‹ handelt, so scheint es mir sinnvoll, ausführlicher über dieses erste große Projekt zu berichten, weil vieles für unsere Arbeit bis heute gültig ist.

Luci *in Caceres, Spanien (1987), Otto Schmidt, Paolo Nani, Nicoletta Zabini, Cora Herrendorf, Antonio Tassinari*

Luci *in Caceres, Spanien (1987), Cora Herrendorf, Marcello Monaco*

Luci begann als Parade: ein Aufmarsch mit und ohne Stelzen, mit Trommeln und Fahnen, mit kleinen szenischen Unterbrechungen, die Raum und Beziehungen dramatisierten. *Luci* war für die Schauspieler eine lebendige Schule, ein Terrain, sich künstlerisch zu begegnen und auseinander zu setzen. Die Dramaturgie war durch die Materialien sowie durch die besonderen Bedingungen beeinflusst, die das Dorf oder die Stadt, die Plätze und die Straßen als Spielort boten. Zum ersten Entwurf kamen immer wieder neue Materialien hinzu. Während wir mit *Luci* auftraten, entstanden zwischen 1978 und 1980 auch andere Stücke, in denen wir Elemente entwickelten, die wir in *Luci* aufnahmen. Von *Il Funesti* übernahmen wir die *battaglia dei cavalieri* – zwei Schauspieler auf Stelzen kämpfen mit Lanzen gegeneinander, die mit Fahnen geschmückt sind. Aus *Eresia* kamen neue Figuren hinzu. Vor allem die *»Zigeunerin«* – eine Schauspielerin mit Akkordeon, dann der *»Lahme«* mit Trompete, Flöte und Trommel, der *»Jude«* mit Trommel und Trompete, der *»Blinde«* mit Geige und Trommel, die *»Alte«* mit Maske und Trommel, die *»Verlobte«* mit Trommel und Klarinette; der *»Seemann«* mit Trompete, Geige und Trommel.

Diese Figuren wurden als Teil eines zentralen pädagogischen Momentes in einem autodramaturgischen Prozess hervorgebracht: ausgehend von den Lebenserfahrungen des Schauspielers wird eine Figur gestaltet, ihre Psychologie, ihr Gefühlsleben, schließlich ihre Persönlichkeit. Manchmal entsteht eine Figur während einer Übung, in der der Schauspieler allein an einem Programm arbeitet, das er sich gemeinsam mit dem Regisseur ausgedacht hat. So die Geschichte des *»Lahmen«*: Einer der Schauspieler hatte große Fertigkeiten im Umgang mit einem Stock entwickelt. Indem er gegen alle Schwierigkeiten, die ihm das Instrument bereitete, ankämpfte, wurde er zum Virtuosen. Unser pädagogisches Ziel hingegen ist ganz und gar nicht die Virtuosität. Also erhielt er den Auftrag, ein Hindernis zu finden, das mit seiner Kunstfertigkeit in ein dialektisches Verhältnis treten könnte. Und so haben wir ihm den Umgang mit dem Stock aus einer Haltung körperlicher Schwäche heraus vorgeschlagen: er sollte hinken. Das körperliche Problem wurde zu einem neuen Untersuchungsfeld: Wie und warum hinkt man? Er machte sich kundig und baute eine neue Sequenz mit einer neuen Präsenz auf, und aus der Arbeit an der Sequenz trat eine neue Figur hervor: wer ist dieser *»Lahme«*, wie sieht seine Biographie aus, wie verhält er sich zu sich selbst und zu den anderen? Welche Gefühle hat er? Wie ist letztendlich seine Persönlichkeit?

Ich erinnere mich an eine Bemerkung von Truffaut:

> (Max) Ophüls hatte festgestellt, dass ein Schauspieler zwangsläufig gut ist, zwangsläufig untheatralisch, wenn er zu körperlicher Anstrengung gezwungen ist: wenn er Treppen steigt, wenn er über das Land läuft, wenn er für die Dauer der Aufnahme tanzt. Wenn hingegen ein Schauspieler in einem Film von Ophüls unbeweglich dasteht oder sitzt, was im übrigen selten vorkommt, be-

findet sich zwischen ihm und dem Objektiv mit absoluter Sicherheit irgendein Gegenstand: ein Ofenrohr, ein durchsichtiger Vorhang, ein Sessel. Nicht, dass Ophüls das Edle des menschlichen Antlitzes verkannt hätte, nein, es war vielmehr sein Wissen, dass der Schauspieler, dessen Gesicht teilweise verdeckt ist, um Ausgleich bemüht ist und versucht, sich über die Intonation zu behaupten. Sie wird echter und richtiger sein, denn Max Ophüls war sehr um Wahrheit und Genauigkeit bemüht.[1]

In unserem Fall musste der Schauspieler die Behinderung wie einen ständigen Begleiter in seine Arbeit einbeziehen: »Ein Virtuose im Umgang mit dem Stock *muss hinken*!« Mit dieser Anweisung verfolgten wir eine doppelte Absicht. Zum einen eine pädagogische: das Hinken könnte ja möglicherweise auch auf ein *moralisches* Hinken hinweisen, ist doch eine Gefahr, die das Virtuosentum mit sich bringt, die Selbstdarstellung, das Bedürfnis des Schauspielers, die Zuschauer zu verführen. Als Schauspieler, so wurde uns klar, musst du dich so verhalten, dass der Zuschauer auch nicht einen Augenblick lang den Verdacht hegt, du könntest ein Experte darin sein, den Stock kreisen zu lassen. Die Behinderung soll bewirken, dass der Zuschauer sich dafür interessiert, *wie* der Schauspieler etwas tut und nicht für das, *was* er tut. Es ist wichtig, dass er nicht den Kampf des Schauspielers mit der Behinderung wahrnimmt, die etwas selbst- oder von außen auferlegtes sein kann. Er sollte den Kampf nicht einmal wahrnehmen. Nur das Geheimnisvolle, das dabei hervortritt, sollte deutlich sein.

Der zweite Grund hat mit der Regie zu tun: aus dem pädagogischen Konflikt soll die Figur hervorgehen. Das Hinken wird so zu einem Zeichen. In der Antike sah man in körperlicher Behinderung ein göttliches Zeichen. Die Verwirrung, die eine ›gezeichnete‹ Person nach wie vor in seiner Umgebung hervorruft, hat etwas damit zu tun.

Die Fähigkeit, sich selbst die ›richtigen‹ Schwierigkeiten zu bereiten, die als Herausforderung wirken, kennzeichnet die Reife des Schauspielers. Hindernisse können mannigfach sein. In einem Gespräch äußerte sich Jorge Luis Borges über die Zensur etwa so: abgesehen davon, dass in einer echten Demokratie die Zensur nicht existieren dürfte, würde sie dennoch für den Künstler alles in allem eine wichtige Herausforderung darstellen, denn dadurch wäre er gezwungen, heimliche Wege zu beschreiten, wenn er sein Ziel erreichen will. Während er aber diese geheimen Wege suchte, stieße er auf Dinge, die er nicht unbedingt gesucht hat, denen er aber nur begegnet, weil er sie nicht ausdrücklich gesucht hat.

---

[1] F. Truffaut, *I film della mia vita,* Venezia, Marsilio, 1985, S. 188

3.1. Von der Figur zur Geschichte

Bei den beiden Stücken *Luci* und *Eresia* gingen wir mit einer ähnlichen Methode vor. Es handelte sich um einen Dialog zwischen zwei völlig verschiedenen Stücken:

Eresia im geschlossenen Theaterraum, die Zuschauer sitzen im Halbkreis. Die dramaturgische Struktur baute sich über die Entwicklung einer Geschichte auf, die vor den Zuschauern, wenn auch unabhängig von ihnen, lebendig wird. *Luci*, ein wanderndes Straßentheater: das Verhältnis zum Zuschauer ist dynamisch. Die Dramaturgie geht aus den Interaktionen zwischen den von den Figuren festgelegten und definierten Sequenz-Geschichten sowie den individuellen und allgemeinen Beziehungen hervor, die sich zwischen Zuschauern und Schauspielern herstellen.

Die Figuren, in autodramaturgischen Prozessen hervorgebracht, wurden in Improvisationen zueinander in Beziehung gesetzt. Fragmente, die uns interessant und bedeutsam erschienen, wurden herausgelöst und zu Sequenzen mit mehreren Personen montiert. Dabei entstanden neue Szenen. Dieses Vorgehen, bei dem man einer sich entfaltenden Logik der Schauspieler-Figur folgt, führt zur Entdeckung der Geschichte des Stücks. Die Dramaturgie entstand also nicht am grünen Tisch, sie war nicht das Ergebnis rationaler Spekulation: sie ging aus den Improvisationen der Schauspieler hervor. Die Logik kam erst hinterher dazu, als ›Reinigungsprozess‹ sozusagen, als ›Entwässerung‹, als Synthese.

Diese Verdichtung kollidierte natürlich immer wieder mit dem *Spannungsbogen der Geschichte*, dadurch, dass die von der Dramaturgie geforderten Notwendigkeiten Einbußen von Energie, Material und Leidenschaft nach sich zogen. Das noch brauchbare und lebendige Material, das bei *Eresia* aufgrund dramaturgischer Erfordernisse gestrichen wurde, fügten wir, wie bei einer Veredelung, in die Struktur von *Luci* ein. In einen völlig fremden Kontext integriert erhielten die Figuren, die aus *Eresia* kamen, neue Identität, mehr Kraft und Deutlichkeit. Dieselbe Figur, die vorher physisch und moralisch »lahm« war, wurde in *Luci* zum Stepptänzer, führte die Parade an und tanzte auf Stelzen. War der »Lahme« in *Eresia* von der »Zigeunerin« abhängig und geradezu versklavt, wurde er in *Luci* zu ihrem dynamischen Gegenspieler. Dieser Übertragungsprozess und die Veredelung des Materials wurde noch einige Jahre fortgesetzt.

3.2. Das Theater und das Haus aus Stein

Das Theater war und ist nicht immer an ein festes Haus gebunden, nicht immer ist es ›versteinert‹ gewesen. So begegnet es uns erst in den letzten zweihundertfünfzig Jahren seines Jahrtausende langen Bestehens. Fabrizio Cruciani schreibt dazu:

Es gibt Geschichten, die sich auf unübliche Weise mit der Geschichte überkreuzen, und es gibt Spielorte und offizielle Theaterräume, die offensichtlich in sich selbst einen Sinn ergeben, die aber auch über eine mythenpoetische Realität in ihrer Beziehung zu anderen Theatern verfügen. Es sind Theater, die man dazu benutzt, um neu über Theater nachzudenken, um jenseits der existierenden und vorgezeichneten Möglichkeiten Theater zu machen. Der Außenseiterstatus macht ihren Reiz aus und verleiht ihnen immer wieder kreative Kraft in unserer Theaterkultur. Ihr Anderssein hat sie zu Magazinen des Neuen gemacht, aus denen neue Möglichkeiten unseres Theaters geschöpft werden können. Das griechisch-römische Theater, die asiatischen Theater und die Straßentheater – drei Erscheinungen dieses Warenlagers, die auf unterschiedliche Weise »anders« sind und die sich, was Mythos und historische Wirklichkeit anbelangt, voneinander unterscheiden. Sie sind ein anderes Theater als jenes, aus dem die herrschende Theaterkultur ihre Identität bezieht. (...) Die Straßentheater stellen in der Geschichte keineswegs ein logisches und chronologisches »Vorher« des Theaters dar. Vielmehr repräsentieren sie seit langer Zeit eine Parallelwirklichkeit, die zu der anderen in einem engen dialektischen Verhältnis steht. Und nicht nur, wie die Aufführungskünste – Volksfeste, der Karneval oder die Rituale eine Parallelwirklichkeit der Bühnenkünste sind, nein, ihr Paralleldasein offenbart sich vor allem als Möglichkeit, Sinngebung und Kontrolle des Theaters. Wir können uns ein Theater im Freien vorstellen, das bestehende (oder mögliche) Vorgaben der geschlossenen Häuser reproduziert. Wir denken aber auch an Wanderbühnen, die an jedem Ort zum Zwecke des Broterwerbs spielen, an »Spontantheater«, Unterhaltung zu dem einzigen Zweck, Leute anzuziehen, oder an die verschiedensten Zirkuskünste, oder an all die Aufführungen im Zusammenhang mit Volksfesten. Wir meinen aber auch, wenn wir es enger fassen wollen, jenes Theater, das sich bewußt ist, Theater zu sein, und das auf der Straße stattfindet. Führt man chronologisch und geographisch alle Begebenheiten auf, die man dem Theater zurechnen kann, so muß man feststellen, daß die Anzahl jener, die mit einem festen Theatergebäude in Verbindung stehen, sehr gering ist; wobei das Theatergebäude als Ort verstanden wird, der für Theateraufführungen speziell ausgerüstet und auf sie ausgerichtet ist. Dagegen treffen wir Theater auf Jahrmärkten an, auf Wochenmärkten, auf Tennen, an den Versammlungsorten von Gemeinschaften, an Kultstätten, in Kirchen und auf ihren Vorplätzen. Und wir treffen es zu allen Zeiten an, mal von der Geschichtsschreibung hervorgehoben als triumphaler Einzug, der die Stadt in ein Theater verwandelt, mal als das rein kalendarische Ereignis des Karnevals, oder ins Abseits gestellt wie bei den folkloristischen Schauspielen und den religiösen Prozessionen des 19. und 20. Jahrhunderts. Oft vermittelt es ein Echo von Ursprungsmythologie, von Spontaneität, von Volkstümlichkeit. Oft treffen wir auf das »mindere« Theater.[2]

---

[2] F. Cruciani, *Lo spazio del teatro,* Bari, Laterza, 1992, S. 73 und 90f.

Die Straße und das *Haus aus Stein:* Zwei parallele Geschichten also, mit vielen Punkten der Überschneidung, nicht zuerst das eine, dann das andere. Als bei den Festivals der *Freien Gruppen* in Bergamo 1977, in Santarcangelo 1978, in Copparo 1979 das Theater auf die Piazza ging und auf im Freien errichteten Bühnen seine Stücke spielte, hatte es das bereits viele Jahre vorher auch schon gegeben, und auch danach gab es das immer wieder. Damals aber besetzte das Theater im wahrsten Sinne des Wortes die Stadt, drang in sie ein, es ließ sie ihre anthropologischen Qualitäten, den Sinn des gesellschaftlichen Miteinanders und Austauschs, die kollektive Kreativität, den Wert des Rituellen, der Feste, der uneingeschränkten Begegnung wieder entdecken. Die Gruppen entdeckten dabei den Wert des Erfahrungsaustauschs untereinander, wie viele andere Dinge, die dann wieder im Zuge einer Politik der Gleichgültigkeit und des Verfalls stagnierten, die das darauf folgende Jahrzehnt nicht nur in kultureller Hinsicht prägte:

> Masken und Stelzen – wurde über Santarcangelo geschrieben – Musik, Akrobatik und Clownerien; Aufführungen auf der Piazza, dem Markt und in den Bars, die Arbeit im Freien tagsüber mit den Leuten; das Nebeneinander der Gruppen, die ihre Rollen untereinander austauschten, die sich zusammenschlossen oder aneinander rieben; da waren die »Madonnenträger«, die Leute auf der Straße, die Colombaioni, die Feuerschlucker, Kathakali, und es gab alle möglichen Workshops. (...) Aber jenseits der Elemente, die das Festival ausmachten, die ihm Ausdruck verliehen und dem Straßentheater seinen Sinn gaben, war die Bereitschaft der verschiedenen Künstler und Gruppen, miteinander zu arbeiten und somit einzigartige Ereignisse hervorzubringen, die Beziehungen zwischen den Theatern. Die oft repressiven und umfangreichen Verbote und Einwendungen, die die üblichen Feste oft so beschränken, fehlten völlig. Gewiß, es war ein Fest, aber ein Theaterfest: mit seiner eigenen Strenge und Disziplin, mit seiner eigenen »Regie«.[3]

In der langen Geschichte des Theaters, die man schreiben könnte, wenn man die ›Straße‹ und die ›Plätze‹ mit einbezöge, finden sich viele unserer Ursprünge, angefangen beim Theater in den griechischen und später den römischen Städten, bei den Glaubens- und Gemeinschaftsritualen, die dem Theater in den Städten des Mittelalters wesentlich zugrunde lagen, bei den humanistischen Festen und den Feierlichkeiten der Renaissance, den Aufführungen auf den Plätzen der barocken Stadt, bei den vielfältigen Formen der Feste in der Zeit der Aufklärung, bei den Festen der Französischen Revolution, auf den Plätzen und Märkten der Städte des neunzehnten Jahrhunderts, auf den Plätzen der *Foire*. An all diese Orte knüpft sich unsere reiche Tradition an. Diese Art des Theaters wird nicht in einem formellen Raum zelebriert. Den

---

[3] F. Cruciani e C. Falletti, *Promemoria del teatro di strada,* Edizioni Teatro Tascabile Bergamo-Teatro Telaio Brescia, 1989, S. 122

schafft sich die bürgerliche Gesellschaft, losgelöst von den Bedürfnissen der Stadt, die an den Rand gedrängt werden. Das steinerne Gebäude wird von ihnen zu dem Raum erkoren, der ausschließlich *ihren* Bedürfnissen dienen soll. Gewiss hat auch dieses Theater eine wertvolle Tradition, der wir Respekt zollen, doch ist es eben nicht die Einzige.

> Das Nachdenken über Theater – das dem Theater eigene kulturelle und letztlich auch handwerkliche Bewußtsein – hat das Straßentheater beinahe zu einer »niederen Gattung« des Theaters werden lassen (ein Urteil, das aus dem letzten Jahrhundert zu kommen scheint). Da werden alle Formen und Ebenen des Straßentheaters als minderwertig abgestempelt. So taucht das Straßentheater in der Geschichte unserer Theaterkultur nur ab und zu auf, mitunter vermischt oder »veredelt« es sich mit den städtischen Theatern.
> Das Straßentheater hat also eine lange Tradition, da es beständig und vielseitig war. Das Problem liegt jedoch darin, daß diese Tradition infolge der Trennung ins Abseits rückte. Und dennoch stoßen Theaterleute immer wieder auf diese Tradition, sobald sie sich mit den Mitteln des Theaters der Sinnfrage ihres Lebens stellen.[4]

Die Trennung, hier das Theater in festen Häusern, ein Apparat, eine Institution, dort das bewegliche Theater, das in allen erdenklichen Zusammenhängen auftreten kann, hat sicherlich mit dem Bruch zu tun, der immer tiefer die Gesellschaft spaltete, hier die Räume des alltäglichen Lebens, die wahrhaft öffentlichen Räume und dort die Räume der Repräsentation für eine sich heraushebende herrschende Klasse. Die öffentlichen Räume gehören allen, da bewegt sich jeder frei. In den Letzteren fühlen sich sehr viele als Fremdkörper, wenn sie überhaupt zugelassen werden oder sich den Zugang leisten können. Sie sind für die Mehrzahl ein andersartiger, ferner und fremder Erfahrungsbereich.

> In Wirklichkeit sind wir selbst mit all dem, was wir an Kenntnissen und geistiger Struktur mitbringen, die vermittelnde Instanz der Begegnung, wir selbst legen den Grundstein für einen dritten, umfassenden und vereinenden Raum. Den Raum der Beziehung. Wir beobachten und leben die Stadt. Die Stadt blickt auf uns und vom Theater durchdrungen, erfasst sie uns. Wer von den Darbietungen der mittelalterlichen Stadt eingenommen war, wurde zum Protagonisten eines sozialen Raumes, der durch die »Manipulation« der Alltagswirklichkeit seitens des Theaters (als Ritus oder Sinnbild) hergestellt wurde. Eines auch besonderen Raumes, insofern er dialektisch das Wiederfinden der Maßstäbe des bereits Erlebten und offensichtlich Verarbeiteten und Erprobten förderte. Anders wird die geistige Haltung des Individuums in der Renaissance und im Barock gewesen sein, wo die Theater und der Stadtraum zu einer Verschmelzung neigten, im Rahmen einer im ersten Fall utopischen und im zwei-

---

[4] Ebd. S. 16

ten Fall »werkstattmäßigen« Nutzung. (...) Die Geschichte des »Theaters in den Städten« ist vor allem eine Geschichte von Menschen, Individuen und menschlichen Beziehungen, der Raum der Darstellung wird zum komplexen Situationsraum. Dies bedeutet, daß sich Schauspieler und Zuschauer auf einer Ebene befinden, geeint durch die Suche nach Inhalten, sowohl bei sich selbst als auch bei dem Anderen. Ihre wechselseitigen Beziehungen werden damit gehaltvoller. (...) Dabei wird die Frage nach den Möglichkeiten eines festen Ortes zum grundlegenden Problem, eines Ortes, den das Theater aufsucht, deutet, neu interpretiert, nutzt, und dessen rechtmäßiges Wesen kraft einer nicht alltäglichen Andersartigkeit erahnt und anerkannt werden kann: nicht um Abstand zu gewinnen oder den Ort differenzierter zu sehen, vielmehr um ihn aufs Neue zu erobern und ihn wieder nützlich zu machen, indem wir ihm die Beliebigkeit nehmen, die seiner gewöhnlichen Nutzung zugrunde liegt. Hinter dieser Haltung erkennen wir die Möglichkeiten, die naturgemäß mit dem Theater verbunden sind: das Wieder-Erkennen von Räumlichkeiten und Gegenständen des täglichen Lebens, damit wir sie nutzen, anstatt von ihnen benutzt zu werden, damit wir sie erkennen, anstatt sie nur anzusehen, und letztlich, damit wir uns selbst mittels dieses Prozesses genauer beobachten, aber auch die Orte, an denen wir Beziehungen pflegen, die zu uns selbst und die zu den anderen. Es geht also darum, mit Hilfe einer Wiedereinbindung der Möglichkeiten des Theaters in die Möglichkeiten der Stadt den Weg der Wieder-Erfindung, der Wieder-Beherrschung, der Befreiung und der Enthüllung unserer entwerteten und beschnittenen Möglichkeiten beschreiben zu können.[5]

Wenn wir heute mehr oder weniger gedankenlos ins Theater gehen, uns in einem bequemen Sessel in einem angenehmen Saal niederlassen, sind wir dann aber vielleicht nicht auch Sklaven unserer Gewohnheiten, die nicht merken, dass sie eine mechanische und passive Handlung vollziehen? Machen wir uns bewusst, in welchem Maße dieses Ins-Theater-Gehen auch an unkritische und autoritäre, beschränkende und ideologisierte Vorgaben geknüpft ist? Gegen diese Situation haben zahlreiche Theater seit Ende des 19. Jahrhunderts in vielen westlichen Ländern zu wirken versucht, sich um die Wahrung und Vermittlung anderer Werte bemüht.[6]

Einige Theater haben im 20. Jahrhundert die steinernen Theaterhäuser im Namen der *Kunst des Theaters* verlassen.

Das Theater verlassen, *um wohin zu gehen?* – In die Kirche? Da würden uns Neugierige folgen. Keine Gläubigen. In die Fabrik? In den Palast der Neureichen? In die Begegnungsstätten der einfachen Leute? Auf die Piazza? Was bedeutet der Ort schon, wenn diejenigen, die sich dort versammeln, das Bedürfnis haben, uns zuzuhören, wenn dieser Ort beseelt ist von der dramatischen

---

[5] D. Seragnoli, Il teatro nelle citta. In: *Le eta del teatro. II: Dalla Commedia dell'Arte alla riforma goldoniana,* Modena, 1997, S. 47ff.
[6] Vgl.: *Promemoria del teatro di strada,* S. 19

Lebenskraft, die wir in uns tragen, wenn wir ihnen etwas zu sagen und zu zeigen haben? Wenn wir nicht wissen, wohin wir gehen sollen, dann laßt uns auf die Straße gehen. Laßt uns den Mut haben, zu zeigen, daß unsere Kunst keinen Zufluchtsort hat, daß wir unseren Daseinsgrund nicht mehr kennen und daß wir nicht mehr wissen, von wem wir ihn uns erwarten sollen. Laßt uns den Mut für das Abenteuer aufbringen, solange wir nicht den Ort, an dem wir unser Zelt aufschlagen können, gefunden haben, einen Ort, von dem wir sagen können: hier ist unser Gott und unser Land.[7]

Die Theaterfestivals in Bergamo, Santarcangelo und Copparo waren also nicht irgendwelche vereinzelten, außergewöhnlichen Ereignisse, sondern hier kamen die Forderungen und die Bewegungen der Jugend zum Ausdruck, die die Sechziger und Siebziger inspiriert hatten. Beim Treffen der *Basisgruppen* in Casciana Terme 1977 z. B. wurde über den »Einsatz des Theaters im unmittelbaren Umfeld« als Teil der politischen Debatte jener Jahre heftig diskutiert.

Bedeutende politische Funktion hatte das Theater auch schon immer. Gehen wir zurück in das Jahr 1859, zu den Schillerfesten zum hundertsten Geburtstag des Dichters, die zur Liturgie der nationalen Einigung Deutschlands gestaltet wurden. Oder denken wir an die kollektive Teilnahme der Bewohner Hampsteads und vieler anderer englischer Städte zu Beginn des 19. Jahrhunderts, als man die historischen Dramen, an denen die ganze Kommune teilhatte, szenisch darstellte; oder an das große Fest im Freien, das die Yale-Universität 1916 organisierte, um das eigene hundertjährige Bestehen zu begehen; oder an die Massenaufführungen und das Straßentheater der sowjetischen Revolution mit dem Ideenbeitrag Ejzensteins zum Theaterprogramm des Proletkults, was die »Organisation des Alltags der Masse« und die Zusammenstellung der Attraktionen in ihrer »Sinnes- und Seelenwirkung« auf den Zuschauer anbelangt. Oder an das Agit-Prop Theater in Deutschland, an das Sonnenfest der Utopisten des Monte Verità mit Schülern der Tanzschule Rudolf von Labans auf dem Höhepunkt des Ersten Weltkrieges. All das ist Geschichte, Intellektuelle und Gelehrte haben viele Bücher darüber geschrieben, Mosse, Kercencev, Gourfinkel, Balázs und andere.[8]

Und dann gibt es die Projekte der Theaterleute selbst: Kultivierte nicht Stanislavskij die Utopie eines geistigen Ordens von Künstlern, auf den ihn sein Schüler Sulerzickij brachte – eine Gemeinschaft von Schauspielern und Zuschauern?

Wir träumten davon, ein Anwesen (auf dem Land) zu mieten – schreibt Stanislavskij – dem Hauptgebäude den Bau einer Bühne und eines Zuschauer-

---

[7] J. Copeau, Nota per una conferenza ad Amsterdam, 1922. In: *Promemoria del teatro di strada*, S. 17

[8] Vgl.: *Promemoria del teatro di strada*

raumes hinzuzufügen, wo die Aufführungen des Studios stattfinden könnten. In den Nebengebäuden wollten wir die Schauspieler unterbringen, und für die Zuschauer würden wir ein Hotelzimmer organisieren, so daß der Ankömmling mit der Theaterkarte das Anrecht auf eine Übernachtung erwerben würde. Die Zuschauer sollten sich rechtzeitig einfinden. Nachdem sie durch den schönen Park spaziert wären, sich ausgeruht und im gemeinsamen Speisesaal, der der Obhut der Schüler selbst unterläge, gegessen hätten, nachdem sie sich den Staub der Großstadt abgeschüttelt, die Seele gereinigt hätten, würden sie ins Theater gehen. Solcherart Warten würde sie gut darauf vorbereiten, die künstlerisch-ästhetischen Eindrücke aufzunehmen. Man würde ein solches Studio außerhalb der Stadt nicht allein durch die Aufführungen, sondern auch durch den Verkauf von landwirtschaftlichen Produkten finanzieren: im Frühling und im Sommer, während der Aussaat und der Ernte sollten die Studenten selbst die Felder bestellen. Das wäre sehr wichtig für die allgemeine Stimmung der Teilnehmer und für die Atmosphäre des ganzen Studios: Leute, die sich Tag für Tag in der nervenzehrenden Atmosphäre der Kulissen treffen, können nicht die engen freundschaftlichen Bande schaffen, die für eine Künstlergemeinschaft vonnöten ist.[9]

Und dann das Projekt Copeaus. Er behauptete, den Leidensweg Christi für irgendein Publikum vor einer Kathedrale aufzuführen, sei keine »ernsthafte Arbeit«, und spiele man Sophokles in einem Amphitheater mit der Absicht, den Geist der griechischen Tragödie wieder herzustellen, so sei das gekünstelt: das Höchste, das man herausholen könne, sei wenig überzeugter, weil nicht mit Leben gefüllter und folglich künstlicher Applaus. Er hat das Theater verlassen, um seine wahre, an den menschlichen Bedürfnissen gemessene Authentizität zu finden.

Die Erfahrung, die ich zwischen 1925 bis 1930 in der Bourgogne machte, war sehr lehrreich, da äußerst bescheiden. Wir suchten ein Publikum: wir ließen uns vom öffentlichen Ausrufer des Dorfes ankündigen, sowie durch eine kurze »Parade«, die unsere jungen Mitschauspieler vollführten. Dann errichteten wir die Bühne, in der schönen Jahreszeit auf einem Platz oder in einem Garten, sonst im Tanzsaal eines Hotels oder in einer Markthalle. Wir versuchten, unsere Aufführung mit einem Fest zusammenfallen zu lassen, damit das Volk günstig gestimmt wäre. Die Weinbauern, Tagelöhner, Händler, Bürger, Funktionäre und Schloßherren kamen zusammen, um uns zuzuhören und sich gemeinsam an unserer Aufführung zu freuen.[10]

Und eine Bewegung muss noch erwähnt werden, die für uns von ganz besonderer Bedeutung ist, weil sie geradezu den Humus darstellt, aus dem wir hervorgegangen sind. Das war die Zeit von Julian Beck, Judith Malina und dem *Living Theatre*; von Peter Schumann und dem *Bread and Puppet Theatre*;

---

[9] K. S. Stanislavskij, *La mia vita nell'arte,* Torino, Einaudi, 1963, S. 432
[10] J. Copeau, *Il teatro popolare.* In: *Promemoria del teatro di strada,* S. 64

von Eugenio Barba und dem *Odin Theatret*; von *Els Comediants*; und somit die Zeit der Wanderschaft der Theater Ende der 60er Jahre; das Festival von Nancy; die Theatertreffen in Belgrad und Ayacucho. Und es war die Zeit, in der das traditionelle Theatersystems in eine ernsthafte Krise geriet. So unterschiedlich wie die Gruppen selbst auch waren, und so verschieden ihre Motive für ihre Entscheidung auch gewesen sein mögen, so beschlossen sie doch alle, auf der Straße zu arbeiten, und somit zum Ort des Ursprungs zurückzukehren. Einige Schlaglichter, die verdeutlichen können, was damals das Anliegen dieser Theater war: Die Notwendigkeit des Theaters als Lebenserfahrung; die zentrale Wichtigkeit des Individuums; die Aufhebung des Unterschiedes zwischen Schauspieler und Zuschauer; die Einfachheit und das Sich-verständlich-Machen; das Angebot, das als Gegenleistung nichts außer der Teilnahme erbittet; die Suche nach Räumen wirklichen Lebens; der freie Austausch zwischen der eigenen Erfahrung und jener der Bewohner kleiner Städte und Dörfer. Die Möglichkeit, die Räume und Orte des alltäglichen Lebens für das Theater zu nutzen, Höfe, Arkaden, Balkone, Mauern, Terrassen, Dächer... Zuletzt ist die Reise vielleicht eine Metapher, die auf den Lebensweg als Suche nach dem Sinn verweist und für die Arbeit des Schauspielers auf der Suche nach *Nicht-Zuschauern*, um seiner Entscheidung, Theater zu machen, einen Sinn zu geben.

3.3. Die »Nicht-Zuschauer« beim Straßentheater

Als wir uns entschlossen, aus der Parade, der Erstfassung von *Luci,* eine ›richtige‹ Aufführung für die Straße zu machen, gab es sofort Probleme. Wir erkannten, dass die üblichen Bühnentechniken hier nicht zu gebrauchen waren. Sie basieren auf ganz anderen Voraussetzungen. Da gibt es einen klar umrissenen Raum für die Schauspieler, einen Ort, den man zur Bühne erklärt, im geschlossenen Theater wie im Freien, zudem Zuschauer, die sich bewusst in diese Rolle begeben, die ein Schauspiel erwarten und die wissen, dass es Regeln gibt, die zu respektieren sind. Bei diesem Straßentheater, so stellten wir fest, werden all diese Bedingungen auf den Kopf gestellt. Der Raum ist nicht klar bestimmt. Er ist zugleich Raum eines anderen Schauspiels, des täglichen Lebens. Die Zuschauer sind in Wirklichkeit *Nicht-Zuschauer*. Regeln gibt es nicht. Das Schauspiel passiert einfach, es bricht in das Szenarium des Alltags ein und durchdringt es gewissermaßen. Es nimmt den Raum in Besitz und muss versuchen, ihn seinen Gesetzen zu unterwerfen.

Uns wurde klar: Einer der wesentlichsten Faktoren dieses *Theaters* ist es, dass es sich an eine heterogene Menge von *Nicht-Zuschauern* wendet. Hätten wir vor der Aufführung die anwesenden Personen nach ihrer Meinung zum Theater befragt, so würden manche sich wahrscheinlich ablehnend geäußert haben. Viele Leute auf der Straße dürften kaum an Theater interessiert sein. Sie erschienen eher so, als ginge sie das nichts an. In unseren Städten ist das, was man allgemein unter Theater versteht, einer Minderheit von Unbeirrbaren vorbehalten. Überdies ist es für den Großteil dieses Publikums eher eine kulturelle als eine künstlerische Angelegenheit, eher gesellschaftliches Ereignis als persönliches Bedürfnis.

Hätten wir nach der Aufführung dann denselben Personen wieder die Frage gestellt, dann hätten die Antworten, so bin ich sicher, einen beträchtlichen Meinungswandel angezeigt. Die Erfahrung des Schauspiels, so konnten wir immer selbst wahrnehmen, hat bei vielen etwas belebt, was sich in ihrer Lebensgeschichte nicht hinreichend entwickeln konnte. Diesen Menschen war Theater fern. Der Begriff ist für sie leer und bedeutungslos, er hat keine Anziehung. Begegnen die Menschen jedoch einem lebendigen Theater, entdecken sie eine neue Welt und sie lassen sich begeistern.

Ein *Theater im Freien* könnte auch einen winzigen Beitrag gegen die Ungerechtigkeit leisten, die darin besteht, dass alle für etwas zahlen, das nur für wenige reserviert ist.

Das Bedürfnis nach Theater, nach jener faszinierenden und notwendigen, unserer innersten Natur entsprechenden Aktion, zeigt sich in unseren theaterlosen Städten auf verschiedenste Weise: In den Fußballstadien, wo die Fans Aufführungen mit bombastischen Dramaturgien selbst inszenieren: Tänze, Chöre, Sologesänge, Arrangements aus Kostümen, Masken, Fahnen und Feuerwerk. Es geht in erster Linie darum, an diesen Aufführungen teilzunehmen, mitzumachen. Man will dabei sein, Zeuge sein. Dieses Ereignis gewinnt für viele ähnliche Bedeutung wie das Fußballspiel selbst, das die Ursache dieser Inszenierung ist. Es zeigt sich bei Veranstaltungen jeder Art, immer dort, wo Plätze und Straßen überraschenderweise für Tanz, Gesang und Musik, für große Ereignisse und Kundgebungen genutzt werden. Es zeigt sich in Diskotheken, wo dieses Bedürfnis der Jugendlichen oft extrem vermarktet und auf Konsum ausgerichtet ist.

Wir erleben es immer wieder bei jeder Aufführung unseres Theaters im Freien, auf jedem beliebigen Platz in all den vielen Dörfern und Städten, durch die unmittelbare und begeisterte Teilnahme der *Nicht-Zuschauer,* die zu Zuschauern werden. Für diese *Musik* ist das traditionelle Theatersystem jedoch taub. Es begreift im Gegenteil jedes Angebot in dieser Richtung als Angriff. Es verteidigt sich, indem es das Straßentheater blockiert, herabwürdigt und als nicht zum eigentlichen Theater gehörig darstellt.

Dabei könnte Theater auf den Plätzen und Straßen in unseren Städten durchaus einen kleinen Beitrag dazu leisten, gegen die Barbarisierung zu wirken. Aber anstatt das Theater in solchen Projekten politisch zu stützen und ausreichend zu finanzieren, wird es eifersüchtig bewacht und zwischen musealen Mauern wie eine Geisel gehalten. Wer das Theater dorthin bringen will, wo es notwendig ist, auch weil es damit wieder seine ursprüngliche Rolle finden und seine neue Lebenskraft entfalten kann, der muss nicht nur gegen die natürlichen Schwierigkeiten ankämpfen, die dieses Vorhaben mit sich bringt, sondern auch gegen die Blockadehaltung und die Angriffe des konservativen Theatersystems. Dieses verficht hartnäckig überholte Argumente des Marktes. Es verteidigt die vermeintlichen Ansprüche der Kaste der ›professionellen‹ Theaterbesucher auf den gewohnt sicheren und komfortablen Theaterkonsum.

Zuschauer/Nicht-Zuschauer
Um beim Theater im Freien die Beziehung zu den Zuschauern möglichst günstig zu gestalten, müssen sehr viele technische Aspekte bedacht werden. Von den Bemühungen der Schauspieler ahnen diejenigen, an die sich die Aktion richtet, nichts. Das Leben der Zuschauer spielt sich jenseits der Welt des Theaters ab.

Ihr Interesse an *dem von anderen gelebten Leben*, was nach Bela Balasz das Fundament des Theaters ist, wird heute vom Fernsehen gesättigt, so wie ihr Bedürfnis nach Teilnahme und Zeugenschaft durch verschiedene Surrogate scheinbar befriedigt wird.

Wenn viele Theaterexperimente im Freien scheitern, lässt sich das mit dem fehlenden oder dem zu geringen Interesse der Theaterleute an der Situation der Zuschauer erklären. Man tendiert häufig zu der Annahme, dass die Anwesenden allein aufgrund der Tatsache, dass sie sich am Ort der Vorführung befinden, selbstverständlich bereits Zuschauer seien. Wir sind überzeugt, dass die sorgfältige Arbeit an der Beziehung zwischen den Schauspielern und den Zuschauern vieles bewirken kann. Wir sind überzeugt, dass auch hier das Theater seine natürliche Anziehungskraft entfalten kann. Das Theater im Freien ist und will kein außerordentlicher Karneval sein, kein Seiltanz und keine Clownerie. Bei allem Respekt vor dem Seiltanz und der größten Hochachtung vor dem Clown: Theater ist etwas anderes. Das Theater kann natürlich in den Karneval hineingebracht werden, aber das ist dann etwas ganz anderes. Das Theater muss etwas riskieren, indem es mit komplexen Themen auf der Piazza erscheint, menschliche Daseinsbedingungen, Poesie, Herausforderungen an die Sensibilität. Es muss etwas wagen. Und es ist überzeugt, dass die Leute auf der Straße über einen großen Vorrat an Menschlichkeit verfügen. An die wendet es sich.

Wenn das Eigentliche des Theaters über die Interaktion zwischen Schauspielern und Zuschauern in der Beziehung zueinander entsteht, dann wird die Qualität dieser Beziehung, die Intensität und Dichte der Interaktionsströme vom Grad der Freiheit bestimmt, die diesem Verhältnis zugrunde liegt. Freiheit ist jedoch nur dann gewährleistet, wenn das Verhältnis zwischen Schauspielern und Zuschauern möglichst gleichberechtigt ist, wenn beide jederzeit die Möglichkeit der Entscheidung haben, die Beziehung aufrecht zu erhalten oder sie abzubrechen.

Was ist es, das einem guten Theater, das im Freien auftritt, diese besondere Intensität verleiht, von der in den geschlossenen Theatern nichts zu spüren ist? Es liegt gewiss auch an eben jenem Unterschied: während der ›professionelle‹ Zuschauer das Haus aufsucht, in dem das Schauspiel dargeboten wird, ist es auf der Straße das Theater, das sich auf die Suche nach dem Zuschauer macht. Während der Zuschauer im Theatersaal zum Gefangenen des Schauspiels wird, hat er draußen alle Freiheiten, sich zu entscheiden. Er ist nur dann und solange Zuschauer, wie es dem Theater gelingt, ihn zu fesseln.

3.4. Zeitdiebe

Bei unseren ersten Experimenten mit *Luci* beobachteten wir, dass viele Zuschauer, die anfangs von unserer Aktion gefesselt waren, gegen Ende der Vorstellung zu einer bestimmten Geste übergingen: sie sahen auf die Uhr, und sofort eilten sie davon, ihren gewohnten Beschäftigungen nach. Wir hatten ihnen Zeit gestohlen. Und nun mussten sie losrennen, um sie wieder einzufangen. Im Gegensatz zu professionellen Zuschauern, die beschlossen haben, der Vorstellung eine bestimmte Menge Zeit zu widmen, müssen wir sie den *Nicht-Zuschauer* stehlen. Aber ist es wirklich Zeit, die wir ihnen stehlen? Oder stehlen wir nicht vielmehr ihre Aufmerksamkeit? Wie auch immer: In jedem Fall müssen wir ihnen etwas rauben.

Da wir von diesen Dingen keine Ahnung haben, haben wir uns bei Spezialisten Rat geholt, beim Militär. Auf ihren Akademien lernen sie alle Techniken des Raubens, Eroberns, Mordens und Beherrschens. Natürlich sind unsere Ziele ganz anders. Wir wollen den Menschen Zeit und Aufmerksamkeit rauben, nicht, um sie auszubeuten, sondern um sie reicher zu machen. Wir wollen erobern, um ihnen das Theater zu schenken.

Deshalb also haben wir uns nicht nur bei unserem teuren Stanislavskij, bei Mejerhol'd, Vachtangov und Layton, sondern auch bei Clausewitz, Bonaparte, Sun Tzu und Julius Cäsar erkundigt. Man kann eine Aufführung auf der Straße wie eine militärische Operation sehen und analysieren. Wir wenden die Gesetze, Techniken, Strategien und Taktiken der Kriegsführung an, gewiss nicht ihre Inhalte. Unsere Energie kommt nicht von Thanatos, jenem zerstörerischen Todestrieb, sondern aus dem Eros, der Liebe und dem Leben. Die Gesetze der Kriegsführung befähigen uns jedoch, in der ›Schlacht‹ gegen das Grau des Alltags und die Öde unserer Vorstädte siegreich zu sein. Nicht also militärisches oder kriegerisches Theater, sondern ein Theater, das sich der Logik bedient, mit der Schlachten geführt werden.

Warum Clausewitz? Etwas bei Stanislavskij hat uns damals auf ihn gebracht: die Bestürzung des Talents angesichts des Genies. Stanislavskij liebte leidenschaftlich die Kunst der Schauspieler:

> Die Macht von Künstlern wie Salvini und Eleonora Duse übermannten mich, und doch war ihr so großes Talent nicht ausreichend, um während des ganzen

Abends in mir die Stimme des Kritikers vollends zum Schweigen zu bringen.[11]

Aus seinen Schriften spricht sein Unbehagen, wenn er feststellt, dass es dem Genie oftmals an ethischen Werten fehlt. Er sieht, dass der geniale intuitive Schauspieler eitel ist, »nonchallant«, faul und egozentrisch. Vielleicht erwachsen Stanislavskij aus dieser Erkenntnis seine zwei *Prinzipien.* Das erste: man muss den Mechanismus der Kreativität studieren. Hingabe und Studium können etwas in einem auslösen, das der geniale Schauspieler von alleine hervorbringt. Beim genialen Schauspieler hat Gott vorgesorgt. Bei Stanislavskij und vielen wie er, und auch all jenen, mit denen er zusammenarbeiten wollte, würden er sich darum kümmern müssen. Sie würden die Quellen der Kreativität aufspüren müssen um zu lernen, sie zu beherrschen. Das zweite *Konzept* ist mit dem ersten verwandt: es ist die Ethik, die moralische Verantwortung des Künstlers vor der Gesellschaft, das solidarische Verhalten der Kollegen untereinander, ein Theater ohne ›Primadonna‹.

Das Talent gegenüber dem Genie: Wie Stanislavskij vor der Duse, so steht Clausewitz vor Napoleon. Clausewitz, damals Oberst im preußischen Generalstab, war fasziniert von diesem Phänomen: wie konnte eine Armee von armen Schluckern, miserabel ausstaffiert und schlecht bewaffnet, wie es die Soldaten der französischen Republik waren, nur das preußische Heer, das beste Heer der Welt, besiegen? Er studierte Napoleon aus der Nähe und wandte später an, was er dabei gelernt hatte. Sein Buch *Vom Krieg* wurde zum Klassiker.

3.4.1. Ein preußischer General im Dienst der Schauspielkunst

> Das Handeln im Kriege ist eine Bewegung im erschwerenden Mittel. Sowenig man imstande ist, im Wasser die natürlichste und einfachste Bewegung, das bloße Gehen, mit Leichtigkeit und Präzision zu tun, sowenig kann man im Kriege mit gewöhnlichen Kräften auch nur die Linie des Mittelmäßigen halten. Daher kommt es, daß der richtige Theoretiker wie ein Schwimmeister erscheint, der Bewegungen, die für's Wasser nötig sind, auf dem Trockenen üben läßt, die denen grotesk und übertrieben vorkommen, die nicht an das Wasser denken.[12]

Jedes Mal, wenn wir uns auf *Luci* vorbereiteten, hatten wir Bedingungen, die schlechter gar nicht hätten sein können. Der Alptraum eines jeden Generals: ein sehr kleines Heer, das einem mindestens hundertfach überlegenen Gegner gegenübertreten soll – zudem auf gegnerischem Gebiet. Eine Gruppe von sieben, acht Schauspielern vor achthundert bis tausend Zuschauern.

---

[11] K. S. Stanislavskij, *Trabajos teatrales,* Bd. IV, S. 30
[12] C. von Clausewitz, *Vom Kriege,* (1832), rororo, S. 50 und S. 77ff.

Strategie und moralische Stärke
»Die Strategie ist der Gebrauch des Gefechts zum Zweck des Krieges.«
Wir sagen, dass der Einsatz theatralischer Aktionen dem Zwecke des kulturellen Wachstums dient. Aber im spezifischen Fall unseres Theaters im Freien können wir den Einsatz der *Strategie* als Nutzung gegebener Umstände definieren, um die theatralische Aktion in einer Umgebung, die keinerlei Schutz bietet, zum Erfolg zu führen.
Clausewitz eröffnet das Thema mit zwei Kapiteln, die der *Strategie* und der *moralischen Stärke* gewidmet sind.

> (...) weil die moralischen Größen zu den wichtigsten Gegenständen des Krieges gehören. (...) Am besten wird der Wert der moralischen Größe überhaupt bewiesen und ihr oft unglaublicher Einfluß gezeigt durch die Geschichte; und dies ist der edelste und gediegenste Nahrungsstoff, den der Geist des Feldherrn aus ihr zieht (...)[13]

Es ist interessant, dass er, bevor er sich praktischen Fragen wie den Geschützen, der Verpflegung, der zahlenmäßigen Über- oder Unterlegenheit zuwendet, die *moralische Stärke* hervorhebt.

Was bedeutet die *moralische Stärke* für eine kleine Theatertruppe? Auf eine Armee bezogen sagt Clausewitz, dass im Prinzip derjenige, der das eigene Land verteidigt, über die größere moralische Stärke verfügt als der, der das Land besetzen will. Wenn aber der eindringende Feind in der Überzeugung handelt, dass seine Gründe geistig überlegen sind, wie im Falle der napoleonischen Truppen – sie verstanden ihren Auftrag *revolutionär* und *befreiend* –, dann ist die moralische Stärke auf ihrer Seite. Für uns bedeutet das, dass wir bei unseren Schauspielern die größte Aufmerksamkeit auf die Bildung des *ethischen* Bewusstseins legen. Wenn der Schauspieler auf die Straße geht, sollte er sich der kulturellen Botschaft seiner Aktion bewusst sein. Nicht gerechtfertigt und geschützt durch die Strukturen einer Institution, muss er in seinem Vorgehen in der Gruppe und als Einzelner jene moralische Stärke haben, die ihn aufrecht hält. Das ist genau so wichtig wie die Technik und die Beherrschung seiner Figur. Der zahlenmäßigen und sozialen Unterlegenheit muss er seine moralische Stärke entgegensetzen. Die Schauspieler gehen auf die Piazza, um den Traum, die Poesie und die Utopie hinauszutragen, denn dies sind die Werte, die auch der *Gegner* möglicherweise anerkennt und sich gar wünscht. Die *moralische Stärke* kommt aber nicht nur in ›großen Schlachten‹ zum Vorschein, sie wirkt sich auch in kleinen, anscheinend nebensächlichen Situationen aus.

Eine kleine Episode, die mir immer noch das Herz wärmt, wenn ich sie aus der Erinnerung hervorhole: Kurze Zeit, nachdem wir uns in Ferrara niedergelassen hatten, organisierten wir mit wenig Geld und unter großen

---

[13] Ebd.

Schwierigkeiten einen Auftritt des *Living Theatre*. Die Busse treffen vor dem Ariosto-Gymnasium ein, und Julian Beck und Judith Malina, lebendige Theatergeschichte, Begründer des *Modern Theatre*, steigen locker und fröhlich mit ihrer Truppe aus, sie erkundigen sich, wo die Aufführung stattfinden soll, sie besichtigen die kalte, öde Eingangshalle des Gymnasiums, messen den Raum aus, richten ihn her, proben und führen für die Schüler *Antigone* auf, als spielten sie vor erlesenem Publikum in einem berühmten Schauspielhaus.

Wir bedienen uns der Strategien, um die Werte, die die Schauspieler verkörpern, mit dem latenten Wunsch der Zuschauer nach Theater zusammenzuführen. Es ist die Überzeugung, dass dieser Wunsch existiert, auf die sich die moralische Stärke der Schauspieler stützt. Aus dieser Stärke erwächst auch die Bescheidenheit. Die Schauspieler gehen nicht auf die Straße, um zu zeigen, wie gut sie in ihren technischen Leistungen sind. Sie gehen auf die Straße, um in den Zuschauern den Wunsch nach Poesie, ihre Phantasie, ihr Bedürfnis nach Kreativität und Utopie zu wecken. Um dies zu erreichen, müssen sie gegen die Widerstände *kämpfen*, die jeder einzelne Zuschauer aus unerklärlichen Gründen dem Aufkommen und Erstarken des eigenen Wunsches nach Schönheit und Poesie entgegensetzt.

Wir kämpfen also nicht gegen die Zuschauer: wir kämpfen gegen ihre Widerstände. Auf jeden Fall ist das kein symbolischer Kampf.

Im Sommer 1981 führten wir *Luci* in Duisburg in Deutschland auf. Die Aufführung hatte gerade angefangen, die Schauspieler haben sich vorbereitet, stimmen ihre Instrumente und versuchen, mit den Zuschauern in Kontakt zu kommen. Mit einem freundlichen kleinen Walzer auf dem Akkordeon nähert sich Cora lächelnd einem älteren, kräftigen weißhaarigen Mann in Begleitung einer Frau mittleren Alters. Der Mann raucht ruhig eine Zigarette und scheint die Einladung gut aufzunehmen. Cora geht näher auf ihn zu, woraufhin der Mann ohne Vorankündigung und ohne seine Haltung zu ändern, lächelnd seine Zigarette auf ihr Kinn drückt. Seine Begleiterin zeigt sich erbost, allerdings über die Schauspielerin. Cora erfasst die Situation augenblicklich: sie, Tochter jüdischer Überlebender des Naziterrors aus Argentinien, verkörpert eine Figur, die gekommen ist, um Freude und Leichtigkeit in das Arbeiterviertel einer deutschen Stadt zu bringen. Jemand, der aufgrund seines Alters und seines Verhaltens an diesem Völkermord beteiligt gewesen sein könnte, offenbart sich ihr in aller Deutlichkeit. Während der Mann, von seiner Begleiterin gezogen, verschwindet, muss Cora entscheiden, was sie angesichts des Schmerzes der Verbrennung in ihrem Gesicht und ihrer Bestürzung über diese kalte Brutalität tun will. Die Aufführung unterbrechen, die Polizei rufen? Es würde bedeuten, dass sie vor der Gewalttätigkeit resignieren würde. Nein: sie macht weiter. Die Professionalität der Schauspielerin obsiegt. Die Emotionen, die die Episode in ihr hervorgerufen hat, verschmelzen in ihr mit denen der Figur. Die Energie, die sich unter normalen Umständen durch entsprechende Reaktionen, Proteste, Anzeigen, Tätlichkeiten, entladen hätte, findet in der Aufführungssituation einen Multiplikationseffekt. Die Zuschauer, die Zeugen des Vorgefallenen, befinden sich auch ihrerseits in einer Situation, eine Entscheidung treffen zu müssen: sollen sie die Aggression hinnehmen, oder was sollen sie tun? Die Empörung über die Brutalität geht von der Schauspielerin auf die Zuschauer über. Gerade weil sie nicht *normal* reagiert, wohl aber mit ihrer Kunst, fühlen sich die Zuschauer für den Vorfall und seine Folgen verantwortlich, was sich über eine unterstützende und umso intensivere Teilnahme äußert.

Die Kühnheit

> Aber diese edle Schwungkraft, womit die menschliche Seele sich über die drohendsten Gefahren erhebt, ist im Kriege auch als ein eigenes wirksames Prinzip zu betrachten. (...) Sie ist also eine wahrhaft schöpferische Kraft. (...) Sooft sie auf die Zaghaftigkeit trifft, hat sie notwendig die Wahrscheinlichkeit des Erfolges für sich, weil Zaghaftigkeit schon ein verlorenes Gleichgewicht ist. (...) Daß bei einem gleichen Maß von Einsicht im Kriege tausendmal mehr verdorben wird durch Ängstlichkeit als durch Kühnheit (...).[14]

Auch wenn die Schauspieler eine ausgezeichnete technische und künstlerische Vorbereitung genossen haben, so verlangt es doch eine beträchtliche Dosis an *Kühnheit,* auf die Straße hinauszugehen und auf fremdem Boden der Menge von Zuschauern entgegenzutreten,. Sie treffen auf Menschen, die ihren alltäglichen Gewohnheiten und Verpflichtungen nachhängen und von der Vorstellung, die ihnen geboten werden soll, nichts ahnen.

Das Straßentheater, und wenn es noch so gut angekündigt ist, bleibt immer und in jedem Falle *außergewöhnlich*, eine Zuwiderhandlung, ein Eingriff in das normale Leben, in den Tagesrhythmus und in Theatergewohnheiten. Kein noch so sorgfältiges Training bietet ausreichend Sicherheit und auch die moralische Stärke trägt nicht immer alles. Straßentheater vollzieht sich unter extrem heiklen Bedingungen, im direkten Kontakt mit den Zuschauern auf fremdem Gebiet. Und selbst wenn alles für die Vorstellung sehr gut vorbereitet ist, können doch unvorhersehbare Dinge geschehen. Und dann kann allein die *Kühnheit* des Schauspielers die Situation retten.

Das heißt aber auch, »dass der Kühnheit ein überlegener Geist zur Seite trete, dass sie nicht zwecklos, nicht ein blinder Stoß der Leidenschaft sei.«[15]

Die technischen Fähigkeiten der Schauspieler bewirken, dass dieser Akt der Kühnheit – eine korrekte und angemessene *theatralische* Antwort auf die Situation – sich so darstellt, dass er sich in den Ablauf der Vorstellung integriert und innerer Bestandteil von ihr wird. Aber das ist nur mit dem der *Kühnheit* eigenen Elan möglich.

---

[14] Ebd.
[15] Ebd.

Die Ausdauer

> Ferner gibt es (...) fast kein ruhmvolles Unternehmen, was nicht mit unendlicher Anstrengung, Mühe und Not zustandegebracht würde, und wenn hier die Schwäche des physischen und geistigen Menschen immer zum Nachgeben bereit ist, so kann wieder nur eine große Willenskraft ans Ziel führen, die sich in einer von Welt und Nachwelt bewunderten Ausdauer kundtut.[16]

Ohne Ausdauer ist Kühnheit nur ein Strohfeuer. Wir integrieren sie mittels geeigneter pädagogischer Erfahrung und Übung in die technische und künstlerische Vorbereitung der Schauspieltruppe.

Als ich meine Ausbildung als Elektrotechniker machte, stellte man mir die Aufgabe, einen Hammer zu machen. Der Meister gab mir ein großes Stück Metall, das ich mit nur wenigen Werkzeugen bearbeiten sollte: Feile, Handbohrer, Schleifpapier. Ich verbrachte mehrere Monate viele Stunden täglich damit. Am Ende hatte ich meinen Hammer. Ich hatte eine Menge Dinge gelernt: Ruhe, Geduld und Ausdauer, um Müdigkeit, Schmerzen und Langeweile bei dieser scheinbar völlig unnützen Tätigkeit zu überwinden. Und ich lernte das Metall mit all meinen Sinnen kennen. Das war eine wichtige Ausbildung für die Arbeit im Theater.

Die Überraschung

> (...) liegt mehr oder weniger allen Unternehmungen zum Grunde, denn ohne sie ist die Überlegenheit auf dem entscheidenden Punkte eigentlich nicht denkbar. (...) [Sie ist als] ein selbständiges Prinzip anzusehen, nämlich durch ihre geistige Wirkung. Wo sie in einem hohen Maße gelingt, sind Verwirrung, gebrochener Mut beim Gegner die Folgen. (...) Geheimnis und Schnelligkeit sind die beiden Faktoren des Produktes, und beide setzen (...) einen großen Ernst voraus.[17]

Wenn im Theater die *Überraschung* eine wesentliche Komponente jeder Dramaturgie ist, indem sie im entscheidenden Moment des dramatischen Konflikts eine Läuterung im Zuschauer bewirkt, Überraschung also als Enthüllung, so ist die Überraschung beim Straßentheater das Moment, das bei der Aufführung den Rhythmus bestimmt. Oft lässt die Aufmerksamkeit des Zuschauers schon nach einigen Minuten nach. Ihre Dauer hängt wesentlich davon ab, ob es gelingt, die Szene so zu gestalten, dass das Interesse wach bleibt. Die Überraschung lässt das Interesse wieder aufflammen. Sie lenkt den Blick immer wieder auf einen anderen Punkt und setzt somit einen neuen Bogen von Aufmerksamkeit in Gang. Sie ermöglicht eine Ökonomie der Kräfte, denn sie ruft im Zuschauer immer wieder neue körperliche oder gei-

---

[16] Ebd.
[17] Ebd.

stige Reaktionen hervor.

Im ersten Teil von *Luci*, der sich auf mehreren Etappen eines Weges abspielte, den wir zuvor festgelegt hatten, wurde das Moment der Überraschung oft auf diese Weise eingesetzt. Als die Feuerszene beendet war, die von kräftigen Schlagzeugrhythmen begleitet wurde, war hinter den Zuschauern aus der großen Stille heraus, die plötzlich herrschte, die liebliche und traurige Melodie eines Akkordeons zu hören. Die Zuschauer drehten sich augenblicklich um und erkannten die Schauspielerin, die in etwa dreißig Metern Entfernung auf einem Balkon oder an einem Fenster spielte. Die restlichen Schauspieler verhielten sich still, die Handlung verlagerte sich ganz auf die Zuschauer, die sich in der Meinung, die nächste Spielsituation fände dort oben statt, auf die Musik zu bewegten. Doch plötzlich tauchte eine Gruppe von Schauspielern in einer Art Prozession wiederum hinter den Zuschauern auf und sprengte den Kreis, den sie gebildet hatten, um sich unter dem Balkon oder dem Fenster aufzustellen. In diesem Augenblick setzte die Spielszene ein. Als sie zu Ende war, wurde hinter den Zuschauern eine neue Spielsituation aufgezogen: die Ankunft des *Gefangenen* und seines Geleits, eine Parade in etwa dreißig Metern Entfernung. Abermals geht die Handlung auf die Zuschauer über, die loslaufen und, gefolgt von den Schauspielern, dem neuen Ort des Geschehens entgegen eilen. Die Schauspieler, an dem neuen Spielort angekommen, fügen sich von außen in die Handlung ein, also aus dem beweglichen Kreis heraus, scheinbar stellvertretend für die Zuschauer, die ihn gebildet haben.

Die Überraschung hat sowohl eine läuternde Rolle im ontologischen Sinn als auch eine strategische Aufgabe: die zeitweilige Entlastung der kleinen Schauspieltruppe, die so das Gewicht der Vorstellung auf die Zuschauer verlagert, damit sie die nötige Bewegungsfreiheit für eine taktische Umverteilung bekommt. Diese Rollenverlagerung ist für die Beteiligten außerordentlich interessant. Es ist tatsächlich genau der Moment, in dem am deutlichsten, wenn auch nur vorübergehend, die Barriere zwischen beiden fällt. Die Notwendigkeit des Handelns – laufen, einen Platz besetzen, der eine gute Sicht ermöglicht – fordert den Körper heraus. Man atmet die Luft der Bewegung, Erregung, Unsicherheit und es bleibt keine Zeit zum Nachdenken: man muss handeln, sich beteiligen. Vom Teilnehmen bis zum Übernehmen eines Teils des Spiels ist es nicht weit: man nimmt an etwas teil und begreift nach und nach, was sich abspielt, denn es wird gerade gemeinsam ins Leben gerufen. Und hier wird eine Dramaturgie wichtig, die imstande ist, die oft unerwarteten Folgen der Überraschung vorherzusehen und zu verstehen, die stark genug ist, Wege und Funktionen vorzugeben, und beweglich genug, um den Nicht-Zuschauern/Zuschauern zu erlauben, sich *ihren* Teil zu nehmen, teil – zu – nehmen.

Die List

> List setzt eine versteckte Absicht voraus und steht also der geraden, schlichten, das ist unmittelbaren Handlungsweise entgegen, so wie der Witz dem unmittelbaren Beweise entgegensteht. Mit den Mitteln der Überredung, des Interesses, der Gewalt hat sie daher nichts gemein, aber viel mit dem Betruge, weil dieser seine Absicht gleichfalls versteckt. (...) Der Listige läßt denjenigen, welchen er betrügen will, die Irrtümer des Verstandes selbst begehen, die zuletzt, in eine Wirkung zusammenfließend, plötzlich das Wesen des Dinges vor seinen Augen verändern. (...) Wie der Witz eine Taschenspielerei mit Ideen und Vorstellungen ist, so ist die List eine Taschenspielerei mit Handlungen.[18]

Der General hat Überraschung und List in Zusammenhang gebracht. Wir versuchen, eine Verbindung zwischen seiner Konzeption von List und unserem strategischen Problem herzustellen. Der Schauspieler ist in gewisser Weise listig, wenn er *verschleiert, um zu enthüllen,* wenn er *eine Handlung statt einer anderen* ausführt. Diese List muss jedoch schon bei der Planung der Aufführung auf der Straße einbezogen werden: bei den topographischen und architektonischen Besonderheiten des gewählten Ortes müssen die Möglichkeiten für überraschende Momente wie unvermittelte Auftritte oder plötzliches Verschwinden für Ablenkungen und szenische Ergänzungen ausfindig gemacht werden.

Jedoch,

> daß ein richtiger treffender Blick eine notwendigere und nützlichere Eigenschaft des Feldherren ist als die List, wiewohl diese auch nichts verdirbt, wenn sie nicht auf Unkosten notwendiger Gemütseigenschaften besteht, welches freilich nur zu oft der Fall ist.[19]

Als letztes Mittel, wohlgemerkt! Der General weist wieder darauf hin, dass man, so weit dies möglich ist, die Vorbereitung der Truppen und ihrer Handlungen auf die oben dargelegten Werte konzentrieren muss. Jede Theateraufführung auf der Straße jedoch birgt in sich Gefahren und Unvorhersehbarkeiten. Man muss sich jeder Zeit vergegenwärtigen, dass bei den Bedingungen der Straße die Schauspieltruppe zahlenmäßig und sozial immer unterlegen sein wird.

---

[18] Ebd.
[19] Ebd.

Die Sammlung der Kräfte im Raum

Die beste Strategie ist: immer recht stark sein, zuerst überhaupt und demnächst auf dem entscheidenden Punkt. Daher gibt es außer der Anstrengung, welche die Kräfte schafft, (...) kein höheres und einfacheres Gesetz für die Strategie als das: seine Kräfte zusammenhalten. Nichts soll von der Hauptmasse getrennt sein, was nicht durch einen dringenden Zweck davon abgerufen wird.[20]

Mao Tse Tung entwickelte dieses Konzept in seinem *Volkskrieg*.[21] Er stellte einerseits fest, dass seine Volksarmee zahlenmäßig unterlegen war, andererseits, dass im Unterschied zum Feind, für den die Soldaten Kanonenfutter waren, der seine Soldaten beliebig in den Tod schickte, bei der Volksarmee jeder Mann wichtig ist. Daher seine Lehre: wenn der Feind tausend Mann stark ist und wir hundert, müssen wir ihn in zwanzig mal fünfzig Mann aufteilen und ihn dann zwanzigmal aus einem *zahlenmäßig überlegen Kräfteverhältnis* heraus, zwei gegen einen, angreifen. Der Sieg ist uns somit sicher und die Verluste können minimal gehalten werden.

In unserem Fall ist die zahlenmäßige Unterlegenheit erschütternd, die aber durch die Tatsache relativiert wird, dass wir uns nicht einem *Feind* widersetzen müssen, wohl aber möglichen sozialen und kulturellen Widerständen des Publikums. Das jedoch ändert die Situation grundsätzlich nicht. So ging auch unsere kleine Gruppe bei *Luci* angesichts der Menge der Zuschauern so vor, dass sie sie mittels verschiedener Interventionen aufteilte und jedes Mal eine kleine Anzahl von Personen *eroberte*.

Vor jeder Aufführung jedoch empfiehlt sich eine gründliche Bestandsaufnahme der örtlichen Situation und Verhältnisse. Dabei sollte man sich immer im Bewusstsein halten: eine Gruppe von Schauspielern schickt sich an, an einem ihnen unbekannten Ort, auf einem Marktplatz, einer Straßenkreuzung und einer Seitenstraße eine Theateraktion durchzuführen. Das Publikum, auf das sie sich beziehen, ist eine unbestimmte Menge und ahnt nichts von dem, was passieren soll. Die Hauptaufgabe der Schauspieler besteht darin, diese Leute in ein *Publikum,* in ein *Miteinander von Zuschauern* zu verwandeln. Das muss fortwährend neben der eigentlichen Theaterarbeit geleistet werden. Die Handlung der Schauspieler muss die Aufmerksamkeit der Zuschauer ständig wach halten, muss sie leiten, während sie gleichzeitig ihre Figuren zum Leben erwecken und die Handlungen ausführen, die im Vorfeld vereinbart wurden. Dabei ist immer zu berücksichtigen, dass sie ihr Theater an einem ihnen völlig unbekannten Ort anbieten, der dem *Publikum* jedoch bestens bekannt ist: es ist ja *seine* Piazza.

---

[20] Ebd.
[21] »Die Übermacht brechen, indem die feindlichen Kräfte einzeln eine nach der anderen vernichtet werden«. Escritos militares, Pechino, Edizioni. In: *Lingue Straniere*, 1968, S. 545

Die Ortskenntnis
Die Menschen, an die wir uns wenden, befinden sich zwar auf ihrem Territorium, aber es trifft auch zu, dass sie vieles von dem, was ständig um sie herum ist, kaum wahrnehmen. Das liegt zum einen an der Gewohnheit, die sie blind macht. Zum anderen hat man festgestellt, dass die Menschen im Westen den Kopf beim Gehen meist um etwa 30 Grad neigen. Das heißt, dass sie hohe architektonische Details, die man leicht mit einem Blick erfassen könnte, nicht sehen.

Luci bestand aus einem Auftakt und einer Reihe verschiedener Szenen mit Masken, Stelzen, Feuer, Tanz und einer Straßenparade aller Beteiligten und einem Finale: ein bunter Zug durch die verschiedenen Sprachen des Theaters, vom Ritus bis zum Melodrama.

Die Handlung wurde immer dahin verlegt, wo vielfältige Spielorte vorhanden und somit vielfältige Überraschungseffekte möglich waren, z.B. plötzliches Auftauchen und wieder Verschwinden. Das führte dazu, dass diese Orte zeitweilig ihrer üblichen Funktionen enthoben und durch die Funktionen des Theaters *enteignet* wurden. Da also das, was oben ist, im Allgemeinen nicht gesehen wird, legten wir besonderes Augenmerk auf Fenster, Balkone und Terrassen. Die hochgelegenen Schauplätze und die von den Schauspielern auf Stelzen ausgeführten Spielhandlungen bewirkten, dass die Zuschauer hochschauen mussten. Wenn sie diese Haltung einnehmen, geschieht zweierlei: Das erste Phänomen ist physiologischer Natur. Wenn der Kopf gehoben wird, übt die Schädelbasis, das Kleinhirn, einen leichten Druck auf die Wirbelsäule aus. Dabei wird Adrenalin ausgeschüttet, der Atemrhythmus und der Muskeltonus beschleunigen sich. Die veränderte Haltung ist angenehm und anregend und wird von allen Zuschauern gemeinsam erfahren. Das zweite Phänomen ist die (Wieder-) Entdeckung der eigenen architektonischen Umgebung des Ortes, an dem man vielleicht schon seit Jahrzehnten lebt, den man aber nie so recht wahrgenommen hat. Auch das kann angenehm und anregend sein. Dadurch werden beim Zuschauer Sympathien für die Gruppe der Schauspieler frei. Die vermischen sich mit den konkreten Handlungsresultaten und werden zu einem Bestandteil der ganzen Erfahrung. Zunächst wird ein Teil der Zuschauer von der Gruppe gefangen genommen, alsbald aber zu ihrem Verbündeten. Sein Einfluss wirkt sich dann weiter auf die Übrigen aus.

Das Agieren in großer Höhe, auf Kirchtürmen, Dächern, Balkonen, ruft übrigens neben den schon erwähnten Effekten Projektionen hervor. Die Risiken, die der Schauspieler eingeht, erleben die Zuschauer als stellvertretende Handlungen eigener Phantasien. Es verbreitet sich das Gefühl, dass ihre Stadt von Poesie, von einer Traumwelt besetzt ist. Indem sich die Zuschauer mit der Schauspieltruppe identifizieren, ihre Handlungen mittragen, teilen sie ihre Gefühle und die damit verbundenen Emotionen.

Wege der Kommunikation
Alle Strategen sind sich einig, dass die Kommunikationswege und -systeme des Feindes unbedingt überwacht werden müssen, um ihn auf falsche Fährten zu führen, zu schwächen und schließlich zu besiegen.

Bei *Luci* benutzten fast alle Schauspieler Trommeln. Die Lautstärke, der Rhythmus und das Tempo der Schlaginstrumente unterbrachen einerseits die Gespräche der Zuschauer, auf der anderen Seite diktierten sie ihre eigene Sprache und zwangen die Zuschauer allmählich, diese in sich aufzunehmen, sodass sie daran Halt fanden. So wurden die Trommeln dazu benutzt, verschiedene Handlungen und Szenen zu begleiten. In Schlüsselmomenten wurde die Geräuschkulisse immer wieder verändert, um einer Übersättigung entgegenzuwirken, indem die Trommeln durch Trompeten und andere Instrumente ersetzt wurden. Während der Paraden oder der Übergänge von einer Situation zur nächsten setzte ein Akkordeon den Kontrapunkt zu den Trommeln. In gewissen Momenten entstand eine Stille, die gerade durch den Kontrast zu den vorhergehenden Geräuschen eine starke Wirkung hatte. Mitunter kam allein die Stimme eines Schauspielers oder einer Schauspielerin mit einem kurzen Text oder einem Lied zum Einsatz. Wie viele andere Elemente, so hat auch die Musik beim Straßentheater eine doppelte Funktion: sie beherrscht die üblichen ›Kommunikationswege‹, sie unterbricht den Fluss der *normalen* Kommunikation durch die Lautstärke und die Klänge, und sie wirkt als vorherrschendes System von Zeichen, das den Verlauf der Spielsituation strukturiert.

3.4.2. Die Piazza als theatralischer Ort

Zunächst einmal fällt die Veränderung des alltäglichen Zustandes des Ortes ins Auge. Die Piazza wird zu einem phantastischen Ort, einem Ort der Phantasie. Die Informationen, die die Vorstellungskraft erhält, ersetzen jene der Gewohnheit, die Trennung von Wirklichkeit und Fiktion verblasst. Durch das Theater wird die Fiktion Wirklichkeit, wenn auch nur für eine kurze Zeit. Später kann man beobachten, dass sich die sozialen Beziehungen zwischen den Zuschauern verändert haben. Das Theater macht es möglich, dass die Geschichte oder die Erfahrung der Bilder vorherrschende Realität wird, und dass sich folglich die Personen, die sich zufällig auf der Piazza eingefunden haben, aufgerufen fühlen, daran teil-zu-nehmen, einen Teil zu übernehmen.

In einem Theatersaal wäre eine Aufführung – nehmen wir einmal eine diese absurde Situation an – auch ohne Zuschauer möglich. Bei einer solchen Aktion auf der Straße ist das ausgeschlossen. Dabei kommt dem Zuschauer ein Part zu, den er aktiv übernimmt. Während des Entstehungsprozesses eines Stückes müssen die Voraussetzungen und die Funktionen dieses Parts sehr genau analysiert und vorbereitet werden.

Im konventionellen Theater findet die Aufführung vorn auf der Bühne statt, die Zuschauer sind eine anonyme, nicht zu unterscheidende Masse im Dunkeln. Theater im Freien ist nur in intensiver Beziehung mit dem Spielort denkbar und die Zuschauer sind aktiver Teil des Vorganges. Von einer Bühne blicken die Schauspieler ins Publikum, aber sie sehen niemanden, können niemanden sehen. Sie sind da, um gesehen zu werden. Auf der Straße tauschen Schauspieler und Zuschauer ständig Blicke aus. Sie sehen und werden gesehen und sie interagieren ständig.

Auf der Straße gibt es die »Vierte Wand«, von der Stanislavskij spricht, eine dünne, aber konkrete Trennwand, die von Schauspielern und Zuschauern gemeinsam, im Zusammenspiel, gesteuert wird. Es war eine außerordentliche Entdeckung, dass sich *Nicht-Zuschauer* ohne jede Absprache an diese Spielregel halten. Sie beherrschen den *Ablauf* von Theater, als wären sie seit jeher damit vertraut. Es tritt eine Sensibilität für das Theater zutage, die immer schon da war, verborgen, in Erwartung der Situation, die es ihr ermöglichen würde, in Aktion zu treten.

Die letzte Szene des ersten Teils von *Luci* erzählte innerhalb weniger Minuten eine Geschichte von Liebe, Eifersucht und Tod. Die Schauspielerin mit dem Akkordeon spielt eine Melodie und beginnt ein Blick- und Verführungsspiel mit den Zuschauern. Von außerhalb des Kreises kündigt sich der Schauspieler mit der Trompete an, der die Melodie der Schauspielerin aufnimmt. Er tritt in den Kreis, und eine neue Sequenz setzt ein, eine Art *pas de deux* der Liebe. Schließlich wird die Situation wiederum von außen durch einen trommelnden Schauspieler unterbrochen, der, nachdem er in den Kreis eingedrungen ist, die Schauspielerin mit den Trommelstöcken ›tötet‹. Ich habe diese Situation hunderte von Malen miterlebt, in Italien, Deutschland, Spanien, Frankreich, in der Schweiz, Mexiko, Russland, Polen, in Norwegen und in Schweden, in großen Städten und in entlegenen Dörfern, auf Theaterfestivals und in tristen Großstadtvororten, mit versierten Zuschauern und mit Nicht-Zuschauern, die zu Zuschauern wurden, mit Zuschauern jeden Alters, jeder Kultur, jeder Schicht, jeden Bildungsstandes. Jedes Mal, im Augenblick des Todes – die Schauspielerin starb sanft mit einem letzten b-Moll auf dem Akkordeon, das sich langsam in der Luft verlor –, machte sich eine große, lang anhaltende Stille breit. Sie machte sich im Sinne des Wortes *breit*, da sie von jedem Zuschauer bewusst und nachhaltig aufgebaut wurde. Wagte jemand diese Stille zu stören, egal wer, wurde er kurzerhand von anderen zum Schweigen gebracht. Es war eine außergewöhnliche, dichte, bedeutungsgeladene Stille, die jeder der Anwesenden der Situation spürbar entgegenbrachte. Es war eine religiöse Stille, in der man gemeinsam das Mysterium der Liebe, der Leidenschaft, des Todes zelebrierte. Die Schauspieler hatten nur eine Vorgabe gemacht, kräftig, genau skizziert. Mit jenem Schweigen schufen die Zuschauer das Theater.

Luci *in Badajoz, »Der Tod«*
Cora Herrendorf, Paolo Nani, Antonio Tassinari

Ich liebte diese langen Minuten des Schweigens. Ich blickte in die Augen der Zuschauer und sah die unendlich vielfältigen Abstufungen des Mitgefühls, des Mitleids, der Furcht, der Solidarität, des Leides, der Traurigkeit. Oft bezeugten auch Tränen ein tiefes Einvernehmen mit der Situation und bestimmten den Grad an Wahrheit, den man ihr beimessen wollte. Nicht mehr die Schauspieler, sondern die Zuschauer übertrugen Emotion und Bedeutung auf eine Schauspielerin, die den Bühnentod starb.

Das Hin- und Hergerenne, das programmierte Durcheinander, die tausend Geräusche, all das hatte das Theater bewirkt, hatte die *Nicht-Zuschauer* bis hierher, zu diesem Ort der Leidenschaft geführt. In diesem Augenblick waren die *Nicht-Zuschauer* nachgerade zu *Schauspielern* im eigentlichen Sinne geworden.

Was offenbarte jene Schwindel erregende Stille, wenn nicht die *Notwendigkeit* einer Theaterkultur, die in der Lage ist, ein derart hohes Niveau der Fiktion zu schaffen und zu verteidigen?

4. *Von der Straße in die Stadt: die* Operation Fahrenheit

Das *Maison de la Culture d'Orléans* beauftragte uns 1985 mit der Inszenierung eines Schauspiel-Ereignisses, das möglichst die ganze Stadt einbeziehen sollte. Thema und theatralische Sprache waren unserem Ermessen überlassen, und trotz eines nicht gerade pharaonischen Budgets willigten wir ein.

Schon lange hatten wir über ein Projekt nachgedacht, das die Situation des Theaters thematisieren würde, eines Theaters, das durch die Verbreitung des Fernsehens zwar hart auf die Probe gestellt, wohl aber in der Lage ist, seine Präsenz und Existenzfähigkeit unter Beweis zu stellen. Andererseits wollten wir aber auch kein Theater über das Theater machen. Wir fragten uns, welches andere Kommunikationsmittel ebenso von den Medien bedroht sei, und fanden so das *Buch*, den alten Freund und unersetzbaren Gefährten. *Fahrenheit 451*, der Roman von Ray Bradbury kam uns in den Sinn. Darin ist von einer vollends technisierten, gedankenfeindlichen Gesellschaft die Rede, die das Buch als Träger von Ideen und subjektiven Überlegungen verbannt hat. Die Feuerwehrleute, die mit ihrem traditionellen Tätigkeitsfeld längst nichts mehr zu tun haben, da die Häuser aus feuerfestem Material erbaut sind, haben die Aufgabe, die noch existierenden Bücher ausfindig zu machen und zu verbrennen. Am Rande der Stadt jedoch leben Rebellen, die eine kümmerliche Existenz führen und Bücher auswendig lernen, jeder einen Text, um das Überleben der Kultur zu sichern.

Wir beschließen also, die *Operation Fahrenheit* zu unserem Projekt zu machen. Wir lassen uns vom »unsichtbaren Theater« der linken Theatergruppen in der Weimarer Republik inspirieren: *Fahrenheit* wird ein großes Projekt des »Agit-Prop« Theaters, bei dem allerdings auch auf die Qualität des Theaters besonderer Wert gelegt wird.

Es beginnt damit, dass früh am Morgen im Stile einer offiziellen Bekanntmachung Plakate mit der großen Überschrift an alle Mauern der Stadt geklebt werden: »Mitteilung an die Bevölkerung«. Darauf wird bekannt gegeben, dass das *Objekt Buch* aufgrund einer Reihe von Erwägungen ökologischer, wirtschaftlicher sowie ordnungspolitischer Natur überholt und nicht mehr zeitgemäß sei. In der Stadt werde ein Pilotprojekt durchgeführt mit dem Ziel, das Buch so wirksam wie möglich zu beseitigen und es durch moderne Kommunikationstechnologien zu ersetzen. Alle Bürger seien aufgerufen, ihre Bücher in einem provisorischen, auf einem bestimmten Platz errichteten Magazin abzuliefern. Auf dem Hauptplatz der Stadt wird ein Stand errichtet, an dem Hostessen Informationsmaterial und verschiedene Gadgets verteilen. Bildschirme zeigen Bilder zur Einstimmung, riesige Fahnen mit dem Symbol der *Operation* flattern im Wind. Gruppen von Schauspielern beherrschen die Szenerie, sie tragen weiße Anzüge des Typs ›bakteriologischer Notdienst‹, irgendwie bedrohlich, doch insgesamt eher beruhigend. Ein großes Feuerwehrauto, das zu diesem Zweck ausgestattet wurde, patrouilliert durch die Stadt. Überall werden Blitzeinsätze mit einer zuvor festgelegten Choreographie durchgeführt, in Cafés, Supermärkten, Schulen. Dabei werden Bücher beschlagnahmt, die immer wie gefährliche Gegenstände behandelt werden, einige werden mit Flammenwerfern demonstrativ verbrannt, während der Feuerwehrhauptmann die Gefahren benennt, die auf diese Weise gebannt würden.

Fahrenheit *in Ciudad Real, Spanien (1987), Otto Schmidt, Paolo Nani*

Örtliche Radio- und Fernsehsender, die in die Aktion einbezogen sind, übertragen die Nachrichten und senden Spezialbeiträge, in denen die Schauspieler im *Fahrenheitkostüm* die *Operation* erläutern. Bei *Radio France* meldet sich eine Hörerin zu Wort: »Ich finde das eine gute Idee, Bücher durch Computer zu ersetzen. Doch wie steht es mit den Kinderbüchern? Die sind doch so hübsch, mit all diesen Illustrationen...« Mit großem Aufgebot wird die Schließung der städtischen Bibliothek verkündet, hunderte von Büchern fliegen aus den Fenstern, werden mit Netzen aufgefangen und mit Kranwagen zum zentralen Stand befördert, wo von Stunde zu Stunde die Pyramide mit den verworfenen Büchern wächst. Gruppen von Schülern, mit denen schon Tage vorher in den Schulen Vorbereitungen getroffen worden waren, laufen durch die Stadt und machen Meinungsumfragen über »das Buch«. (Viele werden sagen: »Bücher? Ach ja, sicher, die sind wichtig.« »Was ich als Letztes gelesen habe? Weiß nicht, ich lese keine Bücher.«) und über die Aktion, mit Kurzinterviews, die auch auf Video aufgezeichnet werden und

Fahrenheit *in Grifow, Polen (1986)*
Paolo Nani, Otto Schimdt

Fahrenheit *in Blois, Frankreich (1987), Antonio Muñoz, Marcello Monaco,*
Otto Schmidt, Paolo Nani, Antonio Tassinari

die später am Hauptstand und vom lokalen Fernsehsender gezeigt werden. Ab und zu tauchen »Widerstandskämpfer« auf, verteilen Flugzettel und bewirken Einsätze der *Fahrenheitpatrouille*, woraus sich vorbereitete Szenen entwickeln, in deren Verlauf Gedichtsverse deklamiert oder Lieder gesungen werden. Sie enden immer mit der Gefangennahme der Demonstranten, die wie Kranke behandelt und mit dem Krankenwagen abtransportiert oder von Streifenwagen in die Flucht geschlagen werden.

Am Abend folgt dann der Schlussakt: man entdeckt eine Untergrundbibliothek, die mit paramilitärischer Einsatztechnik überfallen wird. Der Bibliothekarin, die sich heftig zur Wehr setzt, um ihre Bücher zu schützen, wird öffentlich der Prozess gemacht. Durch diesen Vorfall wird plötzlich bekannt, dass an der Rebellion ein Einsatzbeauftragter beteiligt war, der nun gemeinsam mit einigen Demonstranten in den Bibliotheksraum eindringt. Die *Fahrenheitleute* fliehen Hals über Kopf; ein Kind taucht auf, einen riesigen Gasballon in der Hand, an dem ein großes Buch befestigt ist. Man lässt ihn aufsteigen, während ein Chor singt. Die *Widerstandskämpfer* organisieren eine Parade zu einem öffentlichen Park, in dem ein Buch vergraben wird. Schließlich liegt das letzte Buch auf einem Floß, das auf den Schultern der Teilnehmer der Parade zum Fluss getragen. Das Floß wird ins Wasser gelassen, und im Licht eines Feuerwerks sieht man es davonschwimmen. Der Chor singt das Finale.

Nach Orléans wurde die *Operation* in verschiedenen Städten wiederholt. Bei den Vorbereitungen waren jeweils die besonderen Gegebenheiten der Stadt, die Bedingungen und die Interessen der Auftraggeber zu berücksichtigen. Wir lernten zu vereinfachen und uns auf die Dinge zu konzentrieren, die eine starke Wirkung erzielten. Wir lernten, uns in den Lebensrhythmus der jeweiligen Stadt einzufinden, damit die Spielsituationen möglichst in sich konsequent und stimmig entstehen konnte, wie das, was sich plötzlich abspielt, wenn ein Unfall passiert: Ein Feuer – Ankunft der Feuerwehrleute – die Aufführung: Bekämpfung des Feuers. Oder ein Autounfall: Ankunft der Krankenwagen, der Polizisten – Aufführung zum Thema Unfall. Und jedes Mal bereicherten die Reaktionen der Zuschauer den Ablauf der Operation.

In Mainz, der Stadt Gutenbergs, organisierten sich Studenten im Rahmen eines Jugendfestivals, und zwar gegen uns: sie nahmen an, das Spiel sei ernst. Sie riefen sofort ein »Celsius-Komitee« ins Leben, druckten Flugblätter, die sie unter den jungen Leuten verteilten, raubten Bücher von der Pyramide am Stand und organisierten genau gegenüber von uns ein Sit-In. Dann lasen sie laut Texte, sabotierten unsere Fahrzeuge und behinderten die Aktionen so gut sie nur konnten. Nur mit größter Mühe gelang es uns, sie davon zu überzeugen, dass es sich um Theater handelte und dass ihre Aktionen auf wunderbare Weise dazu paßten und überdies tröstlich waren. Es war notwendig, am folgenden Tag eine große Diskussion zu veranstalten, um alles zu klären. Ich wurde allerdings den Verdacht nie ganz los, dass einige unter ihnen nach wie vor nicht ganz überzeugt waren, dass es sich um Fiktion, um Theater handelte.

1986 waren wir im Rahmen des Festivals von Jelena Góra in Grifow, Polen, mitten im »Belagerungszustand« Jaruzelskys. Wir arbeiteten mit einer polnischen Theatertruppe zusammen, deren Mitglieder kaum glauben konnten, dass die Bewohner der Stadt unser Spiel ernst nehmen würden. Sie wurden eines Besseren belehrt, als sie an jenem nebeligen Morgen die lange Schlange vor unserem Stand sahen, ein jeder mit seinen Büchern unter dem Arm. Eine der polnischen Schauspielerinnen, die nur mühsam die Tränen zurückhalten konnte, nahm sie in Empfang. Und auch wir waren überrascht und mussten uns schleunigst ein Quittungssystem ausdenken, damit wir die Bücher nach der Operation, wenn wir das Geheimnis gelüftet hätten, zurückerstatten konnten. Vor dem Finale setzte Regen ein, das ganze Dorf hatte die Regenschirme aufgespannt. Die Techniker des Festivals bauten die Lichtanlage ab, doch kein Mensch wollte nach Hause gehen. Wir holten also alle verfügbaren Autos herbei und spielten das Finale im Licht ihrer Scheinwerfer. Die Schlussparade zum Fluss zog sich über einen Kilometer lang hin.

Bei dieser Gelegenheit konnten wir das erste Mal mit Slava Polunin, einem großartigen Clown aus Leningrad, zusammenarbeiten. Dank einer speziellen Erlaubnis der sowjetischen Behörden durfte er zwar am Festival teilnehmen, es war ihm jedoch untersagt, irgend etwas aus seinem eigenen Repertoire aufzuführen (ein Verbot, das ihn nicht daran hinderte, uns heimlich in einem Hotelzimmer seine Arbeit zu zeigen). Er mochte unser Straßentheater und war traurig, nichts machen zu können, sodass wir ihm vorschlugen, gemeinsam mit den anderen Darstellern am Einsatzkommando teilzunehmen, dabei aber seine Rolle einzunehmen: die Komik seiner Clownerien verstärkte die Tragik, die in der Situation lag.

1987 veranstalteten wir in Spanien beim Festival von Logroño einen der provokanten Teile im Innenhof des Rathauses. Das regionale Fernsehen war anwesend, ein Journalist telefonierte mit dem Sender in Madrid und berichtete dort über das Geschehen. Madrid forderte unverzüglich das Videoband an und übertrug das Ereignis auf nationaler Ebene. Aus dem Krankenhaus (wo er mit einem gebrochenen Bein liegt) meldet sich ein äußerst wütender Rafael Alberti bei der Redaktion: »Wie ist das möglich, dass in meinem Spanien Bücher verbrannt werden?«

Einige Monate später anlässlich der Buchmesse in Badajoz: Eine Frau geht auf eine Gruppe des Einsatzkommandos zu und sagt: »Endlich passiert etwas! Ich habe immer schon gedacht, dass Bücher gefährlich sind. Man kann sich über sie leicht anstecken, wissen Sie, bei all den Krankheiten, die es gibt, wenn sie von Hand zu Hand weitergereicht werden...«. Vorfälle wie diese haben etwas Geniales, kommen doch Dinge zum Ausdruck, an die wir nicht einmal im Entferntesten gedacht hätten. Wir nahmen alles in unsere Dokumentation auf.

5. *Von der Stadt zum fahrenden Dorf:* die Mir Caravane

Gemeinsam mit zweihundert Kolleginnen und Kollegen aus acht verschiedenen Gruppen, der *Compagnie du Hasard* aus Blois, dem *Footsbarn Travelling Theatre* aus England bzw. Frankreich, dem *Grillot* des Prinzen Madu aus Burkina Faso, *Licedei* aus Leningrad, *Svoya Igra* aus Moskau, *Divadlo na Provasku* aus Brno, *Osmego Dnia* aus Poznan und der *Circ Perillos* aus Barcelona organisierten wir 1989 die *Mir Caravane*, ein fahrendes Theaterdorf mit über hundert Wohnwagen, vier Theaterzelten und einem Theater im Freien mit insgesamt 4000 Sitzplätzen, das sich auf eine Reise von Moskau nach Paris begab. Es war ein besonderer historischer Moment, *Glasnost* und *Perestrojka* öffneten die Tore für die politische Erneuerung dessen, was gerade zur *Ex-Sowjetunion* erklärt wurde, Paris feierte den 200. Geburtstag der Französischen Revolution. Das Projekt war aus der Idee entstanden, die letzte europäische *Bastille*, die *Berliner Mauer,* niederzureißen. Dabei muss man sehen, dass 1988, als wir all das planten und organisierten, das Projekt völlig verrückt erscheinen musste. Die Deutsche Demokratische Republik war noch fest im Sattel, ebenso standfest wie die Mauer, und keiner hätte sich vorstellen können, was kurz danach passierte. Wie völlig verrückt unser Plan war, wurde uns erst bewusst, als wir von Warschau nach Berlin, von Moskau nach Paris, von Kopenhagen nach Prag flogen, den zukünftigen Etappen der Karavane. Das Projekt war ja auch nicht von irgendeinem eurokratischen Schreibtisch ausgegangen, sondern war Frucht langer Gespräche am Tisch zwischen einigen von uns: Nicolas Peskine vom *Hasard*, John Kilby vom *Footsbarn*, Slava Polunin von den *Licedei*, Leszek Raczak vom *Osmego* und ich vom *Teatro Nucleo*. Wir alle leiteten oder trugen seit vielen Jahren die Verantwortung für eine Theatergruppe, und alle waren wir uns schon mehrmals auf internationalen Festivals begegnet.

Theaterfestivals werden in der Regel nicht von den Gruppen selbst organisiert (wir hatten es in Copparo in der Provinz Ferrara zwar schon einmal mit Erfolg versucht), sondern von Veranstaltern unter Bedingungen, die weitgehend von ihnen bestimmt werden. Für die Veranstalter sind die Gruppen nichts anderes als Lieferanten von Aufführungen.

Und was wollten wir? Wir wollten eine Situation, in der wir längere Zeit außerhalb der Marktgesetze zusammenleben konnten, einen Ort, an dem wir uns ohne die Vermittlung von Veranstaltern und die Resonanz von Kritikern unmittelbar mit den Zuschauern auseinander setzen konnten. Wir waren äußerst verschiedene Gruppen, was die Poetik anbelangt, einig jedoch in unseren ethischen Grundprinzipien. Bei diesem Projekt würden wir die Möglichkeit haben, uns kennen zu lernen, uns gegenseitig zu »verderben«, und gemeinsam ein Riesenspektakel zu erarbeiten, an dem wir alle beteiligt wären. Indem wir auf die lange Erfahrung von *Footsbarn* als Wandertheater mit eigenem Zelt zurückgreifen konnten, wollten wir uns zu einem reisenden Dorf zusammenschließen und Europa durchqueren. Wie? Die westlichen Gruppen träumten vom gewaltigen Russland, die Russen von Europa. Sollte die Reise von Westen nach Osten oder von Osten nach Westen verlaufen? Klimatische Gründe wurden entscheidend. Moskau sollte zu Beginn des Frühlings unser Ausgangspunkt sein und Barcelona gegen Ende des Sommers die letzte Etappe bilden. Letztendlich endete die Reise dann in Paris.

Und mitten auf der Strecke die Berliner Mauer. Durch sie bekam natürlich die ganze Idee der Karawane eine politische Bedeutung. Ich habe immer über die Kraft der Ideen gestaunt, die plötzlich Wirklichkeit werden. Was zunächst völlig irrsinnig erschien, eingenebelt vom Qualm der Havannas und ständig bedroht, dem ausgezeichneten Bordeaux zum Opfer zu fallen, ein Tagtraum von Theaterleuten, wurde plötzlich möglich, wurde Wirklichkeit. Die *Mir Caravane* gegen die letzte Bastille. Der Name *Mir* wurde gefunden. Er hat im Russischen viele Bedeutungen, unter anderem zwei für uns wichtige, »Dorf« und »Frieden«. Freunde wurden mobilisiert, Kontaktpersonen, Minister, Ämter. Unter den vielen Ablehnungen kam die vernichtendste von der Europäischen Union. Man antwortete uns, dass man die Idee zwar wunderbar und außerordentlich fände, ihre Durchführung jedoch für unmöglich gehalten werde. *Unmöglich*, dass so viele Theatergruppen für eine so lange Zeit zusammenleben könnten, *unmöglich*, dass die Sowjets all diese Gruppen ins Land ließen, *unmöglich*, dass sie ihre Gruppen ausreisen ließen, *unmöglich, unmöglich, unmöglich!*

Wenn die Karawane im September '89 ihr Ziel erreichen sollte, würden wir ihnen die Bilanz der *Unmöglichkeiten* zuschicken. Sechs Monate, tausende von Kilometern, zehn Städte: Moskau und Leningrad organisiert von *Licedei*, Warschau unter der Schirmherrschaft der *Akademie Ruchu*, in Prag war das *Divadlo na Pravazku* mit der Organisation betraut, in Berlin die *Ufa Fabrik*, in Kopenhagen das *Internationale Festival*, in Basel das *Théâtre Effet*, in Lausanne das *Festival de Théâtre Contemporain*, in Blois das *Festival de Théâtre Europeén*, in Paris *La Fête du Bicentenaire*. Zigtausende von Zuschauern in hunderten von Aufführungen, darunter eine, die unterwegs zwischen Leningrad und Berlin mit 90 Schauspielerinnen und Schauspielern gemeinsam erarbeitet wurde. Und es gab viele ergreifende Episoden, wie die Aufführungen in Moskau und Leningrad mit den heftigen, antistalinistischen Darbietungen des *Osmego Dnia*.

Der Alltag der Karawane: morgendliche Versammlungen der Gruppenvertreter, auf denen man auf anarchische Art und Weise die unendlichen Probleme des Lebens und des Theaters in den Griff zu bekommen versuchte. Theatergruppen, teilweise völlig unterschiedlich, die sich aber in ihrer Unterschiedlichkeit bestätigen, sich gegenseitig stützten. Man war begeistert über die Erfolge der anderen und solidarisierte sich mit denen, die weniger erfolgreich waren. Man scheute sich nicht, sich gegenseitig Anregungen zu geben und von einander zu lernen und freute sich an einander auf den zahllosen Festen. Und zuletzt etwas nicht minder Erstaunliches: eine ausgeglichene wirtschaftliche Bilanz.

Und dann noch all die vielen bemerkenswerten Zusammentreffen und Ereignisse.

Anfang Juli 1989 ist Vaclav Havel noch ein politisch Verfolgter und einer der heimlichen Organisatoren von *Mir Caravan*e in Prag. Im November ist er dann der Präsident der Tschechischen Republik.

Ende Juli steht die *Mir Caravane* vor dem Brandenburger Tor auf der *Straße des 17. Juni* – direkt vor der Berliner Mauer. Im November fällt die Mauer.

Nachdem wir in Paris begrüßt worden waren, verabschieden wir uns und die *Mir Caravane* löst sich auf. Unsere Herzen trauern. Uns ist bewusst, dass wir über eine lange Zeit eine Utopie gelebt haben. Wie langweilig wird das Leben jetzt sein, nach der strahlenden Verrücktheit dieser sechs Monate. Von Paris aus fahren wir nach Castilla de la Mancha, um ein neues Stück anzufangen.

Diese großartige Schule des Lebens und des Theaters, die die Karawane für uns gewesen war, erschütterte alle unsere Gewissheiten, die wir bezüglich des Theaters gehabt hatten. In den zehn Jahren davor hatten wir mit *Luci* eine Sprache entwickelt, die es ermöglichte, mit Zuschauern jeder Kultur in Beziehung zu treten. Wir hatten gelernt, und das war für uns sehr wichtig, dass wir bei den *Nicht-Zuschauern* auf eine latente Sensibilität für das Theater vertrauen können. Jetzt wollten wir an der Qualität unseres Theaters arbeiten. Wir brauchten eine stärkere und umfassendere Dramaturgie und eindeutigere und kräftigere Figuren. Das würde auf Kosten des *Wandertheaters* gehen, eine Entwicklung also von der physischen zur energetischen Wanderschaft.

6. *Quijote!*

Unser Theater hat sich schon immer mit Utopisten und Träumern beschäftigt. Die Utopie ist der Sinn, der *Il sogno di una cosa*, ein Stück über Rosa Luxemburg, mit *Quijote!*, *Francesco,* den Rebellen von *Fahrenheit, Mascarò* und *Tempesta* verbindet, und auch mit den Figuren, die mit *Luci* über zehn Jahre lang durch die Straßen von hunderten von Städten zogen.

Diese Utopien sind Ausdruck der Anteilnahme am leidtragenden und ausgegrenzten Teil der Menschheit, der trotz allem das Träumen nicht aufgegeben hat und weiter darum kämpft, das eigene Dasein auf die Utopie eines Lebens in Würde auszurichten. Ein Traum, geträumt mit offenen Augen, ein Traum von einer Menschheit, die in Freundschaft und Brüderlichkeit lebt, die fähig ist, den Zwang zur Zerstörung zu überwinden, die das Kriegsbeil für immer begräbt und die Kreativität und Schönheit anstrebt.

Auf diesem Hintergrund entstand die *Trilogie der phantastischen Utopien*, ein Theaterprojekt für das *Theater im Freien*. Schon das Projekt an sich ist eine Utopie: Theater, das den Grund für seine Existenz neu entdeckt, das ausbricht aus der Enge, in die sich Theater zurückgezogen hat, ein freies Theater, das auf Zuschauer zugeht, die im Theater ein echtes Bedürfnis entdecken. Und das alles auf öffentlichen Plätzen, über die man jeden Tag geht, auf denen sich das Leben abspielt. Eines schönen Tages taucht dort das Theater auf, mit all seiner Energie, seinen Zweifeln, seinen Paradoxien, seinen eindringlichen Fragen, mit Lachen und Weinen, mit Ernst und Heiterkeit. Kinder und Alte, Menschen jeden Alters geben sich plötzlich und beinahe unbeabsichtigt einem Spiel hin, von dem sie, übervoll von den Informationen der Massenmedien, bis dahin wenig wussten oder wissen wollten.

Quijote!, dahinter steht der Traum, die Utopie von einer Zivilisation, die sich der Poesie hingibt, *Francesco,* die Utopie einer Gesellschaft, in der Brüderlichkeit herrscht, *Mascarò*, die Utopie einer freien und gerechten Menschheit.

Auf die Idee *Quijote!* zu machen, kamen wir in Spanien, in Castilla La Mancha.

Quijote! *Die Herstellung (1990)*
Remi Boinot, Clement Chicoisne, Misha Beyermann

Die Beziehung zu dieser Region hatte mit einem großen Projekt begonnen, das wir dort 1987/88 realisierten: Wir waren mit *Luci* durch etwa 70 Dörfer und kleine Städte gezogen, die bis dahin nicht mit Theater in Berührung gekommen waren. Als Basis hatten uns Orte wie Alcolea di Calatrava, ein Dorf römischen Ursprungs gedient. Wir wohnten im Haus des Dichters Angel Crespo, zu dessen größten Werken eine hervorragende Übersetzung der *Divina Commedia* zählt. Von dort brachen wir jeden Morgen sehr früh zu einem anderen Ort auf. In Crespos Bibliothek gab es eine *Geschichte Spaniens des achtzehnten Jahrhunderts*, und nachts las ich alles, was dort über das Dorf und die Gegend, die wir am nächsten Tag aufsuchen wollten, geschrieben stand. Besonders auf dem Land stößt man immer wieder auf Ruinen, Überreste von römischen, gotischen oder arabischen Gemäuern, auf denen sich hier und da ein bewohntes Dorf erhebt. Und nicht selten findet man eine Autowerkstatt in einer romanischen Kirche, die auf den Resten einer römischen Villa mit gut erhaltenem Mosaikfußboden erbaut wurde.

In vielen dieser Dörfer scheint die Zeit stehen geblieben zu sein. Nichts von Bedeutung ist hier geschehen seit Almansor, einer der berühmten Scheichs des moslemischen Cordoba, im siebten Jahrhundert auf dem Weg nach Santiago vorüberzog, oder seit dem blutigen Bruderzwist zu Zeiten des Pedro el Cruel im 14. Jahrhundert.

Als wir uns auf einer dieser langen, vom Wind gepeitschten Straße dem Dorf nähern, in dem wir spielen wollen, tauchen die geschwärzten Ruinen eines Kastells aus jener Zeit auf. Vor diesen Mauern führen wir unser Stück auf. Die Leute, die jene Ruinen heute noch mit einer gewissen Furchtsamkeit in den Augen betrachten, reagieren begeistert auf unser Theater, und die Geister der Geschichte dringen unaufhaltsam in unser Theater ein.

Nachdem die *Mir Caravan*e zu Ende war, kehrten wir in diese Gegend zurück. Unsere vorangegangene Tournee hier war sehr erfolgreich gewesen, und so planten wir zusammen mit den Zuständigen in der Regionalverwaltung das Projekt, ein Theaterzentrum in Castilla de La Mancha aufzuziehen. Während wir die organisatorischen Vorbereitungen trafen, hatten wir uns in einer großen Lagerhalle in *Ciudad Real* niedergelassen. Wir wollten *All'Alba* probieren, eine Produktion, an der wir schon 1986 in einer Theaterwerkstatt gearbeitet hatten, und *Sinfonia di un ricordo*, eine Regiearbeit Coras über eine Figur, die vom Geist Antonin Artauds besessen ist.

Gegenüber unserem Haus stand ein Denkmal von Don Quijote. Alles in der Mancha, Straßen, Restaurants, Plätze ist ihm gewidmet. Eines Sonntags, bei Tagesanbruch, wachte ich ganz benommen auf. Ich hatte geträumt, die Bronzestatue wäre lebendig geworden, hätte sich in Bewegung gesetzt, wäre durch die Straßen gegangen und hätte laut nach Sancho gerufen. Die Leute rannten bestürzt und völlig verrückt in alle Richtungen davon. Ich erinnere mich nicht mehr an alle Einzelheiten des Traums, doch ich wusste von diesem Moment an, dass wir unser neues Theaterstück für die Straße dem Helden von Cervantes widmen würden. Es sollte das Erbe von *Luci* antreten.

Beim Nachdenken über meinen Traum und darüber, wie sich Traum und Wachen durchdringen, eben auch in der Beziehung zwischen Cervantes und Quijote zwischen Quijote und Don Alonso Quijano, fielen mir wieder viele Verse ein, die mein großes Vorbild Jorge Luis Borges dazu geschrieben hat. Seine Bearbeitung dieses Motivs gaben mir enscheidende Impulse, und ich begriff, dass sich hier zwei Schicksale ideal miteinander verflechten ließen: wir, ein vergängliches Häuflein von Komödianten, und er, unvergänglich, universell, riesig. Ich stürzte mich erneut auf den Roman, diesmal nicht als Leser aus Leidenschaft, sondern mit dem Blick des Dramaturgen. Aus der gewaltigen Sammlung von Geschichten und Situationen entstand in meiner Vorstellung bald eine Struktur, in die unsere Schauspieler ihr eigenes Leben einflechten konnten.

Die Adaption konnte weder literarischer noch ›archäologischer‹ Natur sein. Es kam darauf an, dass die Situationen auf jedem beliebigen Platz in jeder beliebigen Stadt dieser Welt lebendig werden könnten. Quijote ist eine universelle Figur: nicht unsere Version den Zuschauern aufzudrängen war unsere Absicht, sondern wir wollten die Möglichkeit schaffen, dass jeder *den* Quijote, den er in sich hat, in die Fiktion des Stückes hineinprojizieren kann.

In *Das Leben von Don Chiscotte und Sancho* von Miguel de Unamuno lese ich:

> Ich glaube, es ist einen Versuch wert, den heiligen Kreuzzug anzutreten und das Grab des Don Chiscotte der Macht der Junker, Priester, Barbiere, Fürsten und Kanoniker zu entreißen, die es besetzt haben (...), das Grab des wahnsinnigen Ritters der Macht der Krieger der Vernunft zu entreißen (...) Und dort, wo sich das Grab befindet, steht auch die Wiege, liegt das Nest. Von dort wird der leuchtende klingende Stern aufgehen, den Himmel entlang ziehen.[22]

Im sechsten Kapitel des Romans beschließen der Priester und der Barbier, die Bücher zu verbrennen, deren Lektüre Don Alonso Quijano auf den Gedanken gebracht hatte, der fahrende Ritter Don Quijote de la Mancha zu werden. Einige Bücher aber bleiben von den Flammen verschont, darunter eines mit dem berühmten Gedicht »Der verliebte Roland« von Matteo Maria Boiardo, dem wir die Geschichte mit dem Barbier verdanken. In dessen Waschschüssel glaubt Don Quijote den berühmten Helm des schwarzen Ritters Mambrin zu erkennen, den Helm, der magische Kräfte hat und der den, der ihn trägt, unbesiegbar macht. Cervantes ›entwendet‹ den Helm aus den Versen des *Roland* und macht ihn zu einem zentralen Gegenstand eines der Abenteuer, die Don Quijote zu bestehen hat.

Und wir, von der Stadt Ferrara adoptierte Theaterleute, die ihr Geschick

---

[22] M. De Unamuno, *Vida de Don Quijote y Sancho,* Madrid, Espasa-Calpe, 1985, S. 13

mit dem konvertierten spanischen Juden Cervantes verknüpft haben, entdecken, indem wir auf Boiardo stoßen, einen weiteren verblüffenden Zusammenhang: Matteo Maria Boiardo, der Graf von Scandiano, der den Juden auf seinem Lehen immer besonderen Schutz gewährt hatte, auch er wurde wie wir von Ferrara adoptiert und am Hofe der Este freundlich aufgenommen.

Der Helm des Mambrin gerät schließlich aus dem *Verliebten Roland* in den *Rasenden Roland,* in das Gedicht von Ariost, dem großen Dichter, der in Ferrara geboren wurde und gelebt hat und kehrt über die Verse, die der Argentinier Borges wiederum dem Ariost gewidmet hat, zu uns, den Argentiniern in Ferrara, zurück:

Como a todo poeta, la fortuna
O el destino le dio una suerte rara;
Iba por los caminos de Ferrara
Y al mismo tiempo andaba por la luna.

Wie bei allen Dichtern
bescherte ihm das Schicksal oder die Fügung ein seltenes Glück;
er ging auf den Straßen von Ferrara
und gleichzeitig wandelte er auf dem Mond.

Wir hatten zunächst Zweifel, ob wir Stücke mit der Dichte, der Tiefe, den Inhalten und der Poesie für eine Aufführung im Freien kreieren könnten wie es auf der Bühne eines geschlossenen Theaters möglich ist. Durch die Arbeit an *Quijote!* lernten wir, dass es machbar ist, wenn wir auch noch längere Zeit unsere Zweifel behielten. Nach wie vor war das Straßentheater für uns in erster Linie ein Mittel, uns finanziell über Wasser zu halten. Das wirklich *wichtige* Theater, so glaubten wir damals noch, sei nur auf einer Bühne in einem Theatersaal zu realisieren. Erst die weiteren Erfahrungen bewiesen, dass unsere im Laboratorium erarbeitete theatrale Sprache auch im Freien vor vielen Zuschauern eine intensive Kommunikation ermöglicht. Mit *Quijote!* gelang es uns endlich, in der Forschung und in der Produktion den Gegensatz zwischen dem Theater im Theaterhaus und dem Theater im Freien zu überwinden, den wir bis dahin nicht überbrücken konnten. Straßen und Plätze können zu Orten werden, auf denen das Theater Zuschauer gewinnt, die bis dahin nichts von ihrer Liebe zum Theater wussten.

7. Emigration und Theater

Es war nicht unsere freie Entscheidung gewesen, Straßentheater zu machen. Wir waren Emigranten im politischen Exil, denen durch die Todesdrohungen der Militärdiktatur die Möglichkeit genommen war, in Ruhe in unserem Land zu leben und Theater zu machen. Wir nahmen das Angebot der Stadt Ferrara an, wo wir unser Theater neu gründeten und wo unsere Kinder in Frieden aufwachsen konnten. Nach allem, was geschehen war, fühlten wir, um mit Franz Boas zu sprechen, dass unser Land die ganze Welt war. Das offizielle Theater, so erfuhren wir bald, ist ein geschlossenes System, auf sich selbst bezogen, korporativ, es akzeptiert nichts, was von *außen* kommt, außer es handelt sich um eine Episode, mit der man sich mal kurzzeitig eine gewisse Exotik leistet.

Als *Teatro Nucleo* waren wir im ersten Jahr in Italien Exoten. Wir reisten mit unserem Stück *Herodes* durchs Land und arbeiteten überall, wobei wir bei unseren Zuschauern Abscheu über die Geschehnisse in Argentinien und Solidarität mit den Opfern wecken wollten.

Sobald wir aber bekannt gaben, dass wir nicht mehr nach Argentinien zurückkehren wollten und zu bleiben beabsichtigten, wurden wir, das begriffen wir allerdings erst Jahre später, von Exoten zu Konkurrenten und dementsprechend behandelt. Das ist auch ganz natürlich: jeder versucht seine Domäne vor Konkurrenz zu verteidigen.

Die Straßen und Plätze, die Jahrmärkte, Kirchweihen und Märkte befinden sich außerhalb des Theatersystems. Wer aber dort arbeitet, wird als Scharlatan angesehen. Man gilt als jemand, der außerhalb des ›eigentlichen‹ Theaters, der Theater*geschichte* steht. Schauspieler lieben solche Situationen nicht, denn sie fühlen sich der Aura der Bühne beraubt. Hier draußen müssten sie kämpfen, um sich durchzusetzen und Aufmerksamkeit zu erregen, aber das wollen sie nicht. Sie würden sich deklassiert fühlen. Die meisten versuchen, in angesehenen Ensembles unterzukommen oder in regulären Theatern eine Anstellung zu finden. Und für die Theaterkritik zählt nur das, was innerhalb des Systems geschieht. Zwar wird in Ausnahmefällen auch über eine Aufführung im Freien berichtet, allerdings nur dann, wenn anerkannte Regisseure inszenieren, oder aber, wenn es sich um eine der zwangsläufig wenigen Ausnahmen handelt, die die Regel bestätigen. Man hat beschlossen, keiner weiß allerdings genau wer (Kritiker, Gelehrte, oder die Schauspieler selbst? Auch wir mussten das ja erst lernen), dass *wahres* Theater auf der Piazza nicht machbar, jede theatralische Poesie unmöglich sei.

›Richtige‹ Theaterleute wollen also nicht auf der Straße spielen. Und dazu kommt noch, dass es eine Verordnung bei der Staatsregierung in Rom gibt, dass Straßentheater nicht zu subventionieren sind. Die Folge: es gibt so gut wie kein Theater im Freien. Also war dies genau der Ort, wo wir als Emigranten unser Theater machen konnten. Auf natürliche Weise haben wir also einfach die ›Nische erweitert‹, wie die Naturalisten sagen.

Allzu oft weist das Straßentheater heute weder Kompetenz noch Qualität auf. Als ob die Straßenschauspieler eine klammheimliche Anweisung des Theatersystems ausführten, zweitklassige Schauspieler zu sein. Sie verfügen über keine oder nur geringe technische Kompetenz. Oft fehlt es ihnen an Körperdisziplin, ihre Gesten sind platt, die Stimmen hohl, ihre Blicke leer. Ihr Verhältnis zu den Requisiten ist banal und vorhersehbar, sie stehen in keinerlei Beziehung zueinander und ihre Beziehungen zum Zuschauer sind oft oberflächlich. Auch den Regisseuren mangelt es oft an Kompetenz: die Dramaturgie fehlt entweder völlig oder sie ist durchsichtig. Es gibt keine starken Figuren, die Vorbereitung ist dürftig, bestimmte Effekte werden bis zur gänzlichen Abnutzung immer wieder eingesetzt. Das, was uns ganze Theatergenerationen hinterlassen haben, scheint verloren gegangen zu sein. Sicher, auch in den ›richtigen‹ Theatern findet es sich nur selten, doch bei den Straßentheatern ist es noch bedauerlicher, weil es dort besonders notwendig wäre. Es wendet sich an die Zuschauer ›der Straße‹, als wären sie Idioten. Es ist eine verbreitete Anschauung, dass jemand, der nicht ins Theater geht, über keine Fähigkeit verfügt, Theater zu genießen, einen Zugang zur Sprache des Theaters zu finden. Wir wissen aber, dass es sich so nicht verhält. Dass jemand ein Theater besucht, ist kein selbstverständliches Indiz dafür, dass er auch über Theaterkultur verfügt. Man kann eine Bibliothek besuchen, ohne je ein Buch zu öffnen, man kann in die Kirche gehen, ohne gläubig zu sein: man geht vielleicht hin, weil man die Atmosphäre liebt; weil man sich wohlfühlt, mit sich selbst im Frieden ist, gute Gesellschaft findet, weil man sich entspannen kann oder weil man von faszinierenden Gemälden umgeben ist. Daran ist nichts auszusetzen, vorausgesetzt, dass man die Dinge nicht durcheinander bringt. Ich kenne dagegen Gläubige, die nicht in die Kirche gehen, weil sie fühlen, dass gerade diese Atmosphäre ihren Glauben erstickt. Sie brauchen die freie Luft, oder den Gipfel eines Berges. Und ich kenne viele Leute, die nicht mehr ins Theater gehen, eben weil sie Theater lieben.

Es ist so: wir haben uns am Anfang nicht aus freien Stücken für das *Theater im Freien* entschieden. Aber es ist auch so, dass wir es heute nicht mehr lassen wollen. Mit einer Gruppe von Schauspielern auf die Piazza zu gehen ist immer wieder eine ganz besondere Herausforderung. Man kann sich daran die Zähne ausbeißen. Auf der anderen Seite solidarisieren sich die Zuschauer auf der Piazza mit den armen Teufeln, die sich ihnen aus welchen Gründen auch immer mit ihrem Spiel nähern. Und es ist erstaunlich, festzustellen, wie offen sie sein können, wie sehr sie bereit sind, selbst auch schlecht vorbereitete Schauspieler und ihre Aktionen zu akzeptieren. Ist das Angebot der Schauspieler hingegen ernsthaft, investieren sie, riskieren sie etwas − dann werden sie eine unvorstellbare Zustimmung finden, Zustimmung für *das Theater*.

Treppenstufen für Romanzo di Lupi *von Valle Inclan (1980)*
Der Schauspieler als Techniker, Puccio Savioli

IV. Das Theater in der Therapie

Mascarò *(1995), Nicoletta Zabini*

Anfang der siebziger Jahre gründeten Cora und ich zusammen mit Freunden in Buenos Aires die *Comuna Nucleo*. Schon damals, als unser Theater noch in den Anfängen steckte, arbeiteten wir in Seminaren mit Pflegern, Ärzten und Psychiatern über die therapeutischen Möglichkeiten des Theaters und wir sammelten unsere ersten Erfahrungen mit Theaterarbeit mit psychisch Kranken und Drogenabhängigen. Als wir dann als Flüchtlinge nach Europa kamen, haben wir auch hier schon bald diese Szene aufgesucht, zuerst 1977 bei einem Kongress in Sassari in Sardinien. Dort trafen wir Dr. Slavich von der Psychiatrie in Ferrara, der uns einlud, in der dortigen Klinik zu arbeiten. Damals bewegte sich in diesem Bereich besonders in Italien sehr viel, da die so genannte Psychiatriebewegung, die sich für die Öffnung der geschlossenen Anstalten einsetzte, ein großes politisches Machtpotential entfaltete. Mehrere Jahre arbeiteten wir in den Räumen der alten Psychiatrie in Ferrara. Seitdem haben wir eine Vielzahl von Projekten im In- und Ausland durchgeführt, u.a. auch in Bethel in Deutschland. Auch in der Arbeit mit Drogenabhängigen kam es immer wieder zu neuen Projekten. 1988 wurde mir zunächst an der Universität in Modena und Reggio Emilia und dann auch an der Universität in Ferrara ein Lehrauftrag erteilt.

Der folgende Text stammt aus einer Mitschrift eines Einführungsvortrags über Theaterarbeit in der Therapie für Studenten der psychiatrischen Klinik der Universitäten Modena und Reggio Emilia im Jahr 2000.

Was auch immer wir mit dem Theater im Bereich der Therapie unternehmen, es kann nur dann seinen vollen Sinn und damit seine Wirkung entfalten, wenn wir uns mit unserem Bewusstsein an unsere Ursprünge herantasten, an Situationen, in denen die Menschen in früher Zeit lebten. Dort finden wir die Quellen, aus denen die Übungen, Techniken und Methoden, die wir anwenden, ihren Sinn beziehen. Unsere Arbeit beruht nicht auf neuzeitlichen Erkenntnissen, wir wenden auch keine avantgardistischen Techniken an, vielmehr versuchen wir, an eine verloren gegangene Ganzheitlichkeit menschlichen Seins und Handelns anzuknüpfen.

In unseren Verhaltensweisen haben wir noch viele Relikte aus Urzeiten. Denken wir an bestimmte Gesten, die wir vollführen, um uns vor Unheil zu bewahren: wir klopfen auf Holz oder berühren Eisen oder bestimmte Stellen des Körpers oder wir meiden bestimmte Orte. Entwickelte, gebildete, kultivierte Menschen, die wir sind, nennen das Aberglauben. Obwohl wir alle solche Gesten kennen, nehmen wir sie nicht ernst, ja, wir betrachten sie eher etwas verächtlich. Durch diese Missachtung schließen wir uns jedoch von einem Bereich aus, den es zu erforschen gilt. Ist es nicht verwunderlich, dass uns die Ursprünge des Aberglaubens weitgehend unbekannt sind? Mit unserem wachen realitätsbezogenen Bewusstsein messen wir ihm nicht den geringsten Wert bei. Wir vollführen Gesten, von denen behauptet wird, sie seien unnütz, und dennoch würde es manchem sehr schwer fallen, sie einfach zu unterlassen. Und gelänge es, sie zu unterdrücken, so würde möglicherweise genau das eintreffen, was man durch die Geste verhindern wollte.

Der Ursprung der Beschwörungsgeste liegt wahrscheinlich in einer gefühlsmäßigen Aufladung, einer Energie, die auf ein Ziel hin gerichtet ist. Diese Energie führt z. B. die Hand des Eingeborenen, die er bewegt, wenn er hungrig eine Beschwörungsgeste vollzieht, oder wenn er aus Not voller Verzweiflung eine Geste vollführt, um Beute herbeizurufen. D.h., bestimmte Gesten stellen das dar, was man herbei- oder hervorrufen möchte, was als absolut dringend und notwendig erlebt wird, von dem man will, dass es jetzt geschieht. Genau so wie wir heute, so haben die so genannten Primitiven jede Menge Anliegen mit Gesten ausdrückt, wie wir sie heute noch in unserem Körper-Seele-Geist Organismus auffinden können.

Stellen wir uns eine Gruppe von Menschen vor, die vor mehreren zehntausend Jahren irgendwo auf dieser Welt gelebt hat: Es taucht das Problem auf, dass die Frauen keine Kinder mehr zur Welt bringen. Dadurch fühlen sie sich äußerst bedroht! Also vollführen die Menschen einen Tanz, bei dem sie Versöhnungsgesten vollführen, die den Sexualakt mimen oder die Geburt. Sie singen in Stimmlagen, die dem Schrei von Gebärenden gleichen oder dem des Orgasmus. Der Stamm denkt sich Mechanismen aus, die auf das Schicksal einwirken sollen. Bemerkenswert ist, dass solche Beschwörungsrituale bei allen alten Völkern der gesamten Menschheit zu finden sind. Man entwickelt Praktiken, die durch die Methode von »trial and error« zu voller Wirkung gebracht werden sollen. Man vollzieht eine Zeremonie und beobachtet: nützt sie? – Nein. Also fügen wir ein bisschen mehr Gesang hinzu, noch ein paar Bewegungen dieser oder jener Art, noch ein paar Stunden Tanz, auch mehr oder andere Klänge. Viele unserer heutigen Ausdrucksformen, vor allem im Bereich der Kunst, haben ihren Ursprung in solchen Quellen, die Musik, der Gebrauch von Farben, Kleidung, die Maske. Die Maske! Welch unglaubliche Erfindung!

In jeder Kultur, auf jedem Flecken unseres Globus, überall taucht zu einem bestimmten Zeitpunkt der Entwicklung der jeweiligen Gesellschaft die Maske auf. Wer sie erfunden hat, hat damit Zugang zu einer außergewöhnlichen ›Verrücktheit‹, zu einer Möglichkeit des Wiedererkennens. In jedem Moment, wo die Maske auftaucht, erhellt sich etwas: die Möglichkeit, eine Geste von der eigenen Person abzulösen, sich für eine bestimmte Geste zu entscheiden, indem man diese oder jene Maske aufsetzt. Und zuletzt wird die Geste durch die Maske fixiert und wird bleibend – über die Zeit hinweg. Die Maske wird zur Persönlichkeit und damit Geschichte.

Die Kräfte, die auf den kleinen Kreis eines Stammes einwirken, sind zahlreich, verschiedenartig und mächtig. So entstehen Masken, in deren ganzer Vielfalt sich die menschlichen Befindlichkeiten spiegeln. So tauchen Masken auf, um mit Gott zu sprechen. Um mit dem Unbekannten zu sprechen, bedarf es des besonderen Schutzes. Die Riten werden tradiert. Sie bieten Schutz. Durch die Maske werden Erfahrungen an spätere Generationen weitergereicht.

Für uns heute ist es schwierig, das Vertrauen in den sehr komplexen Mechanismus der Zeremonien nachzuvollziehen, größtenteils sind sie uns nicht mehr bekannt. Uns bleibt in erster Linie die Hoffnung, und das ist ja durchaus nichts Nebensächliches.

Und bei all unseren Überlegungen sollten wir nicht vergessen: unsere Vorfahren liebten so wie auch die so genannten Primitiven durchaus auch den Spaß und das Vergnügen, ganz im Gegensatz zu den Anthropologen des 19. und 20. Jahrhunderts, die diese Völker aufsuchten und sich als erste wissenschaftlich mit ihnen beschäftigten.

Die meisten dieser Leute waren stark von ihrer Zeit und der damals herrschenden Weltanschauung geprägt: es war die Zeit der Aufklärung, und aus dieser Weltsicht heraus wurden die Eingeborenen, also die nahen Verwandten unserer Vorfahren, erforscht. Mit einem solchen Bewusstsein ausgestattet und aus einer solchen Haltung heraus konnten sie die Zeremonien der Eingeborenen nicht verstehen. Sie mussten sie als unanständig, heidnisch und beleidigend, eben »primitiv« sehen. Von Anfang an war man bemüht, die Aborigines anzuziehen, wie es sowohl damals als auch heute noch die Missionare zu tun pflegen, wenn sie nach Papua Neuguinea kommen. Das erste, was man tut, ist, ihre Körper zu bedecken. Man stelle sich vor, was für einen Eindruck ein Eingeborener auf eine Nonne oder einen Priester macht, der sein Glied anfasst und es zum Anschwellen bringt, oder die Frauen, die ihre ganze Weiblichkeit stolz zur Schau tragen. So kommt es, dass wir über lange Zeit hinweg falsch informiert wurden über Bräuche, Sitten und Kultur der so genannten primitiven Völker. Auf diese Weise haben wir den Zugang zu wichtigem Wissen verloren, und es ist schwer, wieder an den Ursprüngen anzuknüpfen, was uns doch so hilfreich wäre. Zum Glück haben sich manche dieser rituellen Gesten in verschiedenen Völkern erhalten, so dass Menschen mit weniger Vorurteilen sie noch sehen, ihren Sinn würdigen und uns darüber berichten können.

Das Theater, wie es unsere zivilisierte Welt hervorbringt, hat sich weit entfernt von den Ursprüngen. Und dennoch kann man hier noch manches finden, was auf die ursprünglichen Zeremonien zurückgeht. Hier dient es in erster Linie der Unterhaltung. Wobei die Unterhaltung, das Vergnügen, die Freude nicht gering zu schätzen sind.

Eine Zeremonie bedarf umfangreicher Vorbereitungen, einer Reihe komplexer, unterschiedlicher Rituale. Dabei geht es um die Veränderungen der äußeren Erscheinung und des inneren Zustands. Auf die körperliche Wahrnehmung, auch auf die Selbstwahrnehmung, kann man dadurch einwirken, dass man verschiedene Substanzen benutzt und sich auf die unterschiedlichste Weise vergiftet. Körperliche Belastungen wie lange Märsche und bis zur

Erschöpfung durchgeführte Übungen dienen dazu, sich in einen physischen und psychischen Ausnahmezustand zu versetzen. Auch das Fasten ist eine Praxis, die stark in den Organismus eingreift. Dann die Kostüme, die Schminke, das Schmücken der Männer und Frauen, der ganze Aufwand der Ausgestaltung des Raums, dieses Ortes als besonderen Ort, in dem bestimmte Kräfte wirken, in welchem Momente der Ausgeglichenheit und Momente der Spannung erlebt werden. Ein Ort, in dem die Wahrnehmung des Ichs schweigt, um ganz präsent zu sein.

All diese Rituale sind Teile der Zeremonie, sie haben parallel laufende unterschiedliche Funktionen. Es sind Praktiken zur Herstellung einer Identität. In einem Prozess der kollektiven Teilhabe an einem Ganzen, dem man selbst angehört, dessen Teil man ist, erlebt man etwas davon in sich selbst verkörpert. Sie sind Hilfsmittel, zu einer Identität mit einem Größeren zu gelangen. Durch die Zeremonie stellt man eine Beziehung zu dem Unbekannten her, erkennt und kontrolliert es, und zuletzt dient sie auch ganz einfach der Unterhaltung. All dieses in einer einzigen Handlung, welche je nach Bedarf ständig wiederholbar ist.

Die Zeremonie zur Erzeugung von Identifikation: hierzu gehören auch die Rituale des Übergangs z.B. von einer Altersstufe in die nächste, wenn eine neue Generation erwachsen werden darf. Ich sage bewusst darf, denn, wenn die Zeremonie nicht stattfindet, so kann das Kind weder zum Jugendlichen noch der Jugendliche zum Erwachsenen werden, denn erst durch die Zeremonie wird seine Reife bestätigt und der Mensch letztlich geweiht.

Wie sehr fehlt unseren Jugendlichen eine solche Zeremonie! Wie viele suchen hilflos etwas Ähnliches in irgendwelchen, meist unnützen, leeren, beängstigenden und selbstzerstörerischen Trugbildern.

Als die Menschen noch in enger Verbindung zur Natur lebten, haben sie in ihrer Abhängigkeit Zeremonien aller Art entwickelt. Aus den Beobachtungen aller möglichen natürlichen Begebenheiten, z.B. der Jahreszeiten, entstanden die jeweils angemessenen Zeremonien, die die natürlichen Prozesse begleiten, das Gute verstärken und das Unheil abwenden sollten.

All die Zeremonien waren lebendige Handlungen, welche nach den Regeln einer Gesellschaft ablaufen, die sie begründet und entwickelt hat, Handlungen, die eine menschlich kulturelle Funktion haben, die für die Körper-Geist-Seele Verfassung der Menschen und ihrer gesellschaftlichen Gruppe von größter Bedeutung sind. Heute wird ein Ritual oft nach den gleichen Abläufen vollzogen, es bleibt aber leer. Wie die Katholiken, die zur Messe gehen, ohne wirklich an die Transsubstantion zu glauben, den magischen Moment, durch welchen Wein zum Blut Christi und die Hostie zu seinem Fleisch werden kann.

Wie soll man die Erfahrungen erklären, die die vielen Heiligen, welche meinen Kalender bevölkern, gemacht haben? Alle waren sie Menschen, welche übersinnliche Wahrnehmungen erlebt haben. Ist der Heilige verrückt oder ist der Verrückte heilig? Das Wort weist auf eine Verbindung hin: ein Heiliger ist ein *Ver-rückter* in dem Sinne, dass er, um heilig zu werden, die Normalität verlassen muss, denn jene ist nicht heilig. Er muss z.B. ohne Essen auskommen oder ohne Schlaf. Oder er muss für viele Stunden auf den Knien bleiben oder sich geißeln.

Würde ich heute mein Hemd ausziehen und beginnen, mich zu geißeln, weiß ich nicht, ob ich überhaupt so weit käme, oder ob nicht jemand versuchen würde, mich daran zu hindern, diesen Akt überhaupt zu vollziehen, der mich vielleicht zu einer Erfahrung von Transzendenz führen könnte.

Vielleicht liegt der Grund, dass es heutzutage keine Heiligen mehr gibt, darin, dass viele von ihnen aus unserer heutigen Sicht betrachtet verrückt sind.

Und obwohl dies wohl so ist, oder vielleicht gerade deswegen, gab man ihnen zu ihrer Zeit den notwendigen Raum, um ihre Reise anzutreten, wichtig für sie selbst, aber auch für uns heute. Denken wir an einen von ihnen, an Franz von Assisi.

Es ist wichtig, dass wir die Welt von ganz unten betrachten, von den Tiefen unserer uralten Vergangenheit aus und dass wir mit diesem Blick solche Handlungen betrachten, die in unserer heutigen Zeit keinen Bezugsrahmen mehr finden außerhalb einer Nervenklinik oder als Narretei abgetan, der Lächerlichkeit preisgegeben werden.

In unserer Zivilisation treten bestimmte Verhaltensweisen an den Tag, gegen die vielleicht Impfungen wirken könnten. Sie könnten vielleicht bestimmte Reaktionen hervorrufen im sozialen Gefüge, Veränderungen bewirken, eine Art Fieber, Anpassungsreaktionen. Bestimmte soziale ›Krankheiten‹ wie z.B. der Faschismus zeigen uns, was passiert, wenn der richtige Impfstoff fehlt, mit welchem die Gesellschaft die nötigen Abwehrstoffe entwickeln könnte, um dieser Krankheit vorzubeugen oder sie zu heilen. Kann es nicht sein, dass vielleicht durch die Pathologisierung des Verrücktseins die Bildung von sozialen Antikörpern verhindert wird?

Das Theater hat sich gegenüber der Gesellschaft immer als eine Art Injektion, als Provokation verhalten. Es gibt der Verrücktheit eine Bühne, hier darf passieren, was sonst nicht passieren darf, oder was man nicht möchte, dass es passiert. Das Theater bietet einen Ort des Nachdenkens über das, was gerade geschieht, des Nachdenkens über die Beziehung zwischen dem, was gerade ist und der Geschichte. Der Ort der Täuschung, der Fiktion, kann zur Antenne des Publikums selbst werden, zur Projektion seiner Wünsche und Ängste, und des Humors. Das Theater benutzt die Bereitschaft des Zuschauers, eigene Teile, Teile von sich selbst zu beobachten, die durch das Schauspiel sichtbar gemacht werden. Was wollen Theaterleute beim Zuschauer erreichen? Sie wollen, dass er sich selbst kennen lernt, dass er Bewusstheit erlangt über sich selbst. Noch immer trägt das Theater diese unglaubliche Kraft in sich, wenn es seine Verbindung zu seinen Wurzeln nicht verloren hat.

Wie man weiß, braucht die Natur ihre Zeit, um ihre Kreaturen zu entwickeln. Ich glaube, dass es unserer Spezies möglich ist, sich zu verfeinern, auch mit dem bzw. durch das Theater. Ich glaube, dass das Theater einen Prozess der Bewusstwerdung hervorrufen kann, bei dem sich magisches Denken mit logischen Gedanken, Wissen mit Nichtwissen verbindet.

Ein Theaterschauspieler hat diese Möglichkeit. Er kann Sinn in Handlungen einbinden, welche ein normales menschliches Wesen nur als Verrücktheit betrachten kann. Wenn dieses menschliche Wesen dann allerdings ein weißes Hemd trägt, d.h. eine gehobene Stellung inne hat oder womöglich über eine gewisse Macht verfügt, dann kann dieser Blick zur Zensur werden und damit den doch so notwendigen Prozess verhindern. Den notwendigen Prozess, ›not-wendig‹, denn wenn ein menschliches Wesen diesen Prozess ins Spiel bringt, so ist er für ihn notwendig; eine Handlung als Befreiung aus persönlichen oder gesellschaftlichen Umständen, in die er auf objektive oder subjektive Art gebracht wurde.

Ronald Laing und andere aus dem Bereich der Psychiatrie kommen ab einem gewissen Zeitpunkt dazu, Verrücktheit als eine Handlung zu sehen, welche vor dem *Durchdrehen* schützt. Sie beobachten Verhaltensweisen, die von der klassischen Psychiatrie als pathologisch bezeichnet werden, werten sie aber als *experimentelle Handlungen*. Sie führen Interviews mit Patienten durch, ohne irgendeinen Zwang auszuüben. Ihnen wird klar, dass die traditionelle psychiatrische Intervention oft zu einer Blockade beim Klienten führt, d.h. er wechselt von der Ebene der experimentellen Handlungen zur Krankheit. Wenn man diese Handlungen blockiert, verhindert man eine Entwicklung und die Möglichkeit, diese Handlungen zu einem Ende zu bringen und die experimentelle Ebene zu verlassen. Statt zu heilen ruft man Krankheit hervor oder man verfestigt sie.

Viele Verrückte befinden sich innerlich auf der Flucht, eine spezielle Art der Reise. Die Flucht bedeutet ein Weggehen von etwas Bedrohlichem. Aber es *ist* natürlich auch immer ein Hingehen zu etwas. Man flieht von etwas weg zu etwas hin. D.h.: Die Flucht trägt in sich immer auch den Inhalt einer Hoffnung. Wer nicht mehr hofft, flieht nicht. Oft wird nicht bedacht, dass eine Flucht auch einen bestimmten Prozess der Heilung beim Patienten erleichtern kann. Warum den Instinkt zur Flucht unterdrücken? Die Flucht könnte dazu dienen, die Hoffnung zu nähren, welche natürlicherweise die Wünsche wieder anzünden würde. Warum sonst sollte man sich bewegen? Anstatt den Impuls zur Flucht zu unterdrücken also gemeinsam aufbrechen, sich auf die Reise begeben, rennen, auf irgendeine Weise, auf jeden Fall gemeinsam. Das bedeutet, als Therapeut muss man in einem guten körperlichen Zustand sein, man muss vorbereitet, bereit sein und zur Verfügung stehen. Da braucht es mehr als das übliche Studium auf der Universität und die klinische Ausbildung. Gemeinsam gehen, sich gemeinsam auf die Reise begeben bedeutet, dass die Bewegungen des Verrückten wichtiger sind als meine als Therapeut, und es ist der Verrückte, der auf dem Weg führt. Ich folge ihm, statt ihn zu bremsen oder ihn zu blockieren. Ich halte ihn nicht an, ich folge ihm solange es notwendig ist. Laing tat das mit großer Bewusstheit.

Die Sprache, die wir benutzen, ist oft unzulänglich. Wenn ich z. B. das Wort Körper benutze, müsste ich es präzisieren, um zu verhindern, dass man meint, ich bezöge mich nur auf einen Teil meiner Selbst getrennt vom Rest, getrennt vom Verstand, welcher denkt, getrennt von der Seele, die fühlt. Die Sprache, derer wir uns bedienen, ist Produkt einer Gedankenwelt, welche meint, dass diese Ebenen voneinander getrennt und abgespalten sind.

Wir begegnen ständig Phänomenen, die wir nicht definieren können, da uns die Wörter dazu fehlen. Die Wörter, die wir zur Verfügung haben, sind trügerisch, sie können nur vermitteln, was wir im Moment denken. Sie können nicht ausdrücken, was im ganzheitlichen Zusammenhang in uns vorgeht. Somit verlieren wir unsere ursprüngliche intuitive Erfahrung, aus der heraus der Gedanke entstanden ist. Diese wichtige Erfahrung hat somit keinen Raum in der Welt, da die Worte fehlen, um auszudrücken, zu erklären, zu erinnern und zu erzählen, was in uns vorgeht.

Wir meinen, dass *wir* denken: dabei merken wir nicht, dass wir von unseren Gedanken gedacht werden. Die Gedanken, die uns denken und durch welche wir denken, entstammen einer Vision der Welt, welche der Welt einen Sinn vorenthält. Sie stellen unsere Existenz als eine Vision von Gott dar. Nur die Veränderung dieser Anschauung von der Welt ermöglicht die Geburt einer neuen Psychiatrie, eine Alternative zur positivistischen Sicht und den entsprechenden Praktiken, zur Unterdrückung im Namen Gottes, im Namen der »wahren« Werte und Normen, im Namen der Schamhaftigkeit, des Vorurteils, der Psychiatrie des 20. Jahrhunderts.

Die Laingsche Psychiatrie wird oft als Antipsychiatrie definiert. Warum als Antipsychiatrie? Laing geht über diese falsche Dialektik hinaus, welche nur das Ja und das Nein sieht. Es trifft durchaus zu, dass Laing und seine Kollegen mit der Psychiatrie des neunzehnten Jahrhunderts brechen. Aber sie verharren nicht in der Kritik. Sie stellen Alternativen vor. Sie gründen therapeutische Gemeinschaften und entwickeln eine therapeutische Arbeit mit bemerkenswerten Ergebnissen.

In der Beschreibung von Verhaltensweisen nach klassischen psychiatrischen Kriterien existieren eine Reihe bemerkenswerter Phänomene von abweichendem Verhalten, welche wenig oder gar nichts mit Pathologie zu tun haben, wohl aber mit klar ausgedrückten menschlichen Bedürfnissen. Ein Verhalten, welches in einem Fall als krankhaft erscheint, braucht bei einem anderen nicht als krank zu gelten. Umsichtige und sensible Therapeuten, die wahrhaft krankhaftes Verhalten von einer ursprünglichen, bedeutungsvollen Gebärde oder Handlung zu unterscheiden wissen, welche *not-wendig* ist, voller innerer Erfahrung, die als Zugang dient und zum Lernen nützlich ist.

Solche Gebärden und Handlungen begegnen uns immer wieder. Wir finden sie in den Geschichten über das Leben der Heiligen. Die Heiligen zeigten einen Weg, der immer zu Machtfragen führte. Die Machtverhältnisse machen das Leben der Menschen immer kompliziert, sie führen dazu, dass sie den eigentlichen Weg verlieren. Oft wurden Heilige geboren, die den Weg wiesen, wie z.B. St. Franziskus, der der Kirche einen Weg wies, als sie ihn verloren hatte. Franziskus wollte kein Heiliger werden, er wollte Christus werden, er wollte die Inkarnation der heiligen Schrift sein. Was für ein Skandal! Wie rief er noch in seinen Predigten? »Hört die neue Verrücktheit!« Mit »neu« meinte er, dass die alte Verrücktheit die von Jesus Christus war, als er die Händler aus dem Tempel trieb, und als er die hebräische Religion durcheinander brachte. Dieser Christus war ein Verrückter, der von allen als gefährlicher Wahnsinniger erlebt wurde, vor allem von den Machthabern! Er sagte: »Folge mir!« »Ich kann nicht, ich muss meinen Vater beerdigen, der gestorben ist!« »Laß die Toten die Toten beerdigen.« Kann man sich eine härtere Aufforderung, eine rücksichtslosere Herausforderung vorstellen? So etwas ist verrückt!

Stellen wir uns vor, was das bedeutet hat für ein religiöses Volk. Dieser Verrückte, der von der Liebe predigt, vom Verzeihen, von der Gnade, und der findet auch noch Anhänger. Das heißt, diese Verrücktheit hat eine Anziehungskraft in einer Kultur, in der ›Auge um Auge, Zahn um Zahn‹ gilt, einer Kultur der unversöhnlichen Härte der alten Schriften. Und hier die Bergpredigt, in der Christus sagt: »Wenn dich einer auf die eine Wange schlägt, so halte ihm auch die andere hin.« Oder: »Liebe deine Feinde.« Christus stellt dieses Gebot einer gierigen, rachsüchtigen Kultur gegenüber. Das Auftauchen einer Gestalt wie Christus in so einem Umfeld kann nicht anders als verrückt erlebt und verfolgt werden. Das ist die Situation, in welcher wir uns bewegen: Das Theater kann eine Ausdrucksform von Wahnsinnigen sein. Aber, um mit Shakespeare zu reden, es ist Methode in diesem Wahnsinn.

Der Einschnitt der so genannten Antipsychiatrie von Laing eröffnete in Italien den Prozess, der zur Überwindung der geschlossenen Irrenhäuser führte. Auch wenn das nicht genau Laings Zielen entsprach. Er wollte Schluss machen mit den repressiven Irrenanstalten, wollte stattdessen Orte schaffen, in denen es möglich sein sollte, Patienten zu begleiten, wo man ausprobieren, Erfahrungen sammeln und weiterentwickeln konnte, Orte, an welchen Psychiater mit unterschiedlichen Ausbildungsrichtungen sich um ihre jeweiligen Patienten kümmern könnten, um zu versuchen zu verstehen, was kranke oder was existentiell richtige Verhaltensweisen sind, um sie auf ihrem natürlichen Weg mit Bewusstheit und letztlich geistig wachsend zu begleiten. Wir als Schauspieler bewegen uns in einem Umfeld, in welchem wir ständig unser Wissen erweitern, wo wir an der Erweiterung unseres Bewußtseins arbeiten, wo wir immer weiter forschen. Dieser Teil ist vielleicht der wichtigste unserer Arbeit, denn daraus entstehen immer neue Techniken. Jeder von uns trägt in sich viele Talente und Fähigkeiten. So wie man lernen muß ein Instrument zu spielen, so ist es wichtig, sich vorab zu entscheiden. Das Theater ist solch ein Fundstück, ein Schatz, der zu uns aus der Vergangenheit kommt.

In gewissen Kulturen, die wir primitiv nennen, identifiziert sich der Mann einer Schwangeren ganz mit der Schwangerschaft. Ein außerordentliches Theaterstück! Er stopft sich im Laufe der Schwangerschaft Stück für Stück Kissen unter die Kleider, so lange, bis er einen dicken Bauch hat. Das ist eine wirkliche, eine Vorstellung im eigentlichen Sinne. Die Frau mit ihrer tatsächlichen Schwangerschaft bleibt im Verborgenen, taucht nicht auf, der Mann aber geht umher und zeigt sich mit seinem Kissenbauch, der die neun Monate über immer weiter herangewachsen ist. Zum richtigen Zeitpunkt dann findet die Zeremonie der Geburt statt, und zwar in der Hütte des Mannes. Die Frau ist derweil hinter den Kulissen und gebiert das Kind. Es ist aber der Mann, der schreit und die Geburt vorführt und der zuletzt, mit einem Trick, das Kind nimmt und es den Stammesangehörigen zeigt. Während der neun Monate wird das Theater der Schwangerschaft gespielt, ein wirkliches In-Szene-Setzen, offen für alle Fragen und jede Form der Auseinandersetzung.

Die Schwangerschaft, eine physiologisch normale Tatsache, wird heutzutage immer weniger normal. Für immer mehr Frauen in unserer Zivilisation wird sie zu einem unnormalen Zustand, für viele geradezu eine Art Katastrophe. Hier deutet sich eine erschütternde Mutation an. Normal wird heutzutage immer mehr eine Lebensweise, in der schwanger zu werden das Ende der einen Welt und der Anfang einer anderen bedeutet. Für ein Paar ist es unendlich komplex, sich damit auseinander zu setzen. Der schwangeren Frau gegenüber verhält sich das Umfeld immer nach dem Muster: »Es ist ja nichts, es ist ja gar nichts passiert. Du bist nur schwanger, du bist ganz ›normal‹.« »Normal«, d.h. die Umgebung tut so, als würde bei der Schwangerschaft nichts besonderes passieren. Dabei handelt es sich um tief greifende Veränderungen. Es ist ein Ende und ein Anfang, welches du auf dich nehmen musst.

Das Mitvollziehen und die Darstellung der Schwangerschaft durch einen Mann in einer Kultur, die wir primitiv nennen, zeugt von einem Bewusstsein, das uns nachdenklich machen könnte. Ich sehe darin eine Symbolisierung von Veränderung und Verwandlung. Verrücktheit oder therapeutische Aktion?

In unserer Zivilisation ist das Theater nicht in unser reales Leben integriert. Dabei ist in unserem täglichen Leben sehr viel Theater. Schauen wir uns unsere Heucheleien an! Wenn unser Unvermögen zu sagen was wir denken oder unseren Gefühlen Ausdruck zu verleihen oder sie zu befriedigen, wenn all dies, wie Grinberg sagt, neurotisch ist, so ist auf irgendeine Weise jeder von uns neurotisch. Wir tun ständig so als ob, täuschen vor, spielen ununterbrochen, wir benutzen Masken, alles, um zu überleben. Jeder von uns hat eine besondere Art von Theater, seine besonderen Szenen und Stücke entwickelt.

Auf der Bühne benutzen wir das Theater als Möglichkeit, unser alltägliches Theater zu erkennen, und dabei erweist sich, dass viel Authentizität durch die Konfrontation mit Theater hervorgebracht werden kann. Dadurch kann man auch Bewusstheit erlangen.

Jede Gesellschaft bringt immer auch solche Menschen hervor, die ein Verhalten an den Tag legen, das sich gegen die Norm wendet. Was aber gegen die Norm ist, gilt als verrückt.

Homosexualität z.B. galt einmal als Form geistiger Krankheit. Dies lehrt uns etwas darüber, wie die Psychiatrie dem Geist der Zeit folgt, einer herrschenden Moral, die die Moral der Herrschenden ist. Ist Homosexualität normales Verhalten, abweichendes Verhalten oder eine Art von Krankheit? Ist es Ausdruck einer freien Entscheidung oder pathologisch? Als die Gesellschaft Homosexualität ablehnte, entschied die Psychiatrie, dass sie eine Krankheit sei, als aber die Gesellschaft dann Homosexualität anerkannte, wurde sie auch nicht mehr als pathologisch bewertet.

Wissenschaft versucht, die Dinge zu erkennen wie sie sind, aber die Herrschenden versuchen immer, sie ihren Zwecken dienstbar zu machen. Während der Zeit der Sowjetunion wurden Andersdenkende als ernsthaft geisteskrank betrachtet und von Psychiatern behandelt. Man betrachtete sie als geheilt, wenn sie nicht mehr an ihren abweichenden Gedanken festhielten. In anderen Fällen ist die Vereinnahmung nicht so einfach: Krebs ist nun mal Krebs und eine Grippe ist eine Grippe. So klar ist vieles in der Psychiatrie nicht. Denn was dort als Krankheit betrachtet wird, hängt stark von den in einer Gesellschaft herrschenden Werten ab, von der jeweiligen Situation und von der Ausbildung des Psychiaters.

Wir wissen über das menschliche Gehirn und seine Funktionsweisen wenig, fast gar nichts, wenn auch etwas mehr als vor fünfzig Jahren. Wir reden hier nicht von Neuropathologie. Diese geht den Neuropathologen an. Wir reden vom Geistigen, vom gefühlshaften Denken. Der Geist, das Gefühlsdenken benötigt die Kunst, braucht die Philosophie. Warum wollen die Psychiater Wissenschaftler sein? Sie benutzen die Wissenschaft, um dahinter zu kommen, wie das Gehirn funktioniert oder wie die synaptischen Prozesse der Nerven funktionieren, und das ist richtig so. Aber das ist nicht alles. Es genügt nicht. Dazu muss Wissen vom menschlichen Sein und auch über die menschliche Entwicklungsgeschichte kommen. Durch die beträchtliche Entwicklung der Psychopharmakologie und die immer genauere Zusammensetzung von Wirkstoffen, welche immer genauer und spezieller wirken, steigt gleichzeitig die Gefahr, alles der Wirkung dieser Medikamente zu überlassen. Wenn jemand unter Halluzinationen leidet, werden ihm bestimmte Wirkstoffe verabreicht. Dann wird er keine Halluzinationen mehr haben, aber ist er dann geheilt? Er hat nur keine Halluzinationen mehr. Ihm wurde ein Prozess der Klärung, des Selbsterkennens vorenthalten. Man entscheidet sich für die »moderne« Methode, oftmals aus Gründen der Befangenheit und vor allem der Sparsamkeit.

Wenn bei den Dogon in Nordafrika jemand Halluzinationen hat, drängen sich alle ganz dicht um denjenigen herum und begleiten ihn. Sie kümmern sich um ihn, sie waschen ihn, sie behüten ihn, respektieren ihn, mit einem Wort, sie verstehen, dass demjenigen etwas Unheimliches zugestoßen ist, etwas, das durch den Halluzinierenden zu allen spricht. Weil die ganze Gruppe in dessen übersinnliches Erleben mit einbezogen ist, wird ihnen auch allen klar, dass derjenige, der dieses Erlebnis hat, Schutz braucht.

Tief in uns lebt der Wunsch, die verloren gegangene Einheit der menschlichen Handlungen wieder zu finden, und so setzen wir die Suche danach fort. Wir suchen diese Einheit mit Hilfe eines Therapeuten, in einer Funktion, die in den Ursprüngen der Therapie noch über den Zugang zu diesen tiefen Quellen verfügte, und durch welche seine therapeutischen Handlungen wirksam waren. Der Schamane konnte auf vielen Ebenen des Selbst wirken, um diese Kräfte anderen zur Verfügung zu stellen. Jene Suche könnten wir als die Suche nach der verlorenen Weisheit bezeichnen. Verloren im Laufe der Zeit, im Laufe der immer größer werdenden Spezialisierung und Zersplitterung aller Bereiche. So führt die Spezialisierung dazu, dass du eben Künstler oder Therapeut bist. Und weiter noch die Spezialisierung als Künstler, als Maler, als Sänger, als Schauspieler oder Bildhauer. In den Anfängen der Zivilisation waren viele Elemente der Kunst noch vereint, auf das Gemeinsame in der Kunst kam es an, und das gab Sinn.

Betrachten wir eine Gruppentherapie: ist eine solche Sitzung nicht auf eine bestimmte Art Theater, bei dem sich wie auf einer Bühne vielerlei Dynamiken zeigen? Der Kreis, Rituale, eine Sitzordnung, die eine bestimme Bedeutung hat, eine Analyse, die nicht beim Verbalisieren stehen bleibt. Es gestalten sich Rollen, bei denen jeder sich selbst darstellt und die gleichzeitig aus der Interaktion mit anderen hervorgeht. Andere projizieren ihre eigenen Gespenster auf dich, doch für dich ist das gut so, denn es hilft dir selbst. Gruppentherapie ist ein Theater, bei dem der Therapeut die in Szene gesetzte Dramaturgie erkennen muss. Er muss versuchen, die Geschichte zu deuten, die dargestellt wird. Was wird heutzutage hier erzählt? Heute beginnt man, vom Regen zu erzählen, dann spricht man über Tränen, von Pisse, schließlich von der Mutter usw. Eine Erzählung, die einen ganz bestimmten Fortgang und einen Ablauf hat. Eine Erzählung, bei der nichts unwichtig ist, alles ist bedeutend und vieles poetisch. Bei der Gruppentherapie, die uns gefallen würde, würde der Therapeut ein Gedicht herauslesen. Wenn er sich doch davon ergreifen lassen könnte. Viele Therapeuten können es. Sie reagieren auf das Gedicht, weil sie die bedeutende Kraft des poetischen Moments spüren, nur übersehen manche, dass es noch etwas Tieferes ist, nämlich, dass in dem Gedicht, das in einem Blick liegt oder einer Begegnung zum Ausdruck kommt, ein Wert steckt, der für sich allein steht. Wir wünschen uns Therapeuten, die sich mit jenen Elementen befassen, welche ursprünglich einmal einen wichtigen Teil der therapeutischen Funktion ausgemacht haben. Je mehr sich ein solches Interesse innerhalb der therapeutischen Szene ausbreitet, desto besser könnte man z.B. Verhalten lesen und dadurch vieles erkennen. Man könnte dunkle Seiten sichtbar machen, und man könnte ganz neue therapeutische Strategien entwickeln.

Aber alles braucht seine Zeit. Man denke nur daran, wie lange es gedauert hat, bis man die Rolle des Nichtverbalen in der Therapie erkannt hat. Lange war das gesprochene Wort das wichtigste Element in der therapeutischen Arbeit, und immer noch basiert ein großer Teil der Psychotherapie auf der Sprache. Es musste viel Zeit vergehen und viele Widerstände mussten überwunden werden, bis man verstehen lernte, dass eine Geste unglaublich viele Bedeutungen hat und in ihrer Ausdruckskraft weit über die verbale Sprache hinausgeht, vorausgesetzt der Therapeut kann sie lesen. Auch die Wahrnehmung der Qualität der Sprache, der Stimmlage, des Tonfalls, die Art und Weise, wie gesprochen wird, ermöglicht viele Deutungen, die weit über eine reine semantische Deutung hinausgehen.

Eine therapeutische Sitzung kann durchaus einen ähnlichen Charakter haben wie eine Begegnung im religiösen Kontext, z.B. bei der Beichte. Du begibst dich dorthin, weil du eine Antwort auf eine Frage suchst, eine Lösung für ein Problem, also bringst du deine Lebensgeschichte dorthin. Wenn du dann gesagt bekommst, dass sich deine Probleme mit der Zeit schon lösen werden, so bist du beruhigt. Du weißt, du kannst dir Zeit lassen. Was passiert in einer Gruppe oder einem therapeutischen Projekt? Hier muss in erster Linie Vertrauen hergestellt werden. Man erwartet von dir, dass du Vertrauen mitbringst. Wenn du kein Vertrauen entwickeln kannst, dann, so sagt man dir, wirst du das Problem nicht lösen können. Therapeutische Gruppen haben ihre Methodik, allerhand Techniken kommen zur Anwendung, auch einige Aspekte, die uns an religiöse Zeremonien erinnern. Diese bleiben aber meist nur an der Oberfläche im Vergleich mit der Vielschichtigkeit und Reichhaltigkeit und gleichzeitig der Einfachheit der ursprünglichen Zeremonien. Deshalb genügt vielen Patienten nicht, was sie im therapeutischen Kontext an Möglichkeiten entwickeln können.

Gewiss, wir sind als Individuen im Laufe der Zeit sehr viel komplexer geworden. Dennoch: Wir haben es noch nicht geschafft, etwas zu entwickeln, was so wirkungsvoll ist wie die uralten religiösen Zeremonien, und so verwenden wir heute die unterschiedlichsten Angebote wie z.B. ›ein bisschen singen‹, ›ein bisschen tanzen‹, ›ein bisschen zum Therapeuten gehen‹.

Es wäre interessant, sich auf eine paläontologische Reise zu begeben, um zu sehen, wie alle Erfindungen seit der Maske die religiöse Zeremonie verändert haben, so weit, bis sie in ihren Formen, aus denen sie ursprünglich geboren wurde, auch wieder unterging. Wir verfügen noch über Reste, noch ein paar Elemente, spezielle Teile, an die wir anknüpfen können, um etwas zu entfalten, was der authentischen, komplexen Zeremonie nahe kommt. Beim Tanz des Tigers z.B. benutzte man einst den Körper, als wäre man ein Tiger. Später ging man dazu über, Masken zu benutzen. Kostüme, Schminke usw., alles ausgewählt mit Blick auf den Effekt. Der therapeutische Aspekt beoder entgegnete dem künstlerischen Aspekt. Wenn du dich auf die Tigerjagd begibst, so musst du dich auf einen Koloss von Muskelpaketen von zweihundert Kilo und einem angsterregenden Gebiss einstellen. Du aber hast nur eine Lanze, das bedeutet, dass du dich aufladen musst, wie sonst könntest du dem Tiger begegnen. In dem Moment, in dem eine Gruppe beschließt, einer Gefahr entgegen zu gehen wie einer solchen, muss sie auf die Ressourcen eines jeden Einzelnen zählen können. Dabei kann die Kunst wie ein Instrumentarium mit großer Wirksamkeit genutzt werden. Sie hilft der Vorstellungskraft, dem Erkennen und der Ausdruckskraft. Alle Künste können, wenn sie richtig benutzt werden, auf eine bestimmte Art eingesetzt, die Chemie des Körpers so verändern, wie es die Situation erfordert. Warum tauchen heute Tanztherapie, Musik oder Theater in der Therapie auf?

Warum dieser Appell an die Kunst? Weil Kunst in sich die Kraft der Veränderung birgt, die es ermöglicht, dass physische und psychische Gleichgewicht des Seins zu verändern, auch deswegen, weil durch die Kunst die Realität von anderen Gesichtspunkten aus betrachtet werden kann, zuletzt, weil Kunst das zum Ausdruck bringen kann, was sonst unaussprechlich ist.

Warum kehren wir ständig zur Beziehung zwischen Schamanen und seinem Stamm oder zur schamanistischen Funktion des Therapeuten zurück? Weil sich im Feld der uralten Zeremonien viele Strategien befinden, die wir auch heute in der therapeutischen Beziehung benutzen können, allerdings nur dann, wenn wir lernen, sie ernst zu nehmen, wenn wir sie auf eine Ebene bringen, wo sie den anderen Methoden ebenbürtig sind. Nicht als etwas, was man hinzufügt oder als Alternative, sondern als etwas Verbindendes, was gemeinsam mit und durch die anderen Elemente hindurch lebt. Künstler und Therapeuten sollten wechselseitig miteinander arbeiten, um sich dabei zu unterstützen, ein Ergebnis zu erhalten, das therapeutisch wirkt. Sie sollten sich jedoch nicht zu einer Arbeit hingeben, wo es darum geht, die Patienten zu unterhalten, weil es gerade so Mode ist.

Wir haben die Angst vor dem Tiger gesehen (auch die vor der Unfruchtbarkeit und der Trockenheit), die es notwendig macht, dass die gesamte Gruppe, jeder Einzelne mit allen seinen Fähigkeiten sich einsetzt, um der bedrohlichen Gefahr zu begegnen und ihr gemeinsam und stark entgegenzutreten. Dies sei ein Appell an alle Künstler und an alle andern, die über Strategien verfügen, die in diesem Zusammenhang hilfreich und sinnvoll sein können. Wir wünschen uns von den Menschen, die im Gesundheitsbereich arbeiten, die Fähigkeit, einen Qualitätssprung zu machen.

Die Psychotherapie oder Pharmakologie allein sind ein allzu karges Angebot. Man kann auch tanzen, musizieren, man kann malen, man kann Theater spielen, zuhören und zuschauen und dabei immer im therapeutischen Zusammenhang bleiben und so durchaus zu besseren Ergebnissen kommen. Selbstverständlich erwarten die Akademien und Wissenschaften ein messbares und präzises Vorgehen: wie z.B. benutzt man in welchem Moment welche Technik oder welche Methode, damit man genau dieses oder jenes Resultat erreicht? Wir wissen jedoch sehr genau, dass so etwas niemals möglich sein wird, denn alles hängt von der jeweiligen Situation, vom Therapeuten und seiner Sensibilität in Bezug auf die jeweilige Technik ab. Auch von seiner Fähigkeit, mehr oder weniger Vertrauen in die Wirkung der Musik oder den Tanz oder in das Theaterspielen zu haben.

Was ist das für ein Tiger, der herumgeht und uns allen Angst macht? Öffnen wir die Räume zu den Ressourcen, die wir in uns tragen, um dieser Angst entgegenzutreten, jetzt und hier.

V. Ein integriertes theaterpädagogisches System

Pädagogisches Projekt Ombelicus Mundi

Seit seiner Gründung hat sich das *Teatro Nucleo* als pädagogische Einrichtung profiliert, in erster Linie natürlich, um die eigenen Schauspieler auszubilden, da die besonderen Charakteristika unserer Arbeit dies erfordern. Dann aber auch, um einen Beitrag zur Bildung der Zuschauer zu leisten: Die Entwicklung der Theaterpoetik erfordert, dass die Zuschauer neue Qualitäten bei der schauspielerischen Arbeit, den dramaturgischen Strukturen und der Regie kennen und schätzen lernen, um die Rezeption zu vertiefen.

Parallel dazu hat es sich von Anfang an der Theaterarbeit mit Patienten und Beschäftigten im Psychiatriebereich gewidmet und dabei den Schwerpunkt auf die gleichen Themen gelegt, die auch in allen andern Kontexten die zentralen sind: Kommunikation, Gestaltung von interpersonellen Beziehungen, Umgang mit Konflikten, Erforschung der eigenen Innenwelt, was nicht nur bei der Arbeit mit Schauspielern sinnvoll ist. Da hat es für die Erschaffung der Figur ganz besondere Bedeutung.

Im Laufe der Jahre wurden dann auf Anfrage interessierter Lehrer zahlreiche Theaterworkshops für Grund- und Mittelschulen organisiert. Schließlich kam es in Ferrara in Zusammenarbeit mit dem Lehrstuhl für Theatergeschichte und Schauspiel, zur Schaffung des *Centro Teatro Universitario*, einem Hochschulzentrum, das Studenten aller Fachrichtungen offen steht, wo der Hauptakzent auf dem Workshop liegt, d.h. auf dem, was das Theater als Mittel zur Selbsterkenntnis und zur Verbesserung der Kommunikationsfähigkeit anbieten kann.

Hauptaktivität des *Teatro Nucleo* blieb allerdings immer die schöpferische Theaterarbeit und die Beschäftigung mit all den Fragen, die damit zusammenhängen. Aus diesem Grund ist die Reflexion über die pädagogische Struktur vielleicht erst in den letzten Jahren stärker in den Vordergrund getreten. Der Gruppe ist klar geworden, dass sie im Laufe der Zeit ein ausgedehntes Netz pädagogischer Aktivitäten geknüpft hat, das Erwachsene, Kinder und Jugendliche in von einander weit entfernten Gegenden erreicht hat. In Zusammenarbeit mit dem Lehrstuhl für Theatergeschichte der Universität Ferrara hat sie beschlossen, dieses Netz zu einem System auszubauen. So werden die Programme der verschiedenen, in Schulen, im eigenen Haus und im *Centro Teatro Universitario* durchgeführten Workshops von einem eigens gegründeten wissenschaftlichen Team per Video begleitet. Die Videobegleitung hat verschiedene Funktionen. Zunächst kann die Qualität der Pädagogik garantiert werden, indem Bewertungssysteme eingeführt werden, die sowohl den Prozess als auch die Ergebnisse der einzelnen Projekte und das Netz in seiner Gesamtheit erfassen. Außerdem soll, wo möglich, eine Rationalisierung der Angebote gefördert werden, indem Gruppen zusammengefasst und das pädagogische Angebot im Umkreis besser gestreut werden kann. Zudem können Kontakte zwischen anfänglich unterschiedlichen und entfernter gelegenen Gruppen hergestellt werden. So sollen z.B. Beziehungen aufgebaut werden zwischen den in Schulen entstandenen Workshops und solchen, die in den Sozialzentren der Stadtviertel aktiv sind und anderen aus dem *Centro Teatro Universitario*. Nicht zuletzt ist eine wichtige Funktion der Videobegleitung die methodologische Reflexion, d.h. wie ein und dieselbe Theaterpoetik an sehr verschiedenen Einrichtungen vermittelt wird, die sich sowohl hinsichtlich der Teilnehmer als auch der verfolgten Ziele stark unterscheiden.

Diese letzte Fragestellung wird ständig reflektiert. Die Dozenten des *Nucleo* sind Theaterleute, vor allem Schauspieler, die aber auch als Regisseure und Dramaturgen langjährige Erfahrungen haben. Ziel unserer theaterpädagogischen Arbeit ist, wenn man von einem verhältnismäßig kleinen Teil absieht, allerdings nicht die Ausbildung von Theaterleuten. Das Theaterspielen soll den Menschen vielmehr helfen, bewusster, harmonischer und vollständiger zu werden. Daher müssen die Pädagogen die Anforderungen und Herausforderungen der Kunst nicht nur je nach Alter und Fähigkeit der Schüler dosieren können, sondern auch je nach deren Interessen und dem Kontext samt dessen spezifischer Problematik – Schule, Stadtviertel, Universität –, und sie dürfen außerdem nicht vergessen, dass das Theater für die übergroße Mehrheit, ganz anders als bei ihnen selbst, nicht die wesentliche Haupttätigkeit darstellt, sondern einen Zusatz, ein Hilfsmittel.

Die Resonanz auf unsere Arbeit zeigt, dass es wichtig ist, eine Pädagogik zu entwickeln, die in jedem Kontext ohne Kompromisse das Beste fordert und gibt und die auch aus jedem Kontext neue Elemente bezieht, um die Methodik zu stärken und zu vertiefen.

1. Bei dem *3. Polo liceale* in Ferrara, einem Zusammenschluss verschiedener Gymnasien, dem auch das *Istituto d'Arte* und das sozio-pädagogisch orientierte *Istituto Magistrale* angehören, wurde eine permanente Theaterwerkstatt eingerichtet. Die Schüler, die diese Werkstatt besuchen, werden ihre Vorteile erkannt haben, besonders wenn sie sich dann für das Studium an der geisteswissenschaftlichen Fakultät der Universität Ferrara entscheiden und den Kurs »Arte-Musica-Spettacolo« belegen. Dies erlaubt ihnen, die Ausbildung in jüngerem Alter zu beginnen, was den Vorteil bietet, dass sie einen mehrjährigen Weg innerhalb ein und derselben Schauspielpraxis durchlaufen können. Als Beitrag zum 500. Jahrestag der Ankunft von Lucrezia Borgia in der Stadt wird die Werkstatt in Zusammenarbeit mit der Hotelfachschule im Jahr 2002 eine Theateraktion im *Teatro Comunale* von Ferrara vorführen, bei der eine zeitgenössische Lesart des historischen Banketts aus dem 16. Jahrhundert vorgestellt wird.

2. Ebenfalls beim *3. Polo* gibt es eine Theaterwerkstatt, die sich mit Schauspiel beschäftigt. Anders als die obige ist diese in den offiziellen Lehrplan integriert. Hier ist das Thema der *Mythos von Theseus*. Sie wird gemeinsam mit dem Archäologischen Nationalmuseum von Ferrara durchgeführt, wo sich ein kolossaler Kelch befindet, auf dem Szenen aus diesem

Mythos dargestellt sind und der bei den Ausgrabungen von Spina (in der Nähe von Ferrara) gefunden wurde. Die Arbeit umfasst sowohl Theatertechniken, die bei Bühnenpräsenz und Erzählung angewendet werden, als auch Modellieren mit Ton, wobei Gegenstände handwerklich hergestellt werden. In regelmäßigen Abständen treffen die Gymnasiasten mit Schülern einer Grundschule zusammen, mit denen sie ihre Ausdrucksfähigkeit überprüfen. Das Ganze wird von einer speziellen Einrichtung der Region wissenschaftlich begleitet. Zum Abschluss des ersten Zyklus wird die Werkstatt im Frühjahr eine Theateraktion im Garten des selbstverwalteten *Sozialen Altenzentrums* von Ferrara präsentieren.

3. Bei der Theaterwerkstatt an der Hotelfachschule in Ferrara werden zwei Ziele verfolgt: die Schüler sollen das Theater kennen lernen und seine Praktiken auch auf ihren spezifischen Berufsbereich übertragen: was das Verhältnis zu den Kunden betrifft, den Umgang mit Konflikten etc. Die Methodik wird hier anhand verschiedener Phasen einer Theaterproduktion aufgerollt, deren Ergebnisse am Schluss des ersten Jahres gezeigt werden.

4. Vor sieben Jahren entstand auf Betreiben der Lehrer eine Theaterwerkstatt beim *Istituto Tecnico Statale* (staatliches technisches Gymnasium) und wurde dann mit Begeisterung von den Schülern angenommen. Trotz des gängigen Vorurteils, dass sich Studenten mit technischen Karrieren nicht sonderlich für humanistische Belange interessieren, ist die Teilnahme sehr rege. Die Schüler verstanden schon bald, wie sehr das Theater ihnen hilft, als Person zu wachsen und sich dabei auch noch zu amüsieren, und seitdem haben sie nicht mehr darauf verzichten wollen: Es ist zu einer von den Studenten geforderten Institution geworden.

5. Die Theater-Erfahrungs-Werkstätten am *Centro Teatro Universitario* entstanden vor etwa zehn Jahren in aller Stille ohne besondere Einbindung. Heute sind sie fester Bestandteil des Lehrangebots der Universität. Da sie sich der Bedeutung der Initiative bewusst ist, hat die Universität ihr einen eigenen Ort zur Verfügung gestellt, das »Aulateatro« in der umgebauten Reitschule des Hauses der Savonarola. Die Kurse dauern drei Jahre, das erste Jahr dient der Ausbildung, das zweite der Fertigstellung und Produktion einer Aufführung. Im dritten schließlich wird die Erfahrung vertieft durch eine echte Produktion, die allerdings einfach und dem Zweck angemessen ist und stets eine Werkstattarbeit bleibt. Bis heute gibt es drei laufende Workshops.

6. Die Schule des Theaterprojekts der Europäischen Gemeinschaft ist an das Sozialreferat der Gemeinde Ferrara angegliedert. Es geht darum, mit diesem Projekt das Theater in sozial benachteiligte Gebiete zu tragen, um neue solidarische Bindungen zu schaffen, indem man normalerweise getrennte und sich misstrauisch begegnende Bevölkerungsschichten mit einander in Kontakt bringt. Die Schule ist der erste Schritt: Ziel ist eine Werkstatt in der nördlichen Vorstadt, die jungen Leuten offen steht, mit der Idee, ein großes Theaterstück zu kreieren, bei dem das ganze Stadtviertel mit einbezogen wird. Zu dieser Werkstatt werden nach und nach weitere hinzukommen, auch für Erwachsene und Senioren. In drei Jahren soll ein ganzes »Theaterviertel« entstehen, das diese Kunstform benutzt, um sich mit den Problemen auseinander zu setzen, die es angehen will.

7. Es bestehen Lehraufträge bei den Psychiatrischen Kliniken der Universitäten von Modena und Reggio Emilia und der Universität von Ferrara über Theater in der Therapie als auch ein Lehrauftrag über Theaterregie beim Abschlusskurs in »Arte Musica e Spettacolo« an der Universität Ferrara.

8. Und dann ist da die Schule des *Teatro Nucleo*, das permanente Laboratorium, wo diejenigen ausgebildet werden, die später unserem Schauspielensemble angehören, und nicht nur die: in fünfundzwanzig Jahren ununterbrochener Arbeit haben Hunderte von Schülern, die unsere Schule besuchten, entweder selbst wieder Gruppen oder Theaterensembles in verschiedenen Teilen der Welt ins Leben gerufen oder sich in Dutzende schon bestehender Ensembles integriert.

Die Arbeit des *Nucleo* verfolgt verschiedene Richtungen: das Theater in geschlossenen Räumen oder bei Aufführungen im Freien, wobei das Straßentheater in aller Welt unsere besondere Spezialität ist. Hierbei legen wir größten Wert auf die Qualität der Schauspieler. Die Aktivitäten im Therapiebereich, der zweite uns sehr wichtige Bereich, verlangt von den Dozenten und Werkstattleitern besondere Fähigkeiten. Die Arbeit mit Theater im sozialen Bereich schließlich verlangt Leute, die nicht nur eine gute Theaterausbildung besitzen, sondern die sich auch persönlich für die Rolle engagieren, die das Theater im Leben der Gemeinschaften spielen kann.

Die Schauspielakademien und Konservatorien bilden keine Leute mit solchen Qualifikationen aus. Durch unsere Erfahrungen sehen wir das Bedürfnis, ein besonderes individuelles Profil, ein pädagogisches Curriculum auszuarbeiten, das alle notwendigen Stationen durchläuft und nur vom Theater selbst geleitet wird. Da auf diese Weise ausgebildete Personen auch in anderen Bereichen dringend gebraucht werden, wird im Augenblick zusammen mit dem *Centro Teatro Universitario* darauf hingearbeitet, eine Schule ins Leben zu rufen, die je nach Fach Dozenten aus dem Universitäts- sowie auch aus dem Theaterbereich zusammenbringt. Die Schule hätte europäischen und internationalen Charakter und müsste von der Region Emilia Romagna getragen werden.

Schlusswort

Im November 1999 kehren wir zum ersten Mal mit einem Stück von uns nach Buenos Aires zurück. Einundzwanzig Jahre waren seit unserem überstürzten Aufbruch nach der Bedrohung durch die Militärdiktatur vergangen. Die Begegnung mit diesen Zuschauern und Theaterleuten war uns sehr wichtig. War Verständigung möglich? Wie hatte sich unsere Sprache entwickelt? Was ist von unseren Wurzeln nach so vielen Jahren in Europa geblieben? Wir kommen mit *Tempesta*, dem Stück über die Shoah und den Aufstand im Warschauer Ghetto und werden es im Freien, auf dem Fußballplatz in einem normalen Wohnviertel aufführen. Das Ergebnis hat uns beruhigt. Hunderte von Zuschauern haben uns eine wirklich unerwartete Anteilnahme und Sympathie gezeigt und die Theaterleute ebenso. Unsere Sprache war für sie durchsichtig und nah, als wären wir nie weg gewesen. Die Verbindung zu der Theatersprache des *Nucleo* von damals war zu erkennen, es war uns gelungen sie zu entwickeln und reicher zu werden durch den Austausch und die Beziehung mit der europäischen Realität, die uns aufgenommen hatte. Aber eine noch viel größere und wunderbarere Überraschung erwartete uns. Wenn man es erzählt, wirkt es wie eines dieser Ereignisse, das man kaum für wirklich halten kann, eher der Einbildungskraft eines Drehbuchautors entsprungen. Und vielleicht ist es so, falls es einen gibt, der das Drehbuch schreibt.

Einige junge Schauspieler des *Teatro Nucleo* befinden sich an einem Donnerstags auf der Plaza de Mayo, um dem rituellen Rundgang der Mütter beizuwohnen, diesem außergewöhnlichen Theater, das seit über zwanzig Jahren zelebriert wird, um an die ermordeten Söhne und Töchter und die noch auf freiem Fuß befindlichen Mörder zu erinnern. Unsere Schauspieler verteilten Einladungen für die *Tempesta*-Aufführung. Sie begegnen anderen jungen Schauspielern, Einheimischen, die ebenfalls Einladungen zu ihrem Stück verteilen. Sie kommen ins Gespräch, und die Argentinier sehen auf unserem Handzettel den Namen Czertok. Sie fragen: »Machte dieser Czertok vielleicht mal eine Theaterzeitung hier in Buenos Aires?« Unsere antworten: »Ja, vielleicht. Jedenfalls ist Czertok aus Buenos Aires jetzt nach zwanzig Jahren wieder da!«

Die anderen erzählen: »Vor ein paar Jahren suchten wir nach einem Raum, um eine Theaterwerkstatt zu machen. Wir fanden eine verlassene Halle, früher mal eine Druckerei. Alte Bücherpakete lagen herum, darunter eines mit einer Theaterzeitschrift! Das kam uns gelegen, wir wollten ja Theater machen! Wir spürten den Besitzer auf, ein junger Mann wie wir, und er willigte ein, uns aufzunehmen unter der Bedingung, dass wir einen Raum für die Bibliothek seines Vaters reservieren, der einige Jahre zuvor gestorben war und Inhaber der Druckerei war. (Ich kannte ihn gut: es war Juan Andralis, ein Intellektueller, der zurzeit des Surrealismus in Paris studiert hatte, ein Freund von Breton und Duchamp). Wir machten alles sauber und renovierten die Räume, und dann begannen wir mit der Theaterarbeit. Dabei halfen uns die Zeitschriften, die wir gefunden hatten. Mit unserem Straßentheater wollen wir die Militärs anklagen, die sich noch auf freiem Fuß befinden, die schuldig sind an dem Verschwinden und der Entführung von Kindern. Wir wollen ein Theater machen, das ein wirksames Kampfinstrument wird. Natürlich bekamen wir die üblichen Anzeigen. Wir haben die »escraces« (lautmalerischer Ausdruck für Blitzlicht) erfunden, die die Orte ›fotografieren‹ oder ausleuchten, wo sich diese Kriminellen in ihren feinen Häusern verstecken, weil wir alle diese Leute kennen.«

Man kann verstehen, wie sehr uns diese Episode beeindruckt hat. Unsere Zeitschrift *cultura* war zwanzig Jahre verschwunden und wartete darauf, dass junge Leute sie finden, um ein neues Theater machen. Gibt es eine bessere Metapher für unser Exil? Oder einen besseren Schluss für dieses Buch?

Die Gruppe Comuna Nucleo *in Buenos Aires (1975) bei der Herstellung der Zeitschrift* Cultura, *in der Druckerei, in der 25 Jahre später andere junge Leute ihr* Theater Antonin Artaud *einrichten.*

VI. Spuren

Luci, *Cora Herrendorf*

Daniele Seragnoli und Barbara Di Pascale

Kulturelle Randbemerkungen, Erinnerungen und Theatererfahrungen[1]

> *Theater machen bedeutet im Wesentlichen vergessen.*
> Heiner Müller

1. Dieses Buch ist nicht nur aus der Sicht des Künstlers, sondern auch aus der Sicht des Theoretikers und Forschers geschrieben. Horacio Czertok ist zugleich Urheber seines Untersuchungsgegenstandes und Augenzeuge seiner Entwicklung. Er beobachtet die kreativen Zusammenhänge des Theaters, der Ausbildung und Arbeit des Schauspielers und beleuchtet sie mal aus anthropologischer, mal aus ethisch-philosophischer, soziologischer, psychologischer oder neurologischer Sicht. Diese unterschiedlichen, teils ›wissenschaftlichen‹ Sichtweisen sind durch einen Begriff verbunden, der viele Bedeutungen, Problematiken und Konsequenzen beinhaltet: es ist der Begriff *Erinnerung*.

Gewöhnlich geht man davon aus, dass die Erinnerung des Theaters an das Erlebnis der Aufführungen gebunden ist. Daher ruft man sich diese so unausweichlich vergänglichen Erlebnisse durch konkrete und fassbare Dokumente wie Beschreibungen, Chroniken, Kritiken, Photographien, Viedeoaufzeichnungen usw. ins Gedächtnis. Schon ungewöhnlicher ist es, wenn jemand die Meinung vertritt, die Erinnerung des Theaters bestehe ausschließlich aus den Texten der Stücke, aus dem Repertoire der Dramaturgie. Gewiss bleibt von den Aufführungen trotz ihrer vergänglichen Natur vieles auch ohne jene Dokumente in der Erinnerung haften. Es ist etwas, was sich unauslöschlich ins Gedächtnis des Zuschauers einprägt, in seinem *Innern* weiterwirkt und ihn dazu zwingt, das eigene emotionale Material aufzuarbeiten, das seine Erfahrungen verändert und sich beinahe genetisch von einer Generation auf die andere überträgt. Darin besteht das Prinzip der Unwideruflichkeit des Theaters. Ganz ähnlich sprach vor vielen Jahren der Schriftsteller Italo Calvino in einem Interview mit dem französischen Fernsehen von der Notwendigkeit der Idee des »vergessenen« Buches. Er definierte es als das Buch, das mehr als alle anderen auf die Erinnerung des Lesers einwirkt, da es in der Vergessenheit Wurzeln schlägt und aus dem Unterbewussten wirkt.

---

[1] Dieses Kapitel erschien unter anderem Titel als Einleitung zur italienischen Ausgabe, wurde aber in vieler Hinsicht überarbeitet. Es war ursprünglich in Form zweier getrennter Briefe an den Autor verfasst. Der Punkt 1 ist eigens für die deutsche Ausgabe geschrieben worden. Der gesamte Text ist in Zusammenarbeit entstanden, in den Grundzügen stammen jedoch die Punkte 1, 3 und 4 von Daniele Seragnoli und Punkt 2 von Barbara Di Pascale.

Dass aber die Aufführung der Moment des Theaters sei, in dem die Erinnerung die tiefsten Wurzeln schlägt, ist nur scheinbar wahr. Das Buch von Horacio Czertok mit seinen komplexen Reflexionen über die Arbeit des Schauspielers sind ein Beweis dafür. Ein anderer Beweis ist die gesamte, vielschichtige Arbeit des *Teatro Nucleo*, sind die vielen, in fast dreißig Jahren entstandenen Stücke, in denen die Erinnerung einen wesentlichen Raum einnimmt. Dabei muss man bedenken, dass die Gruppe zunächst in Argentinien entstand und sich dort entwickelte, also in einem Land, dessen Erinnerung hauptsächlich durch die jahrelange europäische Emigration erzeugt worden ist.

Auch wenn in diesem Buch nicht oder allenfalls am Rande von den Aufführungen die Rede ist, macht sich der Akt der Erinnerung, aus dem sie hervorgegangen sind und den sie selbst hervorrufen, überall bemerkbar. Wenn nicht systematisch, als Technik oder Regel, so wenigstens als ethisches Prinzip, das der Arbeit, dem kreativen Akt, der Erfahrung (der persönlichen und der der Gruppe) sowie der Existenz des Ensembles vorausgeht und als gestaltendes Prinzip wirkt. Erinnerung als Bereicherung, als Bewusstseinsfindung, als Erlebnis. Dazu aber muss das Forschungsfeld eingegrenzt werden. Zudem muss die gelebte Erfahrung als ein zwar subjektives, aber keineswegs vitalistisches, intuitives oder rein spirituelles Vermögen (wie es ursprünglich dem Begriff »Erlebnis« zugrundeliegt) angesehen werden. Es muss also zu einer abgeklärten Sichtweise kommen, in der es ein durchschaubares Verhältnis zwischen dem Subjekt und dem Gegenstand der Beobachtung gibt. Erkennen, in die Beziehung zwischen sich und der Außenwelt, sich und den anderen eintreten, ohne auf sich selbst zu verzichten, und ohne der Erfahrung und der Erinnerung anderer zuvorzukommen. In dieser Haltung besteht wahrscheinlich auch eines der möglichen »Geheimnisse« des Theaterlaboratoriums. Denn dort, wo Emotionen und Gefühle erarbeitet werden und einer ständigen Beobachtung und Reflexion ausgesetzt sind, besteht leicht die Gefahr, sie zum Gegenstand eines Kults zu machen, sie absolut zu setzen. Die Gefahr, aus dieser Arbeit ein Modell, eine Technik, ein statisches Produkt, eine wie auch immer heilige oder unantastbare Tradition, eine Klassifikation unveränderlicher Kategorien zu machen. Der Blick sollte sich vielmehr auf archetypische Muster, auf Selbsteinschätzung und Selbsterkenntnis mittels Auswertung »genetischer Abdrücke« in der gefühls- und verhaltensmäßigen Welt der Individuen richten. Und sollte eine Vielzahl mitwirkender Faktoren einbeziehen: angeborene Neigungen, familiäre und soziale Erwartungshaltungen, Faktoren und/oder Personen, die Verhaltens- und Handlungsweisen (unsere inneren »Gottheiten«) auslösen oder auch unterdrücken können usw.

Hinter diesem Blick, der sich durchgängig durch das vorliegende Buch zieht, steht die Auffassung, dass sich das Theater weniger auf Fakten und Aktionen als vielmehr auf *Verhältnisse* und *Beziehungen* gründet, die oft auch sehr tiefgreifende Konflikte offen legen. Das ist sozusagen das Theater der Ursprünge, der Primitiven, des klassischen Griechenlands, des Ritus.

Mit seinem Vermögen an Erinnerung, an Wissen über den Menschen: ein Theater, das aus Geschichten und geschichtenerzeugenden Archetypen besteht, aus denen sich auch Verhaltensweisen und Beobachtungsfähigkeit herleiten. Vom Tabu des Inzests bis zur Erzählung, die die griechische Tragödie daraus macht, ein Tabu, das man in unterschiedlichen Formen in allen Erzählungen über die Anfänge der Welt und in allen Kulturen antrifft, das in der westlichen Kultur auf die biblischen Figuren von Eva und Adam zurückgeht, bevor man es dann in der Ödipus-Erzählung wieder findet, das aber offenbar in der Erinnerung der Menschheit (oder in dem, was später das Unbewusste genannt wurde) schon zuvor existierte.

In seinem wichtigen Buch *Gli dei dentro l'uomo. Una nuova psicologia dell'uomo* schreibt Jean S. Bolen:

> Neben der griechischen Mythologie, aus der durch geringe Veränderungen die römische entstanden ist, sind das *Alte* und das *Neue Testament* die Hauptquellen zur Geschichte der Familie. Zwischen ihnen gibt es viele Parallelen. Sowohl die griechische Halbinsel, auf die die Indoeuropäer einfielen, als auch das Gelobte Land, das die Juden von Ägypten kommend in Besitz nahmen, waren bereits zuvor organisiert gewesen. Man verehrte dort die Große Göttin. Beide einwandernden Völker dagegen verehrten himmlische bzw. väterliche Götter mit ausgeprägten kriegerischen Eigenschaften, die von oben herab regierten und ihre Botschaften von den Berggipfeln sandten. In beiden verlor dieser Himmelsgott nach und nach an Feindlichkeit gegenüber den Kindern, übernahm immer mehr elternhafte Züge. In der griechischen Mythologie erfolgt diese Veränderung über eine Reihe von Göttervätern, unter denen Zeus die wichtigste Rolle spielt. Der Gott der Bibel wiederum hatte, auch wenn er als eine Einheit betrachtet wurde, verschiedene Namen: Yahweh und Elohim in der Originalsprache des *Alten Testaments*. Mit der Zeit veränderte sich auch der himmlische Gott der *Bibel*, verlor an Strenge und zeigte sich hilfreicher gegenüber seinen »Menschenkindern«. Die Reihe der Parallelen ließe sich unter dem Aspekt der Familiengeschichten bzw. aus einer psychologischen Perspektive fortsetzen. Das griechische Thema des Himmelsvaters, der von Geburt und Heranwachsen seiner Kinder bedroht wird, sein Versuch, sie sich einzuverleiben oder sie innerhalb der Grenzen seiner Seinsweise zu halten, sowie die Feindschaft ihnen gegenüber sind auch in der *Bibel* anzutreffen, wenn dieses Phänomen auch durch Proben des Gehorsams und der Aufopferung verschleiert wird. So stellte Yahweh Abraham auf die Probe, indem er ihm befahl, seinen einzigen und geliebten Sohn Isaak auf einem Berg zu opfern. Als er bewiesen hatte, daß er bereit war ihn zu töten, hatte er die Probe bestanden. (In der *Ilias* wird erzählt, daß die Schiffe des Agamemnon, Anführer des griechischen Heeres im Krieg gegen Troja, durch eine Windstille vor Aulis blockiert waren. Um günstige Winde zu erhalten, hätte er seine Tochter Iphigenie opfern müssen, und er zeigte sich bereit dazu). Damit die Väter ihre Proben bestehen und Erfolg haben, werden heutzutage keine Kinder mehr auf

dem Altar geopfert, aber sie werden im metaphorischen Sinn zum Opfer dargeboten.[2]

Diese Geschichten sind so alt wie die Welt. Sie wurzeln seit Jahrtausenden in unserem emotionalen Gedächtnis (oder im kollektiven Unbewussten). Das Theater stellt sie seit jeher in all seinen Erzählungen dar und wird dadurch zu einem enormen kollektiven und sozialen Klangkörper, der Mechanismen allgemeiner Identifikation zwischen Leben/Rolle/Zuschauer/Leben auslöst.

Während seiner Italienreise schreibt Goethe in Venedig am 4. Oktober 1786:

Gestern war ich in der Komödie, Theater St. Lucas, die mir viel Freude gemacht hat, ich sah ein extemporiertes Stück in Masken, mit viel Naturell, Energie und Bravour aufgeführt. Freilich sind sie nicht alle gleich; der Pantalone sehr brav, die eine Frau stark und wohlgebaut, keine außerordentliche Schauspielerin, spricht exzellent und weiß sich zu betragen (…). Mit unglaublicher Abwechslung unterhielt es mehr als drei Stunden. Doch ist auch hier das Volk wieder die Base woraufdies alles ruht, die Zuschauer spielen mit und die Menge verschmilzt mit dem Theater in ein Ganzes. Den Tag über auf dem Platz und am Ufer, auf den Gondeln und im Palast, der Käufer und Verkäufer, der Bettler, der Schiffer, die Nachbarin, der Advokat und sein Gegner, alles lebt und treibt, und läßt sich es angelegen sein, spricht und beteuert, schreit und bietet aus, singt und spielt, flucht und lärmt. *Und Abends gehen sie in's Theater und sehen und hören das Leben ihres Tages, künstlich und zusammengestellt, artiger aufgestutzt, mit Märchen durchflochten, durch Masken von der Wirklichkeit abgerückt, durch Sitten genähert. Hierüber freun sie sich kindisch, schreien wieder, klatschen und lärmen.* Von Tag zu Nacht, ja von Mitternacht zu Mitternacht ist immer alles ebendasselbe. (…) Da ich das schreibe, machen sie einen gewaltigen Lärm auf dem Kanal, unter meinem Fenster, und Mitternacht ist vorbei. Sie haben im Guten und Bösen immer etwas zusammen. (...) Öffentliche Redner habe ich nun gehört: drei Kerls auf dem Platze und Ufersteindamme, jeden nach seiner Art Geschichten erzählend, sodann zwei Sachverwalter, zwei Prediger, die Schauspieler, worunter ich besonders den Pantalon rühmen muß, alle diese haben etwas gemeinsames, sowohl weil sie von ein und derselben Nation sind, die, stets öffentlich lebend, immer in leidenschaftlichem Sprechen begriffen ist, als auch, weil sie sich unter einander nachahmen. Hierzu kommt noch eine entscheidende Gebärdensprache, mit welcher sie die Ausdrücke ihrer Intentionen, Gesinnungen und Empfindungen begleiten. Heute am Fest des heiligen Franziskus war ich in seiner Kirche in Vigne. Des Kapuziners laute Stimme ward von dem Geschrei der Verkäufer vor der Kirche, wie von einer Antiphone, begleitet; ich stand in

---

[2] It. Ausg., *Gli dei dentro l'uomo. Una nuova psicologia dell'uomo,* Rom, Astrolabio, 1994; Org. Ausgabe 1989: *Gods in Every Man. A New Psychology of Men, Lives and Loves.*

der Kirchtüre zwischen beiden, und es war wunderlich genug zu hören.[3]

›Künstlich‹ nachgebildetes, bzw. reproduziertes Leben, das ›kunstvoll‹ zusammengesetzt wird.

Identifikation, Wiedererkennung, Analyse der »Frauen- oder Männerrolle« im Laboratorium. Das Theater beweist dabei seit jeher eine Fähigkeit zur Beobachtung, die noch vor der ›Darstellung‹ rangiert und in der Theatergeschichte immer wieder zum Ausdruck kommt: in der klassischen Tragödie, in bestimmten italienischen Traktaten des 16. Jh., in denen die theoretischen und praktischen Aspekte der Rolle im Theater formuliert werden (auf dem Hintergrund einer ungewöhnlich guten anthropologischen, ethnologischen, moralischen und sozialen Analyse des Individuums[4], bei Shakespeare, Goldoni, Cechov (der nicht zufällig auch Arzt war) und Stanislavskij sowie in vielen Ausprägungen des Theaters des 20. Jh. und der Gegenwart. Im letzten Jahrhundert hat sich das Theater vielleicht weniger dazu verpflichtet, Geschichten zu erarbeiten, aber dafür hat es umso mehr die Erinnerung zum Gegenstand des Diskurses gemacht und sich die Aufgabe gestellt, sie zu sondieren und konkret von *innen* zu erforschen. Diese Aufgabe verfolgten Lehrer/Meister und Schüler, die Schüler von Stanislavskij, Jacques Copeau und seine Schüler (in einem anderen Teil Europas), aber auch Pirandello, Freud, Jung, Proust, Joyce und einige andere. Und davor Dichter und Schriftsteller wie Poe, Baudelaire, Mallarmé. Das Leben als Spiegel? Dorian Gray betrachtet sich selbst in einem Portrait/Spiegel und erkennt in seinem Abbild seine Ängste, seine Fehler, seine Hässlichkeit. Alice schreitet dagegen durch den Spiegel und findet sich im Wunderland wieder.

Jung schreibt in seinem Werk *Die Archetypen des kollektiven Unbewußten*:

> Wer in den Wasser-»Spiegel« schaut, sieht tatsächlich zuerst das eigene Abbild. Wer auf sich selbst zugeht, geht das Risiko ein, sich selbst zu begegnen. Der Spiegel schmeichelt nicht; er gibt genau das wieder, was sich in ihm spiegelt, d.h. jenes Gesicht, das wir der Welt nie zeigen, weil wir es hinter unserer Person, hinter der Maske des Schauspielers verbergen. Aber hinter der Maske befindet sich der Spiegel, der das wahre Gesicht zeigt. Das ist die erste Mutprobe auf dem inneren Weg, eine Probe, die reicht, um der Mehrheit der Menschen einen Schrecken einzujagen und sie aufgeben zu lassen. Die Begegnung mit sich selbst ist wirklich eine der unangenehmsten Erfahrungen, der man entflieht, indem man alles, was daran negativ ist, auf die Außenwelt projiziert.

---

[3] Zit. nach der Ausgabe Mondadori, Mailand 1987, (Kursivdruck des Autors).
[4] Ich verweise auf eine meiner Arbeiten zu diesem Thema, La struttura del personaggio e della »fabula« nel teatro del Cinquecento. In: F. Cruciani/D. Seragnoli (Hrsg.), *Il teatro italiano nel Rinascimento*, Bologna, Il Mulino, 1987, zuvor erschienen unter dem Titel: La struttura del personaggio nel teatro del Cinquecento: il progetto di Alessandro Piccolomin. In: *»Biblioteca Teatrale«*, n. 6/7, 1973.

Schauen und in sich hinein schauen. Die Beziehung zwischen sich und dem Selbst, zwischen dem Selbst und der Welt suchen. Einzelarbeit an den Emotionen und kollektive Arbeit gegen die soziale und moralische Vereinsamung. Etwas wieder erkennen, wissen, wie die Lehren der großen Meister der Kunst der Beobachtung anzuwenden sind.

Einer dieser Meister war sicherlich William Shakespeare. Das Zitat ist allzu bekannt: »All the world's a stage, and all the men and women merely players; they have their exits and their entrances« (aus: *Wie es Euch gefällt*). In derselben Komödie erweist sich Shakespeare dann auch als scharfer Beobachter von Verhaltensweisen und Gefühlen (mit einer Genauigkeit, die Freud »vorwegnimmt«), der die Signale, Stereotypen und Symptome der Liebe zergliedert und unter die Lupe nimmt. Das geschieht in dem zentralen Dialog, in dem sich Rosalind in den Kleidern Ganymeds über den in sie verliebten und ahnungslosen Orlando lustig macht: abgemagerte Wangen, tief liegende, blaugeränderte Augen, Widerspenstigkeit, ungepflegter Bart, abgetragene und schlampige Kleidung. Oder als Rosalind wenig später Heilmittel und Kuren gegen den Liebeskummer aufzählt:

Orlando: »Habt Ihr schon jemanden auf diese Art geheilt?«

Rosalind: »Ja, einen: er musste sich vorstellen, ich sei seine Liebe und Geliebte, und mir jeden Tag den Hof machen, und ich, jung und launisch, wie ich bin, tat so, als sei ich traurig, spielte das Mädchen, mal wankelmütig, zärtlich, sehnsüchtig, stolz, verwegen, affig, kindisch, unbeständig, wehleidig und heiter; eine Leidenschaft für alles und im Grunde für nichts, wie sie alle Bestien dieser Art, Männer wie Frauen haben. Mal gefiel er mir, mal verdroß er mich, mal fühlte ich mich wohl bei ihm, mal lehnte ich ihn ab; mal schmolz ich für ihn hinweg, mal spie ich ihm hinterher; bis ich meinen Verliebten aus dem wahnhaften Humor in den lebhaften Humor des Wahns trieb, und er den vollen Strom des Lebens leugnete, um sich in mönchische Einsamkeit zurückzuziehen. So heilte ich ihn, und auf die gleiche Art werd' ich versuchen, dass eure Leber klar wird wie das Herz eines gesunden Schafes, ohne den geringsten Liebesfleck.«

Die Verkleidung Rosalinds nimmt nicht nur das gewohnte Thema der Verwechslungen und Missverständnisse der antiken Komödie auf, sondern steht auch für die Notwendigkeit und Möglichkeit, eine theatralische Rolle zu spielen, ihre Liebe zu Orlando darzustellen und das Spiel der anderen Figuren zu »›steuern‹. Und in der ›Kur‹ gegen den Liebeskummer könnte man nicht nur ein Rollenspiel, sondern geradezu ein Regelwerk einer Methodenübung *ante litteram* erkennen, von der Vorbereitung bis zum Aufbau der Beziehung, bis zu den Motivationen, Gefühlszuständen und gegensätzlichen Gründen.

Auch Honoré de Balzac bringt in dem enormen Fresko seiner literarischen Produktion, der *Comédie humaine* (!), zahlreiche Beobachtungsregeln ins Spiel, um damit Verhaltensweisen, Situationen und Gefühle systematisch zu erfassen, zu ergründen und zu entwenden. Er stützt sich dabei jedoch auf die

Annahmen einer wissenschaftlichen Methode, die vergleichende Anatomie von Cuvier, die davon ausgeht, dass sich aufgrund eines kleinsten und unmerklichsten Details eine ganze Welt bzw. Zivilisation rekonstruieren lässt, sowie die Physiognomik von Gall und Lavater, deren Ziel es war, von der Beobachtung der Gesamterscheinung eines Menschen auf Aspekte der moralischen Persönlichkeit eines Individuums zu schließen. Wenn es auch bei Balzac um eine Untersuchung im Sinne einer realistischen Repräsentation des Lebens geht, und dafür eine Klassifikation der Typen und weniger eine Analyse der Emotionen angestrebt wird, ist für ihn das *besondere Detail* das Schlüsselelement seiner Forschung.

> Gott verbirgt sich im Detail, behauptete Aby Warburg, der große Kunsthistoriker, der schon als Kind die Gabe entwickelte, die Einzelheiten zu erfassen und zu deuten: Es war ein beinahe spontaner Vorgang in dem *der Wille eine eher passive Rolle spielte*: die Besonderheiten, die sich aus dem Kontext lösten, erheischten seine Aufmerksamkeit und blieben gegenüber dem ganzen Rest im Vordergrund.[5]

Es ist tatsächlich oft eine offenkundige Einzelheit, ein Anzeichen der sichtbaren, materiellen oder verhaltensmäßigen Realität, durch die es möglich wird, eine Haltung, einen Gefühlszustand, eine Absicht oder eine verborgene Motivation zu rekonstruieren. Was hier interessiert, ist aber weniger die Bedeutung, die diese »semiologische« Forschungsmethode im literarischen Werk Balzacs[6], einnimmt, als vielmehr ihre Reichweite für das Theater, die Arbeit des Schauspielers und die Erarbeitung der innerlichen wie äußerlichen Rolle. Gesten, Handschrift, Gangarten, der Klang der Stimme, ein Blick, Erröten, Pausen etc., all das sind Indizien und Mittel, die bei der Schaffung innerer, aber an die Außenwelt gebundener Bilder sehr wirkungsvoll werden können. Dazu aber muss man sie unabhängig von Werturteilen beobachten und anwenden und nicht im interpretativen Sinne wie bei den Figuren von Balzac.

Über eine starke Emotion wie die Traurigkeit sagt Osho in seinem *Buch des Erwachens*:

> Beobachte sie ohne zu urteilen. Wenn du ein Urteil fällst, wirst du nicht mehr in der Lage sein, sie in ihrer Gesamtheit zu sehen. Ohne jedes Urteil, ohne jede Verurteilung, ohne jede Bewertung: beobachte sie einfach, um ihre Natur zu erfassen. Beobachte sie wie eine traurige Blume oder eine schwarze Wolke, aber beobachte sie ohne jedes Urteil, um all ihre Schattierungen zu erkennen.

Aby Warburg wiederum sagt von einem Kunstwerk:

---

[5] Im Original nach F. Cernia Slovin, *Aby Warburg. Un banchiere prestato all'arte. Biografia di una passione*, Venedig, Marsilio, 1995, S. 56, (Kursivdruck vom Autor).
[6] Man lese dazu die beispielhafte *Introduzione* von M. Bongiovanni Bertini zur italienischen Ausgabe der *Commedia umana*, Verlag Mondadori, Mailand, 1994, Vol. 2.

Es durfte nicht von seinem Kontext losgelöst bleiben, es war unmöglich, es durch reine Intuition, durch Einfühlung zu verstehen; es existierten andererseits keine »anonymen Mächte der Geschichte«, wie die Idealisten behaupteten, die Geschichte bestand aus tausend Gesichtern. Es war tatsächlich nicht die Gesamtheit oder das Wesen eines Bildes, das zählte, sondern das Gefüge seiner Einzelheiten: die Physiognomie, die Objekte, die Frisuren, Positionen, Inschriften, Dekorationen: jedes Fragment war Bedeutungsträger, Indizienbeweis, die Bestätigung dafür, daß Gott im Detail verborgen ist.[7]

Aber in der beinahe frenetischen Haltung Balzacs gibt es etwas, das über seine Entschlossenheit, nützliche Indizien für eine Repräsentation des Lebens zu sammeln, hinausgeht; es ist seine Methode, seinen Figuren Leben einzuhauchen und ihnen auch Interpretationshilfen an die Hand zu geben. Auf den Anfangsseiten von *Facino Cane* schreibt er:

> Bei schönem Wetter gestattete ich mir einen Spaziergang auf dem Boulevard Bourdon. Eine einzige Leidenschaft lenkte mich von meinen beharrlichen Studien ab: aber war es nicht auch ein Studium? Ich beobachtete die Gewohnheiten in der *Faubourg*, ihre Bewohner und deren Charaktere. Da ich mich schlecht wie ein Arbeiter kleidete und mir mein Aussehen gleichgültig war, erweckte ich keinerlei Mißtrauen; ich konnte mich unter die Leute mischen, zusehen, wie sie ihre Geschäfte abwickelten und streitend von der Arbeit kamen. Meine Blick war bereits intuitiv geworden, er drang in die Seele ein, ohne den Körper zu vernachlässigen; das heißt, er fing die äußeren Details so gut ein, daß er gleich weiter vorstieß; er gab mir die Fähigkeit, mich in das Leben des betreffenden Individuums hineinzuversetzen, ja selbst an seine Stelle zu treten, wie der Derwisch in *Tausend und eine Nacht*, der den Personen, über die er gewisse Worte sagte, Leib und Seele nahm.

Diese Seite schreibt Balzac 1819, etwa siebzig Jahre vor Stanislavskij, aber sie führt uns nicht nur zur Arbeit des Schauspielers bei Stanislavskij. Der Derwisch, der »Leib und Seele nimmt«, ruft eher den Ritus und die Trance auf den Plan, die hier nicht als Bewusstseinsverlust und psychische Dissoziation zu verstehen ist als vielmehr im etymologischen Sinne, d.h. als Transition, als Übergangsstadium (*transire*, »überschreiten, hinübergehen«). Damit sind wir bei der Kunst des Schamanen, seiner Fähigkeit, zwischen dem Menschen und der Welt der Geister zu vermitteln: *Šamân*, das heißt auf Tungusisch wörtlich »der, der sich im Zustand der Ekstase befindet«. Und damit nähern wir uns Artaud, der für das *Teatro Nucleo* stets ein Meister gewesen ist, auch wenn er fast nie als ein solcher ausgegeben wird. Aber nicht nur Artaud als Theoretiker des Theaters der Grausamkeit. Eher ist es Artaud als »Anthropologe«, als Entdecker anderer Kulturen und Erforscher der

---

[7] Zit. nach: F. Cernia Slovin, *Aby Warburg*, S. 61

(...) wesentlichen Archetypen, die mit denen Jungs vergleichbar sind, Artaud, der gleichzeitig darauf aus ist, sein subjektives Selbst bis hin zur Aufopferung seines Lebens zu hinterfragen.[8]

Die Ekstase also, die Fähigkeit, sich von der äußerlichen Erfahrung zu lösen und mit der Gottheit eins zu werden, sich zu »entfernen«, »aus sich herauszugehen« (auch in diesem Fall folgen wir der Etymologie des ursprünglich griechischen Wortes), »Verrückung«, »Abweichung«, und schließlich »Staunen«. Es ist das *Staunen*, das Czertok auf vielen Seiten beharrlich als notwendiges, vorbereitendes Element der Überraschung, der Entdeckung und schließlich der *Erkenntnis* hervorhebt. Das Staunen des Kindes, das dazu führt, neugierig und wissbegierig zu werden, auf Entdeckungsreise zu gehen, bis es vom »Wissen« des Erwachsenen gehemmt und frustriert wird. Die Überraschung, die dem Dramaturgen und Regisseur im Theater dient, um eine »Logik des Lebens auf der Bühne« zu konstruieren. Dazu führt Czertok das Beispiel des Ödipus an, dessen Überraschung im Moment der Enthüllung

> (...) das ganze Ausmaß der Tragödie. Das ist die Magie des Theaters. Obwohl wir als Zuschauer den Text kennen – wir haben ihn gelesen, wir wissen, was passiert – und dennoch entdecken, ja begreifen wir ihn erst wirklich in diesem Augenblick, zusammen mit dem Schauspieler.[9]

Und dann die Notwendigkeit, dass der Schauspieler wieder Kind wird, die Fähigkeit zum Staunen zurückerlangt, um nicht verblüffen zu müssen, um zur Askese und nicht zur Kunstfertigkeit zu gelangen:

> Denn sonst bringst du das Publikum dazu, deinen Finger zu bewundern, der auf den Mond zeigt und nicht den Mond. Deine Aufgabe ist es nicht, deine schauspielerischen Fähigkeiten zum Gegenstand der Begeisterung zu machen, sondern die Geheimnisse des Lebens zu enthüllen.[10]

Wieder mal gibt die Etymologie Aufschluss: Askese, *áskêsis*, bedeutet zuerst »Übung, Training«, und dann auch »spirituelle Erziehung«.

Zurück zu Balzac. Mariolina Bongiovanni Bertini sagt, für Balzac sei

> (...) die Äußerlichkeit nichts als der Zugang zu einem schnell transzendierenden Wissen: das Wissen um die lebendigen Totalitäten, seien es Individuen, soziale Spezies oder ganze Gesellschaften. Laut Balzac muß dieses Wissen

---

[8] Die Behauptung stammt aus einem Kommentar des Psychologen Renzo Canestrari zu dem wichtigen Essay von C. Meldolesi: Dar corpo alla vita, dalla forma alla mente. per una discussione sui nessi teatro-psicoanalisi, dal punto di vista della scena. In: E. Zanzi/S. Spadoni (Hrsg.), *Tra psicoanalisi e teatro. Identificazione e creatività*, Rom, Bulzoni, 2000. Dieses Buch führt u.a. eine parallele Diskussion zu vielen der von Horacio Czertok behandelten Themen.
[9] Dieses Buch, S. 112
[10] Ebd. S. 35

das Ziel des Schriftstellers sein und sich darin äußern – wie man im Vorwort zur Erstausgabe von *Peau de chagrin* lesen kann – daß er »die Wahrheit in allen möglichen Situationen ausfindig macht«.

Von welcher Wahrheit ist die Rede? Von der Wahrheit der materiellen Welt, des Alltags, der als ein »Depot potentieller Erfahrungen, als ein Gewebe aus Gelegenheiten und damit aus Sinnhaftem«[11] erforscht wird? Dazu gehören nicht nur die *Gesichter*, die Ausdruck der Neigungen eines Individuums und seiner persönlichen Geschichte sind. Wie Italo Calvino in einer Aussage über die Stadt Paris in dem eingangs zitierten Interview feststellt, gehören dazu auch die *Orte*, da sie Ansatzpunkte für die Gestaltung unserer inneren Landschaft, unser innersten Visionen werden können. Jene Orte, Räume, Gebäude, Monumente, die nach der Auffassung von Balzac mit all ihren Einzelheiten über ihr vergangenes und zukünftiges Schicksal erzählen. Der Blick auf die Materie hat seine Entsprechung aber auch in moralischer und spiritueller Hinsicht, wenn derjenige, der diese Materie erforscht und hinterfragt, über den »zweiten Blick« verfügt, mit dem Mystiker und große Denker zur Erkenntnis gelangt sind. Tatsächlich sind auch die Orte voller Erinnerung. Das Interesse Balzacs für die Methode der wissenschaftlichen Beobachtung von Lavater ist also nicht zufällig. Lavater war im Übrigen auch ein Mystiker, Zeitgenosse von Mesmer, Martinez de Pasqually und Cagliostro, und stand dem Okkultismus und der Freimaurerei nahe.[12] Aber noch bemerkenswerter ist sein philosophischer Werdegang, der ihn vom Dualismus Descartes entfernte und zum Monismus führte,

> (...) d.h. zur Gewißheit, daß der Gegensatz zwischen Geist und Materie eine völlig mißbräuchliche Abstraktion sei, die in eine einzige homogene und beständige Realität einen unzulässigen Bruch einführe.

Nicht nur, um dem Dualismus Descartes aus dem Weg zu gehen, beruft sich Horacio Czertok im Diskurs über die Theatererfahrung auf die Wortprägung »Körper-Geist«. Dabei lässt er eine Beobachtungsgabe erkennen, die man etwas gewagt der »Semiologie Balzacs« zuordnen könnte (im Abschnitt *Geste und Maske*):

> Unser Gesprächspartner folgt nicht nur den Worten, die wir aussprechen, sondern auch den Signalen, die von unseren Masken ausgehen, und häufig besteht zwischen dem, was die Worte ausdrücken, und dem, was die Maske vermittelt, ein Widerspruch.
> Die Maske, die wir unser Gesicht nennen, und die wir jeden Morgen im Spie-

---

[11] Die Beobachtung stammt von dem Literaturwissenschaftler Franco Moretti, der von M. Bongiovanni Bertini zitiert wird.

[12] Diese wie auch die folgenden Informationen sind der bereits zitierten *Introduzione* (s.o.) von M. Bongiovanni Bertini entnommen.

gel betrachten, hat sich im Lauf unserer Lebensreise herausgebildet. Sie ergibt sich aus einer Architektur von Spannungen, die alle dem Kern unseres Wesens entspringen, wie Oscar Wilde uns im *Bildnis des Dorian Gray* aufzeigt. Sie ist eine komplexe Geste, eine Skulptur, die die Gesichtsmuskulatur Tag für Tag zusammenhält, ohne daß wir uns dessen im Geringsten bewußt sind. Die Theaterarbeit hilft uns zu verstehen, wie diese Masken funktionieren, wie sie zustande kommen, wie sie wirken. Bei unserem täglichen Training versetzen sich die Schauspieler immer wieder, ihren Körper und ihren Geist, in einen Zustand der Neutralität, in eine Art Nullpunkt des Ausdrucks. Danach beginnen sie, die Masken für den Körper, für das Gesicht derjenigen Gestalt, in deren Rolle sie schlüpfen wollen, herauszubilden.

Es ist unvermeidlich, daß sich die Arbeit an Geste und Maske auch auf die psychische und emotionale Verfassung dessen auswirkt, der sie »aufsetzt«. Durch die Techniken, die wir verwenden, eröffnen wir uns auch einen Zugang zu unseren »dunklen« Bereichen.[13]

Es ist klar, und das erläutert Czertok in den nachfolgenden Kapiteln, dass diese Argumentation auf die Organizität und Aufrichtigkeit der Geste, auf geistige Vorstellungen, innere Bilder, Gefühle, Emotionen verweist, bzw. darauf, wie diese Faktoren im Ausdruck (Gesicht und Körper) sichtbar werden, sich gegenseitig beeinflussen und bewusst werden sollen.

Natürlich kann die philosophische Zuversicht Balzacs angesichts des aktuellen Wissenstands der Neurowissenschaften bzw. der modernen Studien über Geist und Bewusstsein nicht nur überholt, sondern auch naiv erscheinen. Und dennoch tragen die Pionierleistungen der Wissenschaft heute auch weiterhin jenen »Knoten« des Bewusstseins Rechnung, die Schopenhauer bereits 1813 diskutierte, d.h. den Verwicklungen zwischen materieller, auch körperlicher Welt und der fehlenden Materialität des Bewusstseins, des Geistes oder der Seele. Zwar ist nur die materielle Welt konkret, sichtbar, aber das Nicht-Materielle macht einen Großteil unserer Erfahrungen aus. Das Problem besteht nicht so sehr darin, das Gehirn oder einen Teil davon als Ort der Interaktion ausfindig zu machen, sondern sich vielmehr zu fragen, was das Selbst ist, worin das Wissen um das Selbst, die Grundlage des Bewusstseins besteht, und wie Emotionen und Gefühle, oder Mittlerelemente zwischen Innen und Außen darauf einwirken bzw. Einfluss nehmen. Und schließlich stellt sich die Frage: wenn die Erfahrung wiederholbar ist, ist es auch die damit verbundene »Informationsverarbeitung«, auch wenn jedes Individuum einzigartig ist? Für Balzac war der Monismus nicht nur ein Verfahren, um eine Interaktion zwischen physischen und psychischen Phänomenen herzustellen. Er wurde auch zu einem Mystizismus, wenn damit auf den irdischen Menschen und seine blind machenden Impulse ein ursprüngliches und reines Licht geworfen wurde.

---

[13] Dieses Buch, S. 46

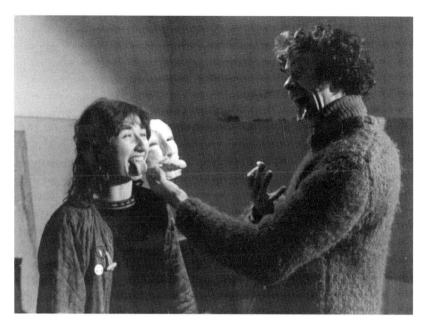

Masken bilden (1981), Paolo Nani, Annarita Fiaschetti

Andererseits aber kann die Suche nach Wahrheit in den Wahnsinn führen, wie die Erzählung *Louis Lambert* zeigt: durch den Konflikt zwischen dem »innerlichen« (und erleuchteten) und dem »äußerlichen« Menschen, der durch die sozialen Verhältnisse und menschlichen Beziehungen determiniert wird. So geschieht es, dass die Leidenschaft Lamberts am Vorabend der Hochzeit keine glückliche Erfüllung findet, sondern ihn überwältigt und in den Wahn treibt, und mit ihm seine Geliebte, die ihm jedoch nahe bleibt, da sie überzeugt ist, dass der Wahnsinn nichts anderes als eine Art Kontemplation der Wahrheit sei. So geschieht es, dass in einer anderen Erzählung die androgyne Kreatur Séraphîtus-Séraphîta in Körper und Seele untrennbar ist. Zwischen den Zeilen des realistischen und bürgerlichen Romans tauchen also die Symptome eines Paradigmas auf, das sich im Übrigen auch auf andere Werke und Nationalkulturen jener Zeit übertragen lässt (z.B. bei E.T.A. Hoffmann und Edgar Allan Poe): die Dialektik zwischen Sichtbarem und Unsichtbarem, Innerlichkeit und Äußerlichkeit, Realität und verborgenen Gesetzmäßigkeiten bzw. geheimen Vorgängen, die dieser Realität Substanz geben.

Viele Jahre nach dem Tode Balzacs (1850) lebt Anatole Cerfberr, einer der Autoren des ersten biographischen Wörterbuches der Figuren der *Comédie humaine*, der sich in vielen Lebenssituationen wie eine Figur Balzacs verhalten wird und sich so weit von Balzac inspirieren lässt, dass er schließlich eine andere Identität annimmt.

Dann kommen die *Correspondances* von Baudelaire. Und es beginnen die Forschungen und Studien von Konstantin Stanislavskij; die Analysen von Freud.

Und es kommen Lehrmeister, wenige Meister, im Theater und in anderen Bereichen bzw. Kulturen, die uns dank ihres »zweiten Blicks« mit ihrer Sensibilität, ihrem Intellekt und ihrer Kunst bereichert haben.

2. Die Stücke des *Teatro Nucleo* werden in diesem Buch absichtlich nur am Rande erwähnt. Dennoch muss man sich, wenn man die forschende Theaterarbeit unter dem Gesichtspunkt der Erinnerung betrachtet, zumindest fragen, welche Aufgabe das Stück bzw. die Aufführung darin einnehmen kann.

Was ist das ›Depot‹ der Stücke eines Theaters in der Erfahrung derer, die sie entwickelt haben, und der Zuschauer, die sie miterlebt haben, wenn nicht ein Archiv aus emotionellen und visuellen Erinnerungen? Und welche Farbe hat diese Erinnerung? Es gibt natürlich Spuren in verschiedenen Abstufungen: einige schwächer, auch vorübergehend, andere hartnäckiger und beständiger. Bilder und Formen, die vielleicht nicht wiederholt werden, d.h. in Form einer Art Arbeitsstil auftauchen, aber als ›Tradition‹ und vitale innere Kraft derjenigen, die die Stücken erarbeiten und erarbeitet haben. Ein gemeinsamer Nenner, eine gleich bleibende innere Spannung, die zu immer neuen Effekten und Eindrücken führt.

»Etwas wieder zu lesen bleibt meine Lieblingsbeschäftigung«, sagte vor einigen Jahren der Journalist Eugenio Scalfari, Gründer der Tageszeitung *La Repubblica,* »auch weil ein Klassiker jedesmal, wenn ich ihn wieder in die Hand nehme, völlig neue Eindrücke und Gefühle in mir auslöst, die von den vorausgegangenen grundverschieden sind.« Die Klassizität eines Autors besteht vor allem darin, dass er imstande ist, von »den inneren Turbulenzen, die ihn packen, ihn vereinnahmen, ihn bewegen, Abstand zu nehmen«. Dieses Hinschauen »aus der Ferne« macht die Fähigkeit aus, die Erfahrungen und persönlichen Gefühle zu objektivieren, denn es schafft durch Distanz einen nützlichen und notwendigen »geistigen Raum der Reflexion«. Abstand nehmen, um über die Erinnerung die Zeit wiederzuerlangen.

In dem Kapitel über das Theater der Freien Räume erinnert Czertok an die Aufregung, die das Stück *Herodes* in Italien verursachte, als es auf dem Festival der Basisgruppen in Casciana Terme 1977 aufgeführt wurde. In diesem Stück, das auf den politischen und persönlichen Erfahrungen der argentinischen Künstler basierte, war die Distanz wahrscheinlich noch nicht groß genug, um das Material zu objektivieren und organisieren. Gerade darum musste diese Nicht-Distanz, wie Eugenio Barba in einem Brief[14] schrieb, wie

---

[14] Natürlich müsste man die von den heutigen Theaterwissenschaften vertretenen Theorien über den Prozess der *Identifikation* des Zuschauers mit einbeziehen, ohne

ein »Messer in den Bauch« wirken.

Das ist ein Problem, mit dem sich das Theater seit seinen Anfängen auseinander setzen muss. Es schließt auch die Frage nach dem Verhältnis zur historischen Aktualität bzw. zu ihrem Fortdauern in der Erinnerung des Zuschauers ein. Wenn auch in der griechischen Tragödie zum Beispiel der Mythos die Gegenwart gut verbarg, konnte die Erinnerung, auf die jene Gegenwart aufbaute, einen nicht unerheblichen Vergleichsparameter bieten und zur Destabilisierung sowohl auf sozialer und politischer als auch auf emotionaler Ebene beitragen. Solon bricht in rasende Wut aus und verlässt eine Aufführung von Thespis, weil das *heroische* Zeitalter zu nah zurückliegt und das Stück die Stabilität der *Polis* gefährden könnte. Und Phrynichos erhält, wie der Historiker Herodot berichtete, eine Geldstrafe, weil er mit der *Eroberung von Miletos* ein nationales Unglück (Gemetzel der Männer durch die verfeindeten Perser, sklavische Unterwerfung von Frauen und Kindern, Plünderung und Inbrandsetzung des Tempels Didymaion) ins Gedächtnis gerufen und alle Zuschauer zum Weinen gebracht hat. Erst mit Äschylos ändert sich dieses viele Jahre später, und zwar nicht so sehr, weil er mit den *Persern* den großen Sieg der Griechen über das Heer des Königs Xerxes dargestellt hat, sondern vielmehr, weil es ihm gelungen ist, das historische Geschehen durch die Darstellung der »räumlichen und kulturellen Distanz zwischen den beiden Völkern«[15] zu mythisieren und zu verwandeln. Ähnlich gelingt es Shakespeare mit seinen historischen Dramen, durch die Distanz, die die Modelle aus der englischen Geschichte schaffen, zur Diskussion über die Gegenwart anzuregen.

Einer der aufmerksamsten italienischen Theaterwissenschaftler der letzten Jahrzehnte, Fabrizio Cruciani, sprach anlässlich eines öffentlichen Symposiums Ende der 80er über das *Teatro Nucleo*, indem er sich als beteiligter Zuschauer und Zeitzeuge das Instrument der Erinnerung zunutze machte und darüber nachdachte, wie sie auf die Erfahrung des Zuschauers wirkt:

---

dabei zu vergessen, dass dieser Prozess auch das Verhältnis Schauspieler/Zuschauer betrifft. Für das Thema immer noch maßgeblich sind *La nascita della tragedia* von Nietzsche, sowie unter psychoanalytischem Gesichtspunkt S. Freud: Personaggi psicopatici sulla scena, in: *Opere*, Hrsg. von: C. Musatti, Turin, Boringhieri, 1972, Org. Ausgabe 1905. Weiterführend ist auch das Schema über Identifikationsmechanismen (assoziativ, bewundernd, sympathetisch, kathartisch, ironisch) nach H. R. Jauss: *Esperienza estetica ed ermeneutica letteraria*, Bologna, Il Mulino, 1987; Org. Ausgabe 1977. Cfr. P. Pavis, *Dizionario del teatro*, unter »Immedesimazione«, Bologna, Zanichelli, 1998; Org. Ausgabe 1980, 1996[3]

[15] C. Barone, *La storia e la scena*, in: *The Death of Klinghofer*, Beiheft zur gleichnamigen Aufführung (20.-22. Januar 2002), *Teatro Comunale di Ferrara*, S. 78

Die Erinnerung ist die Operation, die der Existenz des Theaters Konsistenz, Dauer, Logik und Kraft verleiht. Und die Zuschauer haben nicht nur die Pflicht, sondern auch die Kraft, die Kreativität und die Fähigkeit, die Erinnerung *einzusetzen*. Die Erinnerung ist die *Organisation* dessen, was man gesehen hat: es ist kein Archiv, kein Verzeichnis der Dinge, die wir gesehen haben. Die Erinnerung, das wissen wir genau, ist eine Selektion, eine Ordnung, aber offenbar auch ein Verrat; nur daß wir hier ähnlich wie gegenüber all dem, was wir kennen oder wissen, Verrat üben. Zum Wissen gehört Verrat, Organisation, Selektion. (…) Ein Theater *existiert nicht nur für das Stück, das es macht,* es existiert für die Dauer, die es als Theater durchhalten kann.

Es ist eine Eigenschaft der Kreativität, dass es auf diesen Wegen nie etwas Definitives, Abgeschlossenes geben kann. Dieselbe Eigenschaft wohnt auch den wechselseitigen Verbindungen und dem Austausch zwischen den Kulturen inne, die Zeit und Abstand brauchen, um durch die Dauer an Bedeutung zu gewinnen, die sich dann in zum Teil sehr weit auseinander liegenden und scheinbar unzusammenhängenden Bildern manifestiert. Bei genauerem Hinsehen erkennt man dann formale Analogien, die darauf verweisen, dass diese Kulturen zutiefst miteinander verbunden waren.

Man denke nur an verschiedene Darstellungen aus prähistorischer Zeit: die Graffittis, die Höhlenbilder, die weiblichen Statuen des Paläolithikums, die unter der Bezeichnung »Venusstatuen« bekannt sind (die von Savignano oder Willendorf). Dieses sind naturalistische »kulturelle« Erscheinungen, die über einen sehr großen Zeitraum in einem ausgedehnten Gebiet von Westasien über den Nahen Osten, den Mittelmeerraum und Mitteleuropa verbreitet waren. Man hat viel über ihre Bedeutung diskutiert, vor allem über die »Venusstatuen«, Fruchtbarkeitssymbole, nicht ohne »ästhetische« Anmut, Darstellungen von Macht und Kontrolle des prähistorischen Menschen über die Außenwelt. Außerordentlich ist nicht nur die Ausdehnung und die Dauer des Phänomens, das sich über Jahrtausende hinzieht, sondern auch die kulturelle »Transformation«, die man in der äußersten Synthese der weiblichen Statuen von Senorbì und Paros aus der Bronzezeit erkennen kann. Es ist, als habe ein Prozess radikaler Stilisierung der Formen stattgefunden, wobei trotz unterschiedlicher Darstellungen immer noch der Wille erkennbar ist, einem einzigen Bild Konkretheit und Konsistenz zu verleihen. Wie viele weitere Fragen würden aufgeworfen, wollte man die Untersuchungen über die Abbildung der Frau von der Prähistorie auf die Madonnendarstellungen des Mittelalters und der Renaissance, bis zu den *Demoiselles d'Avignon* und zur Gegenwartskunst ausdehnen? Eine mögliche Antwort bietet vielleicht der Gegenwartskünstlers Giulio Paolini, der die Distanz zwischen zwei Skulpturen als Verhältnis bezeichnet, das annähern oder verbinden kann, und erklärt:

> Die Illusion, die der Künstler seit jeher verfolgt (sein Bild auf ein bedeutsameres und daher weniger provisorisches zu übertragen) ist nicht gänzlich unbe-

wußt: der in einem Bild oder einer Skulptur festgehaltene Blick richtet sich weder auf den Autor noch auf andere, läßt weder einen noch mehrere Standpunkte zu; er reflektiert in sich selbst die Frage nach der eigenen Präsenz.

Erinnerung, Distanz

Auch wenn sie in den Überlegungen Czertoks kaum vorkommen, sind die Stücke des *Teatro Nucleo* doch stets gegenwärtig, stehen beispielhaft im Hintergrund und sind im Übrigen auch in den wenigen ausgewiesenen Fragmenten erkennbar, wenn es um die Bedeutung der Arbeit des Schauspielers in der Dynamik des Laboratoriums geht.

Wenn die Erinnerung eine Richtlinie in der Organisation eines Stückes vorgibt, so spielt sie für die Erfahrungen und Erlebnisse, die der Schauspieler in die Stückentwicklung einbringt, eine ebenso wichtige Rolle. Wenn man einen der Aspekte beleuchtet, kommt unvermeidlich auch der andere ins Spiel.

Wir haben es ein weiteres Mal mit den Fragen der Meister zu tun, die man, wie später zu zeigen sein wird, unter der Frage nach der »Berufung« zusammenfassen kann. Und wir haben es mit den inneren Bildern zu tun, die in unserer emotionalen Erfahrung unauslöschliche Spuren hinterlassen haben. Mir scheint, dass diese Fragen einem ausgedehnten kulturellen System innewohnen, mit dem die Arbeit des Schauspielers gerade dank ihres Anwendungsbereiches in enger Verbindung steht. Das entnimmt man besonders den Seiten, auf denen es um die »Methode« und ihre Anwendung in der Arbeit des *Teatro Nucleo* geht.

Wie also wirkt die Erinnerung in der Innenwelt des Schauspielers im Laboratorium? Und wie wirkt die Distanz an der Herausbildung jenes Reichtums, den wir Erinnerung nennen, wenn wir sie von allen emotionalen Schlacken befreien, die das Handeln zu privat und zentralisiert erscheinen lassen? Wenn wir Erinnerung stattdessen durch die Suche nach einem Gleichgewicht zwischen rationaler Objektivität und persönlichem Fühlen qualifizieren?

Es geht darum, den dünnen Faden aufzuspüren, der die Außenwelt mit der emotionalen Erinnerung weder durch Nachahmung noch durch Idealisierung verbindet. Die Wörter und Ideen der Lehrmeister des Theaters sind bekannt. Aber vielleicht sollte man erneut einen Blick in andere, in Grenzgebiete, werfen. Es ist ratsam, die Wörter, die Ideen, das Leben anderer Meister zu befragen, um die Möglichkeiten des Theaters in seinen unkonformistischen Ausprägungen besser zu verstehen. Vor allem dann, wenn diese Wörter, Ideen, Lebensläufe in »Randgebieten« heimisch sind, die aus Sensibilität, Unruhe, prekärem Gleichgewicht, tückischen Übergängen bestehen. Gebiete, die aber gerade darum reich und fruchtbar sind, weil sie eher als andere Gedanken und Aktionen anziehen können, in denen aus dem Abstand zur Mitte ein innovatives Potential entsteht, das mit Schemata und Konventionen bricht.

An dieser Stelle können wir die Biographie des bereits zitierten sonderbaren Kunsthistorikers Aby Warburg zu Rate ziehen: eine teils stürmische Biographie eines zum Exzess neigenden Mannes, die unerbittlich von der Idee des Buches, der Bibliothek gezeichnet ist. Diese Bibliothek ist jedoch keine fachspezifische Büchersammlung, sondern bildet eine Art »Atlas« der Erinnerung (*Mnemosyne*) der Kultur- und Sozialwissenschaften im weiteren Sinne. Um ihren Grundstein zu legen, wurden antike biblische Geschichten heraufbeschworen, in denen die Erstgeburt und andere erworbene Rechte gegen einen Teller Linsen getauscht werden.

Auch wenn das Leben des Aby Warburg weithin bekannt ist, lohnt es sich, es nochmals grob zu umreißen, um deutlich zu machen, wie es möglich gewesen ist, eine ganzes System der Erinnerung auf einen »Teller Linsen« zu gründen, der sich in Form eines Buches den Weg bahnte.

Aby Warburg stirbt 1929. Er wurde 1866 als erster Sohn einer angesehenen Familie jüdischer Bankleute italienischen Ursprungs geboren, die sich im 17. Jh. in Hamburg niedergelassen hatte. Als Erstgeborener wäre ihm die Aufgabe zugefallen, das väterliche Vermögen zu übernehmen und die Bankgeschäfte weiterzuführen. Da er aber nichts für das Bankwesen empfand und sich zur Kunst hingezogen fühlte, widmete er sein ganzes Leben der Realisierung einer Bibliothek bzw. eines »Atlanten«. Der Pakt, den er mit zwölf Jahren mit seinem jüngeren Bruder Max schloss, ist berühmt: die Überlassung der Erstgeburtsrechte gegen die Verpflichtung, ihm ein Leben lang alle Bücher zu kaufen, die für die Realisierung seines Vorhabens notwendig gewesen wären. Für Max war diese Forderung der typische »Teller Linsen« der biblischen Tradition: er konnte gewiss nicht ahnen, auf welche Verpflichtung er sich eingelassen hatte und glaubte, einige Ausgaben von Goethe und einigen anderen Autoren kaufen zu müssen, nicht aber Tausende wertvoller, fachspezifischer Bücher. Er hielt sein Versprechen dennoch und verhalf so einem faszinierenden Projekt zum Leben, das sich nicht in einer außergewöhnlichen und dynamischen Büchersammlung erschöpfte.

Wie die Nichte Ingrid Warburg Spinelli sich erinnert,

> (...) war das tragende Prinzip der Forschungsarbeit von Aby die Interdisziplinarität, die sich auch im Namen seiner Bibliothek der Wissenschaften und Kulturen niederschlug und als Leitfaden für die Anordung der Bibliothek diente. So standen Werke über Anthropologie, Religion, Philosophie, Geschichte der Naturwissenschaften, Ästhetik, Linguistik, Geschichte, Ethnologie und Literatur einträchtig nebeneinander: in der Auffassung von Aby trugen all diese Disziplinen zum Studium des historischen und sozialen Kontextes eines Kunstwerkes bei. Über die »spirituelle Dimension« seiner Bibliothek sagte er, »sie stelle im noch ungeschriebenen Handbuch der Selbsterziehung der

Menschheit ein Kapitel dar, das folgenden Titel haben könnte: *Von der mythisch-ehrfürchtigen zur wissenschaftlich-kalkulierenden Orientierung des Menschen gegenüber dem Kosmos und sich selbst.*

Aus einem privaten Raum wurde eine öffentliche Bibliothek, die Fritz Saxl 1926 in einem neuen Gebäude neu klassifizierte. Von da an empfing der »Atlas der Erinnerung«, der Ort, den Warburg gerne als »geistigen Raum der Reflexion« bezeichnete, den Besucher mit der griechischen Aufschrift »Mnemosyne« über der Eingangstür. Der Lesesaal war elliptisch angelegt und von oben beleuchtet, als wolle er unterstreichen, wie wichtig die gegenseitige Durchdringung von physischem und geistigem Raum ist. Durch die symbiotische Abstimmung von Körper, Licht und lebhaften, einnehmenden Linien, von Mensch und Natur, wurde eine absolut innovative Auffassung von Bibliothek behauptet, sowohl nach ihrer inhaltlichen Organisation als auch nach ihrer anthropologischen, kulturellen und gebrauchstechnischen Konzeption.

Es sind die Jahre, in denen sich diese Konzeption u.a. in der Theorie und der Praxis des Bauhauses in Deutschland konkretisiert, in denen der Architekt Alvar Aalto seine erste Bibliothek in Viipuri, Finnland entwirft, die aus reinsten und wesentlichsten Elementen besteht: Licht (natürlich, von oben kommend) Materialien (ebenso natürlich) besondere akustische Eigenschaften für das Auditorium (Wellendecke). All diese Prinzipien tendieren dahin, das Streben nach einer Synthese zwischen physiologischen und psychologischen Prozessen und den sozialen Erfordernissen des Individuums zu behaupten. Ganz ähnlich schien die inhaltliche und räumliche Anordnung der Bücher in der Bibliothek Warburgs einem funktionalen Kriterium zu gehorchen, durch das ein Prozess der Erkenntnis ausgelegt bzw. verfolgt wurde. Diesem Prozess, dessen Strukturierung von komplexen Einflüssen und Assoziationen bestimmt war, entsprach eine Unterteilung durch sich kreuzende horizontale und vertikale Linien.

An den menschlichen und intellektuellen Züge dieses großen Intellektuellen stimmt zutiefst nachdenklich, welches Bedürfnis eine »Randfigur« – und als solche gilt Warburg auch heute in einigen Teilen der konventionellen Kunstgeschichte – verspürte, dass sich die *Erfahrung* und das *Wissen* in einem System der Erinnerung niederschlägt. Ein leidender und auch geistig heimatloser Mensch, dessen Leben weniger durch regelrechte psychische Schwankungen als vielmehr durch eine eindeutige und enorme Sensibilität gezeichnet war: dieses Unbehagen sorgte dafür, dass er »anders«, »außerhalb der Norm« war, dass er in der Lage war, weitzublicken, für andere unzugängliche Gebiete zu betreten, anderen unzugängliche Vibrationen zu empfangen, unmerkliche Substanzen wahrzunehmen. Sein Leben erscheint heute wie eine beständige Suche, ein Wechselspiel, ein Balanceakt zwischen Gefühl und Vernunft. Daher ist es nützlich, sich auf ihn zu beziehen, wenn man sich mit der so komplexen Thematik des Schauspielers auseinander setzt, seinen kreativen Gestus hinterfragt, die Arbeit mit glaubhaften Bildern aus dem Archiv seiner persönlichen Erinnerung untersucht. Es ist vielleicht nicht überflüssig, aus dieser Perspektive die Zeilen nochmals zu lesen, die Aby Warburg seinem Projekt *Mnemosyne* voranstellte, laut Fritz Saxl ein Versuch, »philosophische und historische Betrachtung der Bilder zu verbinden«. Es ist dabei unerheblich, dass der spezifische Untersuchungsgegenstand Warburgs die Kunst der italienischen Renaissance ist. Was gilt, sind die allgemeinen Prinzipien eines Projekts über die Erinnerung, das im Untertitel folgendermaßen lautet: *Bilderserie für die Analyse der Funktion der von der Antike festgelegten Ausdruckswerte in der Darstellung des Lebens in Bewegung in der Kunst der europäischen Renaissance*. Die Methode, die auf der Ansammlung analoger Materialien aufbaut, lässt sich in verschiedenen Punkten zusammenfassen, die sich konstant um die zentrale Frage nach dem Einfluss der Vergangenheit auf die Gegenwart drehen: die Auffassung vom Künstler auf dem Hintergrund seiner kulturellen Herkunft und Umgebung, der Konflikt zwischen einer wiederkehrenden (klassischen) Kultur und ihr widerstreitenden Elementen der Gegenwart, die Suche nach Wesentlichkeit in den Bezugsmaterialien, und allgemeiner – auf dem Hintergrund des Problems der Rezeption der Antike sowie bei einer weiträumigen und langfristigen Sicht – die Definition der symbolischen Werte, mittels derer die Kräfte agieren, die den »Raum des Gedankens schaffen«. Es scheint, als könne man nochmals behaupten: die Definition der *Erinnerung* liegt innerhalb der *Distanz*, die die Antike, die Vergangenheit von der Gegenwart trennt.

Warburg schreibt:

> Der Atlas soll, was sein grundlegendes Bildmaterial angeht, zunächst nur ein Inventar der auf die Antike zurückgehenden Vorbilder sein, die die Darstellung des Lebens in Bewegung in der Renaissance charakterisieren bzw. darin stilbestimmend wirken. Eine derartige vergleichende Studie (...) mußte sich auf das Werk weniger wichtiger Künstlertypen beschränken, gleichzeitig jedoch versuchen, anhand einer ziemlich tiefgreifenden soziopsychologischen Untersuchung den Sinn jener Ausdruckswerte zu verstehen, *die in der Erinnerung als Funktion einer spürbaren intellektuellen Technik erhalten sind.* (...) Die bewußte Einführung einer Distanz zwischen Ich und Außenwelt ist das, was wir zweifellos als Gründungsakt der menschlichen Zivilisation bezeichnen können; wenn der dadurch frei werdende Raum Nährboden eines künstlerischen Werkes wird, dann kann *das Bewußtsein um die Distanz einer dauerhaften sozialen Funktion stattgeben*, von deren Zweckmäßigkeit oder Fehlschlag als Mittel intellektueller Orientierung das Schicksal der menschlichen Kultur abhängt. Dem Künstlermenschen, der *zwischen einer mathematischen und einer religiösen Weltsicht schwankt*, kommt in ganz besonderer Weise *die Erinnerung sowohl des Kollektivs als auch des Individuums zuhilfe*: dadurch wird zwar der Raum des Gedankens erweitert, aber wahrscheinlich auch die

Neigung zu den Grenzpolen des psychischen Verhaltens, zu ruhiger Kontemplation oder orgiastischer Hingabe, verstärkt. *Die Erinnerung geht mit dem nicht entfremdbaren, vererbten Vermögen mnemotechnisch um*, tritt aber im Wesentlichen nicht als Schützerin auf; vielmehr spielt in das Kunstwerk das gesamte Ungestüm der besessenen Persönlichkeit hinein, die vom religiösen Mysterium erschüttert oder mit der Ausformung des Stils befaßt ist, während andererseits die Wissenschaft den Bestand aufnimmt und die rhythmische Struktur bewahrt und weitergibt, innerhalb derer die *Monster* der Phantasie *zukunftsentscheidende Meister des Lebens* werden. Bei dem Versuch, die kritischen Phasen dieses Prozesses zu unterscheiden und dazu die Bilddokumente in der ganzen möglichen Bandbreite zu interpretieren, ist bisher ein Hilfsmittel zu sehr mißachtet worden, nämlich die polare *Funktion, durch die das künstlerische Schaffen zwischen Phantasie und Vernunft oszilliert*. Der Mittelweg zwischen der Vorstellung, etwas mit Händen zu berühren und der konzeptionellen Betrachtung besteht darin, *das Objekt manipulierend zu erfahren*; das führt zu einer plastischen oder malerischen Widerspiegelung, die künstlerischer Akt genannt wird. Diese Aufspaltung in anti-chaotische Funktion – die als solche bezeichnet werden kann, da in der Form des Kunstwerks etwas einzigartig wird und klare Umrisse erhält – und Hingabe an das geschaffene Idol – die der Beobachter fordert und der Kultus so will – führt zu jener Befangenheit des spirituellen Menschen, die der eigentliche Gegenstand einer Kulturwissenschaft sein sollte, die sich die bildliche psychologische Geschichte des *Zwischenraums zwischen Impuls und Aktion* zum Thema gesetzt hat. Die Entdämonisierung der vererbten Phobien umfaßt *auf der Ebene der gestischen Sprache das gesamte Spektrum der Emotionen*, von der meditativen Entkräftung bis zum tödlichen Kannibalismus, und verleiht dem Ausdruck des menschlichen Dynamismus – auch in den Bewegungsstadien zwischen den Grenzpolen wie kämpfen, gehen, laufen, greifen – das Siegel jener beängstigenden Erfahrung, die der gebildete Mensch der Renaissance, der mit der religiösen Erziehung des Mittelalters aufgewachsen war, als ein verbotenes Terrain ansah, und in das sich nur Ungläubige mit entfesseltem Temperament vorwagten. Der Atlas von *Mnemosyne* mit seinem Anschauungsmaterial soll diesen Prozeß illustrieren: man könnte ihn als Versuch bezeichnen, *in die Darstellung des Lebens in Bewegung vorgeformte Ausdruckswerte innerlich aufzunehmen*.

Über die vielen kursiv gekennzeichneten Teile kommen wir zur zentralen Frage nach der Rolle der Erinnerung in der Arbeit des Schauspielers zurück bzw. dazu, wie sich diese Erinnerung im Laboratorium des *Teatro Nucleo* definiert. Noch einmal taucht das Bild der Bibliothek auf, die nicht als Anhäufung von Büchern nach Wissenskategorien strukturiert ist (was sonst sind Bücher, wenn nicht strukturierte Fragmente von Er*inner*ungen?), sondern als ein horizontaler und vertikaler Querschnitt durch verschiedene Ebenen, deren zahllose Zusammenhänge und Querverbindungen unendlich viele Wege und Variablen eröffnen können. Ganz ähnlich baut der »Atlas« der emotionellen

Erinnerung des Schauspielers auf eine Pluralität von Erfahrungen, die nicht nach Sektoren unterteilt sind, sondern sich auf Grundlage einer Sammlung von Spuren und Materialien in Sequenzen mit gemeinsamen Eigenschaften artikulieren. Mit Warburg kann man jetzt wohl hinzufügen, dass die zentrale Frage natürlich auch für den Schauspieler das Bestreben nach einem Gleichgewicht zwischen Phantasie und Vernunft ist. Aber um dieses besondere Gleichgewicht zu erreichen, muss man »das, was man erfahren will, manipulieren«. Der geeignete Raum dafür ist das Laboratorium, bzw. die darin stattfindende Zusammenarbeit zwischen Schüler und Lehrer/Meister, wobei Ersterer die Ausarbeitung seines emotionalen Materials sichtbar macht und Letzterer dieses Material »schützt«. Er macht es bewusst, indem er die notwendige *Distanz* festlegt und statt an einem ästhetischen Formalismus an einer »strukturierten formalen Organisation« arbeitet.

Eine letzte Bemerkung:

In Warburgs Konzeption der Erinnerung lässt sich auch jener rituelle Symbolismus erkennen, der der Theatererfahrung des *Teatro Nucleo* innewohnt. Und nicht nur das. In der 1923 in der psychiatrischen Klinik von Bellevue gehaltenen Konferenz über das *Ritual der Schlange* sprach Warburg über die psychische und symbolische Macht der Bilder. Für Warburg hat das symbolische Bild kurz gesagt die Möglichkeit, sowohl zu verletzen als auch zu heilen; es evoziert den Konflikt zwischen uralten Ängsten und dem Bewusstsein. In dieser Dialektik erkennt man weitere Elemente, die auch der emotionalen Erinnerung des Schauspielers eigen sind, einer komplexen Erlebniswelt aus Erfahrungen und Details, zu der neben den persönlichen Komponenten auch Urerfahrungen gehören. Der Schauspieler kann zur Erkenntnis seiner eigenen Kreativität gelangen, wenn er an seinen Ängsten, seiner Unsicherheit, den im Labyrinth seines Bewusstseins spürbaren Konflikten arbeitet, wenn diese Elemente durch Bilder bewusst werden, die in der Tiefe des menschlichen Seins verankert sind. In der dialektisch-pädagogischen Beziehung zum Lehrer/Meister wird dieser zum Demiurgen.

3. Es ist Juni. Während ich schreibe, dringt durch meine weit geöffneten Fenster der berauschende Duft der Linden. Fünf stattliche Exemplare dieser Bäume stehen im Hof einer benachbarten Grundschule, in der jetzt Büros der Stadtverwaltung untergebracht sind. Die Gegend ist ruhig. Bis vor einigen Jahren skandierten von September bis zu den Ferien die Rufe der Kinder die Zeit. Wenn die Stille einsetzte, begriff man, dass der Sommer gekommen war. Heute gibt es hier keine Kinder mehr, nur ab und zu höre ich die Stimme eines Angestellten oder das Klingeln irgendeines Telefons: es sind aber andere Rhythmen. Die Linden dagegen sind geblieben. Auch sie skandieren die Zeit, wenn auch diskreter, von einer Jahreszeit zu anderen. Wenn alles in Blüte steht, erinnert mich das immer und überall ans Ende der Schule und den Beginn der Ferien, den Moment, in dem ich mich endlich meinen Lieblingsbüchern überlassen konnte. Der Duft von Lindenblüten auf den Straßen, der Duft von Lindenblüten auf den Höfen der Grundschulen. Wer weiß, warum auf so vielen Schulhöfen ausgerechnet Linden stehen? Wer weiß, wie Berlin Anfang des letzten Jahrhunderts war, ich meine, wie es »Unter den Linden«, am Alexanderplatz, in den anderen Stadtteilen duftete. Wie berauschend das Leben im Spätfrühling sein musste, wie verführt durch so starke Düfte. Viele Bücher, viele Fotobände, vermitteln uns eine Vorstellung: vage allerdings, denn jenes Berlin, jene Atmosphären und vor allem jene Düfte gibt es nicht mehr. Ebenso gibt es die teils auch ekelhaften Gerüche der Stadt des Mittelalters oder des 17. Jh. nicht mehr. Es gibt auch all die Gerüche nicht mehr, die die alten Handwerksarbeiten mit sich brachten. Ja, unser gesamtes Geruchsempfinden ist um einiges verkümmert.

Emotionale Erinnerung?

Jeder hat irgendwo seine »Madeleine«, oder seine Tante Léonie, um an einen Ausschnitt aus der *Recherche* von Proust zu erinnern, auf den sich auch Horacio Czertok bezieht. Das Problem ist nur, was man mit dieser »Madeleine« anfangen soll. Wir wissen es nur zu gut: wenn wir versuchen, die Gerüche oder Geschmäcker der Kindheit wieder aufzuspüren, die in der Erinnerung schlummernden Situationen, die uns bewegt haben, nachzuerleben, bleibt oft nur Enttäuschung oder Unzufriedenheit, oder man verliert sich in Fragen ohne Antwort. Vielleicht sollte man sich stattdessen wirklich auf die Suche nach Bildern begeben und an ihnen arbeiten, wie uns Marcel Proust und viele andere im Theater gelehrt haben, und wie es in der Beschreibung der Methodenübungen erläutert wird, wenn es um das Verfahren geht, durch das der Schauspieler die Entstehung eigener »Visionen« innerhalb der Konfliktsituation steuert. In diesem Zusammenhang ist von der Notwendigkeit, die Bilder zu *rechtfertigen* und nach »Farbtönen« zu suchen, die Rede. Aber daneben besteht eine heikle und wesentliche Frage darin, wie der Schauspieler den Prozess so steuern kann, dass er dem Zuschauer zuteil wird. Das Problem zeigt Czertok u.a. an einer persönlichen Erfahrung, die er als Schauspieler machte, als er einmal die Macht des inneren Bildes galoppierender Pferde heraufbeschwor. Czertok wirft hier implizit die Frage auf, wie die persönliche Erinnerung auf uns und »im Reflex« auf den Zuschauer wirkt, und welche Rolle die theaterimmanente Erinnerung bei der alltäglichen Arbeit im Laboratorium einnimmt, bzw. wie sie sich auf den Seiten eines Buches über Theater niederschlägt.

Man hat lange über die Qualität und Notwendigkeit von Büchern über das Theater diskutiert, über die Gründe, die dazu geführt haben, dass viele Schauspieler aus verschiedenen Epochen und Generationen uns Erinnerungen an ihre Arbeit in Buchform überlassen haben. In den schlechtesten Fällen geschah es aus Narzissmus, zuweilen aus Größenwahn oder weil man den Applaus über die Bühnenbretter hinaus retten wollte. Dann wiederum, um ein paar Anekdoten zu hinterlassen, von denen das Leben eines Schauspielers voll ist, oder um eine Art moralischen, intellektuellen oder pädagogischen Erbes zu weiterzugeben. Man könnte noch andere Gründe anführen. Im Allgemeinen geht es jedoch nicht darum, die Erinnerungen an die künstlerische Arbeit festzuhalten, um sie mit der Beständigkeit der Schrift gegen das Vergängliche des Theaters zu behaupten. Die mit den Ideen und Aufführungen verbundenen Erfahrungen mögen nämlich zufällig und vergänglich sein, keineswegs aber sind es die Spuren, die sie, wie eingangs gesagt, in den Beteiligten auf allen Ebenen hinterlassen. Charles Dullin, einer der Meister des Theaters des 20. Jh., spricht in einer vieldeutigen Textpassage über den plötzlichen Tod des Schauspielers Seroff während der Proben. Der Schauspieler nimmt alle von ihm geschaffenen Rollen mit ins Grab. Dieses Beispiel steht für den künstlerischen Aspekt der Theatererfahrung, die laut Dullin umso unersetzlicher ist, je mehr der Schauspieler von seiner innersten Persönlichkeit ins Spiel gebracht hat, Elemente, die der Zuschauer nicht wahrnehmen kann und derer sich auch die Schauspieler großteils nicht gewahr werden. Meines Erachtens kann man dem nur teilweise zustimmen. Georges Seroff war russischer Abstammung. Er hatte die naturalistische Schule Stanislavskijs durchgemacht. Er sprach schlecht Französisch, wusste aber den Wert jedes Wortes richtig abzuschätzen. Das sprachliche Handicap wurde für ihn zur Tugend, denn um einen angemessenen Ausdruck zu erreichen, war er gezwungen, ausschließlich mit Gefühlen zu arbeiten. Dank dieser subtilen Zusammenhänge hinterließ Seroff wie andere kreative Schauspieler, die Unwiederholbares geleistet haben, eine dauerhaftes und unbestreitbares Andenken, das die lebendige Natur des Theaters bezeugt, und sorgte dafür, dass die von ihm geschaffenen Rollen in der persönlichen Erinnerung seiner Mitarbeiter weiterleben.

Ist dieses Phänomen von der emotionalen Erinnerung, nach der sich die Entscheidungen und Arbeitsweisen der schauspielerischen Arbeit richten, verschieden? Oder gibt es Übereinstimmungen, die man sich im Hinblick auf die Entwicklung des ethischen und intellektuellen Bewusstsein als Lebensprinzip zu Eigen machen kann? Es ist kein Zufall, dass die Meister des Theaters dieses Thema direkt oder indirekt in ihren Büchern über das Theater (wie z.B. Stanislavskij oder Dullin) oder in Konferenzen und Begegnungen mit dem Publikum (wie Jacques Copeau) angehen. Den von ihnen geschilderten Erfahrungen liegt eine Art Leitgedanke oder Organisationsprinzip zugrunde: die *Berufung*. Ein nicht nur im Theater problematisches und suspektes Wort, wenn man es nicht im Sinne einer moralischen Kraft versteht, die sich konkret in pädagogische und gestalterische Qualität umsetzen lässt. Dullin umschreibt dieses Wort, indem er seine Kindheit in einem Bergdorf Savoyens Ende des 19. Jh. fernab von Städten und Theatern schildert. Er spricht dabei nicht von seiner schauspielerischen »Berufung« bzw. von der Anziehung, die das Theater auf ihn ausübt, und kann im Übrigen nicht davon sprechen. Stattdessen spricht er von einem Onkel Joseph, einem Misanthropen, der fünfzig Jahre seiner Existenz eingesperrt mit seinen Lieblingsbüchern (Virgilio, Rousseau, La Fontaine, Racine, Molière) verbringt, von den Schornsteinfegern, die jedes Jahr durchs Dorf kommen, von den Schmugglern, italienischen Handelsreisenden, Landstreichern, der Landschaft, der Natur, einer zahlreichen Familie voller Probleme. Die »Berufung« entwickelt sich erst allmählich weitab vom Theater innerhalb des persönlichen Erlebens, in den Mäandern der Erinnerung, der Eindrücke und Bilder, die fortdauern, unauslöschlich wie die Farben einer Schmetterlingssammlung im Schaukasten, um der Arbeit des Schauspielers Substanz und Energie zu verleihen. Das Theaterbuch Dullins (*Souvenirs et notes de travail d'un acteur*, erschienen 1946) wird daher zu einer Erzählung über eine kreative und künstlerische Ausbildung, die aus konkreten, alltäglichen Lernerfahrungen besteht: in einem »Theateratelier«, einer umfassenden *école*, in der aus Erinnerung Pädagogik wird und die Emotionen auf die Sensibilität, auf die Sinneswahrnehmungen einwirken, bis daraus objektiv und nicht idealistisch gesehen, kreative Arbeit wird.

Ganz ähnlich geht auch Jacques Copeau, obwohl ganz anderer sozialer Herkunft und von klein auf Theatergänger, das Problem seiner »Berufung« an, indem er Kindheitserinnerungen wachruft: die poetischen und märchenhaften Szenen, die man von den Fenstern des Hauses in Paris aus sah, die Lust am Phantasieren, die Frustrationen in der Schule, das Spiel mit dem Marionettentheater, das Stöbern zwischen alten, ausgedienten Dingen in einem ebenso alten Haus der Provinz. Auch für ihn war die Berufung an keine fatalen Umstände, weder an Bücher noch an einschneidende Theatererlebnisse gebunden, sondern entstand aus unterschiedlichen Gefühlen, Neugierden, Gewohnheiten und Bestrebungen der Kinder- und Jugendzeit: aus den verborgenen Vorstellungen und Gefühlen eines schüchternen Kindes auf dem Weg zum Selbstbewusstsein. Auf diese Elemente bauten Copeau und andere ihre persönlichen »Theaterbücher« auf.

Das Buch von Horacio Czertok ist weder ein Buch persönlicher und privater Erinnerungen noch ein Buch über das *Teatro Nucleo*. Es ist vielmehr Teil des Gesamtprojekts des *Teatro Nucleo* und muss als solches, d.h. auf dem Hintergrund der komplexen Identität dieser Gruppe, betrachtet werden. Nicht von ungefähr greift es sehr weit zurück, denn es setzt bei einem spezifischen Aspekt der Arbeit der *Comuna Nucleo* (wie das Theater damals hieß[16]) in Argentinien, bei der Veröffentlichung der Zeitschrift *cultura*, an.

---

[16] Cfr. siehe dazu, das Kapitel *Sulla strada del Nucleo: cronache di un teatro di »disturbo« e di esperienza sociale* (In diesem Buch: *Auf der Straße des Nucleo. Chro-*

Wenn es wahr ist, dass Zeitschriften eine Art Dünger für die Erde sind[17], dann hat die alte südamerikanische »cultura« sehr dazu beigetragen, dass der Baum des *Teatro Nucleo* hat Wurzeln schlagen und sich in viele Richtungen verzweigen können. Dann könnte dieses Buch einer der Zweige sein, denn hier schlagen Themen Blüten, die damals schon im Kern in der Zeitschrift vorhandenen waren. Dieser enge Zusammenhang wird dadurch betont, dass dieses Buch durchgehend auf den Diskurs über *Erinnerung* und *Erfahrung* und die Beziehung zwischen diesen beiden Kategorien zurückgreift, auch dann, wenn von der Praxis im Laboratorium oder von einigen Stücken bzw. Aufführungen die Rede ist. Es ist auf bestimmte Art auch ein *intimes* und *persönliches* Buch, wobei es müßig wäre, sich zu fragen, warum es geschrieben worden ist. Es kann vielleicht fragmentarisch und lückenhaft oder nicht »dramaturgisch« konzipiert erscheinen, aber im Grunde wären Bücher dieser Art vorzuziehen, denn sie lassen einem die Freiheit, die Materialien individuell zu organisieren, sie fordern unseren eigenen Standpunkt. Der Autor (Schauspieler, Pädagoge, Regisseur) hat seine Gründe und seine Antworten; wir Leser müssen unsere eigenen Antworten, unsere ebenso intimen und persönlichen Lesarten finden. Da das Buch sehr vielschichtig ist und viele Materialien enthält, die auf der *Objektivierung* von Erinnerung und Erfahrung gründen, sollte es zum Nachdenken über Theater und die Arbeit mit dem Theater anregen.

Theater im Exil, Emigration und Theater, diese Begriffspaare evozieren typische Zielsetzungen des Theaterlaboratoriums, darunter die Aufforderung, sich seiner selbst bewusst zu werden, sich zu entblößen, sich selbst zuzuhören und zuzuschauen, was zwar manchmal schmerzhaft, aber notwendig ist. Wie so oft taucht dabei eine Frage auf, die auch in der Theaterarbeit von Stanislavskij, Dullin, Copeau (indirekt) und anderen großen Theatermenschen des 20. Jh., die ihre Verantwortlichkeit in der Schauspielpädagogik sahen, stets gegenwärtig war: In wie weit soll persönliche Erinnerung in die Schauspielerausbildung hineingreifen, wenn man sich das Ziel setzt, die Arbeit eines kreativen Schauspielers konkret zu gestalten? Oder anders gefragt: lässt sich aus einem intimen und privaten »System« von Anschauungen und Vorstellungen ein »System« für das Theater entwickeln? Eine Antwort halten im vorliegenden Buch natürlich die ausführlichen Kapitel über die »Methode« bereit, die nicht als schauspielerische Technik, sondern als Praxis zur Herausbildung von *Bewusstsein* und *Selbstbewusstsein* verstanden wird. Weiteren Aufschluss kann ein Abschnitt bieten, der die Bedeutung der Flexibilität pädagogischer Erfahrung gegen die Risiken eines »Systems«, d.h. einer rein

---

nik eines Theaters der Störungen und der sozialen Hoffnung, S. 254).
[17] Die Definition stammt von Michel Vinaver, zit. nach: M. Consolini: Pour une approche historique du théâtre du XXe siècle à travers ses revues. In: *Cahiers de la Comédie-Française*, n. 34, 2000

mechanischen Ordnung anführt.

Czertok schreibt:

> Körper, Geist und Psyche bilden ein komplexes System, dessen elektrochemische Regulationsdynamik uns noch weitgehend unbekannt ist. Wir haben in den unterschiedlichsten Kulturen und in weit auseinander liegenden Disziplinen nachgeforscht und dabei Praktiken und Techniken entdeckt, mit denen wir unsere Arbeitsweise weiterentwickelt und vertieft haben. In jahrelanger Praxis haben wir sie zu einem System zusammengefügt. Bei ein und derselben Übung können gleichzeitig Elemente der Bioenergetik, des orientalischen Tanzes, der Biomechanik, der »Methode« der Improvisation nach Stanislavskij, des Hatha-Yoga oder des Zen zur Anwendung kommen. Bei der Arbeit entscheidet der Lehrer aufgrund seiner Erfahrung, seines Wissens, seiner Sensibilität und seiner Intuition von Moment zu Moment über die angemessene Vorgehensweise.[18]

Das Zitat stammt aus dem Kapitel *Den Körper wie ein Buch lesen*, das Wesentliches über die Theaterarbeit und über unsere Rolle als Leser, Zuschauer und Zeugen der Aufführung aussagt. Und dennoch kann es anfangs hart, unwahrscheinlich oder geradezu unsäglich erscheinen. Man könnte meinen, es folge einer modischen Auffassung vom »Theater als Wissenschaft«, wenn man die Arbeit des Schauspielers nicht gefühlsmäßig, scheinbar zu streng, d.h. mechanisch und wissenschaftlich angeht und dazu Begriffe und Prinzipien entlehnt, die im Zusammenhang mit dem Theater ziemlich ungewöhnlich sind. Möglicherweise ist es schwierig, den Schauspieler, der gerade im vollen Besitz seiner Kreativität ist, unter chemischen und neurobiologischen Gesichtspunkten zu betrachten. Schwierig, ein Buch über das Theater zu akzeptieren, das mit Zitaten aus der Theaterliteratur spart und stattdessen aus den Naturwissenschaften schöpft. Schwierig auch zu akzeptieren, dass Emotionen und Gefühle (die Liebe beispielsweise) auch oder vor allem von chemischen Vorgängen innerhalb unseres Organismus determiniert werden. Andererseits wäre es vermessen, die Arbeit des Schauspielers auf mechanisch-wissenschaftliche Prinzipien reduzieren zu wollen und sich nur darum zu kümmern, sie durch Tests im Labor zu definieren oder mit wissenschaftlichen Instrumenten zu messen und damit einer der vielen Modeerscheinungen der Gegenwart zu folgen. Zum Glück ist das Theater keine Wissenschaft im engeren Sinne und der Schauspieler weder ein Wissenschaftler noch ein Versuchskaninchen oder ein Produkt, das man technisch reproduzieren oder im Labor erproben kann. Er *hat* und *ist* seiner gefühlsmäßigen und rationalen Natur nach ein äußerst sensibles Instrument. Er hat und ist, wie es dieses Buch definiert, eine Einheit aus *Körper* und *Geist*. Wie lässt sich diese Einheit erforschen? Es scheint, als stoße man immer wieder auf das Problem, das Diderot

---

[18] Dieses Buch, S. 31

in seinem *Paradox über den Schauspieler* aufwirft: »Es ist der Mangel an Sensibilität, der einen guten Schauspieler auszeichnet.« Sensibilität und Rationalität. Copeau führte in einigen seiner tiefgründigsten Gedanken über die Arbeit des Schauspielers die »Aufrichtigkeit« und die »Authentizität« ins Feld. Die Faktoren oder Beweggründe, die vom Schauspieler und seinem Sein abhängen und ihn uns ohne Täuschung in aller Einfachheit zeigen, sobald er die Bühne betritt. Eine natürliche Qualität, die die Kunst erobern, nicht aber imitieren kann. Und er sprach davon, dass übermäßige »Intelligenz« zu Fehlern führt, dass der Schauspieler zu sehr auf seine Vorstellungskraft vertraut, versucht, die Rolle einzunehmen statt sich von ihr einnehmen zu lassen. Er sprach von der unentbehrlichen Distanz zwischen der Rolle und der Person, der Notwendigkeit, die Rolle zu füllen, von dem inneren Schweigen, der Hingabe, der Einverleibung der darzustellenden Sache in das Wissen, der Herausbildung einer Vorstellung, in die die eigene Seele eindringen muss. »Die durch Erfahrung und Vernunft erleuchtete Intelligenz bringt kohärente und unterschiedliche Ideen hervor. Die Sensibilität haucht ihnen Seele und Wärme ein.« Damit zitierte er Shakespeare (»Für Ecuba? Und was ist Ecuba für ihn…«) und fragte sich nach dem Geheimnis einer Vorstellungskraft, die den Schauspieler die Ebene der Qualen Hamlets oder des Inzests des Ödipus erreichen lassen könne. Man könnte darauf mit Goethe antworten: »Hätte ich nicht die Welt bereits *aus einer Vorahnung* in mir getragen, wäre ich trotz offener Augen blind geblieben.«

Auf etwas andere Art diskutiert auch Czertok diese Probleme ausführlich, indem er über den Schauspieler (der Schauspieler, ein professioneller Lügner?) oder über Beobachtung reflektiert:

> In unserem Theaterlaboratorium lernen wir zu *beobachten*.
> Wir setzen unsere Techniken dazu ein, zwei unterschiedliche, wenn auch zusammenhängende Aufgaben anzugehen: unsere Abhängigkeit vom Automatismus des Sehvorgangs zu verringern und den Unterschied zwischen *beobachten* und *sehen* zu lernen.[19]

Das anfängliche Unbehagen, das von dem angenommenen mechanischen Technizismus herrührt, wird teils überwunden, wenn man Theater und forschende Theaterarbeit nicht als eigenständige Wissenschaft ausgibt, sondern die Notwendigkeit postuliert, dass sie sich mit den Wissenschaften *in Beziehung setzen* muss: nicht um Antworten zu suchen, sondern sich nach den eigenen kreativen Zielen und organischen Wahrheiten zu fragen. In diesem Sinne kann nicht nur die wissenschaftliche Forschung dem Theater nützlich sein, sondern ebenso das Theater der Wissenschaft. Es gibt eine diesbezüglich aufschlussreiche Äußerung von Rita Levi Montalcini:

---

[19] Dieses Buch, S. 41

Wäre das Individuum nicht bereits bei der Geburt Erfahrungen ausgesetzt, so besäße es keinen Verstand.

Wenn das stimmt, ist die Verantwortlichkeit im Bereich der Pädagogik und Ausbildung eindeutig. Ebenso eindeutig bricht damit der Mythos der vererbten Genialität zusammen: es zählt nicht nur das Talent, sondern ebenso harte und regelmäßige Übung und Praxis. Auf anderer Ebene sind auch die Untersuchungen des bereits erwähnten portugiesischen Neurologen A. R. Damasio über die Voraussetzungen für Bewusstsein, für den »Sinn des Selbst in der Welt des Geistigen«, für »den Übergang von einem Zustand der Naivität und Ignoranz zur Erkenntnis und zum Bewusstsein vom Selbst« von Bedeutung, denn sie sind zugleich Voraussetzung für die Entstehung von Emotionen und für die nachfolgende Repräsentation im Gehirn in Form von Gefühlen. Damasio schreibt:

> Mich hat stets der präzise Moment fasziniert, in dem sich vor wartendem Publikum die Tür auf der Bühne öffnet und der Künstler erleuchtet von den Scheinwerfern die Bühne betritt; oder aus anderer Sicht, der Moment, in dem der Künstler im Halbdunkeln wartend sieht, wie sich die Tür öffnet, und dahinter die Lichter, die Bühne und das Publikum auftauchen. Vor einigen Jahren bemerkte ich, daß dieser Moment mich, gleich aus welcher Perspektive, so bewegt, weil er einer Geburt gleichkommt, weil er das Überschreiten einer Schwelle konkret werden läßt, einer Schwelle, die einen geschützten aber einschränkenden Zufluchtsort von einer Welt von Möglichkeiten und Risiken trennt. Aber während ich diese Einleitung schreibe und über das Geschriebene nachdenke, verstehe ich auch, daß das Eintreten in das Licht eine plastische Metapher für das Bewußtsein, für die Geburt des Geistes, das zugleich einfache und schwere Erscheinen des Empfindens für das Selbst in der Welt des Geistigen ist.[20]

Es ist kein Zufall, dass sich Horacio Czertok mit diesen und ähnlichen Themen in einer Zeit befasst (auf dem Hintergrund seiner schauspielerischen und theaterpädagogischen Erfahrung, der jahrzehntelangen Aktivität zusammen mit Cora Herrendorf im Bereich der therapeutischen Theaterarbeit), in der man von vielen Seiten aus über den Geist und das Verhältnis zwischen Körper und Geist forscht. Wenn man die Herausbildung des Geistes über die Bewegungen des Körpers definiert, spielen Erfahrung und Rekonstruktion der Welt sowie die kindlichen Erfahrungen, die durch soziale Interaktion individuelle und kollektive Verhaltensweisen und Überzeugungen des Erwachsenen vorbestimmen, eine wichtige Rolle. In diese Gebiete stoßen die Neurowissenschaften erst in jüngerer Zeit vor. Es scheint aber, als sei die forschende Theaterarbeit mit anderen Begrifflichkeiten und anderen Zielen

---

[20] Milano, Adelphi, 2000; Orig. Ausg. 1999: *The Feeling of What Happens. Body and Emotion in the Making of Consciousness*.

schon mehr als einmal in diese Richtung vorgedrungen[21], und dafür stehen viele Seiten dieses Buches.

Forschung im Theater, das korrekt, also in seinen wesentlich rituellen und anthropologischen Grundzügen verstanden wird. Denken wir zurück an die Fragen, die sich Julian Beck stellte, weil sie ohne Antwort waren. Eine der Seiten, die er in Brasilien schrieb:

> Wenn das wirkliche Ritual beginnt, wenn die Gnaoua den Hof betreten und sich in Trance singen und tanzen, bist du schon mittendrin, öffnest die Fenster, öffnest dich, weil du weißt, daß das, was passiert, nicht nur abstrakte Musik ist, weißt, daß die Dämonen aus den Häusern getrieben werden und das Glück, die Freudengeister Einzug halten. Wenn der Wein emporgehoben wird und man segnend die hebräischen Worte ausspricht, erinnerst du dich, erinnerst dich an dein ganzes wunderbares physisch-chemisch-biologisch-metaphysisches Leben: es annulliert nackte und blinde Erfahrungen: heiligt das Sein, erleichtert das Schöpfen und erschwert das Töten. (...) Die rituelle Form ist eine Disziplin, eine wirksame Form, eine wiederholte Aktion, ein Art des Handelns.

Heute wissen wir, dass es neben dem Intelligenzquotienten einen Gefühlsquotienten gibt, dass Gefühlszustände und Emotionen selbst in der Alltagssprache erkannt und verifiziert werden können.

Wir wissen, oder glauben mehr darüber zu wissen, was in unseren Zellen, an den Neurotransmittern, an den Rezeptoren, im Stoffwechsel abläuft, wenn wir emotionell erregt sind bzw. werden.

Wissenschaften und Theater können sich einander in einem gemeinsamen Forschungsbereich mit präzisen Aufgaben und Pflichten annähern, können Orientierungshilfen geben und ihre Standpunkte äußern. Czertok hat Recht, wenn er behauptet, dass »Körper-Geist-Seele« ein schreckliche Wortprägung ist. Wenn es aber darum geht, die Funktionsweise der Emotionen zu verstehen und auf das Theaterlaboratorium zu übertragen, müssen wir uns auf sie beziehen. Czertok befasst sich darüber hinaus ausführlich mit den Verän-

---

[21] Dieses ist auch die Achse, auf der die gesamte Forschungsarbeit von Meldolesi, *Dar corpo alla vita*, (s.o.) über die Beziehung zwischen Theater und Psychoanalyse basiert. Sie lässt sich allgemein auf die Beziehung zwischen Theater und Wissenschaften übertragen, wobei die Wissenschaften angesprochen sind, die auf unterschiedlicher Ebene den Menschen, seine Biologie und sein Verhalten untersuchen. Das heißt, aufgrund seiner Fähigkeit zur Beobachtung hat das Theater öfter, als man meinen könnte, mit den Wissenschaften Schritt gehalten oder manchmal auch deren Ergebnisse vorweggenommen, unabhängig und mit Problematiken und Untersuchungen, die in Form wissenschaftlicher Analyse entwickelt worden sind. Aber nur wenige haben das bemerkt oder akzeptiert, und wenige scheinen es heute bei der Beschränktheit der bürgerlichen Kultur zu verstehen, die das Theater noch immer nach Art der produzierten Aufführungen beobachtet und einstuft.

derungen, die die Emotionen, also starke und intensive subjektive Erfahrungen, im Organismus und im Verhalten auslösen. Er behauptet u.a:

> Es ist seltsam, von »Vorbereiten« zu sprechen, doch bei unseren Übungen, in unserem Training studieren wir, wie unser Körper-Geist-Seele die Verhältnisse entstehen läßt, und folglich schreiten wir ein und lernen diese, wenn notwendig, zu verändern.[22]

Wie viel ist die Erfahrung wert und die Erinnerung, die wir an unsere Erfahrungen bewahren? Was ist der Verstand und wie agiert er? Hat er nur etwas mit physischen Vorgängen zu tun, oder spielt auch der Begriff der Seele mit hinein? Es ist ein Gewirr, das Philosophen und Wissenschaftler seit Jahrtausenden zu entwirren versuchen, nicht zuletzt, um das Problem des Zusammenhangs zwischen Körper und Geist zu lösen. Die von Descartes behauptete These, nach der beide Einheiten voneinander getrennt und unabhängig sind, akzeptiert niemand mehr. Als Schauspieler und Theaterpädagoge versteht Czertok Körper, Verstand und Geist als eine Einheit, lehrt uns, das Theater als eine Erfahrung zu betrachten, mittels derer sich die Emotionen, die damit verbundenen psychophysiologischen Vorgänge und ihre Auswirkung auf unser Verhalten und unsere Beziehungen besser verstehen lassen. Auf diese Art können wir unseren Gefühlszuständen auf den Grund gehen, unsere Energien kennen lernen und einsetzen und uns das zunutze machen, was den Reichtum unseres ureigensten anthropologischen, kulturellen und sozialen Wesen ausmacht. Auch viele Neurologen befassen sich heute mit dem zentralen Problem des Bewusstseins über das Selbst, wobei sie ähnliche Materialien wie das Theater anderweitig betrachten, sich jedoch offenbar um mögliche Antworten auf ein einziges Problem bemühen. Sie sprechen über physische Vorgänge, sensorielle Wahrnehmung, chemische Stoffe im Spiel der Emotionen und Gefühle, Erinnerung, Sprache usw., um sich dem Universum des Bewusstseins zu nähern.

Ergeben sich daraus Antworten auf die Frage nach der »Berufung« für das Theater, auf die Fragen, die die emotionelle Erinnerung aufwirft? Bis zu einem bestimmten Grad ist es möglich. Wir glauben auch weiterhin nicht an eine Konzeption des Theaters als Wissenschaft *tout court*, halten jedoch eine Verwandtschaft zwischen Theater und Wissenschaften für möglich. Die Errungenschaft der Theaterpädagogik des 20. Jh. besteht darin, den Menschen in den Mittelpunkt ihres Interesses gestellt zu haben. Ihre Studien gelten seither sowohl dem Schauspieler als auch dem Menschen und zahlreichen Aspekten, die über das Theater hinausgehen. Die Arbeit des *Teatro Nucleo* und das Buch von Horacio Czertok reihen sich in diese Studien ein. Sie tragen dazu bei, eine Auffassung von Theateranthropologie zu verstehen und zu überwinden, die den Menschen ausschließlich in einer Situation der Reprä-

---

[22] Dieses Buch, S. 128

sentation betrachtet. Dadurch, dass Elemente ins Spiel gebracht werden, die weitergreifen und sich auf soziokulturelle Verhaltensweisen ausdehnen lassen, kann man Theaterpädagogik als Erfahrung konzipieren, die *über* das Theater *hinaus* geht: Erkenntnisse aus dem Laboratorium und Erkenntnisse über das Alltagsleben greifen auf einem konkreten Terrain ineinander. Man vernimmt darin auch das schwache Echo einer Tradition, die sich in den Windungen und Kulturen des 20. Jh. verloren hat, d.h. einer Theaterpädagogik, die den Wissenschaften in ihrer Gesamtheit nahe stand, weil ihr Untersuchungsgegenstand das Verhalten des Menschen als soziales Wesen war. Man muss nochmals auf die französischen Meister des Theaters (vor allem Copeau, Dullin, aber z.T. auch Louis Jouvet) zurückgreifen, die stets die Auffassung vertraten, das *Theater sei Schule* und nicht nur Theaterschule, auf die Idee einer umfassenden Untersuchung über das menschliche Verhalten aus der Sicht des Theaters (der Arbeit des Schauspielers) mit all seinen kulturellen und sozialen Implikationen. Auf die Ideen einer ganzen Strömung der französischen Kultur in den 20er und 30er-Jahren des vergangenen Jahrhunderts, die sich durch einen neuen Humanismus auszeichnete und sich an Themen wie Fortschritt, Errungenschaften und Geschwindigkeit orientierte (der Grundstein dafür war natürlich schon früher gelegt worden). Es ist ein Projekt, dass nicht nur von Theaterleuten, sondern auch von Medizinern, Historikern, Naturwissenschaftlern, Schriftstellern u.a. getragen wird. Dabei entstehen Beziehungen zwischen ungewöhnlichen Forschungs- und Erfahrungsbereichen, die heute nur teilweise bekannt sind: die historische Schule der »Annales«; die Forschungen Henri Wallons über das menschliche Verhalten auf dem Hintergrund der Psychiatrie; die Soziologie Durkheims; das Modell zur Analyse von Umwelt und Mentalität, das der Kommissar Maigret in den Romanen von Georges Simenon entwickelt; die Werke von Poe, Hoffmann, Baudelaire, die verwickelten Untersuchungen über Kompositionen, Doppelgänger, das zweite Ich usw. All diese Elemente münden im Übrigen in die Mitte der 30er-Jahre von Lucien Febvre und Henri Wallon herausgegebene *Encyclopédie Française*, ein Werk, das nicht nach vorgefertigten Informationen, sondern nach Themen angelegt ist und Ausdruck einer neuen kulturellen Strömung und eines neuen Interesses gegenüber dem Individuum sein wollte. Nicht von ungefähr lässt man darin Jacques Copeau über das Thema »Regie« schreiben und bekennt sich damit zu einer radikal »anthropologischen« Sicht auf die Praxis des Theaters.

Und um wie vieles ließe sich dieses Panorama erweitern, wenn man den Blick auf Wien und Moskau, auf die Psychoanalyse, auf Stanislavskij richten würde?

4. In der Arbeit des *Teatro Nucleo* lassen sich viele Elemente einer Art theatralischen Ökosystems erkennen: die Sedimente einer Tradition, die in Argentinien während der Ausbildung von Horacio Czertok und Cora Herrendorf, in der Arbeit der *Comuna Baires*, in der Auseinandersetzung mit der von William Layton weiterentwickelten »Methode« entsteht; die langjährige Arbeit in den Laboratorien, in der Pädagogik, in der Therapie, das Bemühen um eine wirkliche Begegnung mit dem Zuschauer bei den Stücken auf der Bühne, mit dem Nicht-Zuschauer auf der Straße; das Nachwachsen neuer Schauspielergenerationen, die unmerkliche, aber unauslöschliche Spuren hinterlassen; die Weitergabe der Erfahrung durch mündliche Überlieferung; die sozialen und kulturellen Projekte, die organisatorische Arbeit, das politische Engagement. Kurz gesagt alles, was das Wesen einer Gruppe ausmacht.

Wie kann man in dieses Ökosystem hineinkommen, ohne ihm zu schaden, wenn man doch weiß, dass das Phänomen, das man beobachtet, in demselben Moment durch unseren Blick verändert wird? Eine mögliche Antwort auf diese Frage könnte Peter Brook in seinem Buch *Der Punkt in Bewegung* geben:

> Ich habe nie an eine einzige Wahrheit geglaubt, weder an meine noch an die anderer; ich bin überzeugt, daß alle Schulen und alle Theorien an einem bestimmten Ort und in einer bestimmten Epoche nützlich sein können; aber ich habe entdeckt, daß es nur dann möglich ist zu leben, wenn man sich mit einem Standpunkt absolut und brennend identifiziert. Während die Zeit allmählich verstreicht, wir uns ändern, die Welt sich ändert, ändern sich die Ziele und Standpunkte. Wenn ich die im Lauf vieler Jahre geschriebenen Essays und die bei vielen unterschiedlichen Gelegenheiten geäußerten Ideen Revue passieren lasse, bin ich davon beeindruckt, was darin konstant bleibt. Wenn wir tatsächlich wollen, daß uns ein Standpunkt irgendwie hilft, müssen wir uns ihm mit allen Kräften widmen und ihn bis in den Tod verteidigen. Gleichzeitig aber flüstert eine innere Stimme: »Nimm dich nicht zu ernst. Halte durch und laß dich sanft gehen.«

Um die künstlerische und kulturelle Weiterentwicklung der »Methode« zu beschreiben, benutzt Czertok den Begriff »Legende«. Zudem bezieht er sich auf die Labyrinthe und Rätsel von Borges, und angesichts der Schwierigkeit oder Unmöglichkeit, die Nebel zu lichten, die diese verschlungenen Wege umhüllen, stellt er eine offenbar banale Behauptung auf: »Das Geheimnis der Kunst liegt im Schauspieler verborgen.«

Gleich danach heißt es:

> Er muß nach dem Geheimnis auf der Suche sein wie nach dem *Heiligen Gral*, der sich immer wieder verflüchtigt, nach dem Theatermenschen und Forscher vergeblich suchen. Vielleicht, weil er ganz anderswo ist, nämlich dort, wo das Wort *Gral* aus dem Keltischen übersetzt ganz einfach nur Becher heißt. Daß

es einfach sei täuscht allerdings, da es nichts schwierigeres gibt als ihn zu fassen.[23]

Das »Anderswo« und die »Einfachheit« sind in vielen Gesprächen mit Horacio Czertok als wesentliche Elemente der Schauspielkunst gestern und heute herausgestellt worden. Kehren wir daher über die Legende der »Methode« zur Frage zurück, wieviel ein Buch über das Theater verborgen halten muss bzw. nur implizit vermitteln kann, selbst wenn scheinbar vieles in der Arbeit des Schauspielers, im Laboratorium oder in einem Text zutage tritt. Offenbar liegt gerade in jener Grauzone des Nichtgesagten die Chance, dass man sich mit dem Buch zu Lebzeiten kein Denkmal setzt, sondern zu einem Prozess des Erkennens beiträgt. Im Grunde ist es nur ein Buch, nur Papier, könnte man sagen. Es wäre interessant, wenn man Stanislavskij fragen könnte, was er im Sinn hatte, als er seine Arbeit zu Papier brachte. Ein Buch ist ein Buch, aber es kann auch ein Traum, eine *notwendige* Utopie sein, um es mit den Worten zu bezeichnen, die das *Teatro Nucleo* stets seiner Arbeit verliehen hat. Eine notwendige Utopie, ein hartnäckig verfolgter und realisierter Traum wie die Bibliothek Aby Warburgs. Die Welt des *Teatro Nucleo* könnte manchem erscheinen, als baue sie auf einen der vielen Einfälle von Gabriel García Márquez: etwas von Macondo, etwas von herumziehenden Nomaden, etwas von Niemandskindern, und ein Stück »Anarchie« (im Sinne einer intellektuellen Heimatlosigkeit, einer künstlerischen und ethischen Freiheit, die – wie an anderer Stelle in diesem Buch deutlich wird – sich nicht durch die »Nachfrage« konditionieren oder binden lässt und aufgrund ihrer Unnachgiebigkeit und ihres offenbar »störenden« Charakters vom offiziellen Markt abgelehnt wird).

Im Diskurs über die Arbeit des Schauspielers, über die Notwendigkeit, sich über die Konventionen von Raum und Zeit bewusst zu werden und sich davon zu lösen, d.h. frei zu werden und damit Schöpfer seiner selbst zu sein, führt Czertok die Beschreibung der »Comprachicos« aus dem Roman *Der lachende Mann* von Victor Hugo an. Die Comprachicos, also Banden, die Kinder raubten und sie in Porzellanvasen steckten, um ihr Wachstum zu verhindern, um sie in kleine Monster zu verwandeln und sie so zum Gegenstand des Spottes und des Zeitvertreibs in der Epoche der Stuarts zu machen. Und Czertok wirft die Frage auf, wieviele Porzellanvasen heute unsere Existenz konditionieren und künstlich formen. Die Frage lässt sich auch in diesem Fall ausweiten: wieviele Comprachicos bevölkern seit jeher die Geschichtsschreibung und den Markt des Theaters? Wieviele »Monster« oder deformierte Wesen bringen sie hervor?

Die Monsterfabrik produzierte ein breites Spektrum unterschiedlicher Arten«, erzählt Victor Hugo, und weiter: Um aus einem Menschen ein Spielzeug zu

---

[23] Dieses Buch, S. 86

machen, muß man ihn rechtzeitig abgreifen. Nur aus kleinen Menschen werden Zwerge. (...) Darin besteht die Kunst. Da gab es regelrechte Züchter. Aus einem Menschen machten sie eine Mißgeburt; sie nahmen ein Gesicht und verwandelten es in eine Fratze.

Wie viele Wissenschaftler, Theatermenschen und Künstler allgemein sind benutzt, instrumentalisiert und geopfert worden, wie viele hat man gezwungen, Zwerge zu bleiben und zugleich glauben gemacht, Riesen zu sein.

Wie viele sind deformiert worden, oder haben sich eigenhändig als Erwachsene in »Monster« verwandelt, in der Überzeugung, den Markt, das Theatersystem und alles daraus Folgende zu regeln? Das Theater des *Teatro Nucleo*, das immer im Exil entstanden ist, hat Widerstand geleistet, »störend« gewirkt, auch auf die Gefahr hin, von vielen isoliert und verworfen zu werden.

Aber es muss doch etwas dran sein, wenn der Zuschauer es nicht verwirft.

Czertok spricht darüber objektiv am Schluss des Kapitels über das Theater im Freien:

Das offizielle Theater, so erfuhren wir bald, ist ein geschlossenes System, auf sich selbst bezogen, korporativ, es akzeptiert nichts, was von *außen* kommt, außer es handelt sich um eine Episode, mit der man sich mal kurzzeitig eine gewisse Exotik leistet. (...) Die Straßen und Plätze, die Jahrmärkte, Kirchweihen und Märkte befinden sich außerhalb des Theatersystems. Wer aber dort arbeitet, wird als Scharlatan angesehen. Man gilt als jemand, der außerhalb des *eigentlichen* Theaters, der Theater*geschichte* steht. Schauspieler lieben solche Situationen nicht, denn sie fühlen sich der Aura der Bühne beraubt. Hier draußen müßten sie kämpfen, um sich durchzusetzen und Aufmerksamkeit zu erregen, aber das wollen sie nicht. Sie würden sich deklassiert fühlen. (...) Die Folge: es gibt so gut wie kein Theater im Freien. Also war dies genau der Ort, wo wir als Emigranten unser Theater machen konnten. (...) Es ist so: wir haben uns am Anfang nicht aus freien Stücken für das *Theater im Freien* entschieden. Aber es ist auch so, daß wir es heute nicht mehr lassen wollen.[24]

Auch Ursus, Homo, Gwynplaine und Dea, die Romanfiguren von Victor Hugo, haben die Straße nie aufgegeben.

In *Der lachende Mann* gibt es Seiten voller theatralischer Lebhaftigkeit. Der alte Ursus, ein Philosoph, Scharlatan und Schauspieler, zieht mit seiner Gesellschaft auf einem Karren von Dorf zu Dorf und macht auf Straßen, Plätzen und in Hinterhöfen halt. Dahinter verbirgt sich eine imaginäre Welt aus Träumen, Visionen und Utopien, die den Zugang zu einer inneren Wahrheit und zu den anderen Menschen ermöglicht. Nicht als Ablehnung der Welt, sondern als Widerstand gegen die Brutalität und soziale Heuchelei durch die Einfühlung, die die »Fiktion« des Theaters möglich macht. Eine

---

[24] Dieses Buch, S. 183

kleine aber selbstgenügsame Wandertruppe, eine »anarchische«, theatralische Mikrogesellschaft, die ihre eigene unbequeme Wahrheit unmerklich mitvermittelt, wenn der redegewandte Ursus das Publikum anstachelt.

> Gentlemen, ich lehre etwas. Aber was? Zweierlei Dinge, die, die ich weiß, und die, die ich nicht weiß. Ich verkaufe allerlei Gebräu und verschenke Ideen. Nähert euch nur und hört zu. Die Wissenschaft lädt euch ein. Öffnet die Ohren. Wenn sie klein sind, wird wenig Wahrheit, wenn sie groß sind, viel Dummheit hineingeraten. Also aufgepaßt. Ich lehre die Pseudoxia Epidemica. Ich habe einen Kollegen, der so sehr zum Lachen bringt wie ich zum Nachdenken. Wir leben zusammen, weil das Lachen und das Wissen aus der gleichen Familie kommen. Als man Demokrit fragte, warum seid ihr weise? antwortete er: weil ich lache. Und wenn mich jemand fragen würde: warum lachst du? würde ich antworten: weil ich weise bin. Aber eigentlich lache ich nicht. Ich korrigiere populäre Irrtümer. Ich bemühe mich, euren Verstand zu säubern. Er ist dreckig. Gott läßt es zu, daß das Volk sich täuscht und getäuscht wird. Wir dürfen keine dumme Scham an den Tag legen; ich gestehe offen, daß ich an Gott glaube, auch wenn er Unrecht hat. Aber wenn ich Dreck sehe – und Fehler sind Dreck – dann fege ich ihn hinweg. Woher ich all das weiß? Das geht nur mich an. Jeder nimmt die Wissenschaft, wie er's kann.

Unter den vielen theatralischen Passagen des Romans befindet sich eine, die durch ihre verführerische Symbolhaftigkeit besticht. Es ist die Beschreibung einer Aufführung der Arbeit von Ursus, *Die Niederlage des Chaos:*

> Alle liefen zu Gwynplaine. Die Sorglosen, um zu lachen, die Traurigen, um zu lachen, die mit dem schmutzigen Gewissen, um zu lachen. Es war ein so unwiderstehliches Lachen, daß es manchmal schon ungesund schien. Wenn es aber eine Pest gibt, vor der der Mensch nicht zu fliehen träumt, dann ist es ansteckende Freude. Der Erfolg ging jedoch nicht über den Kreis des gemeinen Volks hinaus. Eine große Menschenmenge heißt gemeines Volk. Man wohnte der Niederlage des Chaos für einen Penny bei. Die schöne Welt geht nicht dahin, wo man nur einen Taler ausgibt.

Dea ist eine blinde Seherin, Gwynplaine ist ein Monstrum. Dea liebt ihr Monstrum. Und die Zuschauer

> (...) ohne die Sache zu vertiefen, denn sie vertiefen nicht gerne – auch sie spürten etwas hinter dem, was sie sahen, diese seltsame Aufführung hatte etwas von der Transparenz eines Avatar.

Das Publikum sah das Gegenteil von dem, was es sah. Für die Zuschauer war Gwynplaine die gerettete Kreatur und Dea die Retterin. Was soll's! dachte Ursus, der Dea ins Herz schaute. Und Dea, getröstet, zuversichtlich, in Ekstase, himmelte einen Engel an, in dem das Volk ein Monster sah. Auch ihm galt die Faszination der Umkehrung, jenes maßlose und prometheische Gelächter.

Die Aufführung, der überwältigende Erfolg, Lachen statt Lächeln. Und Ursus denkt darüber nach, wieviel die Zuschauer von dem Stück im Tiefsten ihres Herzens behalten hätten.

Vielleicht hatte er nicht ganz Unrecht; ein Werk kommt erst durch das Publikum zu seiner Erfüllung. Die Wahrheit ist, daß das gemeine Volk allem aufmerksam folgte: dem Wolf, dem Bären, dem Mann und dann der Musik, den von einer Harmonie gebändigten Schreien, der von der Dämmerung in die Flucht geschlagenen Nacht, dem Licht freisetzenden Gesang. Die Wahrheit ist, daß das Volk das dramatische Epos *Die Niederlage des Chaos*, den Sieg des Geistes über die Materie, der in der Freude des Menschen gipfelte, mit verworrenem und tiefem Wohlgefallen, aber auch mit zärtlichem Respekt annahm. Es war das grobe Vergnügen des Volkes. Es war ihm genug. Das Volk hatte nicht die Mittel, um auf die erhabenen Gesellschaften der Gentry zu gehen, es konnte keine Tausend Ghineen auf Helmsgail gegen Phelem-ghemadone setzen, wie es die hohen Herrschaften und Gentlemen taten.

Diese Schauspieler und Zuschauer, die Hugo beschreibt, sind tatsächlich ungewöhnlich, nicht konventionell. In dem Ausschnitt klingt jener Risikofaktor an, von dem Czertok spricht, wenn es darum geht, im Straßentheater komplexe Fragestellungen zu inszenieren, Grundfragen der menschlichen Existenz zu thematisieren, auf jene beträchtlichen Vorräte an Menschlichkeit zu bauen, über die der »Mann auf der Straße« verfügt. Der Zuschauer bei Ursus nimmt die Herausforderung an, lässt sich von der blinden Seherin Dea führen, sieht ein Monstrum als Engel an, unterliegt der Faszination des Gegensätzlichen. In seiner menschlichen Einfachheit, seiner materiellen Armut, die ihm das »professionelle« Zuschauen verbietet, verhält er sich wie jemand, den sich das Theater gesucht und erst zu einem Zuschauer gemacht hat, und teilt mit ihm die eigene Freiheit. Er ist Teil eines Ereignisses, das *be-geist-ert* und in Freude gipfelt.

Die Straße, die Suche nach dem Nicht-Zuschauer, macht auch einen Großteil der Geschichte und Erfahrungen des *Teatro Nucleo* aus. Damit steht es in einer Linie mit vielen Vertretern des Theaters des 20. Jh., die – abgesehen von der historischen Bedeutung des Theaters in Freien Räumen – einen Großteil der Erfahrungen auf der Straße gesammelt und durch die Erfindung neuer, direkt an das Soziale (siehe den Abschnitt über *Das Theater und das Haus aus Stein*) gebundener Produktionsformen die Institution Theater radikal in Frage gestellt haben.

Die Praxis des *Nucleo* wurzelt also auf festem Terrain. Es ist das Terrain, auf dem sich beispielsweise das Agit-Prop-Theater im Bemühen um ein organisches Verhältnis zu einem Publikum bewegte, das nicht als solches organisiert war.

Bei der Reflexion über die Arbeit des *Teatro Nucleo* erscheint es wirklich zwingend, dessen anthropologische Bedeutung zu unterstreichen und in eine soziale Dimension zu projizieren, denn in den verschiedenen Arbeits- und Eingriffsebenen wird immer wieder die Beziehung zum Anderen gesucht. Ein Theater, das gegen jede Art von *Zwang* oder *Negation* arbeitet. Es ist die Vision von einem totalen Engagement, das nur einer Gruppe zu Eigen sein kann, da sich nur hier eine tiefgreifende Identität von Arbeit und Leben umsetzen lässt: etwas von Macondo eben, etwas von herumziehenden Nomaden, etwas von Niemandskindern, und ein Stück »Anarchie«.

Auf diesem Hintergrund lohnt es, den außergewöhnlichen Text noch einmal zu lesen, den Antonin Artaud als Einleitung zu *Das Theater und sein Double* schrieb:

> Mehr als je zuvor spricht man heute von Zivilisation und Kultur, während uns das Leben selbst aus den Händen gleitet. Es gibt eine seltsame Parallele zwischen diesem allgemeinen Zerbröckeln des Lebens, das der gegenwärtigen Demoralisierung zugrunde liegt, und den Problemen einer *Kultur, die nie mit dem Leben übereingestimmt hat, sondern nur dazu da ist, dem Leben ihre Gesetze aufzuzwingen*. Bevor ich nochmals von Kultur spreche, will ich daran erinnern, daß die Welt hungrig ist, daß sie sich um die Kultur nicht schert; nur künstlich bekennt man sich heute zu einer Kultur des Gedankens, der sich auf den Hunger richtet. Das Dringendste scheint mir also nicht die Verteidigung der Kultur zu sein, deren Existenz niemals jemanden davor bewahrt hat, sich nach einem besseren Leben zu sehnen und dennoch Hunger zu haben. Viel dringender ist es, *aus dem, was wir Kultur nennen, Ideen zu ziehen, deren Lebensenergie ebenso stark wie die des Hungers ist.* (...) Wenn es das Ziel des Theaters ist, unseren unterdrückten Gefühlen Luft zu machen, drückt sich eine Art grausamer Poesie in bizarren Akten aus, die die Realität des Lebens zwar ändern, aber zugleich auch beweisen, daß seine Energie noch intakt ist und es ausreichen würde, sie in bessere Bahnen zu lenken.

In den Sätzen, die kursiv hervorgehoben sind, scheint sich all die Frustration und Negation zu manifestieren, die der Leidenszustand der menschlichen Existenz hervorruft. Auf diesen Zustand bezieht sich Judith Malina, als sie über die Auseinandersetzung des *Living Theatre* mit dem Denken Artauds Ende der 50er-Jahre spricht.

Das Theater wird als eine Möglichkeit angesehen, auf die Konventionen, die die Energie der individuellen Freiheit ersticken, auf Einschränkung und Unterdrückung, Schweigen, Absonderung, Isolierung, auf die soziale Kontrolle der Gefühle zu reagieren. Die Ansätze des *Living Theatres* und des *Teatro Nucleo* stimmen in diesem Punkt überein und führen nicht von ungefähr häufig zu ähnlichen Erfahrungen (das soziale und politische Engagement, die Erfahrungen auf der Straße, das Nomadentum, die Exilsituation, die Arbeit am Rande der Institution, in den psychiatrischen Kliniken etc.) Gegen die unverrückbare Struktur, die nach Judith Malina Schlüssel für das Verständnis des Stückes *The Brig* (zurzeit der Auseinandersetzung mit Artaud) war und stellvertretend für viele Strukturen stand: für das Gefängnis, die Schule, die Fabrik, die Familie, die Regierung oder »Die-Welt-wie-sie-Ist«. In einer Regieanweisung schrieb sie:

> Eine solche Struktur – fordert von jedem das, was er für die Struktur, und nicht das, was er für sich selbst leisten kann; für diejenigen, die keine Leistung bringen, gibt es die Todesstrafe oder das Gefängnis oder die soziale Deklassierung oder den Verlust der elementaren Lebensrechte. Die Menschen innerhalb der Struktur müssen mit ihr eins werden, und Schönheit und Schrecken von *The Brig* bestehen gerade darin, daß man sehen kann, ob und wie es der Struktur gelingt, sich ihre Insassen einzuverleiben.

Dieser Vorsatz erinnert an die so wirkungsvolle Metapher der Comprachicos. Erneut tauchen aber auch die Grundzüge einer Tradition auf: sie führt dieses Mal über das *Living Theatre* und Antonin Artaud in die Zeit, in der der Körper Einzug ins Theater erhält, und damit zu Mejerchol'd.

> Der Schauspieler ist nicht losgelöst von seiner Seele – kommentiert Judith Malina den russischen Regisseur – sondern von ihr erfüllt und kontrolliert sie, um der dramatischen und metaphysischen Konstruktion Substanz zu verleihen.

Sie führt aber auch zurück zum politischen Theater des 20. Jh., zur Soziologie und Anthropologie, und zum Problem der Arbeit und Selbstdisziplin des Schauspielers. Wenn man unter politischem Theater kein Theater mit politischem Inhalt, sondern eines mit politischer Bedeutung versteht, dann haben die verschiedenen Ebenen mehr als einen Berührungspunkt. Politisch bedeutet hier also, über die notwendigen ethischen und ästhetischen Aufgaben des Theaters hinauszugehen und sich darum zu bemühen, in der gesellschaftlichen Realität Möglichkeiten aufzuzeigen, die Integrität des Individuums wiederherzustellen. Ein Theater als Utopie aber auch als Projekt, als Ort, an dem die inneren Widersprüche des gesellschaftlichen und individuellen Verhaltens offenkundig werden:

> Das Problem ist – so Judith Malina über eine Arbeit mit Patienten in psychiatrischen Kliniken, die keinerlei Kontrolle über die eigenen Gefühle hatten –, daß es gefährlich sein kann, seine Gefühle ganz rauszulassen (...) Und dann kommt ein Künstler daher und sagt: »Laß sie raus!«

Das Theater der Freien Räume spielt also eine entscheidende Rolle, wenn man das Potential eines Theaters der *sozialen Erfahrung* von Grund auf verstehen will.

»Die wahre Architektur existiert nur dann, wenn sie den Menschen in den Mittelpunkt stellt«, erklärte der berühmte Architekt Alvar Aalto 1958 in einem fiktiven Interview anlässlich seines sechzigsten Geburtstags.

In den 20er-Jahren war Aalto während der Planungsarbeiten für das Sanatorium von Paimio ins Krankenhaus eingeliefert worden. Als Patient, also in einem »Zustand äußerster Schwäche« und Unterlegenheit, verspürte er am eigenen Leib, was es bedeutet, der Vernachlässigung und »Unmenschlichkeit« des Krankenhausalltags ausgeliefert zu sein. Nach dieser Erfahrung wurde das Sanatorium von Paimio nicht nur eines der bedeutendsten Werke innerhalb der damals verfolgten Utopie des Funktionalismus, sondern auch ein eindeutiges Beispiel anthropologischer Architektur und eine klare implizite Antwort auf die Unmenschlichkeit der Architektur geschlossener Anstalten: ein Projekt, in dem funktionale und technische Kriterien mit psychologischen in Einklang standen.

> Zuallererst – schrieb Aalto – soll das Gebäude wie ein medizinisches Gerät funktionieren (...). Eine der Grundvoraussetzungen für die Heilung ist vollständige Ruhe (...). Das Design der Zimmer entspricht den begrenzten Kräften des im Bett liegenden Patienten: die Deckenfarbe soll beruhigend wirken, die Lichtquellen befinden sich außerhalb des Gesichtsfeldes des Patienten, die Heizluft ist auf die Füße gerichtet und das Wasser kommt geräuschlos aus den Hähnen, damit niemand seine Nachbarn stört.

Mit anderen Worten: die technische Qualität der Ausführung geht einher mit ethischer und moralischer Kraft.

Nicht anders verbindet ein Athlet bzw. Sportler seine Technik mit Intelligenz, Ideen, Kreativität und Moral, wenn nicht die Gage oder die Siegesprämie, sondern die Arbeit an sich selbst, das Selbstbewusstsein und vielleicht auch die Herausforderung Vorrang haben. Unter diesem Aspekt haben Sport und Theater vieles gemeinsam, d.h. wenn sie es schaffen, sich nicht den Marktgesetzen, dem Geschäft, dem Erfolg, der persönlichen Bereicherung und der Anerkennung durch die Massenmedien zu unterwerfen. Anders gesagt, wenn sie »Kunst« bleiben und in der Beziehung zum jeweiligen Publikum bei denjenigen Gefühlen und Leidenschaften ansetzen, die allen gemeinsam und für alle erkennbar sind. Man hat in jüngerer Zeit viel über dieses Thema gesprochen und dabei vor allem den Zusammenhang zwischen Fußball und Theater hervorgehoben. Kontrolle und Emotion: im Bezug auf diesen Gegensatz sprechen Theater und Sport eine ähnliche Sprache. Raf Valone, der in der Vorkriegszeit beim AC Turin spielte und später Schauspieler wurde, erinnert sich:

> Vor dem Spiel spürt man das gleiche wie in den Momenten, bevor sich der Vorhang öffnet. Man braucht die gleiche Kontrolle der Gefühle, die gleiche physische Spannung. Ein Schauspieler müßte ebenso trainiert sein wie ein Sportler. Ich habe weiterhin sehr viel Sport getrieben, um diese psychophysische Kontrolle beizubehalten. Eine weitere ganz ähnliche Eigenschaft beider Aktivitäten besteht darin, wie man mit dem Publikum und dem aus dieser Begegnung entstehenden Herzklopfen fertig wird. Ich bin mir da sicher, weil ich es am eigenen Leib gespürt habe. Bevor wir die Ambrosiana Inter von

Meazza und Ferrari 1:0 schlugen, (...) hatte ich das gleiche Gefühl wie dreißig Jahre später, als ich mit *Blick von der Brücke* von Arthur Miller unter der Regie von Peter Brook vor dem französischen Publikum stand. Wenn man das auszuhalten will, muß man geistig und physisch bestens vorbereitet sein.

Kontrolle *und* Emotion, damit – wie Franco Arturi, ein Sportjournalist und Theaterkritiker erklärte – weder allein die Kontrolle herrscht und uns in eine gefühlsmäßige Wüste führt, noch allein die Gefühle das Sagen haben und uns in Chaos, Unordnung und Egoismus stürzen.[25]

Von dem Fußballer-Schauspieler spricht im Übrigen auch Eduardo Galeano in seinem Buch *Glanz und Elend des Fußballspiels*. Man muss allerdings darauf bestehen, dass in der Organisation von Kontrolle und Emotion die *moralische Stärke* eine entscheidende Rolle spielt, dass also Athleten und Schauspieler Kontrolle und Emotion erst dann harmonisieren können, wenn sie sämtliche Ausprägungen der moralischen Stärke, also Intelligenz, Sensibilität, Selbstvertrauen und Selbstbewusstsein einsetzen und diese in kreative Energie und ästhetische Qualität umsetzen. Dazu muss man nicht nur aufrichtig sein und an das glauben, was man macht, sondern es den andern auch glaubhaft machen. Nur so kann ein Springer ungeahnte Hürden überwinden. Nur so konnte Cassius Clay tänzelnd und mit offener Deckung einen monströsen Muskelberg besiegen. Nur so gelang es David, Goliath zu besiegen.

Wenn man sportliche Erfahrung so versteht, hat sie viel mit der Aufmerksamkeit und dem Respekt gegenüber dem Menschen zu tun, den Alvar Aalto in den technischen Lösungen für das Sanatorium von Paimio zum Ausdruck brachte. Aalto strukturierte seine Pläne nach funktionellen, physiologischen und psychologischen Gesichtspunkten, die eigentlich für die Planung jedes Krankenhauses maßgeblich sein sollten, und ließ alles bis ins kleinste Detail ausarbeiten (bis hin zu Klinken, zur gelben Farbe von Atrium und Treppen, die auch in den dunklen Monaten Sonne brachte, zu den Waschbecken, Spucknäpfen, Liegestühlen im Freien etc.). Er handelte also im Grunde mit dem gleichen Respekt vor dem Menschen, die die Bewegung der Antipsychiatrie dazu veranlasst hat, Theaterarbeit und therapeutische Arbeit zusammenzubringen.

Das Projekt von Aalto zog natürlich Diskussionen und Skandalgeschrei nach sich. Und das Theater? Der Entwurf eines Theaters, das zugleich Gebäude, Raum, Erfahrung und ideelles Gebilde ist? Welches Theater schafft es

---

[25] Diese Themen sind in einem Symposium mit dem Titel *Drammaturgia dello sport* diskutiert worden, der vom Dipartimento di Storia delle Arti e dello Spettacolo der Universität Florenz im Herbst 1998 organisiert wurde. Bei dieser Gelegenheit ging es weniger um die Analyse des sportlichen Spektakels und seiner Sprache als vielmehr um »die kreativen und kompositorischen Mechanismen derjenigen, die dieses Spektakel planen, vorbereiten und durchführen«, wie Siro Ferrone anläßlich der Veröffentlichung der Diskussionsergebnisse in der Zeitschrift *Drammaturgia*, 6, 1999 schrieb.

heute, von sich reden zu machen, weil es dem Bedürfnis des Individuums Vorrang vor der Kasse, den Abonnenten, der Zustimmung der Kritik und tausend anderen unaufschiebbaren »Notwendigkeiten« einräumt? Welches Theater ruft wirkliche Skandale und Diskussionen auf sozialer und kultureller Ebene hervor, und nicht etwa die sterilen Reaktion eines Salonkünstlers, der aus reinem Protagonismus die Nase rümpft und nur dem Wunsch folgt, mal kurzzeitig, aber eben nur kurzzeitig, das träge bürgerliche Publikum zu wecken?

> Man muß radikal sein, um keine oberflächliche Bequemlichkeit zu schaffen – schreibt Alvar Aalto –, den Problemen auf den Grund gehen, aus deren Lösung die Bedingungen für eine bessere Architektur hervorgehen können; man muß also Kriterien finden, die effektiv für das Wohlbefinden der Personen und ein besseres alltägliches Leben einsetzbar sind.

Die Bedürfnisse des Menschen waren bekanntlich der Leitfaden aller Arbeiten von Aalto, von öffentlichen Gebäuden über Fabriken, Wohnhäuser und Kirchen bis hin zu Möbeln und anderen Einrichtungsgegenständen. Er verstand seine Architektur als Arbeit im Laboratorium, bei der die »freie Sensibilität« spielerisch und erfinderisch ausgelegt werden sollte, also zutiefst und radikal sozial.

Es gibt da eine viel sagende Anekdote. Auf eine ausschließlich aus mathematischen Formeln bestehende Examensarbeit malte Aalto einmal einen Löwen: das Emblem der ungezügelten Phantasie und des gesunden Menschenverstandes gegen das Gewirr von Regeln und Normen.

Diese Ideen und Episoden sollen hier nicht so sehr für das wohl Einzigartige des Werkes von Aalto innerhalb der Architektur des 20. Jh. stehen, als vielmehr für den beispielhaften Wert seiner Erfahrungen im Hinblick auf eine Utopie, aber auch im Hinblick auf die Frustration angesichts der geistigen Beschränktheit des wirtschaftlichen und technokratischen Rationalismus.

»Die Architektur kann die Welt nicht retten, doch sie könnte als Beispiel dienen«, lautet eine weitere seiner Standortbestimmungen. Und das Theater? Man sollte nicht vergessen, sich hin und wieder diese Frage zu stellen.

Man braucht nicht nach Finnland zu reisen und die dort von Aalto geschaffenen Gebäude und Räume zu begehen, um zu erkennen, dass es zwischen seiner kreativen Vorgehensweise und der Forschungsarbeit in der Theaterpädagogik und im Theaterlaboratorium mehrere Parallelen gibt. Das Bindeglied ist und bleibt die Erforschung des Menschen als Einheit von Körper und Geist, des Raumes als einem Ort, in und zu dem ein Kollektiv ein organisches Verhältnis finden muss, auch ungeachtet der Tatsache, dass das Theater längst darauf verzichtet hat und stattdessen als Institution und »kulturelles« Abbild einer aristokratischen und gesellschaftsfernen Denkweise weiterlebt. Es ist klar, dass man mit der Mentalität, die das Projekt des Sanatoriums von Paimio bestimmte, heute weder Theater baut noch restauriert.

Man handelt dagegen lieber entsprechend der Funktionalität der dominierenden Theaterkultur. Auf die Frage hin, »warum so viele Theater gebaut werden«, wurde im Jahr 1968 in den Vereinigten Staaten ein Liste mangelnder Zuständigkeiten veröffentlicht. Darin hieß es einleitend: »Ein Gebäude wird errichtet, bevor man überhaupt weiß, wer es benutzen wird; eine Stadt erfährt plötzlich, dass sie über ein neues Gebäude verfügt, aber es gibt keinen Verwendungszweck.« Und weiter heißt es:

> (...) derjenige, der es benutzen soll, hat kein Recht, den Architekten zu wählen, oder die Nutzungsexperten haben bei Entwurf oder Planung keinerlei Einfluß; das Gebäude insgesamt ist unvereinbar mit den Notwendigkeiten derer, die es benutzen sollen. Gruppen, die kein wirkliches Bedürfnis haben, einen neuen »Raum« zu benutzen, richten sich dennoch darin ein, um so an die damit verbundenen Subventionen zu kommen.

Das Dokument schließt mit der Feststellung: »und dennoch, trotz aller immer wieder auftretenden Probleme, bauen die Städte weiter«. Im Vordergrund stehen wie immer die Interessen der »Gemeinschaft« und der Kultur als Sinnbild der politischen und wirtschaftlichen Macht. Aus diesem Grund tut man heute noch gut daran, das Gebäude »abzureißen«, sich in konkretem und übertragenem Sinn davon zu lösen, ein Stück heute hier und morgen da aufzuführen, Schauspieler und Zuschauer auf eine Ebene zu bringen, auf die Straße zu gehen: um das Theater als Territorium des Schauspielers zurückzufordern, um dem Zuschauer die Möglichkeit zu wirklicher Erfahrung zu geben, um Städteplanung als Frage der Alltagserfahrung zu begreifen und über die wirklichen Bedürfnisse des Menschen nachzudenken. Kurzum: um die ethische Bedeutung und dringliche Notwendigkeit des Theaters dort zu behaupten, wo die Kultur, wie Artaud sagte, nicht mehr greifen kann.

Und wenn man sich das *Theater* konkret als Ort vorstellt, in dem eine »Liturgie« zelebriert wird? Für das alte jüdische Volk war es der »abodâh«: der Tempeldienst. Für die Griechen war es »leitourgía«, also das Werk des Liturgen, eines wohlhabenden Bürgers, der Geld stiften musste, um damit öffentliche Werke bzw. Dienste zu subventionieren.

Es ist wichtig, die Klassiker zu lesen. Aber es ist – wie Italo Calvino sagte – ebenso wichtig, sie zu »vergessen« und sie im Unterbewussten wirken zu lassen, um dann bei unseren Erinnerungsübungen nützliche Spuren wieder zu finden.

»Und bereits die Nachkommen von Minia durchpflügten das Meer mit dem Schiff, das von Pàgase erbaut worden war«, so lautet der Beginn des siebten Buches der *Metamorphosen* von Ovid, in der die Geschichte von Medea und Jason erzählt wird. Der Held kommt mit seinen Gefährten zum König Eèta, um das goldene Vlies zu erobern, aber schwere Prüfungen werden ihm auferlegt.

> In der Zwischenzeit aber entflammt das Herz der Königstochter, *die nach langem Kampf, als sie einsieht, daß sie mit der Vernunft jene wahnsinnige Leidenschaft nicht niederringen kann,* sagt…

Ich habe diesen Satz hervorgehoben, da er wesentliche dialektische Gegensätze enthält und das vorwegnimmt, was Medea in dem folgenden, langen inneren Monolog sagen wird. Es geht um die Eigenart und Qualität eines *Konfliktes*, um eine Methode der Untersuchung, in die viele der Elemente hineinspielen, die Czertok im Zusammenhang mit der Arbeit des Schauspielers ausführlich beschreibt.

Man könnte behaupten, der folgende Abschnitt stamme aus dem »Arbeitstagebuch von Medea«:

> Umsonst, Medea, versuche standzuhalten: da muß ein Gott sein, der sich widersetzt. Seltsam jedenfalls, wenn es nicht dieses Gefühl (oder etwas allzu Ähnliches) wäre, das man Liebe nennt. Tatsächlich, warum scheinen die Weisungen meines Vaters mir zu hart zu sein? Aber ... sind sie wirklich zu hart? Warum habe ich Angst, daß jemand sterben könnte, den ich gerade zum ersten Mal sehe? Was ist der Grund für so viel Angst? Verjag aus deiner jungfräulichen Brust die Flamme, die sich dort entzündet hat, wenn es dir gelingt, Unglückliche! Wenn es dir gelänge ... wäre ich mehr bei Verstand. Stattdessen werd ich, ohne es zu wollen, von einem nie zuvor empfundenen Gefühl getrieben, die Sehnsucht rät mir eines, der Verstand ein anderes. Ich sehe das Gute und schätze es, doch ich verfolge das Übel. Warum entflammst du dich für einen Fremden und träumst davon, dich zu vermählen mit einem, der nicht von deiner Welt ist? Auch auf deiner Erde wirst du es finden können, ein Wesen, das du liebst. Ob er überlebt oder vergeht, hängt von den Göttern ab. Daß aber ich überlebe! Das kann man auch wünschen, ohne verliebt zu sein. Was im Übrigen hat Jason falsch gemacht! Man müßte schon grausam sein, um der Jugend, dem Edelmut, dem Werte Jasons zu widerstehen! Auch wenn er nichts anderes besäße, wen würde dieses Antlitz nicht verzaubern? Mein Herz zumindest ... hat er verzaubert (…) Etwas muß ich unternehmen. Also veräußere ich das Reich meines Vaters, und dieser Fremde (wer kennt ihn schon?) wird sich dank meiner Hilfe retten, um dann ohne mich die Segel zu hissen, und, einmal davongekommen, eine andere zu heiraten, während es mir, Medea, schlecht ergeht. Wenn er imstande ist, mich einer anderen vorzuziehen, dann sterbe er, der Undankbare! Aber nein ... Er ist so gutmütig, hat eine so edle Seele, ist von solcher Freundlichkeit, daß ich nicht fürchten brauche, daß er mich täuscht und meine Vorzüge verwirft. Und um so eher er mir sein Wort gibt, um so mehr werd ich verlangen, daß die Götter unseren Pakt bezeugen. Wovor hast du Angst, du bist in Sicherheit! Also ans Werk, ohne weiteres Zaudern! Jason wird dir auf ewig dankbar sein, wird sich feierlich mit dir vermählen, und in allen Städten der Pelasger werden dir die Mütterscharen zujubeln und dich als Retterin feiern. So soll ich Schwester und Bruder und Götter und Heimat verlassen, gestatten, daß sie der Wind hinweg trägt? Im

Grunde ist mein Vater schlecht, meine Heimat barbarisch, mein Bruder noch ein Kind, meine Schwester steht auf meiner Seite, und ein großer Gott ist in mir (...) Von ihm umarmt werde ich nichts fürchten, oder wenn ich doch zu fürchten habe, dann nur um meinen Mann. Aber ... hältst du es wirklich für eine Hochzeit, Medea? Ist es nicht nur ein trügerischer Name, mit dem du deine Schuld maskierst? Schau lieber, welch großen Frevel du begehst, und wende dies Verbrechen ab, solange es noch geht!

Gleich darauf folgt die Antithese, folgen die verschiedenen Emotionen, die Abstufungen des Gefühlszustandes: Redlichkeit, Pflichtgefühl, Scham, Liebeslust, Niederlage, unterdrücktes Verlangen, Erröten, Verwirrung, Weinen. Arbeit am Konflikt? Grenzsituationen? Wer weiß?

In jedem Fall eine Herausforderung.

Wie dieses *Teatro Nucleo. Expeditionen zur Utopie*, das endlich geschrieben werden musste, dessen Wert auch darin besteht, dass es »nicht vollendet« ist, das bewusst nicht abgeschlossen, nicht definitiv ist, um der dahinterstehenden künstlerischen und pädagogischen Arbeit Raum zu lassen, ihr einzuräumen, dass sie eine Zukunft hat.

Auf der Straße des Nucleo
Chronik eines Theaters der Störungen und der sozialen Hoffnung[26]

Buenos Aires, März 1974. Cora Herrendorf und Horacio Czertok gehören seit einigen Jahren zur *Comuna Baires*, die von Renzo Casali und Liliana Duca geleitet wird.

In dem Klima der Unterdrückung, das entstanden ist, nachdem der Peronismus die Macht zurückerlangt hat, entführt eine paramilitärische Truppe zwei Tage lang Horacio Czertok und foltert ihn, um ihn einzuschüchtern. Unmittelbar nach diesem Vorfall verlässt die *Comuna Baires* Argentinien. H. Czertok und Cora Herrendorf entscheiden sich dagegen, bleiben im Land, trennen sich damit von ihren Gefährten und gründen die *Comuna Nucleo*, die sich später *Teatro Nucleo* nennen wird.

Die Arbeit der *Comuna Nucleo* entwickelt sich von Anfang in drei verschiedene Richtungen: die experimentelle Theaterarbeit in *der Werkstatt für die Kunst des Schauspielers*, die Erforschung der therapeutischen Wirkung der Theaterarbeit in Seminaren mit Fachkräften aus psychotherapeutischen Arbeitsbereichen und die Herausgabe einer Zeitschrift für Theaterkultur.

> Nucleo ist ein Theater der Ideen, weniger ein topographischer Ort, in dem einige Personen in Übereinstimmung mit den eigenen Überzeugungen leben können. Die Gruppe arbeitet auf verschiedenen Ebenen, produziert unterschiedliche Theaterstücke, führt interdisziplinäre Projekte mit soziologischer und kultureller Prägung durch und schafft pädagogische Situationen. Sie engagiert sich bei öffentlichen und privaten Institutionen, um in gemeinsamen Projekten im Bereich sozio-kulturell bedingter Krisen und Krankheiten oder mit Drogenabhängigen zu arbeiten.[27]

Von Beginn an stand für die Gruppe der Kampf um ökonomische und kreative Unabhängigkeit im Mittelpunkt ihrer Existenz. In Argentinien sicherte sie ihren finanziellen Unterhalt durch Produktion und Verkauf einer Zeitschrift für Theaterkultur, der die Mitglieder sehr viel Zeit widmeten, auch wenn das Hauptziel die Theaterarbeit war. Diese Unabhängigkeit gestattete es der Gruppe, jedes Mal selbst zu entscheiden, was man wo und vor welchem Publikum präsentierte. Dadurch war es möglich, ein Theaterstück zu entwickeln und gleichzeitig ein Publikum anzusprechen, zu dem man durch die Verteilung der Zeitschrift bereits eine persönliche Beziehung aufgebaut hatte. Diese

---

[26] Teile dieses Textes wurden erstmals unter dem Titel: Teatro Nucleo, Orte der Utopie und Orte des ›Politischen‹ als Einleitung zu *Il Gabbiano* (Die Möwe) veröffentlicht, dem Programmbuch zu *Il Gabbiano* des *Teatro Nucleo*.
[27] »*Cultura, publicacion periodica, medio de expresion del Nucleo Cultural Alternativo*«, Hrsg.: Horacio Czertok, Redaktion Cora Herrendorf, 1974

Arbeit wurde 1976 von der Militärdiktatur zunichte gemacht.
Die Aktivitäten der *Comuna* waren auch politischer Natur.
Die Gruppe war davon überzeugt, das die kulturelle Aktion unabdingbar sei, um den Menschen ihre soziale Realität bewusst zu machen. Schon damals war sie sehr misstrauisch gegenüber der Vorstellung, bedeutsame Änderungen könnten durch politische Aktionen im traditionellen Sinn erzielt werden.

> Dennoch waren wir keine »linke Gruppierung«: wir wollten einfach ein Theater machen, in dem die Arbeit des Schauspielers das wichtigste war. Wir hatten Texte von Grotowski und über das *Living Theatre* gelesen. Sie sind sehr wichtig und äußerst lehrreich für uns gewesen.[28]

Im Jahr 1976 produziert die *Comuna Nucleo* unter der Regie von Cora Herrendorf und Horacio Czertok das Stück *Herodes*[29], das anschließend durch verschiedene europäische und besonders italienische Städte auf Tournee geht. Die *Comuna Nucleo* gibt ca. sechzig Aufführungen, wobei eine Aufzeichnung durch das staatliche Fernsehen RAI gesendet wurde. Außerdem beteiligt sie sich u.a. am Festival *Incontro/azione* in Palermo und am *Festival der Nationen* in Belgrad.

Die Gruppe arbeitete darauf hin, zu einer individuellen Sprache zu finden, in der die eigenen Erfahrungen der Konfrontation mit der sozialen Realität standhielten. Das Stück *Herodes* entstand unter einer solchen Zielsetzung: Herodes war der Conferencier in einem Zirkus und machte sich bei den Artisten durch den Gebrauch seiner Peitsche verständlich. Als er eine Tänzerin bestrafte, setzen sich die Artisten zur Wehr, doch der Widerstand wird schnell von der Macht instrumentalisiert. Die Anführer werden isoliert, gefoltert und aus dem Weg geschafft. Schließlich werden sie dem Volk ausgeliefert, das sie zu Märtyrern macht. Die Märtyrer sind für die Macht wichtig. Sie dienen dazu, den Massen klarzumachen, dass es sinnlos ist, sich aufzulehnen.[30]

Im Jahr 1976 entsteht auch *Chiaro di Luna*, ein Monolog von Cora Herrendorf unter der Regie von Horacio Czertok.

Im März dieses Jahres, als die Gruppe auf Tournee in Europa ist, kommen in Argentinien durch einen Staatsstreich die Generäle an die Macht. Die Schauspieler befinden sich auf einmal im Exil und sehen keine Möglichkeit, ihre kulturellen Aktivitäten im Heimatland fortzuführen.

Im Sommer des folgenden Jahres arbeiten Horacio Czertok und Cora Her-

---

[28] H. Czertok, *Teatro Nucleo. Cenni Storici e ontologici,* 1985, unveröffentlichte Schriften, Archiv des *Teatro Nucleo*.
[29] Die Schauspieler: Vilma, Arluna, Hugo Lazarte, Cora Herrendorf, Victor Garcia, Roberto Vasquez und Juan Villar.
[30] H. Czertok, *Teatro Nucleo. Cenni Storici e ontologici,* 1985, unveröffentlichte Schriften, Archiv des *Teatro Nucleo*.

rendorf bereits unter dem Namen *Theaterlaboratorium Nucleo* und werden von einer Theatergruppe nach Sardinien eingeladen. Dort leiten sie Seminare, führen das Stück *Herodes* auf und organisieren ein Fest in der psychiatrischen Klinik Rizzeddu in Sassari.

In diesen Jahren werden in Italien die konventionellen Behandlungs- und Absonderungsmethoden in Irrenanstalten zunehmend in Frage gestellt, was auch die Machtstrukturen erschüttert, die sie stützen und sich aus ihnen ergeben. Bei dem Prozess, der da in Gang kommt, spielen die Kunst, das Theater und kreative Ausdrucksformen ebenso eine wichtige Rolle wie die physische Befreiung der Insassen, der Verzicht auf Internierung, Elektroschocks und Psychopharmaka. Es entstehen Formen von Selbstverwaltung, Wohnmöglichkeiten außerhalb der Kliniken werden geschaffen, etc. Am 13. Mai 1978 stimmt das italienische Parlament dem Gesetz zur Psychiatriereform zu, das zur allmählichen Schließung der Anstalten führt. Dies ist das Ergebnis jahrelanger politischer Kämpfe und lokaler Experimente in vielen psychiatrischen Einrichtungen, die mit Franco Basaglia persönlich zusammengearbeitet hatten. Unter seiner Leitung war die Irrenanstalt in Goricia ab 1961 zu einem Experimentierfeld der Psychiatriereform geworden und verwandelte sich nach und nach in eine therapeutische Gemeinschaft. Im Jahr 1973 entstand die Bewegung der »Psichiatria Democratica«, eine linke politische Organisation, die sich für die Prinzipien der »Anti-psychiatrie« einsetzte und Franco Basaglia zu ihrem Vorsitzenden ernannte. Aber es gab noch viele andere »Anti-psychiater« in Italien, die sich für die Zerschlagung der Anstaltsstrukturen einsetzten und sich für die Menschenwürde der Patienten engagierten.[31]

Ebenfalls 1973 arbeitet Giuliano Scabia, Künstler und Theatermann, in der Irrenanstalt von Triest und kommt mit der Praxis von Franco Basaglia in Kontakt, der nach seiner Erfahrung in Gorizia nun diese Einrichtung leitet.

> Im November 1972 verlassen 600 Insassen die Irrenanstalt von Triest und gehen in die Stadt, tanzen, singen, essen und feiern zusammen mit den Bewohnern des Stadtviertels San Giovanni [in dem die Anstalt liegt, A.d.Ü.] In diesen Tagen entsteht das kollektive Kunstatelier Arcobaleno (Regenbogen), wo man malen kann. Aber das kühnste Projekt kommt noch. Im Dezember wird ein Teil der Patienten in Sozialwohnungen auf dem Anstaltsgelände untergebracht. Damit wird praktisch die Vorstellung ausgelöscht, daß eine Anstalt nur in Abteilungen organisiert sein kann. Von da an ziehen immer mehr Personen in Wohnungen um. (...) Unterdessen gehen die künstlerischen Initiativen innerhalb und außerhalb des psychiatrischen Krankenhauses weiter. Ihren Gipfel erreicht die Begeisterung am 26. Februar 1973, einem Sonntag. Aus Abteilung P, die aufgelöst und in ein Atelier verwandelt worden war, kommt Marco Cavallo ans Licht, ein himmelblaues Pferd aus Holz und Pappmaché. Der

---

[31] Vgl.: F. Stefanoni, *Manicomio Italia*, Roma, Editori Riuniti, 1998, S. 31ff.

Hauptanstoß dazu stammt von Giuliano Scabia und dem Bildhauer Vittorio Basaglia. Ein Bänkelsänger singt: »Ich will fröhlich sein, galoppieren, über weite Wiesen streifen und fliegen. Ich will saubere gefaltete Wäsche tragen und auch ein freies Pferd sein.« Marco Cavallo, so genannt nach einem Zugtier, das früher mit der schmutzigen Wäsche der Anstalt beladen wurde, wird zum Symbol der Freiheit. Die Patienten führen es durch Triest, und das Fest wird zum nationalen Ereignis. (...) Die Weltgesundheitsorganisation ernennt Triest als Pilotgebiet für eine Recherche über die Psychiatrie. Derweil erzählen die Berichte über die Theateraktivitäten und Konzerte, die auf dem Gebiet des Ospedale San Giovanni stattfinden. Im Lauf des Jahres 1974 treten Franco Bettiato, Gino Paoli und die Gruppe Area auf. Dann kommen auch Edoardo Bennato, Lucio Dalla und Dario Fo.[32]

Zur gleichen Zeit arbeitet das *Living Theatre* in der Psychiatrie in Genua, das *Odin Teatret* in der psychiatrischen Anstalt von Volterra, das Theater *Gruppo Libero* aus Bologna in der Klinik in Imola etc.

Man kann einfach nicht darüber hinwegsehen, daß wir Teil des Rituals sind. Wie ist es möglich, Entfremdung, Neurosen und Melancholie mit dem Wahnsinn, der Verblödung, dem Ende eines Lebens zu verwechseln? In diesen Mauern werden seit Jahrhunderten die kreativen, die angeborenen Fähigkeiten des Menschen gefangen gehalten. Die Geschichte hält berühmte Beispiele bereit: Künstler, die klar im Kopf sind und ein »unlogisches« Verhältnis zur Welt haben. Die Gesellschaft verstößt sie, nur um sie dann über ihr Werk wieder zu reintegrieren. Unter der Bezeichnung »kreativer Wahnsinn« werden ihre Unschuld und ihr Kommunikationsbedürfnis verschachert. Auf der anderen Seite stehen wir, die »Normalen« und »Vernünftigen«, verstrickt in unsere Schemen und unanfechtbaren Verhaltensmuster, mit unserer ekstatischen Einstellung zur Macht und unseren guten Absichten. Auf der anderen Seite »wir«, unsere unbeseelten Körper, Schachteln oder Hüllen, die uns bis ans Ende begleiten werden. Wir urteilen, diagnostizieren, verschreiben, kontrollieren, regulieren, entscheiden. Oder wir lassen urteilen, verschreiben ... usw. Beides geht in Ordnung, ganz nach unseren ehernen Gesetzen und Begriffen, für die keine Lösung in Sicht ist. Die Maschine befiehlt und beherrscht, die Sklaverei nennt sich Arbeit, und alles geht weiter, als wäre nichts gewesen. Nun gut.[33]

Von Sardinien aus wird das *Teatro Nucleo* nach Ferrara eingeladen, wo der Direktor der dortigen psychiatrischen Klinik, Antonio Slavich, auch er Verfechter der Theorien Franco Basaglias, damit begonnen hat, der Anstalt einen Zugang zur Stadt zu öffnen. Zu den verschiedenen Aktivitäten, mit denen die strukturelle Routine der Psychiatrie aufgehoben werden soll, soll ganz wesentlich das Theater zählen.

---

[32] C. Herrendorf, Una festa in manicomio. In: *La Nuova Sardegna*, 29. August 1977
[33] F. Stefanoni, Manicomio Italia, Roma, Editori Riuniti, 1998, S. 40

Ferrara war ein typischer Fall von Schwierigkeiten und Konflikten. Und die Aktion von Slavich war mutig und wirksam.

Im Jahr 1965 erlebt das psychiatrische Krankenhaus seine erste Krise: Die Pfleger fordern bessere Bedingungen für die ca. 600 Insassen, zumeist chronisch hospitalisierte Psychotiker und alte Oligophreniker, zwangseingewiesene Langzeitpatienten. Ab 1970 kommen freiwillige Mitarbeiter in die Anstalt, und es wird eine neue und freiere Umstrukturierung der Räume geplant. 1975, auch auf Drängen des Direktors Antonio Slavich, werden erstmals schüchtern Ideen für eine therapeutische Gemeinschaft formuliert, die 1977 konkret umgesetzt werden. Ab 1976 bereits existieren betreute Wohnungen. Allerdings gibt es jedes Mal zähen Widerstand von Seiten der Ärzte und Politiker. Jeder Schritt nach vorn birgt die Gefahr, wieder um zwei zurückgeworfen zu werden. Im Dezember 1975 werden zum Beispiel die Beratungsstellen für mentale Gesundheit mit dem psychiatrischen Krankenhaus zusammengelegt, um auf diese Weise die Irrenanstalt wieder zum Schwerpunkt des Ferrareser Systems zu machen.[34]

Das *Teatro Nucleo* beschränkt sich nicht darauf, Theateranimation als Kurzzeitaktivität für die psychiatrischen Patienten anzubieten, sondern lebt konkret in der Anstalt, benutzt die Theatersprache im weitesten, experimentellsten Sinn als interpersonelle Ausdrucks- und Kommunikationsform: durch das Theater, das Spiel, das Fest erobern sich die »Verrückten« ihre Bürger- und Menschenwürde zurück.

In diesem Rahmen, als Folge der Begegnung zwischen Irrenanstalt und Theater, findet am 9. und 10. Januar in der Klinik in Ferrara ein Kongress mit dem Titel *Der wunderbare Besen* (La scopa meravigliante) statt, in dem es um die »Rolle der theatralischen Forschung und der Vorstellungen bei der Destabilisierung der psychiatrischen Anstalten« geht. Als Veranstalter fungieren die Stadt- und Provinzverwaltung Ferrara, Gewerkschaftsverbände, das *Teatro Nucleo* und die Bewegung »Demokratische Psychiatrie«. An den Diskussionen, Seminaren und Filmvorführungen nehmen über hundert Fachkräfte, Ärzte, Pfleger, Sozialarbeiter und Leute aus der Theaterarbeit teil.

Unmittelbar danach kehrt das *Teatro Nucleo* nach Argentinien zurück. Ende Mai 1978 wird es zu dem Festival *Encuentro Interlatinoamericano de Teatro de Grupo* eingeladen, das unter der Schirmherrschaft der UNESCO von der Gruppe *Cuatrotablas* in Ayacucho, Peru, organisiert wird. An dem Treffen beteiligen sich hundertfünfzig lateinamerikanische Theatergruppen sowie Gäste aus Europa und Japan wie das *Roy Hart Theatre*, das *Odin Teatret*, das japanische *Butosha Dance Theatre*, das *Temps Fort Théâtre*, das *Conjunto Nacional de Folklore* aus Perù, das *Taller Experimental de Teatro*

---

[34] U. Volli, Se a cercare la realtà di un popolo sono i giullari e i clown politici. In: *La Repubblica*, 8. Juni 1978

aus Venezuela etc. Neben den Aufführungen der Gruppen gibt es Werkstätten, Arbeitsdemonstrationen, Diskussionen und Fachveranstaltungen zu Themen wie: orientalisches Theater, Atmung, Energie und Bewegung, Improvisation, lateinamerikanische Folklore-Musik, Probleme der Dramaturgie im volkstümlichen Theater usw. Die Veranstaltungen zum Themenkomplex »Theater und Therapie« leitet Cora Herrendorf.

> Die Bilanz des Treffens fällt zweifellos positiv aus: wir haben ein großes Arbeitspensum bewältigt und politische, soziale und kulturelle Situationen geschaffen, durch die ein authentischer und einzigartiger Kontakt zur Bevölkerung entstanden ist. Austausch und Begegnung sind für alle äußerst intensiv und interessant gewesen. Aber aus dem Treffen in Ayacucho gehen auch Überlegungen allgemeinerer Natur hervor. Auf internationaler Ebene ist das sogenannte Gruppentheater zu einem unübersehbaren Phänomen geworden, mit dem man auch in objektiv schwierigen Situationen wie in Lateinamerika rechnen muß.[35]

Im Herbst 1978 sehen Czertok und Herrendorf ein, dass es unmöglich ist, unter dem Regime der argentinischen Militärdiktatur weiterzuarbeiten. Sie kehren nach Italien zurück und entschließen sich, in Ferrara zu bleiben. Dort nehmen sie ihre Aktivität in der psychiatrischen Anstalt wieder auf, die während ihres Aufenthalts in Argentinien von einer Gruppe von örtlichen Betreuern weitergeführt worden war.

Den zwei argentinischen Theaterleuten schließen sich jetzt einige junge Italiener und Italienerinnen an: Rita Berveglieri, Annarita Fiaschetti, Silvia Pasello, Nicoletta Zabini, Fabrizio Bonora, Paolo Nani, Puccio Savioli. Das Theater bezieht nun mit Zustimmung der Stadt einen leer stehenden Seitenflügel der Klinik in der Via Quartieri und erhält einige staatliche und regionale Fördermittel. Die Gruppe verbindet theater-anthropologische Forschung und schauspielerische Arbeit. Sie gründet ein »permanentes Laboratorium zur Erforschung der Sprache des Theaters«.

> Die Gruppe möchte ihre Existenz als kreatives Kollektiv ausbauen: die Stücke sind lebendiger Ausdruck eines schöpferischen Prozesses und suchen nach der Auseinandersetzung mit den Zuschauern, ganz unabhängig von der Nachfrage des vermeintlichen Marktes. (...) Das Theater hat in der heutigen Gesellschaft nur dann einen Sinn, wenn es seine eigene Existenz aufs Spiel setzt und die Konfrontation sucht: ein Weg dazu ist für das *Teatro Nucleo* z.B. die Arbeit in spezifische Situationen wie Gefängnissen, psychiatrischen Anstalten, heruntergekommenen Wohnvierteln, sozialen Krisenbereichen. Ein anderer Weg sind die Aufführungen auf der Straße, dort, wo der Zuschauer »zuhause« ist,

---

[35] Aus einer Informationsschrift über die Aktivitäten des *Teatro Nucleo* 1987/88

auf seinem alltäglichen Terrain. Bei all dem geht es aber immer darum, die eigene Autonomie zu bewahren.[36]

Menschen aus verschiedenen kulturellen Bereichen der Stadt Ferrara werden auf die Arbeit des *Teatro Nucleo* neugierig: Lehrer, Musiker, Sozialarbeiter, Krankenpfleger, Leute aus Vereinen. Die Schauspieler des *Nucleo* verstehen sich nicht als professionelle Theaterleute im traditionellen oder akademischen Sinn: sie sind eine *Gruppe*. Sie widmen sich voll und ganz ihrer Arbeit und beziehen sich nicht zufällig eher auf die »handwerkliche« Tradition der Commedia dell'Arte als auf klassische oder avantgardistische Strömungen.

Die Mitglieder der Gruppe verbringen so viel Zeit wie möglich mit Training und Proben. Man hilft sich so gut es geht selbst und improvisiert auch als Schreiner, Klempner, Elektriker, Schneider, Maurer und Maler.[37]

In diesen Jahren wird die Arbeit im sozialen Bereich intensiviert: die Initiativen des Theaters richten sich an Kinder, Jugendliche, Schulen, man bemüht sich um eine Verbreitung des Theaters im Raum Ferrara sowie um eine bessere Qualifizierung anderer regionaler und internationaler Theatergruppen durch Seminare und Arbeitstreffen.

Im Sommer 1979 organisiert das *Teatro Nucleo* in Zusammenarbeit mit der Stadt Copparo und dem Kulturverein ARCI eine Begegnung zum »Gruppentheater«. Dabei gibt es Aufführungen, Ausstellungen und Videovorführungen.

Die Verwaltung von Copparo, einer Stadt etwa 20 km von Ferrara entfernt, hatte in dieser Zeit das städtische Theater sowohl wegen mangelnder Gelder als auch wegen fehlender Zuschauer geschlossen. Durch die Initiative des *Nucleo*, die ganz der Tendenz des Gruppentheaters in jenen Jahren entspricht, das Theater als sozial wichtige und wirksame Aktivität zu verbreiten, wird die Theaterkultur in Copparo völlig neu belebt. Eine ›andere‹ Auffassung vom Theater hat sich durchgesetzt: sie bricht mit dem ›normalen Theater‹ und hebt einmal mehr die *ursprüngliche* Bedeutung des Theaters hervor.

Im Jahr 1977 hatte in Casciana Terme der erste Nationalkongress der Basisgruppen mit dem Titel *Der Einsatz des Theaters im Wohngebiet* stattgefunden. Ein Jahr später war es zu einem weiteren wichtigen Einschnitt gekommen: mit dem Festival des Straßentheaters in Santarcangelo hatten die Gruppen die Straße erobert, den öffentlichen Raum nach den Kriterien des Theaters als Raum für Beziehungen neu gestaltet und Tausende von Jugendlichen hatten an dem Fest teilgenommen.

Die Straßen und Plätze (von Copparo) werden das natürliche Szenario des Festivals: die Schauspieler wenden sich ganz besonders an die Passanten, die

---

[36] Aus einem Vorstellungsprogramm über die Aktivitäten am Ort im November 1980
[37] Cinque giorni a Copparo con il teatro in piazza. In: *Il Resto del Carlino*, 26. Juli 1979

Hausfrau, den gelegentlichen Touristen und nicht etwa an die üblichen Experten. Sie stören den Alltag, provozieren, regen Begegnungen an, fördern ein neues Beisammensein, ohne Bühne, ohne die Hindernisse des traditionellen Theaterraums, der die Beziehung zwischen Künstler und Zuschauer festlegt. Es ist eine Form des Theaters, die auf alle zugeht und allen zugänglich ist. Das »Straßentheater« bietet sich jederzeit mit all seiner Kraft dar, Situationen zu entwickeln und zu verändern, eine Atmosphäre zu schaffen, in der zwar die Gruppe den Rhythmus vorgibt, der Zuschauer aber jederzeit eingreifen und mitbestimmen kann. Dieses Theater nimmt archaische Formen des Schauspiels wieder auf und macht sich dadurch auch zum Protagonisten einer widersprüchlichen Situation: während der Zirkus sich allmählich dem Lauf der Zeit anpaßt und sich immer mehr mit der Massenkultur identifiziert, entdecken die Theaterleute das vom Zirkus Aufgegebene wieder und nutzen es zu einer ganzen Reihe von unglaublichen Einzigartigkeiten.[38]

Das Festival in Copparo wird bis 1982 mit weiteren drei Veranstaltungen fortgesetzt. Die teilnehmenden Gruppen und Künstler kommen aus allen Teilen der Welt, in den begleitenden Seminaren geht es um verschiedenste Probleme der Inszenierungen und der Theaterkultur. Trotz der Erfolge wird das Festival dann aber wegen politischer Auseinandersetzungen eingestellt.

Parallel zu den Initiativen in Copparo organisiert das *Teatro Nucleo* 1980 einen Spielplan in den eigenen Proberäumen in der Via Quartieri. Im Februar 1980 präsentieren das *Teatro Libero* aus Palermo und das *Teatro del Sole* aus Mailand Aufführungen, die sich in die Reihe der theatralischen und theaterpädagogischen Experimente einfügen.

Im April 1980 wird dann in Zusammenarbeit mit dem Stadttheater und dem ARCI Ferrara ein »Projekt Odin Teatret« durchgeführt, das die von Eugenio Barba geleitete Gruppe nach langen Jahren wieder nach Italien bringt. Zu dem umfangreichen Programm zählen u.a. die nationale Erstaufführung von *Milione*, eine Arbeitsdemonstration von Iben Nagel Rasmussen mit dem Titel *Luna e buio* (Mond und Dunkel), Seminare, Filmvorführungen sowie die Weltpremiere des neuen Odin-Stücks *Ceneri di Brecht* (Brechts Asche).

Die Räumlichkeiten in der Via Quartieri erweisen sich in den Folgemonaten immer mehr als Ort der Begegnung und des Austauschs mit anderen Gruppen. Auf diese Art will man der Stadt zeigen, wie es um die theatralische Forschung in Italien und dem Rest der Welt bestellt ist. Die ersten Bezugspunkte sind die Aufführungen der ferrareser Gruppe (*Nucleo*). Dann kommen die Gruppe *Cuatrotablas* aus Perù, die Gruppe *Domus de Janas* aus Cagliari, das *Living Theatre* mit *Antigone* und schließlich das Ensemble *Katzuko Azuma* aus Japan. Der Spielplan ist allerdings nicht einziger und ausschließlicher Anziehungspunkt. Er fügt sich vielmehr in eine Konzeption, die

---

[38] U. Volli, *Femminile e presenza in un corpo espressivo*. In: *La Repubblica*, 1. Februar 1980

aus vielfältigen Beziehungen besteht und sich in dieser Phase in zwei weiteren Projekten konkretisiert: einem pädagogischen Projekt und den so genannten »Treffen der Frauen des Gruppentheaters«.

Das erste umfasst ein internationales Seminar über Methoden schauspielerischer Arbeit, eine Werkstatt über balinesische Masken, eine Arbeitsdemonstration von Victoria Santa Cruz, der Leiterin des *Ballet Negro* aus Perù; daneben gibt es Theaterarbeit in den Kinder-Feriencamps, Initiativen zur Prävention von Suchtgefahren (in Zusammenarbeit mit der lokalen Gesundheitsbehörde U.S.L.) sowie theoretische und praktische Arbeitstreffen mit Theaterpädagogen. Bei den »Treffen der Frauen des Gruppentheaters«, an denen sich Künstlerinnen aus verschiedenen Gruppen beteiligen, geht es dagegen um den Austausch über das Thema »Frau und kreative Arbeit«.

> Ich betrachte die Körper einiger Frauen, die zu den Tanz-Workshops kommen. Manchmal hätte ich Lust, sie vor einen Spiegel zu stellen und sie anzuschreien, damit ihnen mal ihr schwabbliger Bauch auffällt, ihre Ausdruckslosigkeit, der Wahn, dem sie ausgeliefert sind. Dann fallen mir wieder die Körper der Frauen ein, die Theater machen, und die ich liebe und respektiere. Ihre Fähigkeit, sich auszudrücken und Gefühle zu zeigen, ist enorm, unübertrefflich. Warum dieser Widerspruch? Die Frauen in den Workshops, Mütter mit zwei oder drei Kindern, Angestellte, viele von ihnen Feministinnen mit ganz viel Wut im Bauch: sie »funktionieren« nicht. Einige sind innerlich fertig und suchen verzweifelt nach dem Weg, wieder »ganz« zu werden. »Ob es wohl zu spät dafür ist?« Den Treffen in Ferrara liegt die Idee – und Praxis – einer körperlichen Kultur der Frau zugrunde, die weniger mit Gymnastik zu tun hat als vielmehr mit dem Projekt eines expressiven Körpers, der »kulturell« studiert und aufgebaut wird, als Wissen wie auch als spezifisch weibliche Präsenz.[39]

Die dargelegten programmatischen Ansätze werden in den achtziger Jahren für das *Teatro Nucleo* richtungsweisend.

> Bei der Durchsicht des Programms auf der kleinen Bühne der ehemaligen psychiatrischen Klinik, die die Schauspieler des *Nucleo* eigenhändig gebaut haben, fallen viele Elemente auf, die miteinander in Verbindung stehen: die Arbeit über das Frauentheater, Seminare über den Rhythmus, balinesische Masken, Monologe, Clownerien. Dahinter steht eine spezifische Theaterkultur, eine aktive Theateridee: ein Theater, das die traditionellen Modelle und eine rein linguistische Forschung ablehnt; das auf der Kunst und der Kultur des Schauspielers basiert und die Aufführung als einen emotionellen, komplexen Moment begreift, an dem das Publikum teilhat.[40]

Im Jahr 1982, im Anschluss an den Kongress *Und sie dreht sich doch*, der während des Festivals in Copparo stattgefunden hatte, wird das Projekt *Mei-*

---

[39] U. Volli, Dopo la festa il delirio. In: *La Repubblica*, 5. Februar 1981
[40] H. Czertok, Dal manicomio alla Rivoluzione, In: *La Repubblica*, 6. April 1989

ster und Margarete realisiert. Es besteht aus Theaterseminaren, Werkstätten, Symposien und Aufführungen, allesamt Initiativen, die dazu bestimmt sind, die Erfahrungen des Gruppentheaters auf regionaler Ebene weiterzugeben und zu fördern. In Ferrara finden in diesem Zusammenhang diverse Aufführungen und ein internationales Seminar statt. Das *Teatro Nucleo* schafft sich dabei in einem fünfzehntägigen Fulltime-Stage mit Schauspielern aus Italien, Schweden, Polen, Deutschland und Südamerika die Möglichkeit, sein pädagogisches Modell auszuprobieren.

Ende des Jahres organisiert das *Teatro Nucleo* dann Seminare und Aufführungen des *Teatr Laboratorium Wroclaw*. In der Via Quartieri leiten Schüler von Jerzy Grotowski Workshops über Körper- und Stimmtraining (Teresa Nawrot); Stimme, Bewegung und Improvisation (Stanislaw Scierski); Stimme (Ludwik Flaszen); Körper und physische Aktion (Rena Mirecka). Flaszen hält an der Universität ein Seminar über das Problem der theatralischen Forschung von Grotowski. Es werden Filmdokumente über *Akropolis*, den *Standhaften Prinzen* und Dokumentationen über die Arbeit des Theater Laboratoriums vorgestellt.

Durch all diese wertvollen Initiativen und Projekte fühlt sich die Stadtverwaltung nicht nur in künstlerischer Hinsicht gestört. Vielleicht waren es diese frenetischen und erfolgreichen Aktivitäten dieser Gruppe, die in dem alten Irrenhaus arbeiteten und lebten, denen es in nur zwei Jahren gelang, mit sehr wenig Geld und unendlich viel Arbeit und Energie die internationale Theaterelite zum ersten Mal nach Ferrara zu bringen, worüber die nationalen und internationalen Medien berichteten. 1983 jedenfalls wird die Gruppe aus der Via Quartieri ausquartiert und sieht sich gezwungen, einstweilig ihre Aktivitäten einzustellen. Offiziell lautet die Begründung, die Räume erfüllten nicht die Sicherheitsvorschriften für öffentliche Veranstaltungen. Die Inszenierung des Stückes *Sogno di una Cosa* (Traum von einer Sache) wird in einem Haus auf dem Land fertig gestellt, in dem die Gruppe notdürftig unterkommt.

Mit dem Umzug wird plötzlich eine Phase unterbrochen, in der das *Teatro Nucleo* auf neue und originelle Weise Zugang zur Stadt Ferrara gefunden hatte und zu einem Schmelztiegel für Projekte, Beziehungen, Aufführungen und Begegnungen geworden war, die aus der Dynamik der Ideologie des *Gruppentheaters* entstanden waren.

> Diese Jahre waren das Herz vieler Utopien, und Ferrara bot sich als einer ihrer Orte an: ein Ort, an dem man kollektives Theater machen konnte, die Vorstellung von der Gruppe als sozialer Zelle Wirklichkeit wurde, eine Art sensible Membran, durch die die Realitäten draußen und drinnen miteinander kommunizierten.[41]

---

[41] H. Czertok, Ausschnitte aus einem Interview mit V. Montani, veröffentlicht unter

Als dieser Dialog unterbunden wird, so abrupt, wie die Beziehungen mit Copparo ebenfalls abgebrochen worden waren, entschließt sich das *Teatro Nucleo*, seine Stücke ein Jahr lang (1983) im Ausland aufzuführen. Erst dank einer besonderen Vereinbarung mit der Stadt erhält das Theater bei seiner Rückkehr nach Ferrara im Dezember wieder Zugang zu dem Gebäude in der Via Quartieri. Bedingung ist, dass ein interdisziplinärer Raum geschaffen wird, in dem ein breites Spektrum lokaler kultureller und künstlerischer Veranstaltungen Aufnahme findet und in dem sich jeder aufhalten kann, um zu diskutieren, zuzusehen, zuzuhören, Musik zu machen, teilzunehmen.

Neben den Produktionen des *Nucleo* werden nicht nur literarische Lesungen und Gastspiele präsentiert, sondern auch verschiedene Seminare über Tanz, Körperarbeit, Stimme und Theaterpädagogik angeboten. Man stellt Kontakte zu den Schulen her und erreicht auf diesem Weg, dass sich Universitätsdozenten aus Ferrara und von außerhalb an den Projekten beteiligen. Zunehmend erschließt sich das *Teatro Nucleo* über die Grenzen Ferraras hinaus Arbeitsfelder und leitet die Phase der langen Tourneen in Italien und im Ausland ein.

Im Oktober 1986 organisiert das *Teatro Nucleo* zusammen mit der Organisation UDI (Italienische Frauen-Union) die Initiative *Rosa im Oktober*, die wie das Stück *Sogno di una cosa* Rosa Luxemburg gewidmet ist. Das zugehörige Programm umfasst ein Treffen mit Margarete von Trotta, die den Film *Rosa Luxemburg* als Vorprogramm zeigt, eine Konferenz über Rosa Luxemburg als Schriftstellerin und Revolutionärin, ein Symposion über die Beziehung zwischen Film- und Theatersprache, ein Round-Table-Gespräch über »Die Frauen und das Verhältnis zur Politik«, das Theaterstück *Sogno di una cosa*, eine Fotoausstellung über Rosa Luxemburg und einen Rezitationsabend mit der deutschen Schauspielerin Eva Maria Hagen, einer Brecht-Schülerin.

Mitte der achtziger Jahre erscheint das *Teatro Nucleo* mit einer klar definierten programmatischen Linie: Theaterproduktionen, Seminare und pädagogische Projekte, Projekte zur Förderung der Theaterkultur.

In diesem Zusammenhang ist auch die Organisation der Aufführungsreihe *Percorsi di teatro* (Wege des Theaters) 1989 zu erwähnen, die in Zusammenarbeit mit dem Teatro Comunale und dem neuen Lehrstuhl für Theater- und Schauspielgeschichte an der Universität Ferrara durchgeführt wird. Durch diese Reihe mit Darbietungen, Seminaren und Diskussionsrunden, an denen Künstler, Kritiker und Dozenten teilnehmen, erhält das ferrareser Publikum einen neuen Einblick in mögliche Formen des nicht-konventionellen Theaters.

Das Jahr 1989 ist aber vor allem das Jahr, in dem das *Teatro Nucleo* gemeinsam mit anderen europäischen Theatergruppen anlässlich des 200. Jahrestages der französischen Revolution eines seiner bedeutsamsten Projekte

---

dem Titel: Viaggio nel mito. In: *La Nuova Ferrara,* 26. April 1989

realisiert, die *Mir Caravane*, die schon im Buch ausführlicher dargestellt wurde.

Als das *Teatro Nucleo* am Ende dieser Reise im Herbst 1989 nach Ferrara zurückkommt, zieht es aus der Via Quartieri in das ehemalige »Kino Po« nach Pontelagoscuro, einen Vorort von Ferrara. Die Stadt schließt mit dem *Teatro Nucleo* einen Nutzungsvertrag, der vorsieht, dass das Kino zu einem späteren Zeitpunkt völlig umgebaut wird. Aus dem Kino soll jedoch kein konventionelles Theater entstehen, sondern eine echte »Theater- und Kulturfabrik«, die allen möglichen Erfahrungen offen steht und an die jahrezehntelange Erfahrung des *Nucleo* unmittelbar anknüpfen soll.

Ein Jahr später nimmt das *Teatro Nucleo* an einer neunstündigen Non-Stop-Übertragung des zweiten deutschen Fernsehens ZDF anlässlich des 200. Jahrestages der Erstveröffentlichung des ersten *Faust-Fragments* von Goethe teil. Zum Programm der Sendung *Faust auf Faust* gehören neben Aufzeichnungen diverser Faust-Inszenierungen und Podiumsdiskussionen einige Variationen zum Thema Faust, die das *Teatro Nucleo* unter der Regie von Cora Herrendorf und Horacio Czertok und der TV-Regie von Peter Schönhofer live präsentiert.

Zu Beginn der neunziger Jahre scheint sich das stets widersprüchliche Verhältnis zwischen der Stadt Ferrara und dem *Teatro Nucleo* zu verbessern. Die Gruppe hat mit ihren neuen Produktionen zwischen experimentellem und Outdoor-Theater sehr viel Zeit im Ausland verbracht. Sie bestätigt immer wieder ihren pädagogischen Ansatz und bezieht in ihre Projekte Studenten, Dozenten, Künstler und Intellektuelle ein. Aber längst nicht alles wird leicht aufgenommen und akzeptiert. Trotz der Anerkennung und Stabilisierung seiner Tätigkeit wird das *Nucleo* oft weiter als beunruhigender Störfaktor betrachtet, weil es keine Kompromisssituationen akzeptieren kann und an der Utopie eines »menschlichen« und »sozialen« Theaters (im vollen anthropologischen Sinn der beiden Termini) festhält, das sich mehr an den Bedürfnissen, Notwendigkeiten und Emotionen der Zuschauer orientiert als an den Bedürfnissen der Institutionen.

Trotz der Schwierigkeiten, die der Gruppe durch den ständigen Aufschub des ersten Bauabschnitts in den neuen Räumen in Pontelagoscuro entstehen, wird Anfang 1991 das permanente Pädagogikprojekt *Segnali di Vita* (Lebenszeichen) gestartet. Es soll die Reflexionen über die Praxis schauspielerischer Arbeit weiterführen und besteht aus Laboratorien und Arbeitstreffen, in denen Probleme der Lehre und Erfahrungsvermittlung untersucht werden. Die Pädagogik zielt auch jetzt weniger darauf ab, eine Theaterschule zu schaffen, in der junge Leute theoretisch und praktisch auf die Schauspielerei vorbereitet werden oder in der Stücke vorbereitet und fertig inszeniert werden. Vielmehr soll das Theater Gelegenheit geben, sich zu begegnen, zu erleben, Erfahrungen auszutauschen, die mit der Kunst ebenso viel zu tun haben wie mit dem Alltag. Man versucht, den Schülern Anhaltspunkte zu geben, auf die sie ihre persönliche Arbeit innerhalb der eigenen Vorstellungen vom Theater ausrichten können.

Im Sommer 1992 wird das *Teatro Nucleo* mit dem Stück *Quijote!*, das 1990 als Theaterstück für freie Räume entstanden ist, zur EXPO nach Sevilla eingeladen. In der Zwischenzeit ist die Arbeit im Bereich »Theater in den Therapien«, dem zweiten Schwerpunkt des *Nucleo*, mit Workshops und Seminaren weitergeführt worden. So entstand 1991 eine Zusammenarbeit mit der Gruppe *Exodus*, einer von Don Antonio Mazzi ins Leben gerufenen nationalen Einrichtung für Drogentherapie. Aus diesem Projekt geht als erstes konkretes Resultat das Stück *Ikarus* hervor, das im Juni 1992 auf der Piazza Municipale in Ferrara vorgestellt wird.

> Sechzehn Jahre lang habe ich immer wieder in psychiatrischen Institutionen, Therapiegruppen und anderen Bereichen gesellschaftlicher Ausgrenzung gearbeitet. Durch Farben und Gesten, die die Arbeit hervorbrachte, entstand ein geheimnisvoller Rhythmus. Eine leichte Brise, und die Männer und Frauen lockerten plötzlich auf, fingen an, ihren eigenen Rhytmus zu erkunden. Aber kaum sah man die ersten Resultate, holte uns die Routine wieder ein, und die Arbeit wurde unterbrochen. Ich habe mich voller Neugierde auf die Welt der Drogenabhängigkeit eingelassen. Andererseits empfand ich es als ethische und moralische Pflicht. Daher habe ich mit verschiedenen Drogentherapiegruppen gearbeitet, bevor ich bei Exodus mit der Idee landete, ein Stück Weg gemeinsam mit ihnen zu gehen. Die Einstellung von Don Antonio Mazzi beeindruckte mich von Anfang an. Zwischen den Zielsetzungen der Gruppe Exodus und meiner Gruppe, dem *Teatro Nucleo*, gab es viele Übereinstimmungen: das Leben als »Abenteuer« sehen. Ich mache seit mehr als zwanzig Jahren Theater, habe mit Kollegen und Kolleginnen das Privileg geteilt, zu arbeiten, zu wachsen und andere wachsen zu sehen, mit ihnen in den gleichen Sümpfen zu versinken. Tausendmal sind wir auferstanden, denn wer den Tod als Bedingung des Menschen akzeptiert, hat tausend Leben. (...) Bei der Entstehung des Stückes haben wir gespürt, das Lebensenergie und Wiedererlangung der eigenen Identität nur dann möglich sind, wenn man den Lebenswillen, der in der Tiefe jedes Einzelnen schlummert, wieder erweckt. *Ikarus* ist also eine Hommage an die Hoffnung, gibt Publikum und Zuschauern die Möglichkeit, miteinander zu »spielen«, sich gegenseitig zu entdecken, ohne Tabus und Vorurteile. (...) Aber das ist noch nicht alles, wir möchten mit diesem Projekt auch die Jugendlichen in den Schulen der Region anregen. Diese Form von Therapie durch Theater ist auch eine Art Prävention.[42]

Ab 1993 beginnt das *Nucleo* im Rahmen seiner pädagogischen Projekte seine Mitarbeit im *Centro Teatro Universitario* der Ferrareser Universität, wo es Workshops für die Studenten verschiedener Fakultäten anbietet. Die Bezie-

---

[42] C. Herrendorf, aus einer Erklärung anläßlich einer Konferenz zur Vorstellung des Projektes *Icaro*. In: *La Nuova Ferrara*, 21. Juni 1992

hung festigt sich mit der Zeit. In fast zehn Jahren nehmen ca. dreihundert Schüler an den Workshops für »Theatererfahrung« teil, die jeweils von Horacio Czertok, Nicoletta Zabini und Antonio Tassinari geleitet werden: Es ist weder eine universitäre »Schauspielschule« noch konventionelles Laientheater von Studenten, sondern ein Ort des pädagogischen Austauschs, wo man mit den verschiedenen Ausdrucksmöglichkeiten der jungen Teilnehmerinnen und Teilnehmer experimentieren kann. Es werden Aufführungen realisiert. Eine davon – über das Thema *Woyzeck* von Georg Büchner unter der Regie von Nicoletta Zabini und Horacio Czertok – gewinnt 1997 auf dem Internationalen Festival für Universitäres Theater der Universität Lusiada in Lissabon den ersten Preis.

Weiter gefestigt wird das künstlerische und pädagogische Projekt des *Teatro Nucleo*, als die Region Emilia Romagna es 1995 als »Teatro Stabile e Centro di Produzione Teatrale« anerkennt. Die jüngste Geschichte des *Nucleo* zeigt also eine weitergehende künstlerische und kulturelle Identifikation mit der nun fast dreißigjährigen Arbeit der Gruppe ohne Zugeständnisse an institutionelle und äußere Ansprüche oder an die »Regeln« eines Theatermarkts, der von den Mechanismen undifferenzierten kommerziellen Unternehmertums geprägt wird. Man kann in dieser Verhaltenslinie den Sinn der »Tradition« einer Theatergruppe erkennen, die trotz Publikumsbeifall und offizieller Anerkennung ihre Herkunft und (künstlerische, soziale und politische) Prägung nicht verleugnet. Tradition wird hier nicht verstanden als Konservierung oder verknöcherte Unbeweglichkeit, sondern als Fähigkeit zu erneuern, ohne das ursprüngliche Anliegen zu verraten, als *Treue* und ideologische *Konsequenz*, frei von Anbiederung an die Moden und den angeblichen neuen Geschmack des Publikums und der Massenmedien.

Das zeigen die intensive Arbeit am Schauspieler und die Dialektik innerhalb der Gruppe, die durch die Begegnung mit den von jungen Schauspielern eingebrachten Ideen und Bildern gesichert wird. Auch die immer wieder vollzogene und zuweilen mühsame Integration alter und neuer Generationen trägt dazu bei, das pädagogische Projekt mit neuen Impulsen zu versorgen und lebendig zu erhalten und kennzeichnet die Arbeit des *Nucleo*.

In vielfacher Hinsicht stellte 1998 ein weiteres und vielleicht nicht nur für das Wachstum grundlegend wichtiges Jahr in der Geschichte der Gruppe dar: zwanzig Jahre Leben in Italien und Reisen durch ganz Europa. Biologisch eine kurze Zeitspanne, aber in Zeiten und Rhythmen des Theaters gedacht, lang und oft mühsam zu verwirklichen.

Nachdem es über zehn Jahre lang auf vielen europäischen, vor allem auch deutschen Plätzen gespielt hat (bei Festivals und Veranstaltungen unterschiedlicher Natur), findet das *Teatro Nucleo* im Mai und Juni 1998 besonders gastfreundliche Aufnahme in Frankfurt/Oder, wo das Kleist Theater seine Veranstaltung »Sommertheater 98« der gesamten Produktion von Straßentheateraufführungen der italienischen Gruppe (*Quijote!, Francesco, Ma-*

scarò, Tempesta) widmet. In diesem weniger bekannten Frankfurt in Ostdeutschland an der Grenze zu Polen, wo noch vier Jahre zuvor – noch lange nach dem Fall der Mauer in Berlin also – etwa 40.000 Soldaten der Roten Armee stationiert waren. Wieder eine Lage an der Grenze, eine Grenzsituation, eine Brücke, die eine deutsche mit einer polnischen Stadt verbindet, ein ständiges Hin und Her von Ost nach West und zurück, die Zuwanderer und die zahlreichen ökonomischen und sozialen Probleme. Zwei Wochen lang finden auf dem Platz neben der mittelalterlichen, im 2. Weltkrieg verheerend zerstörten (und zu dieser Gelegenheit als operative Basis der Gruppe fungierenden) Kathedrale die Vorstellungen des *Nucleo* statt, dazu Treffen mit Studenten, Seminare und Diskussionen, die Begegnung mit einer jüdischen Gruppe, die zur Aufführung von *Tempesta* im Raum der alten, entweihten, teilweise dachlosen Kirche kommt, und eine Tagung zum Thema der unterschiedlichen Theaterpolitik im vereinten Europa, zu der sich Künstler, Wissenschaftler und Politiker zusammenfinden.

Im Lauf des Sommers nimmt Horacio Czertok an einem neuen Theaterunternehmen teil und zeichnet für eine Regie außerhalb des *Teatro Nucleo* verantwortlich: *Wie es euch gefällt* von Shakespeare für ein Wandertheater – *Le voyage des Comédiens* – das zwischen Juli und November die Region Zentral Frankreichs bereisen soll. Noch einmal wird das Nomadentum des Theaters, das Heraustreten aus Raum und Zeit des konventionellen Theaters neu erfunden: ein wanderndes Dorf, ein Théâtre Mobile (eine Idee von Nicolas Peskine von der *Compagnie du Hasard de Blois*), das 400 Zuschauer fassen kann, ein Zelt für Cabaret-Théâtre für weitere 100, 50 Künstler in Aktion in abgelegenen Dörfern mit bäuerlicher Tradition, die Suche und Begegnung mit dem Nicht-Zuschauer, ein künstlerischer Austausch, nicht unter institutionellen Vorzeichen, sondern als konkrete schöpferische Initiative der Erfindung. So entsteht, wenn auch zwangsläufig in reduziertem Maße, wieder der Geist der *Caravane Mir*, des Theaters im Exil, ein Fest, eine teilnehmende Beziehung, die Atmosphäre, die vage oder ausgeprägt an Marquez erinnert und die stets in der Lebendigkeit des *Teatro Nucleo* mitschwingt, auch wenn die Projekte, wie in diesem Fall, nur Einzelnen aus der Gruppe anvertraut sind.

Im Herbst gehen die pädagogischen Projekte in Ferrara wieder los, und die mehrjährige Arbeit auf dem Gebiet der Erwachsenenbildung und mit psychisch Kranken wird offiziell anerkannt, indem Horacio Czertok einen Lehrauftrag über Theater in der Therapie von der Psychiatrischen Klinik der Universität Modena bekommt.[43]

---

[43] Ein weiterer Lehrauftrag wird dann 2001 von der Universität Ferrara erteilt. Im selben Jahr wird Cora Herrendorf offiziell von der gleichen Universität eingeladen, an den Aktivitäten des neu gegründeten Studiengangs »Kunst der Bilder, der Musik und des Schauspiels« mitzuarbeiten.

Im Herbst 1999 feiert das *Teatro Nucleo* den 25. Jahrestag seiner Gründung, während die Arbeiten für eine neue Produktion weitergehen: *Guernica*. Daneben wird das *Progetto Fahrenheit*, anlässlich einer Internationalen Literaturtagung »L'immaginario contemporaneo«, die die Associazione Ferrara Letteratura organisiert hat, vom 20.-25. Mai zum ersten Mal in Italien, in Ferrara, gezeigt. Bei dieser Gelegenheit tritt neben den alten und neuen Schauspielern eine neue Compagnia auf – das *Teatro Garabombo*: eine Gruppe von jungen Leuten, die sich im Rahmen eines vom Europäischen Sozialfonds finanzierten Bildungsprojekts innerhalb des *Teatro Nucleo* gebildet hat. Noch einmal ein Zeichen für die Suche nach ständiger Erneuerung entlang der Linie einer gefestigten Tradition.

In den letzten Jahren folgt eine Tournee auf die andere, ebenso Einladungen auf wichtige Theaterfestivals überall auf der Welt: nach Belgrad, das sich gerade von den Verwüstungen durch den Krieg im ehemaligen Jugoslawien erholt, nach Seoul, nach Bogota, Mexiko. Jedes Mal sind die Aufführungen von Seminaren, Begegnungen und Diskussionen begleitet. Aber das bedeutendste Signal kommt aus Argentinien, dem Geburtsort, wohin das *Teatro Nucleo* – längst ein italienisches Ensemble und eingeladen vom Italienischen Kulturinstitut von Buenos Aires – Ende 1999 mit seinem Stück *Tempesta* und 2001 mit *Mascarò* zurückkehren kann. Beide Stücke sind symptomatisch und symbolhaft, schließen fast den existentiellen Kreis, der Ende der siebziger Jahre offen geblieben war: das erste handelt von der Erinnerung an die Ursprünge, den jüdischen Vorfahren von Cora Herrendorf und Horacio Czertok, der Shoah; das zweite basiert auf dem gleichnamigen Roman des argentinischen Schriftstellers Haroldo Conti, der 1976 von den Militärs gefoltert und getötet wurde, und dreht sich um die Erinnerung an den Völkermord in Lateinamerika und dessen modernes Schicksal als geplünderter Kontinent.

Aus den bisher beschriebenen Elementen zeichnen sich deutlich drei zentrale Arbeitsbereiche des *Teatro Nucleo* ab: Pädagogik, Theater in der Therapie und das so genannte Theater im Freien. Ebenso wird deutlich, dass diese Bereiche nicht voneinander getrennt existieren, sondern dialektisch verflochten sind und sich gegenseitig bereichern.

Die Pädagogik gehört bereits seit Entstehung der Gruppe in Argentinien zu ihrem innersten Wesen: sie verwirklicht sich in den Seminaren und Workshops, in dem Entwurf des Theaters als Laboratorium, in der Vorstellung vom Zuschauer als Person, die man aufsucht, einlädt, mit der man sich in Beziehung setzt, und das nicht, weil sie eine Eintrittskarte kauft. Sie umfasst aber auch die alltägliche Ausbildung des Schauspielers, die Forschungsarbeit im Laboratorium und das komplexe Gesamtprojekt, das zu neuen Produktionen führt. Und schließlich beinhaltet sie die spezifische Anwendung der »Methode« wie der Erfahrungen Stanislavkijs nach der für das *Teatro Nucleo* typischen, südamerikanischen Tradition.

Die besondere Ausprägung des Theaters der freien Räume, die charakteristische Arbeit des *Nucleo* als »Straßentheater«, haben ebenso eindeutige Bezugspunkte in der Tradition der Gruppe: die Beteiligung am Projekt *Mir Caravane*, hunderte von Auftritten mit *Luci* und der Dauererfolg des *Quijote!* mit fast 200 Aufführungen von 1990-1997. Die Entwicklung neigt zur Herausbildung einer Ideologie, in der künstlerische, anthropologische, kulturelle, soziale und politische Einstellungen zusammenfließen. Nicht zuletzt aufgrund dieser Feststellung, die im Einzelnen aus den Beschreibungen zu den Produktionen im Bereich Straßentheater (siehe »Produktionen von 1975 bis 2001«, S. 272) und den Reflexionen von Horacio Czertok hervorgeht, kann man behaupten, dass das *Nucleo* seiner Herkunft und seinen Grundvoraussetzungen als »historische« Theatergruppe treu bleibt.

Der Bereich »Theater in der Therapie« erweist seine Daseinsberechtigung heute in der Arbeit mit Einrichtungen der Drogentherapie und der Psychiatrie ebenso wie in der Durchführung von Fortbildungskursen für das betreffende Personal. Auch dieser Aspekt ist konkret in der Geschichte des *Teatro Nucleo* verankert, insofern die Entscheidung, die Theaterpraxis in den Therapien einzusetzen, bereits in Argentinien getroffen und verfolgt wurde. Aus der zwanzigjährigen Erfahrung, die das *Teatro Nucleo* auf diesem Sektor im In- und Ausland gesammelt hat, ist vor einigen Jahren das CETT (Zentrum für Theater in den Therapien) entstanden, das sich unabhängig vom Theater und spezifisch therapeutischen Situationen definiert und es möglich machen soll, die verschiedenen Erfahrungen zusammenzufassen und zu vertiefen.

> Das Zentrum für das Theater in den Therapien ist ein Raum für theatertherapeutische Forschung, Lehre und Praxis. Die hier gesammelten Erfahrungen können in den verschiedensten Therapien, insbesondere in Therapien für geistig und körperlich Behinderte, für Menschen mit sozialen Eingliederungsschwierigkeiten und für Drogenabhängige eingesetzt werden. Das CETT bezieht Therapeuten und Wissenschaftler aus verschiedenen Disziplinen in seine Tätigkeit ein und schafft Möglichkeiten zum Austausch und zur Erarbeitung neuer Arbeitsweisen. (...) Das Psychodrama entsteht aus der aufmerksamen Übertragung der Psychoanalyse auf die Arbeitsweisen Stanislavskijs. Die Forschung im Theater hat sich jedoch weiterentwickelt und zwingt zur Auseinandersetzung mit neueren Tendenzen. Das Zentrum bietet also die Chance, den therapeutischen Wert verschiedener Arbeitsweisen zu studieren, die ebenso von Stanislavskij, Mejerchol'd, Vachtangov und Grotowski stammen können wie von Moreno, Pearls, Goffmann und Lowen.[44]

Die Gründung des CETT basiert auf dem Gedanken, dass das Theater im direkten Kontakt mit Frauen und Männern, Jugendlichen und Erwachsenen in oft verzweifelten Lebenskrisen dank seiner eindeutig therapeutischen Kraft

---

[44] Aus einem Faltblatt über die Aktivitäten des CETT.

Sinn geben kann. Mit kreativem Bewusstsein und anthropologischer Neugier hat das *Teatro Nucleo* im Laufe der Zeit verschiedene Erscheinungsformen seiner »phantastischen Utopien« geschaffen. Spuren dieses Bewusstsein finden sich immer wieder in der unumgänglichen Bezugnahme auf die Begründer des Theaters des neunzehnten Jahrhunderts.

> Das *Teatro Nucleo* ist ein Raum, in dem wir uns jeden Tag zur Diskussion stellen und uns jeden Tag neu entwerfen. Wir sind gleichzeitig Schauspieler und Zuschauer. Wofür wir uns halten und wer wir wirklich sind – das sind zwei verschiedene Dinge. Wie können wir unsere Konflikte leben, ohne an ihnen zu verzweifeln? Seitdem wir Theater machen, beschäftigen wir uns mit dem Menschen und all seinen Ausdrucksmöglichkeiten. Kreativität bedeutet für uns, nach einem systematischen Zugang zu uns selbst zu forschen und dadurch immer selbstbewusster zu werden. Indem wir Spuren unserer Erfahrung zurückverfolgen, rufen wir uns zum Leben und zur Verantwortung auf. In der fiktiven Situation des Theaters versuchen wir, eine Sprache zu schaffen, die alle Sinne des Zuschauers anspricht. Wenn wir uns beobachten, ohne uns gleichzeitig zu beurteilen, können wir durch das Theater lernen, uns so zu akzeptieren, wie wir sind und etwas von der geheimen Alchimie des Individuums erahnen. Wir haben die therapeutische Kraft des Theaters entdeckt, als wir festgestellt haben, was diese Arbeit in uns selbst auslöst.

Diese Erklärung stammt aus einem Faltblatt, in dem das *Teatro Nucleo* und das CETT in ihrer aktuellen Form beschrieben werden. Ihm ist ein Zitat von Franz Kafka vorangestellt, das eine bestimmte Idee des Theaters auf den Punkt bringt:

> Das Theater bewirkt mehr, wenn darin die irrealen Dinge Wirklichkeit werden. Dann nämlich wird die Bühne zu einer psychischen Sonde, die die Realität von innen erhellt.

Die Produktionen von 1975 bis 2001

Bei den Stücken, die längere Zeit im Repertoire waren, werden die Namen all der Schauspielerinnen und Schauspieler angeführt, die bei den verschiedenen Aufführungen aufgetreten sind. Ausführliche Unterlagen zu jedem Stück befinden sich im Archiv des *Teatro Nucleo* und werden, so wie andere Materialien auch, auf Anfrage gern zur Verfügung gestellt.

HERODES (1975)
Text und Regie: Horacio Czertok und Cora Herrendorf
Schauspieler/innen: Vilma Arluna, Cora Herrendorf, Victor Garcia, Hugo Lazarte, Roberto Vazquez, Juan Villar

CHIARO DI LUNA (1978)
Monodram von Cora Herrendorf
Regie: Horacio Czertok
Schauspielerin: Cora Herrendorf

I FUNESTI (1979)
Historisches Drama
Regie: Cora Herrendorf und Horacio Czertok
Schauspieler/innen: Cora Herrendorf, Annarita Fiaschetti, Paolo Nani, Silvia Pasello, Puccio Savioli, Nicoletta Zabini

PUCCIO UND PAOLONE CLOWNS (1979)
Clownstheater
Regie: Cora Herrendorf und Horacio Czertok
Schauspieler/innen: Annarita Fiaschetti, Paolo Nani, Puccio Savioli, Nicoletta Zabini

LUCI (1980)
Straßentheater
Regie: Cora Herrendorf und Horacio Czertok
Schauspieler/innen: Fabrizio Bonora, Nicola Dentamaro, Elisa Di Domenico, Annarita Fiaschetti, Lisa Glahn, Cora Herrendorf, Bart Hogenboom, Robert Jakobson, Coco Leonardi, Marcello Monaco, Antonio Muñoz Gomis, Paolo Nani, Silvia Pasello, Puccio Savioli, Harald Schmidt, Sabine Schmidt, Sigmar Schröder, Antonio Tassinari, Nicoletta Zabini

ERESIA (1980)
Witold Gombrowicz gewidmet
Regie: Cora Herrendorf und Horacio Czertok
Schauspieler/innen: Fabrizio Bonora, Annarita Fiaschetti, Cora Herrendorf, Paolo Nani, Silvia Pasello, Puccio Savioli, Antonio Tassinari, Nicoletta Zabini

ROMANZO DI LUPI (1982)
nach dem Drama von Ramon de Valle-Inclan
Regie: Horacio Czertok
Schauspieler/innen: Fabrizio Bonora, Annarita Fiaschetti, Cora Herrendorf, Robert Jakobson, Paolo Nani

FA MALE IL TABACCO (1982)
Monolog nach Anton Cechov
Regie: Horacio Czertok
Schauspieler: Paolo Nani

INCONTRO CON ANNA (1983)
Nach dem Tagebuch der Anna Frank
Regie: Cora Herrendorf
Schauspielerin: Nicoletta Zabini

SOGNO DI UNA COSA (1984)
Historisches Drama über das Leben der Rosa Luxemburg
Text: Horacio Czertok
Regie: Cora Herrendorf und Horacio Czertok
Schauspieler/innen: Cora Herrendorf, Marcello Monaco, Paolo Nani, Harald Schmidt, Antonio Tassinari, Nicoletta Zabini

OPERAZIONE FAHRENHEIT (1985)
Aktion auf der Straße
nach dem Roman Fahrenheit 451 von Ray Bradbury
Regie: Horacio Czertok
Schauspieler/innen: Cora Herrendorf, Michelle Kramers, Marcello Monaco, Antonio Muñoz Gomis, Paolo Nani, Puccio Savioli, Harald Schmidt, Antonio Tassinari, Nicoletta Zabini

A MEDIA LUZ (1986)
nach *Die Zofen* von Jean Genet
Regie: Cora Herrendorf
Schauspieler: Paolo Nani, Antonio Tassinari

VOCIFER/AZIONE (1987)
Theatralisches Konzert, Demetrios Stratos gewidmet
Musikalische Leitung: Cora Herrendorf
Stimmen und Perkussion: Cora Herrendorf, Marcello Monaco, Paolo Nani,
Harald Schmidt, Antonio Tassinari, Nicoletta Zabini

SINFONIA DI UN RICORDO (1989)
über das Leben von Antonin Artaud
Regie: Cora Herrendorf
Schauspieler/in: Coco Leonardi, Raffaella Chillè

QUIJOTE! (1990)
Theater im Freien
nach dem Roman *Don Chisciotte della Mancia*
von Miguel Cervantes Saavedra
Dramaturgie: Horacio Czertok
Bühnenbild und Kostüme: Remi Boinot und Christophe Cardoen
Regie und Musik: Cora Herrendorf
Schauspieler/innen: Antonella Antonellini, Renzo Betta, Dietlind Budde,
Raffaella Chillè, Horacio Czertok, Maximiliano Czertok, Lisa Glahn,
Coco Leonardi, Paolo Nani, Massimiliano Piva, Harald Schmidt,
Georg Sobbe, Mihalis Traitsis, Antonio Tassinari, Nicoletta Zabini,
Elena Souchilina

ALL'ALBA (1993)
Dramatisches Cabaret
inspiriert durch das poetische Werk von Leòn Felipe
Regie: Cora Herrendorf
Schauspieler/innen: Horacio Czertok, Cora Herrendorf, Antonio Tassinari,
Nicoletta Zabini

FRANCESCO (1994)
Theater der freien Räume
Angelehnt an die Biographie des Franz von Assisi
Regie und Dramaturgie: Cora Herrendorf und Horacio Czertok
Musikalische Bearbeitung: Cora Herrendorf
Ausstattung und Kostüme: Remi Boinot in Zusammenarbeit
mit Roberta Baraldi
Schauspieler/innen: Antonella Antonellini, Paola Bussolotti,
Egidio Cavallaro, Horacio Czertok, Giuseppe Gobbato, Luca Piallini,
Massimiliano Piva, Georg Sobbe, Antonio Tassinari, Michalis Traitsis,
Nicoletta Zabini

DAS MYSTERIUM DES SAN JUAN (1995)
Theaterstück nach Texten des San Giovanni della Croce
und Texten von Horacio Czertok
Regie: Horacio Czertok
Schauspieler/in: Horacio Czertok, Antonio Tassinari, Nicoletta Zabini

MASCARÒ (1995)
Theater im Freien
Haroldo Conti gewidmet
Regie und Dramaturgie: Cora Herrendorf und Horacio Czertok
Musikalische Bearbeitung: Cora Herrendorf
Ausstattung, Masken und Kostüme: Roberta Baraldi und *Teatro Nucleo* in Zusammenarbeit mit Melissa Cavallari und Maurizio Giornelli
Schauspieler/innen: Antonella Antonellini, Frida Falvo, Cora Herrendorf, Christina Iasiello, Luca Piallini, Massimiliano Piva, Georg Sobbe, Elena Souchilina, Antonio Tassinari, Michalis Traitsis, Nicoletta Zabini, Anatoli Zaitsev

DIE MÖWE (1996)
nach Anton Tschechov
Regie und Dramaturgie: Horacio Czertok
Ausstattung und Kostüme: Cora Herrendorf und Horacio Czertok in Zusammenarbeit mit Roberta Baraldi
Schauspieler/innen: Antonella Antonellini, Cora Herrendorf, Massimiliano Piva, Orfeo Raspanti, Georg Sobbe, Antonio Tassinari, Michalis Traitsis, Nicoletta Zabini

TEMPESTA (1997)
Theater im Freien
In Erinnerung an Elka Jesiotr de Herrendorf, Natalia Herrendorf, Berele Jesiotr und die jüdischen Großeltern
inspiriert durch: *Das Warschauer Ghetto* von Mary Berg
Regie, Dramaturgie, Szenen, Kostüme und musikalische Ideen: Cora Herrendorf
Regie-/Dramaturgieassistenz und Lichtdesign: Horacio Czertok
Choreografische Assistenz: Anatoli Zaitsev und Elena Souchilina
Bauten, Objekte und Requisiten: Georg Sobbe
Technik: Daniele Adami
Kostüme: Clementina Antonellini und Melissa Cavallari
Drachen: Vulandra
Schauspieler/innen: Antonella Antonellini, Frida Falvo, Luca Piallini, Massimiliano Piva, Georg Sobbe, Elena Souchilina, Antonio Tassinari, Michalis Traitsis, Nicoletta Zabini, Anatoli Zaitsev

GUERNICA. ASESINOS DE MARIPOSAS (1999)
Theater im Freien
Regie und Dramaturgie: Cora Herrendorf und Horazio Czertok
Bühnenskulpturen: Guillermo ›Marsilio‹ Mac Lean
Musikalische Leitung: Cora Herrendorf in Zusammenarbeit mit Antonio Dondi und Alessandro Bigi
Lichtdesign: Horacio Czertok
Techniker: Daniele Adami
Schauspieler/innen: Alessandro Bigi, Antonio Dondi, Frida Falvo, Cora Herrendorf, Lara Patrizio, Luca Piallini, Antonio Tassinari, Mihalis Traitsis, Nicoletta Zabini
In Zusammenarbeit mit dem *Kleist Theater*, Frankfurt/Oder und dem *Teatro Communale*, Ferrara.

VOCIFER/AZIONE.
OMAGGIO AI POPOLI D'AMERICA (2000)
Konzert für Stimmen und Instrumente
Regie und musikalische Komposition: Cora Herrendorf
Texte: Eduardo Galeano und Hebe de Bonafini
Grafische Kompositionen: Alessandra Casalena und Natasha Czertok
Videofilm: Maximiliano Czertok
Licht: Horacio Czertok
Technik: Daniele Adami und Alessandra Casalena
Kostüme: Melissa Cavallari
Unter Mitwirkung von Bruno de Franceschi
Schauspieler/innen: Andrea Amaducci, Andrea Bartolomeo, Horacio Czertok, Natasha Czertok, Cora Herrendorf, Antonio Tassinari, Mihalis Traitsis, Nicoletta Zabini
Gast: Roberto Manuzzi
In Zusammenarbeit mit dem *Teatro Communale*, Ferrara

Brandes & Apsel

Gisela Honens/Rita Willerding
Praxisbuch feministische Theaterpädagogik
176 S., vierf. Pb., illustriert
ISBN 3-86099-243-0

Ein engagiertes Plädoyer für den produktiven Umgang mit dem Medium Theater in der Frauenkulturarbeit.
Anhand zahlreicher Beispiele erörtern die AutorInnen Elemente der Theaterarbeit und regen zu produktivem Umgang damit an.
Mit einem Anhang von Sabine Hering zu wichtigen Frauen in der Theatergeschichte.

Fe Reichelt
Atem, Tanz und Therapie
Schlüssel des Erkennens und Veränderns

208 S., 2. Aufl., Frz. Br. mit Bildteil
ISBN 3-925798-97-8

Die Autorin stellt ihren von der chinesischen Tradition beeinflussten Ansatz der Tanztherapie vor. Im Mittelpunkt steht der Atem als Schlüssel des Erkennens. Es gilt, Gesetzmäßigkeiten des Atmens zu entdecken und den Sinn unbewußter Bewegung aufzuspüren. Ein Weg zu strukturiertem Ausdruckstanz
Eine grundlegende Analyse für KindertheatermacherInnen, PädagogInnen, KinderpsychologInnen und TheaterwissenschaftlerInnen.

Florian Vaßen/Gerd Koch Gabriela Naumann (Hrsg.)
Wechselspiel: KörperTheaterErfahrung
216 S., Pb. mit Fotos
ISBN 3-86099-150-7

Für eine körperorientierte theaterpädagogische Praxis. Unterschiedliche Arbeitsweisen werden anschaulich verknüpft und dargestellt.
Eine Anstiftung zur Suche nach neuen Perspektiven in der theaterpädagogischen Arbeit.

Gerd Koch/Florian Vaßen (Hrsg.)
Lach- und Clownstheater
220 S., 2. Aufl., Pb., illustriert
ISBN 3-925798-78-1

Fachleute aus Theorie und Praxis präsentieren das zeitgenössische Lach- und Clownstheater. Eine Fundgrube für alle Interessierten: Schauspieler und Regisseure, Studenten der Theaterpädagogik, Theaterforscher, Kulturtheoretiker und -arbeiter.
Neben Erfahrungsberichten und praktischen Arbeitsbeispielen mit Kindern und Erwachsenen stehen Versuche, sich den Entwicklungen in diesem Bereich grundlegend zu nähern.
Eine Vielfalt von Beiträgen gibt Einblicke in die Lebendigkeit des Komischen in Musik, Literatur, Film und Schauspiel von Charlie Chaplin, Buster Keaton, Karl Valentin und Bert Brecht bis heute.

Dagmar Dörger

Animationstheater

440 S., Pb.
ISBN 3-86099-248-1

Animationstheater bezieht das Publikum über das Zuschauen hinaus in vielerlei Weise mit ein, stellt dabei allerdings auch für Planung und Durchführung besondere Anforderungen an die TheatermacherInnen.
Die Autorin systematisiert die unterschiedlichen Erscheinungsformen des Animationstheaters und entwickelt dafür qualitative Kriterien.
Eine grundlegende Analyse für KindertheatermacherInnen, PädagogInnen, KinderpsychologInnen und TheaterwissenschaftlerInnen.

Fe Reichelt

Atemübungen – Wege in die Bewegung
Yin und Yang im Tanz entdecken

80 S., Spiralbindung, mit zahlr. Abb.
ISBN 3-86099-107-8

Fe Reichelt verbindet in ihrer Arbeit die Tradition des Ausdrucktanzes mit tanztherapeutischen Ansätzen und Methoden.
Ein praxisorientierter Leitfaden für das Selbststudium und für Gruppen.

Detlef Kappert

Tanz zwischen Kunst und Therapie

144 S., Pb., illustriert
ISBN 3-86099-110-8

Ein anspruchsvolles, mit vielen Fotos versehenes Werk, das die wachsende Zahl der am Zusammenhang von Körper, Tanz, Kunst und Therapie Interessierten anspricht.
Mit einem Ausbildungsprogramm zum/r Lehrer/in für Tanzimprovisation, Körpersymbolik und Tanztheater.

Fe Reichelt

Ausdruckstanz und Tanztherapie

5. Auflage

136 S., Pb., illustriert
ISBN 3-86099-153-1

Fe Reichelt gibt denen Anregungen, die im tanzgestalterischen Prozeß stehen. Nicht weniger wichtig aber ist das Buch für die, die beruflich im pädagogischen oder medizinischen Bereich tanztherapeutisch tätig sind.
Ein Klassiker der tanztherapeutischen Literatur.

Kostenloses Verlagsprogramm anfordern bei:

Brandes & Apsel Verlag
Scheidswaldstr. 33 · 60385 Frankfurt am Main
Fax: 069 / 957 301 87
E-Mail: brandes-apsel@t-online.de
Internet: www.brandes-apsel-verlag.de